U0138729

教學原理與設計

周新富　著

五南圖書出版公司 印行

目　錄

第四篇　教學技術

第五篇　重要教學法

第一篇 緒論

緒　論

　　教學是一項歷史悠久的職業，每個人都當過學生，坐在課桌椅上聽老師上課，心中會覺得教學是一件輕鬆的工作，因為有些教師教學草率、情緒失控、控制不了班級秩序，等到學生當了老師，就會感嘆要當認真盡責的教師可不容易，因為教學不是只有教書，師生之間的人際互動也是一項重要的技能，而且是學無止盡的。要成為專業的教師，需要具備學生身心發展的知識、任教學科的知識、教育理論的知識、教育研究的知識、教學方法的知識、人際互動的技能、自我省思和問題解決的技能等（Parkay & Stanford, 2009）。有些知識技能不是只有修學分就可獲得，而要從實務經驗去省思、驗證，逐漸將這些經驗累積成自己的智慧。本章共包含四節，首先探討教學的基本概念，次就教學研究的發展趨勢作一回顧，其中會針對有效教學的研究詳加探討。第三部分介紹教師的專業能力，討論要成為教師需具備哪些資格及能力；最後則說明本書的架構。

第一節　教學基本概念

　　本節先對教學此一概念作一界定，除探討教學的意義外，也釐清與教學相關的概念，並且分析教學這項活動，其所包含的基本要素有哪些，從中了解教學活動的過程。最後小節則對教學方法、教學技術、教學策略等幾個容易混淆的名詞作一解釋。

壹　教學的意義

　　以教學為專業的教師和其他的專業如醫師、律師等最大的不同，在於教師還沒有正式接受「專業教育」之前，已經受教於父母師長多年，也就是非正式地進行了十多年的「學徒式見習」（observation of apprenticeship），以致對於教學的涵義和作法，總有些常識性的看法（單文經，2001）。因為每個人的經驗皆有差異，所以對教學概念的確切涵義也會有所不同，史密斯（Smith, 1985）他把教學的定義分析為以下五種：
1. 教學敘述性定義（descriptive definition of teaching），是傳統對教學的解

釋，指透過訊號或符號對某人展示某些東西，因此教學就是給予訊息，
告訴某人要如何做，或給予學科方面的知識。

2. 教學即是成功（teaching as success），即教學通常期望達到成功的學習。

3. 教學是有意的活動（teaching as intentional activity），教師教學時總希望
   學生達成某種目標，因此教學本身就是有意圖、有目的的行爲。

4. 教學是規範性的行爲（teaching as normative behavior），這個界定說明
   教師教學時會依循某些原則或規準行事，也會考慮到倫理的問題，例如
   教師不能體罰學生、不能對學生說謊。

5. 教學的科學性定義（a scientific definition of teaching），這種定義模式
   帶領我們的思維接近可觀察和可操弄的經驗層次，而不是像敘述性定
   義以抽象名詞來界定抽象名詞，科學定義採用其他名詞來界定教學，
   例如用一個公式：a = df[b, c, ……] 說明 a 是 b、c、d……的總合，a 表
   示「教學是有效的」，b 表示「教師給予回饋」，c 表示「教師陳述原
   則，並舉正反例說明」；「= df」符號則表示介於兩端句子之間的關
   係。基於以上的解釋，可以了解教學就是一種有意圖的活動，教師安排
   學習情境，引導學習者獲得特殊的能力或經驗（方德隆，2000；Smith,
   1985）。

　　此外，索爾提斯（Soltis）提出「教學的本義」，認爲教學活動具有
以下的五項條件：1. 有一個人（P），擁有一些 2. 內容（C），而且這個
人 3. 企圖把 C 傳授給 4. 另一個人（R），這個人原來是缺乏 C 的，於是 5.P
和 R 構成了一層關係，其目的在使 R 能取得 C（引自單文經，2001）。國
內學者高廣孚（1988）認爲教學是教師經由詳細的計畫和設計，運用適當
的技術和方法，以指導、鼓勵及激發學生自動學習，進而獲得生活上所必
須的知識、技能、習慣和理想的一種工作或活動。

 ## 貳　與教學相關的概念

　　分析哲學家爲釐清教學相關概念的羈絆，使人對教學概念有正確的
認識，於是就這些相關概念加以分析，這些相關概念有八個：一爲教導

（instruction）、二爲訓練、三爲灌輸、四爲制約、五爲宣傳、六爲恐嚇、七爲說謊、八爲身體威脅。這八個概念有些與教學的關係較爲密切，有些比較疏遠，甚至與教學根本未發生任何關係（王財印、吳百祿、周新富，2019）。

　　訓練和制約可以指導學生學習技能、培養優良習慣及導致其他行爲（conduct），訓練是教學的一種，如果教師不只是機械式地訓練技能，利用啟發誘導，喚起學生思考和洞察力，這樣的訓練就是教學；制約是行爲主義心理學家的發明，狗聽到鈴聲而分泌唾液不是一種服從的行爲，也不是智能的表現，而是對外來刺激自動的及固定的反應。雖然制約和訓練都是在養成行爲，但訓練在智能的表現成分較多，制約則較少，所以制約離教學的概念比較遠。恐嚇與身體威脅是較接近的概念，以此方法爲手段制約而成的行爲，則不能稱之爲教學，例如一個教師在教學時，經常使用責罵和體罰的手段，以達成其教學目的，但這種達成學生行爲的改變方式不能算是教學。在引發知識和信念方面，教導和灌輸是最主要的活動，教導（或譯作施教）是教學的一種形式，是最合乎教育規準的教學，所謂教育規準即合價值性、合認知性、合自願性，教學不一定符合這些規準；灌輸是要求學生死記一些東西，不管他們是否了解，這種教學教師通常不大解釋，政治、宗教、社會或道德信念的教學較易淪爲灌輸的形式，所以灌輸僅僅居於教學概念的邊緣。至於宣傳和說謊則遠在教學之外，或者根本不能算是教學，因爲不論政府的政治宣傳或是商業宣傳，均有誇大不實的情形，而教師在教學時不能稍有誇大；教師絕對不可以在教室中對學生說謊，故意教些不眞實的東西或故意散布不正當的思想和邪說。由以上的分析得知和教學關係最密切的概念是教導，其次是訓練，再其次爲灌輸和制約，至於宣傳、說謊、恐嚇和身體威脅等概念，則離教學很遠，不能算是教學（王財印等，2019；高廣孚，1988；Green, 1968）。

 ## 教學的組成要素

　　教學是一種有次序的活動過程，是由若干步驟所構成，由教學步驟

可以了解教學的組成要素，這些要素主要在協助教師了解教學時要做什麼事，以便做好妥善的教學準備及教學活動的調整。

一、教學基本要素

美國教育心理學者葛拉塞（Glaser, 1962）提出一般教學模式（general model of instruction, GMI）或稱為基本教學模式，認為所有的教學活動都包括四個基本要素：1. 教學目標；2. 起點行為；3. 教學流程；4. 表現評量。後來美國教學評量專家吉伯勒（Kibler et al., 1981）將之修改為：1. 教學目標；2. 評估；3. 教學程序；4. 評鑑。其流程參見圖 1-1。

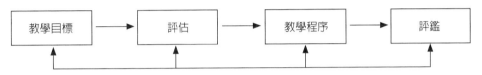

圖 1-1　一般教學模式

取自 Kibler et al.（1981, p. 34）

一般教學模式是對於教學的設計、實施、評鑑和改進等過程的指導，這個模式可應用於所有的教育層級、所有的教材及任何長度的教學單元，使教師在準備教學之前先思考：學生要學習什麼、要採用什麼教學方法、如何確定學生是否學會所要學的東西。茲將該模式之教學基本要素簡要敘述如下（王財印等，2012；黃光雄，1999）：

㈠教學目標

準備教學目標可能是整個教學模式當中最重要的步驟，因為教師必須決定他想教些什麼，準備教學目標必須具有四項要件：1. 選擇，即選擇合適的目標。2. 分類，決定所預期達成的目標是屬於哪一領域。3. 分析，分析學生表現何種行為才算達成預期的目標。4. 陳述（specification），即以行為目標具體陳述。

㈡評估（pre-assessment）

或譯為前測、預估，即在單元教學開始之前先了解學生的起點行為，其目的在：1. 了解學生知道多少；2. 學生是否具備教學所需的行為能力；3. 教學活動要依據每位學生的需求，再將評估的結果應用到實際教學活動之中，決定哪些學生可以省略某些教學目標，哪些學生要先補足欠缺的能力，哪些學生要實施特別的教學活動。

㈢教學程序

評估學生所具備的能力之後，就要開始進行教學，教學者要思考用什麼方法使學習者學會教材，所以這個步驟包括選擇教學策略、選擇教材、設計能有效達成教學目標的活動等。

㈣評鑑

當完成教學單元之後，即評鑑學生以確定教學是否成功地達成該單元的目標，並且探討失敗的教學可能的原因。通常評鑑包括使用測驗或其他工具以測量知識、技能和態度的獲得。

㈤回饋環線（feedback loop）

模式內的回饋環線有兩項目的：一是在提醒教師評鑑的結果可以作為修正教學目標、評估、教學程序等項目的參考；另一目的乃是提供學生有關其學習進步的回饋。

二、教學其他要素

由上述模式可以歸納出四項教學的基本要素，即學習者、教學目標、教學方法與教學評量。坎普認為除基本要素外還要有其他要素，才能組成完整的教學過程，他提出十項要素的看法，除了學習者、教學目標、教學方法和教學評量之外，還要有以下六項（Kemp, 1985）：

　㈠評估學習者的需求：確定設計教學方案的目的、限制和先後順序。
　㈡選擇教學主題：確定教學的主要單元。
　㈢確定教材。

㈣選擇支援教學活動的資源：教學資源是指教學中可能使用到的材料、用具或設備。

㈤特殊的支援服務：在執行教學活動時，在行政上需要如何提供支持服務，例如設備、教材、時間表、預算、人事等方面的配合。

㈥前測（pretesting）：前測或稱為教學前的能力測驗，是用來決定學習者所要學習的主題，由前測可以得知學習者是否具備學習新教材所需的知識、能力。

這六項要素中，與學習者有關的要素為學習者需求、前測兩項；與教學目標有關的要素有選擇教學主題、確定教材。教學資源和支援服務兩項不屬基本要素，坎普所提出的教學要素，其重點之一是在強調學校所提供的教學資源在教學中的重要性，如果有充分的教學資源供教師運用，則教學的成功率會顯著提升。

由以上的分析可知，無論是最傳統的教學或現代化的教學，其所包含的要素大體相同，無非是教學目標、教學者（教師、導生或電腦）、教材、進度、方法、環境、學生組合（班級、小組或個人）、評鑑。各個要素所組成的因素可能有別，不同的教學設計乃是利用各種不同的因素及不同的組合，形成不同的教學系統（林生傳，1992）。

 ## 肆　相關名詞釋義

在探討教學相關主題時，經常會見到幾個相似的名詞，該初學者無法釐清彼此的異同，較易混淆的名詞為教學方法、教學技術、教學策略、教學模式及教學設計，以下分別敘述這些名詞的差異。

一、教學方法

教學方法是指教師為實現教學目的所使用的手段、途徑，這個名詞包含三種意義：就廣義而言，教學方法的範圍包括輔導、教學策略、教學原則等促進學習成效的各種手段；就第二層定義而言，教學方法等於教學模式，指的是教學過程中各個因素的組合形式，像是合作學習、探究教學

法等模式亦稱為教學方法；最狹義的解釋是指教師上課的方式，例如講述法、實驗法、練習法、討論法，一節課之中教師可能會同時使用多種方式（王財印等，2012）。

二、教學技術

所謂技術泛指根據生產實踐經驗和自然科學原理而發展成的各種工具操作方法與技能。在教學方面，教學技術是指教學中為完成教學任務，師生之間藉以互相傳遞資訊或影響的系統方法。而教學常用的技術是在長期的教學實踐中，由無數先輩的教師透過持續的探索和經驗的積累而成。常用的教學技術有：引起動機的技術、講述技術、討論技術、發問技術、班級經營技術、媒體資源運用技術、指導作業技術等（黃光雄，1999）。

三、教學策略

策略是為了要達成預定目標所採用的一些手段，例如仔細計畫、方法、計謀等，應用到教學則泛指教師運用提供教材的方法、程序、技術，教學策略通常是多種方法、程序、技術並用（王文科，1994）。其範圍從教師中心教學到學生中心教學，包括講述、發問、討論、分組、探索、角色扮演、教學媒體等，完全以教師為中心的策略就是講述，這是最常用的教學策略，提供教師可以立即控制學生的學習內容（Hall, Quinn, & Gollnick, 2008）。本書將教學策略視為教學模式，兩者所探討的內容相類似。

四、教學模式

教學模式（model of teaching）是設計一套教學步驟，來達成特殊的學習目標，並且協助學生成為更有效的學習者。有效的教學模式包含三個條件：1. 建立在學科理論基礎上，反應有關思維、學習和行為的研究成果。2. 指導學生按照一定的序列發展活動。3. 學生是學習過程的積極參與者（沈翠蓮，2002）。教學模式就是教學計畫或教學類型（pattern），教學模式亦可稱為學習模式，當教師在協助學生獲得知識、理念、技巧、價

值、思考方式、表達方式時，同樣也在教導學生如何學習知識或技能，所以教學模式除了在引導教師設計教學外，也在協助學生達成不同的學習目標（Joyce, Weil, & Calhoun, 2004）。

五、教學設計

要使教學發揮極大的成效，教學前一定要作妥善的設計，教學設計（instructional design）是教學遵行的藍圖，也像是教學的處方，針對特定對象與目標，選擇應用特定的方法、內容及策略（李宗薇，1997），其內涵包括分析教學問題、設計解決方法、對解決方法進行試驗、評量試驗結果，並在評量基礎上修改方法的過程（張祖忻、朱純、胡頌華，2000）。所以，教學設計就是使用有系統的方法來計畫教學的實施過程，其意義與教學模式相當接近。

第二節　教學研究的發展趨勢

自二十世紀 60 年代中期開始，教育心理學展開了以如何改進教學的理論與實踐為主題的研究，在範圍上主要包括以下五個主題：1. 教學理論；2. 教學設計；3. 教學目標；4. 教學策略；5. 教學評量。教學策略的研究主要在探討以下兩個問題：1. 教出優良學生的教師，其教學行為有何特徵？2. 教學成功的教師所採用的是何種策略？（張春興，2008）。教學研究的主要目的在於應用研究的發現，改善教學的品質，以增進學生的學習，且研究方法以強調實徵性研究為主。本節僅就教學策略的研究發展趨勢加以探討，以期對教學原理的研究範疇有一整體的認識。

 ### 壹　教學研究的主題

科學化的教學研究重視研究過程要以有系統、有條理的科學方法來探討教學問題，強調的是實徵性的研究，所以依解釋資料的形式來分，一般分成量與質兩種研究趨向，量化研究是以數量來表示研究結果，以便進

行比較、分析、推論，因此統計學的考驗方法廣泛地應用在探討諸多變項間的關係，主要的研究方法有相關研究法、實驗研究法、觀察研究法。質性研究是爲克服量化研究的缺點而興起的一種研究典範，不在操作變項、驗證假設或回答問題，而是探討問題在脈絡中的複雜性，從研究對象本身的架構來了解行爲。質性研究應用到教育則稱爲教育俗民誌（educational ethnography），或稱學校教育民族誌（ethnography of schooling），通常關注的是在教室班級層次的教學事件及活動，如透視教師如何將形式課程轉化爲實質課程、如何教學、如何與學生互動、學生如何學習、如何統合各種刺激、如何詮釋經驗等，重視教學者和學習者之間的互動過程及社會脈絡的了解（林進材，1998）。最主要的研究技術有參與觀察法、深度晤談法、文件分析法。實證性的教學研究，其研究主題可以分成以下六類（王財印等，2012；簡紅珠，1988；簡紅珠，1992）。

一、教師特質的研究

最早的教學研究認爲，教學的品質取決於教師個人的特質，故研究的目的在於鑑定教師的特質，如智力、經驗、儀表、熱心、信仰等，以作爲教師效能的指標。由研究歸納出來的有效教師的特質可以拿來建立一些效標（criteria），例如溫暖、同理心、負責任、有效率、激勵士氣、富想像力、創造力、維持良好班級秩序等特質，以錄取一些日後可能成功的教師；而專業知識、態度或部分的人格特質，則可藉經驗或訓練而改變，這些研究發現對教師養成教育不無價值。

二、教學法的研究

教學法的研究旨在探討使用不同教學法的班級是否在學業成就上會有差異，這種研究都以實驗法進行，讓兩個或兩個以上的班級接受不同的教學法，然後以班級學業成就比較教學法的優劣。但教學法的研究只取少數幾個班級爲樣本，代表性不夠；加上實驗控制的程度又相當低，以致研究結果經常受到質疑。

三、教師行為的研究

　　這種研究主要是測量教師教學時的行爲或表現對學生學習的影響，研究假設是教師們在組織教學、選擇教材和教法，以及與學生互動方式上的不同，會影響學生學習的多寡。由於是探討教師在教學過程中的行爲（過程變項）與學生成就（結果變項）之間的關係，故又稱爲「過程─結果」（process-product）的教學研究模式。部分學者採用直接觀察教室內的教學活動，並記錄教師在教學歷程中的行爲表現，而後再與其所教學生的成就求取相關。研究結果使「教師並不影響學生學習」的迷思不復存在，驗證教師的教學品質是影響學生學習成就的決定性因素。此一研究發展對有效教學技巧、能力本位的師範培育、師資教學評鑑等方面，提出許多具體的建議。

四、學生思考的研究

　　「過程─結果」的教學研究受到一些批評之後，學者將研究範圍擴大到學生的思考過程上，通常這種研究是先研究教師行爲與學生思考的關係，再研究學生認知思考與學習成果的關係。這是從認知心理學的角度來探討教師或教學如何影響學生的認知、期待、注意、動機、記憶、歸因、理解、信仰、態度、學習策略及後設認知（meta-cognition），這類研究有助於我們了解各種教學現象對學生的影響。

五、教師思考的研究

　　教師思考的研究旨在描述教師的心智活動，以及了解和解釋教師外顯的教學行爲是如何形成的。教師思考的研究於 1973 年正式展開，研究的領域包括：1. 教學之前與教學之後，教師設計教學時的思考內容與過程；2. 教師教學思考與決定過程；3. 教師的內在信念及信仰。教師思考的研究通常是依賴教師的自我反省報告，其方法有說出思想、刺激回憶法、政策捕捉法、撰寫教學日誌等。教師思考的研究提供有關教師行爲、行爲原因及有效行爲的資料，可引導教師進行有計畫的教學，教師可經由不斷地自

我反省思考,而作出正確的教學判斷與決定。

六、教師知識的研究

　　教師需要具備何種知識?什麼是教師所要知道的?這些主題的研究是教學研究的新典範,教師知識的研究是教師思考的後續研究,這方面的研究可歸納為四種類型:1. 教師們所使用的理論有哪些?這方面研究探討教師在哲學、社會學、心理學等所使用的理論知識基礎。2. 教師們使用實務的知識有哪些?例如教學用的課表、教科書、教學指引、教學方法及策略等。3. 教師所持的知識有哪些?4. 教師們所持有的實務知識有哪些?例如教師在實際教學中發展出來的規則、原理原則、所形成的教學意象等。

 貳　有效教學的研究

　　有效教學(effective teaching)是指有用、有效率、有效益的教學,此一名詞與教師效能(teacher effectiveness)經常被視為同義字,指的是為達到教學目標所使用的策略、方式、途徑是有效的;也就是指在教學歷程中,教師所表現的一切有助於學生學習的行為(林進材,2002)。林生傳(1996)認為有效教學是周密規劃、精密設計、講求效率、提高學生成績、精緻化教學品質的一種教學革新取向。其研究重點有三:1. 教師組織和經營教室活動的技巧;2. 教師呈現教材的技能;3. 師生的關係。有效教學的研究焦點逐步擴大涵蓋教學策略、班級經營、課程與評量,以及整體教學環境的規劃。應用在班級經營方面,所重視的不是教師對學生錯誤行為要做如何反應,而是教師如何預防學生產生錯誤行為(Jones & Jones, 1998)。本節即針對有效教學的研究概況作一闡述。

一、研究源起

　　當教師建立教學原則和方法是因為有理論的依據,因此會更具信心,理論是否能推展到教學實務則是不夠明確;再加上柯爾曼(Coleman et al., 1966)的一項教育機會均等的研究報告,讓社會大眾對學校教育的成效產

生很大的質疑，該研究是調查全美國三千一百所學校的 645,000 位學生，探討影響教育機會均等的因素。研究結論認為，影響學生成就的因素並不是學校因素，而是家庭環境及學生個人的因素，也就是教師對學生的影響是次要的變項，或是無關的變項，學生的智商、家庭生活、同儕團體、社會階級才是決定學業成就的重要變項。許多教育學者不同意柯爾曼這篇報告所持的論點，於是針對「教師是否會影響學習結果？影響程度有多大？」這項主題進行研究，這種趨勢稱為有效教學研究，或稱為教師效能研究。

二、有效教學研究成果

有效教學研究主要是測量教師教學時的行為或表現對學生學習的影響，這個研究模式對有效教學技巧有相當大的貢獻，以下就該模式的研究成果說明如下（周新富，2006；Jones & Jones, 1998）：

㈠ 教師組織和經營教室活動的技巧

對教師組織和經營教室活動技巧的研究之所以受到重視，主要是因為有三項研究得到極大的迴響。第一項是庫寧（Kounin, 1970）的研究開始顯示教師組織和經營技能的重要性，他從數千小時的教學錄影帶中，比較有效能的班級及無效能的班級，其教師行為有無差異，結果得到這樣的結論：教師對不當行為的處理沒有明顯差異，但有效能的教師會使用不同的教學方法預防學生的不當行為。第二項教師組織和經營行為的研究是布拉裴和伊文森（Brophy & Evertson, 1967）發表的「學習來自教學」（Learning from Teaching）報告，研究者以 2 年的時間觀察 59 位教師的教學，觀察的重點在教師行為與有效教學的關係，再將教師分為高、低效能兩團體，比較其學生在標準化成就測驗的表現有無顯著差異，其結果支持庫寧的研究，有效教學行為可以預防學生偏差行為及增進教學成效。第三項是艾默等人（Emmer, Evertson, & Anderson, 1980）在一項「班級組織與有效教學」計畫中，繼續擴展上述兩項研究，他們觀察 28 位國小三年級教師在學校開學前幾週教學情形，發現整學年順利運作的有效能班級，大部分來自學

校最初幾週能做有效計畫和組織的班級，這些班級經營者提供學生清晰明白的教學，且仔細地監督學生表現，對沒有達到精熟程度者再重新教學，在不當行為處理上，有效能教師清楚說明其後果且貫徹實施。這項研究持續進行到國中，證明開學早期的計畫和適當教學行為的重要性。

(二) 教師呈現教材的技能

有效教學的研究教師的教學技巧，發現良好的呈現教材技巧可以預防學生上課時偏差行為的產生，並且可以充實學生的學習，以下是重要的研究結果：

1. 要有清楚的教學目標：除了教師知道教學目標之外，也要向學生說明這堂課要達成哪些目標，讓學生有一方向可循。

2. 提供有效的直接教學（direct instruction）：這種教學法是以教師為中心的方式，教師以面對面的授課方式，清楚地講解教材。

3. 監控學生的學習：教師要提醒學生上課的注意程度，對學生的上課行為要進行干涉，教學結束要指派家庭作業，單元結束要實施成就測驗，以種種方式掌控學生的學習進度。

4. 配合學生的學習型式（learning styles）：學生的學習型式是最近受到重視的研究重點，每個學生有不同的學習型式，教師要依據學生學習反應調整教學方式。

5. 強調多元文化教育的重要性：學生的種族因素與課程、學習有相當密切的關係，近來提倡多元文化教育就在強調課程的發展不能忽視種族因素，教師要了解學生的文化背景，才能引發其學習動機及促進學習成效。

(三) 教師與學生互動的技巧

有效教學研究的第三項重點是教師與學生互動的技巧，也就是師生之間良好關係的建立，這個研究領域又可分成兩個部分：1. 探討師生互動的質和量對學生成就的影響；2. 強調師生互動時個人、情感層面對學生態度（如自我概念）及成就的影響。我們所熟悉的「自我應驗的預言」（self-fulfilling prophecies），即教師對學生的期望會造成自行應驗的預言，就是這方面的重要研究。

三、教師有效教學行為

有效教學的重要研究成果是確定教師哪些教學行為能有效提升學生的學業成就，教師的教學要達到良好的成效，必須掌握教學的關鍵行為，從師資職前教育開始，就要好好強化這些能力。以下是有效教學所必備之五項關鍵行為（郝永崴等譯，2008；Borich, 2004）：

㈠ 清晰授課（lesson clarity）

這項關鍵行為指的是教材呈現給學生的清晰程度，有效能的教師具有以下特點：1. 重點清楚，易於理解；2. 清晰解釋概念，幫助學生按邏輯順序，循序漸進理解；3. 口齒清晰，音量適中，沒有分散學生注意力的特殊習慣。

㈡ 多樣化教學（instructional variety）

另一關鍵行為指的是在教授課程內容時能使用多樣化的教學方式，創造多樣化的有效方式之一便是提問題，有效能的教師需要知道提問題的藝術，以及區別不同問題的格式，這些問題包括有關事實的問題、有關過程的問題、聚合性問題及發散性問題。多樣化教學的另一面，是對學習材料、設備、展示方法，以及教室空間的運用，教室裡物品的質地與視覺效果的多樣性，都可以幫助教室多樣化。這些因素隨之而來的會影響學生隨堂考試成績、表現評量，以及學生在學習過程中的參與程度。

㈢ 任務取向教學（task-orientation）

任務取向教學是顯示一位教師投入多少教學時間在其所教的學科上面，代表教師努力認真的教學態度，時間愈多，學生愈有學習的機會，而不是在與學科無關的主題、班級秩序的維持上占去太多時間。

㈣ 學生學習過程的參與（engagement in the learning process）

學習過程中，學習者的參與及投入亦是一項關鍵行為，與學生學習某科目時願意投入的時間息息相關。為提升學生投入學習的程度，教師可試著以下的方法：1. 制定規則；2. 四處走動，監督學生課堂作業；3. 確保作

業有趣、值得做，以及簡易；4.減少費時的學習活動；5.善加利用資源及活動；6.避免時效性問題的發生，迅速糾正學生行為上的偏差。

(五)確保學生成功率（success rate）

最後一項有效教學行為，乃是確保學生成功率，學生成功率指教師教學後學生所能理解及正確完成習作的比率，有效能的教師要使學生學會80%的講授教材。

 ## 臺灣地區教學研究的最新趨勢

由2001-2010年教學研究論文，發現臺灣地區教學研究發展趨勢具有以下特性：1.教學研究內涵有由關心教師教學行為，轉而關注學生學習行為的趨勢。2.以往教學研究物件偏重國中、小學階段，高中職階段其次，大學校院階段的研究偏少，但近年來研究物件在大學校院與高中職階段的教學研究有增長趨勢。3.偏重質性研究的現象。4.行動研究逐漸受到重視。5.教學研究重視過程變項、結果變項和情境變項，有忽略先在變項的傾向（林進材，2011）。在資通訊科技發展帶動下，促使學習的彈性、自主與虛實交錯，以及教學的多元、即時與交流溝通，這些新的應用型態稱之為「翻轉教學」（羅良慧，2018）。這種結合資訊科技的教學型態廣受師生歡迎，成為近幾年來教學研究的新趨勢。

第三節　教師的專業能力

專業（profession）又稱為專門職業，是指這項職業需要具備高度的專門知能，例如醫師、律師、工程師、會計師、建築師等均屬之，執業人員需具備專門的知識和技能，遵守專業的倫理規範。教學工作是一項專業，要進入這項專業領域需具有合格執照。

壹　教學專業特性

教學工作需要特定的知識和長而密集的學術準備，從業人員至少要具備學士學位，且擁有合格教師證才能教學。目前大部分的教師都擁有碩士學位，且繼續參與專業發展活動。教學這項專業具有以下特性：

一、設定標準

從事教學工作除需具備學士學位外，還需接受至少 2 年的師資培育課程，國小教師需修畢 48 學分左右的教育專業課程，中等教育師資需修畢 26 學分左右的教育專業課程及任教學科的專門課程後，再通過教師資格考試，然後才能參加半年的實習，實習及格後即可取得合格教師證書，接著要參加各縣市政府或學校所舉辦的教師甄選考試，考上即成為正式或代理教師。有關教師的職前教育規定，詳細列於《師資培育法》之中。

二、特定知識

中等教育或國小特殊才藝的師資除修畢教育學分外，尚需修畢任教學科的專門學分，例如中等學校輔導教師除要修畢教育專業學分外，也要修畢指定的輔導專門課程的學分，才能成為合格的輔導教師。

三、專業倫理

任何專業都要接受專業倫理的約束，教學專業也不例外，教師除接受聘約的約束外，相關的法令也對教師的教學、師生的互動加以規範。

四、實務上的義務

成為教學專業的成員，需要遵守實務工作上的義務（obligation to practice），這些義務包括：1. 教師的工作時間是 7:30-16:00，不要遲到早退。2. 協助學生學習，學生的考試成績要在可接受的水準。3. 做好班級經營，讓學生能專心學習。4. 教師要成為學生的行為楷模，在言行舉止上要接受一些約束（Hall, Quinn, & Gollnick, 2008）。

教學專業能力

　　有效教學實證研究指出，有效能的教師之因素，包括教學設計、班級經營、班級課程設計等，可作為一位稱職教師專業表現的重要啟示和指引，並可進一步轉化成為「教師評鑑標準」。教育部曾經推動的「教師專業發展評鑑」，其中「課程設計與教學」、「班級經營與輔導」兩個層面的標準或指標，可視為教師在教學專業能力上的表現，以下列出這些教學專業能力作為發展專業能力之參考（張新仁，2008；曾憲政等，2007）：

一、教學清晰

㈠掌握所授教材的概念
1. 能充分了解所授教材的概念。
2. 能將概念轉換成教學活動。

㈡清楚的教導概念及技能，形成完整的知識結構
1. 能有組織、有系統，由簡到繁的呈現教材。
2. 能將過去所習得的知識與現在所教導的概念相連結。
3. 能提供多種例證或範例，引導學生觸類旁通。
4. 設計有意義的練習或作業，指導學生確實完成。
5. 於每節課結束以前，總結或摘要學習要點。

二、活潑多樣

㈠引起並維持學生動機
1. 提出和學生生活相關或有興趣的問題，引起學生學習興趣。
2. 能以新鮮有趣的事物或活動，維持學生注意力。
3. 給予學生成功的經驗，增強其學習動機。

㈡運用多元的教學方法及學習活動
1. 依教材之需要，應用多元（三種以上）的教學方法。

2.能以學生為主體，提供學生充分（80%以上）參與學習活動的機會。

3.能促進學生相互合作、共同討論或學習。

㈢ 使用各種教學媒體

1.能依教學需要選用合適的媒體與資源。

2.能正確地操作視聽器材或教具。

㈣ 善用各種發問技巧

1.能設計問題由淺而深，考察學生是否真正了解教學內容。

2.能使用開發式問題，以激發討論，促進學生深入思考。

3.發問後待答時間適當（3秒以上），容許學生有思考聯想的時間。

4.發問後能針對學生的回答繼續延伸問題。

5.聽答後能統整回答，加深學生印象或促進概念完整。

三、有效溝通

㈠ 運用良好的語文技巧

1.音量足夠，咬字清晰，使全班學生都能聽得懂。

2.使用學生能理解的語言文字，解釋上課內容。

3.板書工整正確，使每位學生能清楚看到。

㈡ 適當地使用身體語言

1.適當地使用眼神、面部表情或手勢，加強溝通。

2.適度地移動位置，增強溝通效果。

㈢ 用心注意學生發表，促進師生互動

1.鼓勵學生發表，傾聽學生說話，不隨便干擾。

2.複述或澄清學生說話的內容，以確定了解其意。

3.對學生的反應做建設性的回饋，以避免負面的批評。

四、班級經營

㈠營造和諧愉快的班級氣氛
1. 以和善的表情、親切的口吻和學生互動。
2. 能以幽默、機智帶動班級輕鬆愉快氣氛。

㈡妥善布置教學情境
1. 依教學活動的類型、適當安排學生座位。
2. 配合教學，布置有關的圖片、圖表、標本、模型等。
3. 充分利用教學空間，所有學生作品均有展示的機會。

㈢建立良好的教室常規和程序
1. 訂立合理的班級規約和活動程序，訓練並執行。
2. 實施個人與團體的榮譽制度，鼓勵學生自律。

㈣有效運用管教方法
1. 勤於發現學生良好行為，並立即獎勵。
2. 善於運用讚美、公開表揚等社會性獎勵。
3. 對於學生不當行為，立即明確妥善的處理。

五、掌握目標

㈠充分地完成教學準備
1. 考量學習內容及學生能力，決定教學目標。
2. 能依教學目標來設計活動、練習及作業。

㈡有效掌握教學時間
1. 上課時儘速進入教學活動。
2. 巧妙地銜接教學活動，維持流暢的教學節奏。
3. 利用走動、查看等技巧，促進學生積極學習。

㈢ 評量學生表現並提供回饋與指導

1. 利用多元的評量方式，了解學生的學習成效。

2. 明確地改正和指導學生在學習上的錯誤。

3. 鼓勵進步的學生，使同儕有學習的典範。

4. 對特殊需要的學生，採取補救教學或加深加廣的措施。

㈣ 達成預期學習效果

1. 學生用心學習專注於學習活動。

2. 學生能理解並運用所學的概念及技能。

3. 學生能對學習活動有關的價值，做合理的判斷。

第四節　本書架構

　　如前所述，完整的教學內涵包含教學理論、教學設計、教學目標、教學策略、教學評量五個主題，但因這些主題分散在不同的學科之中，例如教育心理學主要在探討教學理論；班級經營屬教學策略的一部分，也獨立為一門學科；教學評量這項主題也有相對應的學科作深入探討，因此本書在內容編排方面，則著重在教學策略這個部分，當然相當領域都有涉及。本書內容分為五篇十六章，第一篇為緒論，探討教學的基本概念；第二篇為教學原理，包含學習理論與動機理論兩章，第三篇為教學計畫，內容共有四章，分別是教學設計模式、教學計畫、教學目標及教學評量；第四篇為教學技術，內容包含發問、討論、教學媒體、教學管理等四章；第五篇為重要教學法的介紹，包含直接教學法、概念與探究教學法、合作學習法、建構主義與適應個別差異教學法、問題導向學習與案例教學法等五章。

自我練習 ....

一、選擇題

(　) 1. 葛來斯（R. Glaser）所倡一般教學模式（the general model of instruction）包含四個部分，循序漸進，其順序為何？ (A) 教導目標→教學程序→起點行為→教學評鑑　 (B) 起點行為→教學目標→教學程序→教學評鑑　 (C) 教學目標→起點行為→教學評鑑→教學程序　 (D) 教學目標→起點行為→教學程序→教學評鑑

(　) 2. 黃老師想要在平日課堂教學中了解學生的學習表現，作為修正教學策略的參考。黃老師該使用下列哪一種評量最為適合？ (A) 形成性評量　 (B) 總結性評量　 (C) 標準參照評量　 (D) 常模參照評量

(　) 3. 張老師批改作業之後，總是儘速發還給學生，以協助學生了解自己在整個學習過程中的表現。此作法屬於「教學的一般模式」中的哪一項？ (A) 評鑑　 (B) 預估　 (C) 回饋環線　 (D) 教學目標

(　) 4. 張老師質疑學校行政人員為某政黨宣傳，並在行政處理上有厚此薄彼之嫌。請問張老師的這種反省較接近下列哪一種？ (A) 批判的反省　 (B) 技術理性的反省　 (C) 實踐行動的反省　 (D) 假反省

(　) 5. 採用多元的教學策略，以激發學生的學習動機，進而減少偏差行為的發生，這在班級經營中，屬於何種策略？ (A) 預防策略　 (B) 支持策略　 (C) 矯正策略　 (D) 藍海策略

(　) 6. 一般而言，下列四個基本要素在教學設計時的先後順序為何？
a. 教學活動；b. 起點行為；c. 教學評量；d. 教學目標
(A)a → b → c → d　 (B)d → b → a → c　 (C)d → c → a → b　 (D) b → a → d → c

(　) 7. 教師在課堂上宣揚自己的宗教信仰，並強制學生配合進行相關的活動。請問此舉最不符合下列何種教育規準？ (A) 認知性　 (B) 自願性　 (C) 繼續性　 (D) 價值性

(　) 8. 依《師資培育法》規定，下列何者為中央主管機關之職責？ (A) 設立教育實習委員會　 (B) 設立教師甄選審議會　 (C) 訂定師資生之招生辦法　 (D) 訂定師資職前教育課程基準

（　）　9. 身為教師，下列教學信念何者最為合理？　(A) 我自己不能犯任何錯誤　(B) 我在教學上必須跟其他老師競爭　(C) 學生問的問題，我都要無所不知　(D) 我應該對學生學習成就負起責任

（　）10. 某校以「2004 年雅典奧林匹克運動會」為「主題」進行教學，這是屬於哪一類主題？　(A) 文學主題　(B) 論題主題　(C) 概念主題　(D) 事件主題

（　）11. 教師可以根據自身的判斷來決定教學目標，同時參與學校選擇適當的教科書。上述說明較符合下列何種教師專業特徵？　(A) 專業自主性　(B) 不斷在職進修　(C) 服務重於報酬　(D) 長期專門訓練

（　）12. 近年來，教師的教學觀由「教師教什麼」轉變為「學生學什麼」。此一轉變最接近下列何種理念？　(A) 教師是教學的決定者，而學生是學習者　(B) 教師先確定教學目標，再關心教學內容　(C) 教師先了解教學內容，再分析學生學習到什麼　(D) 教學的產生是因有學生，才需要教師進行教學

（　）13. 教師在教學過程中檢視自己的教學得失，以謀求改進，此所做的評鑑為一種：　(A) 總結性評鑑　(B) 標準參照評鑑　(C) 常模參照評鑑　(D) 形成性評鑑

（　）14. 下列哪一項是「質性研究」（qualitative research）的特徵？　(A) 探究法則　(B) 發現真相　(C) 深度描述　(D) 驗證理論

（　）15. 就概念意涵來分析，「教學」之有別於「灌輸」的基本要素是：　(A) 意向（intention）　(B) 成功（success）　(C) 練習（practice）　(D) 理性（rationality）

（　）16. 下列哪一種專業活動有助於教學方法的研發與創新？　(A) 教學實驗　(B) 微型教學　(C) 行動研究　(D) 以上皆是

（　）17. 下列何者屬質性研究？　(A) 問卷調查研究　(B) 實驗研究　(C) 生命史研究　(D) 相關研究

（　）18. 下列何者的描述詞偏向於質性研究（qualitative research）的特徵？　(A) 實證論、邏輯經驗論的哲學根源　(B) 人為的、不熟悉的研究情境　(C) 免情境限制、普遍推論　(D) 歸納的分析態式

（　）19. 某位研究者以「教學方法」為自變項，「學業成就」為依變項，但

又發現是因為不同的教學方法引起不同的學習歷程，不同的學習歷程才導致不同的學業成就，研究者逐將「學習歷程」納入研究設計之中，在此研究中「學習歷程」屬於：　(A) 調節變項　(B) 中介變項　(C) 控制變項　(D) 主動變項

(　) 20. 在教學歷程中教師表現的一切有助於學生學習的行為，稱為：　(A) 教師效能　(B) 教室管理　(C) 教學策略　(D) 教學目標

(　) 21. 下列有關教師教學效能研究的三種取向，依其發展時序排列，何者是正確的？a. 教師特質；b. 教師行為；c. 教師思考　(A)a b c　(B)b a c　(C)a c b　(D)c b a

(　) 22. 教師教學如要有效，必須採行適當的教學途徑，請問下列何者不是有效教學應有的途徑？　(A) 給予學生高度的期望　(B) 採用多樣教學法　(C) 激發學生學習動機　(D) 使用適當的發問技巧

(　) 23. 對於學生新事物的學習時，從事教育工作者宜以教育或教學為重，如果在課堂上特別重視方法和技術的指導與練習，則稱為：　(A) 訓練　(B) 灌輸　(C) 教學　(D) 教育

(　) 24. 有關「訓練」與「灌輸」特徵的陳述，以下哪一項陳述正確？　(A) 訓練的特徵是不許學生發問　(B) 訓練的特徵是教師專斷獨裁　(C) 灌輸的特徵是教師傳達未經證實的信念　(D) 灌輸的特徵是教師偏重技術的指導

參考答案

1.(D)　2.(A)　3.(C)　4.(A)　5.(A)　6.(B)　7.(B)　8.(D)　9.(D)　10.(D)
11.(A)　12.(D)　13.(D)　14.(C)　15.(D)　16.(D)　17.(C)　18.(D)　19.(B)　20.(A)
21.(A)　22.(A)　23.(A)　24.(C)

二、問答題

1.何謂有效教學？此方面的研究包含哪些主題？
2.在教師職前教育階段，教師要具備哪些條件才能成為合格教師？
3.要成為一位有效能的教師，應具備哪些教學方面的專業能力？
4.教師專業發展評鑑的目的為何？並以分組方式討論目前臺灣進行教師評鑑的困境。

5.何謂「自我應驗的預言」（self-fulfilling prophecy）？自我應驗的預言對於教師教學有何意義？

6.請就教學研究主題發展的過程做一簡略的敘述。

7.新加坡教育部課程規劃與發展司副司長林泰萊（Tay Lai Ling）曾說過：「我們走了很長一段路才讓我們的教育和學習方法有所改變，但是還有更長的路等著我們的教師和學生。我們教育部有一句新標語，希望能鼓勵更多的改變出現。這句標語是：『少教多學！』」有人認為臺灣的小學教學現場，通常教師「教得多」，而學生卻「學得少」。請至少列出兩項可能造成此現象的原因，並提出其對應的解決策略。

8.部分老師教學時會著重於「教完」而非「教會」。試述此一現象的兩項原因，並分別針對此兩項原因提出解決策略。

學習理論與教學

　　教育心理學的研究不斷推陳出新，在二十世紀前半葉的行爲主義心理學，其學習觀點強調外在、可觀察行爲在學習上的重要性，並強調外在的操作條件會對學生行爲的改變產生很大的影響，其著名的古典制約（classical conditioning）及操作制約（operant conditioning）理論應用在教學上發展出教學的巨大變革，例如編序教學、電腦輔助教學、精熟學習等教學法仍延用至今。隨著認知心理學的興盛，教育學習發現行爲主義的學習看法過於簡化，而且有可能存在一些錯誤的理論，學者指出學習者的確會對環境刺激有所反應，但是學習者不只是被動的接受刺激，他們會主動地改變從環境來的刺激，學生的特性如動機、學習策略也會影響到學習。同時，教師的角色也從環境的控制者轉變成幫學生組織、了解資訊的人。認知心理學的研究發現提醒我們，學生特性與學習才是教學所要討論的重點，對教學的研究焦點也應由教師身上轉移到以學生爲主的方法（丘立崗等，2006）。在此趨勢發展之下，本章討論的重點著重在認知心理學及建構主義的學習理論爲主，分別闡述這些理論對教學的影響。

第一節　行爲論的學習理論

　　行爲學派重視外在環境對學習的影響，較忽略個體內在的心理活動，操作制約就是指透過刺激反應的連結與增強作用，協助學習者習得對他有用的行爲。行爲論認爲學習與教學的差別，在於有無增強的情境。行爲論觀點在教學的具體應用就是編序教學、電腦輔助教學、行爲目標的撰寫、精熟學習等（張春興，2013）。本節僅就精熟學習理論與教學模式作一探討。

 ## 壹　精熟學習理論

　　精熟學習（mastery learning）是一種教學策略與設計模式，係於 1968 年由布魯姆（Bloom）根據卡羅（Carroll）在 1963 年所發表的「學校學習模式」（a model for school learning）的理念加以發展而提出的教學法（毛

連溫、陳麗華，1987），其目的在使大部分的學生（80-90%）皆能精熟學習目標。精熟學習是時間本位的教學創新設計，其理論基礎主要是由卡羅及布魯姆所奠定。

一、卡羅的學習理論

卡羅是時間本位教學研究的創始者，他指出學習的程度決定於個人學習的時間，那是依個人學習所需的時間、個人所能獲得的時間，以及如何真正運用而定。因此，在學習的過程中，「性向」（aptitude）固然重要，但時間的充分與否更是能否達成學習目標的重要因素。如果能夠提供每個學生學習某一學科達到某一效標層次（criterion level）所需的時間，而且學生又能適當地運用這段時間，那麼學生將可達到特定的成就水準。如果上述兩要件缺其一，則學習成就會較低。因此，學習者的學習程度等於學習者真正用在學習的時間除以他應該要使用在學習的時間。卡羅用圖 2-1 的公式來表示說明如果學習者真正用在學習的時間等於他應該要用在學習的時間，學習即達精熟程度；如果所花時間少於所需時間，則學習程度就不相同（Guskey, 1997）。

公式一：

$$學習者的程度 = f \left\{ \frac{學習者真正用在學習的時間}{學習者應該要用在學習的時間} \right\}$$

圖 2-1　學習的程度公式一
取自王財印等（2019，頁 345）

卡羅又進一步指出影響上述兩種時間的各種因素，包括學生「個人的特性」及「教學的特性」。影響學習者用於學習時間的因素有二，即學習的機會（opportunity to learn）、上課的時間量及學生願意去學的「毅力」（perseverance）。至於影響學習者應該要使用在學習時間的因素有三，即「學習的速度」（性向）、「教學的品質」（quality of instruction）和學生對該科「教學的了解能力」（ability to understand instruction）。綜合上述各項影響因素，則公式一可以化為公式二的形式（Guskey, 1997）。

公式二：

$$學習者的程度 = f \left\{ \frac{(1)\ 學習者的機會 + (2)\ 毅力（願意學習的時間量）}{(3)\ 學習的速度（性向）+ (4)\ 教學的品質 + (5)\ 教學的了解能力} \right\}$$

圖 2-2　學習的程度公式二

取自王財印等（2019，頁 346）

　　從圖 2-2 的學習公式中可以了解卡羅認為這五項變項是導致學生學業成就差異的重要變項。卡羅在教學模式發表二十五週年的演說會上提出：雖然不能明確說出如何影響或要如何控制，但卡羅認為未來的工作強調給學生較大程度的「機會均等」，而不是「成就均等」，機會均等即提供許多不同的、適當的方法供學生學習（Carroll, 1989）。因此，教師從事教學活動所必須考慮的變項，他認為有以下五個變項（McCown & Roop, 1992）：

　　1. 學生對於某一類學習所具有的「性向」：卡羅模式視之為學生學習工作達到特殊標準所需的時間量。

　　2. 教師的教學品質：教學品質影響學生學習一項工作能否達到標準所需的時間量。

　　3. 學生對於教學的了解能力：理解教學的能力包括學生學習的準備度，假如學生缺乏這項能力，所需的學習時間則要增加。

　　4. 學生的學習毅力：毅力是學生願意花在工作的時間量。

　　5. 學習的機會或時間量：是學生在學習特殊工作所給予的時間量。

二、布魯姆的精熟學習理論

　　布魯姆的精熟學習理論主要是根據卡羅的學校學習模式衍生而來，他同意卡羅對於影響學習成效的五項因素，並進一步提出實施精熟教學的架構，因而對於中小學教學方法有實際的影響。布魯姆認為影響學生的學習成敗有兩類因素：一類是「穩定的變項」，例如智力、社經地位；另一類是「可改變的變項」，例如認知及情意的起點行為與教學品質等變項。認知的起點行為指學習者在學習某一特定任務之前所具備的基本知識和技

能，情意的起點行為則指學習者對學習任務的興趣、態度、自我觀念等，如圖 2-3 所示。至於布魯姆所主張的高品質教學則有四個成分：1. 提示，即提供學生學習的線索或指引；2. 參與，指學生內在或外在的參與學習活動；3. 增強，指學生因學習而獲得鼓勵；4. 回饋與校正活動，他認為回饋與校正是提高教學品質的主要方法。在這種高品質教學過程中，教師是扮演著管理學習（manager learning）的角色。布魯姆認為教師應該先找出每個學生學習某件任務的認知及情意起點特性，繼而以此為基礎進行包括「回饋－校正」的精熟學習策略在內的高品質教學（劉麗琴、呂錘卿、李坤霖，2008）。

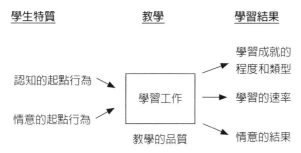

圖 2-3　布魯姆的學習理論的因果模式

取自林寶山（2003，頁 63）

貳　教學上的應用

　　精熟學習法的理論家已嘗試將精熟學習法與其他著名的教育思潮結合在一起，例如：精熟學習法與能力本位教育及人文主義教育運動的統合。而且運用精熟學習法的理念和實務，可用來教音樂、舞蹈、詩歌、繪畫等人文科學，並且可促使學生達到「高峰學習經驗」（劉麗琴等，2008）。設計精熟學習歷程時應先由三方面來考量：1. 如何使學習者對所欲進行的學習功課清楚明確；2. 如何精巧安排所欲進行學習的材料，使其成為有順序的教材；3. 如何有效運用評量工具進行回饋（林生傳，1992）。以下為精熟學習法的實施過程：

一、精熟學習法的先決條件

教師需事先訂定形成性評量及總結性評量的表現標準，以顯示精熟水準。精熟水準的訂定，通常以熟悉教材的 80-90% 最為恰當。精熟學習策略的重點在於如何提供額外的時間給需要的學生，當學生在評量的得分未達到 90%，則給予額外的補救教學，直到在同一張評量能得到 90% 的正確率。

二、教學步驟

精熟教學應把握行為目標、教材的組織與編制、形成性評量、補救教學、充實性活動、總結性評量等要素，其教學流程如圖 2-4 所示。以下為精熟學習法的教學步驟（王財印等，2019）：

1. 將課程或教材編成一系列的教學單元，每單元約供一、二週教學。

2. 各單元列出包含各層次的明確教學目標。

3. 各單元在一般的班級環境來進行教學，教師採用班級團體教學，如講述法、練習法、討論法等教導第一單元。

4. 各單元結束實施形成性評量，用以評定是否通過此單元的學習，並了解未通過者的學習困難所在。

5. 達到熟練標準的學生可安排其他活動，例如擔任同儕教導者、從事較深的充實活動、學習其他科目或參與非學術性的工作及從事具有結構性

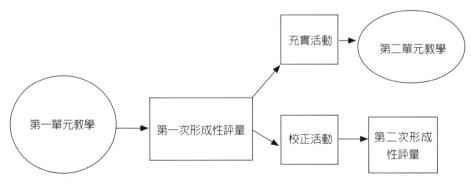

圖 2-4　精熟學習的教學過程

取自 Guskey（1997, p. 9）

的獨立研究。

6. 未達到標準的學生則安排特殊的程序進行補救教學，包括根據性向給予額外的充分時間來學習。教師如想延緩下一單元的學習，則要提供學生課內和課外的時間以履行其責任；教師如不想延緩下一單元的開始，則需利用課外的時間學習不熟練的部分。

7. 所有單元學完之後，進行總結性評量。

8. 利用形成性評量及總結性評量的結果作為回饋，改進教學方法、教材的安排。

9. 教師重複「起始班級教學、診斷進步測驗及證實精熟或實施個別校正」的循環，一個單元接一個單元進行，直到全部的單元都授畢。

第二節　認知論的學習理論

認知心理學家致力於發展能透視學習本質的理論，特別是個人如何產生知識的結構，以及個人如何創造、學習推論與解決問題的策略。這些心理學家的焦點集中在個人如何處理訊息、如何監控與運作其思考，以及其思考之結果（方德隆譯，2004b），所提出的理論稱為認知學習理論，包括認知發展理論、認知結構理論、訊息處理理論等，本節僅就與教學有密切關聯的學習理論作一闡述。

壹　布魯納的認知成長理論

布魯納（J. S. Bruner）生於 1915 年，是美國發展心理學家，他提出的理論稱為認知成長理論（theory of cognitive growth），雖然受到皮亞傑的影響，但他不主張認知結構發展的改變，而是重視兒童以不同的方式來獲得知識（Schunk, 2008）。1966 年出版被教育界譽為經典之作的《教學理論之建構》一書，書中的重點在提出如何改革教學以促進學習效率。布魯納特別強調學生的主動探索，認為從事象變化中發現其原理原則，才是構成學習的主要條件，故而稱為發現學習論（discovery learning theory）（張

春興，2013）。以下就布魯納有名的學習理論與教學理論作一探討。

一、認知表徵理論

　　布魯納將人類對環境中周遭的事物，經知覺而將外在事物或事件轉換為內在心理事件的過程，稱為認知表徵（cognitive representation）或知識表徵（knowledge representation），指人類經由認知表徵的過程而獲得知識。布魯納認為人的認知發展有三種方式，而與發展的順序相結合，這三種方式分別是（張春興，2013；Bruner, 1966）：

(一)動作表徵（enactive representation）

　　指 3 歲以下幼兒靠動作認識了解周圍的世界，亦即透過行動的手段，來掌握概念或事物，像騎單車、敲打等肌肉的動作皆屬之。實物或具體物教具（花片、積木），皆為概念的動作表徵，它們可以被實際地操弄。動作表徵是求知的基礎，雖然最早出現在幼兒期，但卻一直延用到終身。

(二)形象表徵（iconic representation）

　　形象表徵或稱為圖像表徵，約 3-5 歲左右的兒童即能以圖像來運思，即使具體物體已消失，但可以對物體知覺留在記憶中的心像（mental image）為材料，進行內在的活動；或是靠照片、圖形的學習，兒童亦可獲得知識。如果兒童被問到西瓜大還是桃子大這個問題，他不需要靠實物比較，即可回答此類問題。

(三)符號表徵（symbolic representation）

　　符號表徵或譯為象徵表徵，指 6-7 歲以後在小學接受教育的學童能運用符號、語言、文字等抽象符號獲得知識的方式。認知發展至此程度，代表智力發展臻於成熟，以後兒童的認知主要是採用符號模式，但是他們還是繼續使用動作、形象模式來獲得知識。

　　布魯納的理論與皮亞傑的理論頗為相似，動作表徵期的理念與皮亞傑的感覺動作期相似，形象表徵與具體運思期相似，符號表徵與形式運思期

相似，但布魯納不是階段論者，他是建構主義的提倡者。認知表徵理論告訴我們兒童可以由三種不同的方式來獲得知識，建議教師依學生的發展層級而以不同的教學方式呈現知識，例如學生在理解抽象的數學演算之前，他們會使用動作（堆積木）和形象（圖形）的方式獲得數學的概念。布魯納強調教學是提升認知發展的一種方式，學生無法學會某一概念是因為教師的教學方式無法被學生理解（Schunk, 2008）。

二、教學的四要素

布魯納（Bruner, 1966）將學習理論應用在教學上而提出教學理論，他認為在教育過程因學生在認知表徵上的發展存在個別差異，所以教師要能配合學生的認知發展水準，以符合學生認知結構的表徵順序呈現教材教法，協助學生產生認知上的重組，學生必能學會教材所含的概念而產生真正的學習。其教學理論包含以下四項要素（Scales, 2008）：

㈠ 準備度（readiness）

學習者需具備學習的素質（predisposition），最有效的動機是學習者遭遇到的問題能被解決，由問題而引發好奇心和疑惑。

㈡ 結構

結構是指教材內容而言，任何知識的傳授，只要在教材組織結構上能配合學生認知表徵，都可以讓學生理解。任何理念、問題或知識只要能以簡單到任何學習者都能理解的形式呈現，每個學習者就能學會教材。

㈢ 順序

教材的呈現必須以有效的順序讓學習者習得（acquire）、轉換（transform）和學習遷移，螺旋式課程即依此原則設計而成。

㈣ 動機

最初的學習是由教師以正向回饋等外在動機的方式來引發動機，但學習者慢慢要改變成內在動機，這是由問題解決及認知理解的滿足感所引發，如此即能成為主動學習者。

三、發現學習

布魯納認為在教育上僅傳授知識，不能算是完整的教育，應讓學生自己探索、推理思考、解決問題、發現事實或法則、享受學習的樂趣，進而培養好奇心，鼓勵創造與探索未知世界，所以布魯納提出發現學習的教學理念。發現學習是強調由學生主動探索而獲得問題答案的一種學習方式，教師的角色是提供學生解決問題、評鑑和遷移的機會，這裡的評鑑是指由學習者評估新知識在解決問題的有效性，以及決定訊息的處理方式。要使發現學習發揮成效，教師需鼓勵學生主動參與學習。新近發展的問題本位學習（problem-based learning）及方案本位學習（project-based learning）皆來自發現學習的理念（邵瑞珍譯，1995；Scales, 2008）。

四、螺旋式課程

布魯納提倡「螺旋式課程」（spiral curriculum），即將學習內容主題發展為不同層次，兒童學習依序漸進，由簡而繁，使想學之基本原理原則在不同層次中，有不斷複習機會，但在高層次學習中能增加內容的深度（陳密桃，1999）。例如以文學為例，兒童在直覺上能理解喜劇和悲劇的概念，但是他們無法以文學的專門術語來敘述。當學生成長到能讀、能分析、能寫有關的報告，學生需接受更複雜的課程，但這個主題還是要繼續學習，不能只接觸一次就停止學習（Schunk, 2008）。

 ## 奧蘇貝爾意義學習理論

奧蘇貝爾（D. P. Ausubel）為美國心理學家，是認知行為主義的代表人物。他在吸收了同時代著名心理學家皮亞傑、布魯納等人的理論和思想，提出了自己的一套理論體系，把認知心理學與課堂教學密切地結合起來，他的理論稱為「意義學習理論」（meaningful learning theory）。其理論對認知心理學和學校教學有深遠的影響，以下即分別敘述他的學習理論和教學理念（張春興，2013；張文哲譯，2005；沈翠蓮，2002；甄曉蘭，

1997：Ausubel, 1968; Schunk, 2008）：

一、基模理論

　　基模（schema）（或譯為圖式）這一概念最初是由康德提出的，英國心理學家巴特利特（F. Bartlett）於 1932 年的著作中對基模作了界定，認為基模是對先前反應或經驗的一種組織，也就是說基模是由過去的經驗組成。瑞士心理學家皮亞傑（Piaget）透過實驗研究，賦予基模概念新的涵義，成為他的認知發展理論的核心概念，是人類組織和處理訊息的模式。奧蘇貝爾將基模描述成把資訊組成有意義概念的認知結構，所謂認知結構就是學生現有知識的數量、清晰度和組織結構，由學生目前能回想出的事實、概念、命題、理論等構成。奧蘇貝爾認為學習者知識的獲得都是建立在他已有認知結構的基礎之上，學習是「認知結構的重組」，學習過程就是學習者積極主動建構知識的過程，是新舊知識相結合的過程，這一過程即是「同化」，學生能否習得新知識主要取決於他們認知結構中已有的觀念。

二、前導組體

　　前導組體（advance organizer）或譯為「前導組織」，根據奧蘇貝爾（Ausubel, 1968）對前導組織所下的定義：有參考價值的、可窺視全貌的介紹材料，在學習前介紹給學生，其呈現的特色具有高度的摘要性（abstractness）、普遍性（generality）及全面性（inclusiveness）。前導組體的目的在將學生引導至即將要學習的教材，並幫助他回憶相關訊息，以便納入新訊息。所以前導組體就是對所要學習教材的初步陳述，以便為新訊息提供一個架構，並使新訊息能與學生已有的訊息產生關聯。這個架構是一組相當短的文字式或圖解式的資料，提供教材中重要概念之間相互關係，其形式可分為「說明式」（expository）及「比較式」（comparative）的前導組體兩種。目前經常使用的概念圖或課文的大綱，即屬前導組體的類型之一。

三、有意義的學習

　　奧蘇貝爾的意義學習理論（meaningful learning theory），強調所學事物必須對學生具有意義，方能產生學習。所謂「有意義」是指當學生在學習新知識時，教師要配合學生能力與經驗來進行教學，這樣才會產生有意義的學習，這種學習稱為「接受式學習」（reception learning）。接受式學習是指學習內容經由教師邏輯組織後，以有系統的方式提供給學習者學習。與有意義的學習相對之概念為「機械式學習」，是指學習者無法將新的學習內容與其舊經驗取得關聯，於是偏重機械式學習、從事零碎知識的記憶，新知識無法融入學習者原有的認知結構，這就是我們常說的「死記」。

　　有意義的學習說明學生在學習之前的「先備知識」（prerequisite knowledge），乃是有意義學習產生的必要條件。前導組體的作用在提示新知識的主要概念，學生會用自己既有的先備概念去檢核新概念，並試圖將之納入已有的認知結構中，從而同化為自己的知識。奧蘇貝爾將概念分為兩個層次，即「附屬概念」（subordinate concept）和「要領概念」（superordinate concept），其中附屬概念代表個體對事物特徵的細部記憶，而主導概念則是個體對事物的整體認識，也是學生吸收新知識的先備基礎。前導組體扮演的是一種橋梁的功能，在使學習者更容易將「新教材」融入其「舊知識」之中，而有助於新學習的產生。

四、講解式教學法

　　奧蘇貝爾根據意義學習理論所發展出來的教學模式稱為「講解式教學法」（expository teaching method）（或譯闡釋型教學），建議教師教學時需詳細規劃教材，並且根據對學生經驗能力的了解，將教材組織成為有系統的知識，然後條理分明地對學生講解，並予以引導。講解式教學法和傳統的注入式講述法（lecture）有別。講述法只是教師單方面的講述、灌輸而已；而講解式教學法所涉及的不只是教師的單方面講述，還包括師生的相互對答和資料的關聯。在實際教學應用過程中，建議採三個教學步驟來

促進有意義的學習：1. 提供前導組體引導學生進入新知學習的準備狀態；
2. 有系統、有組織地呈現學習教材；3. 依「漸進分化」（progressive differentiation）和「統整調和」（integrative reconciliation）原則，清楚地講解說明教材內容，幫助學生分辨新舊知識的異同，進而建立整合性的知識整體。

 ## 參　訊息處理學習理論

　　訊息處理學習理論（information processing learning theory）是從 1970年代以來對學習和記憶的主要理論，該理論主要受到電腦發明的影響，試圖將人腦比擬成電腦的作業流程，探討人類內在認知結構和認知歷程的運作，其運作歷程如圖 2-5 所示。以下整理相關文獻（林清山譯，1990；張春興，2013；周甘逢、劉冠麟，2003；張文哲譯，2005；Schunk,2008），對訊息處理學習理論的要點說明如下：

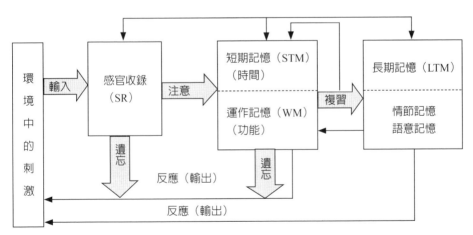

圖 2-5　訊息處理心理歷程

取自張春興（2013，頁 225）

一、感官收錄（sensory register）

指個體以視、聽、嗅、味等感官收錄器感應到外界刺激時所引起的短暫記憶，又稱之為感覺記憶（sensory memory）。訊息在感官收錄器若沒有進一步的處理，很快就會流失，若決定給予進一步的處理，就要對訊息加以注意（attention），並予以編碼（encoding），使轉換成另一種形式，否則會形成感官收錄過的遺忘（forgetting）。在教學過程中最重要的工作是要獲得學生的注意，如果學生不能覺知到新訊息，則無法統整和儲存訊息，教師要使用不同的策略來引起學生的注意。

二、短期或工作記憶

短期記憶（short-term memory, STM）是一個儲存系統，它容量有限，僅能保留有限訊息，而且保留時間只有數秒，一旦停止思考某訊息，這個訊息的記憶就消失了，除非你再主動「復誦」（rehearse），記憶的消失是因為有新訊息替代短期記憶內的項目所致。短期記憶又稱為工作記憶（working memory），它是正在活動的、工作中的記憶。

三、長期記憶

假如你將短期記憶的訊息加以編碼送入長期記憶（long-term memory）中，那麼此一訊息的一些部分將會永久的保留下來，常見的編碼方式包括一再復誦學習內容，把學習題材精緻化（elaboration），以便和以往所學銜接，或是將學習內容分類作組織（organization），編碼是否得當，不僅影響知識的獲得，也會影響日後對該知識的提取（retrieval）。短期記憶是限量記憶，而長期記憶是無限的，儲存（storage）在長期記憶中的訊息大致分為三類：情節記憶（episodic memory）、語意記憶（semantic memory）及程序性記憶（procedural memory）。

四、後設認知

所謂後設認知（meta-cognition）是指個人對自己認知歷程的認知。每

當個人經由認知思維從事求知活動時，自己既能明確了解他所學知識的性質與內容，而且能了解如何進一步支配知識。後設認知的成分包含後設認知的知識及技能，知識是指個人對自己所學知識的明確了解，技能是指求知學習時實際行動與個人對自己行動的監控歷程。梅耶（Mayer）將此類知識稱為「策略性知識」（strategic knowledge），指的是如何去學習、記憶，以及解決問題的一般性方法，蓋聶稱此類知識為「認知策略」，也有學者稱為「制約性知識」（conditional knowledge），例如有能力去設計和監控如何寫一篇散文的計畫。在教學時教師有必要教導學生如何學習，提供後設認知的知識和技能給學生，協助學生知覺自己的認知過程及監控自己的進步情形。

五、學習的認知條件

　　蓋聶將學習的條件分為內外兩種條件，內在條件（internal condition）指的是學習發生時學習者內部所牽涉到的知識過程和策略；外在條件（external condition）是指發生在學生外部的那些教學事件。因為學習結果如何要視這兩種條件如何而定，所以要產生有意義的學習必須符合三種主要條件：

　　㈠ **接受（reception）**
　　學習材料必須被學生所接受到，即學生必須接觸到或注意到目標訊息。

　　㈡ **擁有性（availability）**
　　學生必須擁有與新訊息有關的現存知識。

　　㈢ **主動激發（activation）**
　　學生必須主動組織新訊息，並且將新訊息統整在現存知識之中。

六、先備知識和準備度

　　學生的學習準備度與先備知識這兩個概念有密切關係。同年齡的學

生在學習特定事物時，其學習經驗和準備度（readiness）是不同的，學生帶至學習情境的訊息量和理解情形也有很大的差異，學生在教學前已經具有的知識稱為先備知識（prior knowledge），這是影響學生學習的重要因素，它會影響學生學習時的專心程度，也將會對工作記憶整合和保留至長期記憶發生影響。

第三節　社會認知理論

在 1970 年代，美國著名的心理學家班度拉（Albert Bandura）結合行為主義（behaviorism）與社會學習（social learning）的概念，提出社會認知理論。社會認知理論主要是以個人（person）、行為（behavior）、環境（environment）三者之間的交互作用（reciprocal interactions）、相互影響的關係來解釋人的行為，強調個人行為運作的主體觀點（agentive perspective），亦即個人是有所期待的、有目的性的、自我評估的，並會對動機與行動進行調整。因此行為乃個體主動地對過去行為的結果進行判斷與解釋後做出的決定，而非直接受制於過去行為結果的影響（陳志恆，2009；Bandura, 2001）。以下僅就社會認知的學習理論及教學上的應用，作一探討。

 社會學習理論

社會學習理論（social learning theory）是班度拉從行為取向的學習理論發展出來的，雖然社會學習理論接受大部分行為理論的原則，但是更強調線索對行為和內在心理歷程的影響，而且強調行動對思考和思考對行動的影響（張文哲譯，2009）。

一、楷模學習和觀察學習

班度拉認為史肯納學派強調行為後果的影響，卻忽略了楷模學習（modeling）及替代學習（vicarious learning）的影響。楷模學習是指模仿

他人的行為，替代學習是指透過他人的成功或失敗來學習，不需親身經驗。而楷模學習隨時都可以發生，又稱為「無嘗試學習」（no-trial learning），尤其在從事危險性高的行為學習時，不可使用嘗試錯誤學習，例如學習跳躍動作、學習木工，可看示範來學習。上述的學習可以統稱為觀察學習（observational learning），即個體透過觀察他人行為表現或行為後果來獲得學習，並在以後用這種編碼資訊指導行動。觀察學習不要求必須有強化，也不一定產生外顯行為。班度拉把觀察學習的過程分為以下四個階段（張春興，2013；周曉虹，1995；Bandura, 1986）：

㈠注意階段（attention phase）

是觀察學習的起始環節，個體必須注意並精確地知覺楷模所表現的行為特徵，並了解該行為的意義，否則無從經由模仿而成為自己的行為。

㈡保留階段（retention phase）

又稱記憶階段。個體觀察到榜樣的行為之後，必須將觀察所見轉換為表徵性的心像（把楷模行動的樣子記下來），或表徵性的語言符號（能用語言描述楷模的行為），方可將示範的行為保留在記憶中。

㈢再生階段（reproduction phase）

是依記憶中的符號和心像，將楷模的行為以自己的行動表現出來，即再現以前所觀察到的示範行為。換言之，在觀察早期的注意與保留階段，不僅由楷模行為學到了觀念，而且也經模仿學到了行動。

㈣動機階段（motivation phase）

是觀察學習的最後一個階段，觀察者是否能夠表現出示範行為是受到行為結果因素的影響，如果會有獲得增強的機會，他們將會在適當的時機將學得行為表現出來。

二、模仿學習的方式

學習者依當時心理需求與學習所得的不同，而有四種不同的模仿方式（朱敬先，1995；張春興，2013）：

㈠直接模仿（direct modeling）

學習者將觀察所見，直接表現出來，是最簡單的模仿方式。例如會用筆寫字。

㈡綜合模仿（synthesized modeling）

學習者經模仿歷程而學得的行為，未必直接得自楷模一人，會將多次觀察所見行為統合起來，而形成自己的行為。例如兒童學習大人拿椅子墊腳，爬到高處拿取東西。

㈢象徵模仿（symbolic modeling）

學習者不是楷模的具體行為，而是他的性格或行為所代表的意義。例如學習電影偶像人物的勇敢、正義。

㈣抽象模仿（abstract modeling）

學習者觀察所學到的是抽象原則，而非具體行為。例如學生從師長的講解中，學習數學解題原則。

三、增強的種類

班度拉也對行為主義增強方式提供補充，他提出以下三種增強方式（周曉虹，1995；朱敬先，1995）：

㈠自我增強（self-reinforcement）

指對行為後果的價值判斷，不完全由外在客觀因素所決定，而可取決於個人自我成就的預期標準，合乎標準則自我獎勵，反之則自我懲罰，對個人行為之修正及改變，亦有增強效果。

㈡替代性增強（vicarious reinforcement）

增強不必加諸於本身，只要用於被觀察者之行為上，就可對相同行為收增強效果。例如看到別人的行為導致酬賞，本身會傾向做出相同的行為，而看到別人受罰，則會減低這種行為傾向。

㈢ 象徵性增強（**symbolic reinforcement**）

增強時不採原級增強物，而採用與基本需求關係較小的次級增強物，例如讚美、點頭、微笑、關懷、鼓掌等，這種增強物大多屬人際關係、社會性、象徵性。

 ## 自我效能理論

在社會認知理論中，個人的自我效能（self-efficacy）是重要的構念之一。自我效能係指個人達成其特定工作的自我能力（capabilities）之評斷（judgment）。也就是個體對於自己組織並執行某項行動，可以完成某項工作的可能性判斷，是一種主觀判斷而非能力本身，這項判斷會影響個人對行動的選擇、努力於該行動的程度，以及持續該行動的時間長度。自我效能包含效能期待（efficacy expectations）和結果預期（outcome expectancies）兩種成分，前者指個體可以成功地執行特定行為，並且產生特定結果的信念，屬於動機因素；而後者指個體認為特定行為會導致特定結果之評估和判斷，兩者並不存在因果關係，而是個別信念高低的綜合結果。自我效能的功能主要是調節和控制行為，並透過行為調控進而影響行為結果（吳文雄、郭峰淵，2000；Bandura, 1977）。

 ## 教學上的應用

社會認知理論的重要核心分別是楷模學習、自我效能兩項，以下分別闡述如何將這些理念應用到教學情境。

一、提供適當的楷模或示範者

社會學習理論認為主要學習要素，包括行為的楷模、楷模得到的增強，以及學習者對楷模行為的認知處理歷程，因此建議教師善用楷模學習的原則讓學生來模仿。班度拉的研究發現以下五種人物是兒童最喜歡模仿的：1.心目中最重要的人，所謂「最重要的人」是指在他生活上影響他最

大的人；2. 與他同性別的人；3. 曾獲得榮譽（如參加比賽得冠軍）、出身
高層社會及富有家庭兒童的行為；4.同儕團體內有獨特行為甚至曾經受到
懲罰的人，並不是一般兒童最喜歡模仿的對象；5.同年齡、同社會階層出
身的兒童，彼此間較喜歡相互模仿（張春興，2013）。同儕楷模較容易發
揮影響力，所以教師要以認真學習、遵守紀律、品德優良、運動好手等多
元類型的楷模，作為學習的榜樣。觀察學習是創造性行為的主要來源，楷
模愈是多樣化，觀察者就愈有可能做出創造性的反應，這告訴我們要培養
學生的創新性，就要為學生提供多樣化的楷模，例如優秀科學家、各行各
業有成就者等。

二、提升師生自我效能感

　　班度拉的自我效能理論對於教師教學及學生學習具有極大影響，教師
自我效能會對學生的學習產生影響，高效能的教師對其能力較具信心，會
經由教學計畫和與學生的互動來鼓勵學生學習，當學生課業進步，教師的
自我效能感也會提升。高效能感的教師不會因學生的課業退步而沮喪，他
們相信使用不同的教學策略可得到更好的結果（Schunk, 2008）。在學生
方面，研究發現具有高自我效能的學生往往會運用比較有效的認知策略來
幫助學習、比較善於管理他們的時間及學習環境，也較能有技巧地監控、
調整自己的努力情形。這種正向效應可能來自於高自我效能者在面對壓力
情境時，能夠用正面的方式分析可能的風險與現有的資源，這種正面的分
析使得壓力情境得以被視為一種挑戰而非威脅（施淑慎，2004）。

　　要提升教師的自我效能感則需在職前教學及專業發展階段教導教師如
何面對教學上的挑戰，例如安排補救教學、親師合作、教學策略、不同能
力學生的學習等課程。學生自我效能方面，除給予學生積極的鼓勵和肯定
外，也要讓每個學生在學習上能夠進步。對於低成就的學生，班度拉認為
安排小教師教學是不夠的，也要同時給這些學生自我練習的時間，這樣才
能建立自我效能感（Schunk, 2008）。

第四節　建構取向學習理論

建構主義嚴格說起來不是理論而是認識論或以哲學觀點來解釋學習，理論是以科學的證據來驗證假設，但建構主義不針對學習原則進行考驗。同時，建構主義拒絕科學真理的存在，也對真理的發現與驗證不感興趣，他們認為沒有論述可被確認為真理，而且要對這些論述提出合理的懷疑。世界是以許多不同的方式建構而成，所以沒有理論可視為真理，沒有人的觀點可被確認為比別人更正確（Schunk, 2008）。一般而言，建構主義可分為個人的或激進的建構主義（radical constructivism），以及社會的建構主義（social constructivism）兩個理論。在 1980 年代，許多學者反對的行為主義，條件制約的教學方式，因而提出建構主義的理論，這個理論受到許多教師與教育學者的重視，並將此理論應用在實際的教學活動上，經研究發現這種教學模式的成效相當不錯（郭實渝，2008）。建構主義不是一個整合的理論，而是有不同的觀點，核心的觀點是重視認知過程個人和情境脈絡的關係，因為認知不能單獨存在個人的心中（Schunk, 2008）。因而本節將著重在情境學習理論的探討。

 ## 壹　建構主義的學習理論

建構主義的學習理論源自美國哲學家杜威的教育思想，他在提倡教育改革時所用的名詞是進步主義教育（progressive education），提倡兒童中心教育、發現為基礎的教育方法，強調學習者建構自己的資訊和知識。建構主義者採用皮亞傑（Piaget）、維高斯基（Vygotsky）的認知發展理論、布魯納的發現學習、奧蘇貝爾的認知理論，與其均有密切關係（王財印、吳百祿、周新富，2012）。以下歸納建構主義的學習理論如下（張文哲譯，2009；Scales, 2008; Schunk, 2008）：

一、學習是學生自己建構知識的過程

建構主義者認為世界是客觀存在的，但是對於世界的理解和賦予意義

卻是由每個人自己決定的。個人的建構對自己而言是眞理，但對別人卻未必是，因爲知識的產生是依據情境上的信念和經驗，每個人的信念和經驗都是不相同的，因此所形成的知識是主觀的、個人的，而且是我們認知的成品。由此可知知識不是從外界輸進來的，而是人們自己內部形成的。所以，學習不是由教師把知識簡單地傳遞給學生，而是由學生自己建構知識的過程。學生不是簡單被動地接收訊息，而是主動地建構知識的意義，這種建構是無法由他人來代替的。

二、學習來自於個人與情境互動

建構主義認爲知識和技能的獲得是經由個人與情境的互動，而不是透過教師的教導而得到，這種認知過程稱爲情境認知（situated cognition），這是學習者理解學科知識及發展能力的方式。建構主義反對制約理論重視環境的影響，也反對訊息處理理論只重視心靈（mind）的作用，卻忽視情境的因素。而對社會認知理論的假設則比較贊同，也就是主張學習是個人、行爲和環境交互作用的互動而產生。建構主義認爲學習是在一定的情境（社會文化背景），藉助其他人的幫助而實現的意義建構過程，因此對於學習環境中的「情境」特別重視，因而提出「情境學習」（situated learning）此一名詞，就是指在眞實生活或眞實性作業中進行學習。此觀點應用在如學校等眞實的學習情境即形成學長制（mentoring）或認知學徒制（apprenticeships）。

三、學習動機與教學關係密切

建構主義者認爲學習動機並非全是個人的內在狀態或完全依賴環境的刺激，而是與認知活動中的社會文化和教學因素交相互動所產生，包含語言和協助形式等鷹架作用。好的教學能提升學生的學習動機，有動機的學習者來自有效的教學環境。

四、學生的自我調整學習

　　建構主義相當重視學生的自我調整學習，如同學習理論所言，建構主義認為學生會自行建構其自我調整學習理論，個人學業能力的信念、與同儕的比較，使其在不同學科形成不同的自我調整學習理論，自然而然發展出自我調整的策略，而不管這些策略是否有效。建構主義者認為理想的學生應該是一個能自我調整的學習者，他們應該知道哪些學習策略是有效的，並且知道如何及何時使用這些策略。同時，理想的學生是為學習而學習，而非只是為了成績或他人的讚許而學習，他們有堅定的學習動機，一直工作到自己滿意為止。

 # 貳　建構主義在教學的應用

　　建構主義教學基本主張認為知識是建構而來的，學習者是主動建構知識的認知主體，不是被動地接受知識，所以認為學習是一個主動建構知識的過程。在建構導向的教學過程中，教師轉變為問題和情境的設計者、溝通討論的引導者和調節，以及提供鷹架與社會支持的知識建構促進者，所以教師的角色是協助學生發現自己的意義，不是講述和控制教室活動（Slavin, 1997）。建構主義所使用的教學方法有個別化教學、發現學習法、團體討論法、合作學習法、探究法（inquiry method）、分組活動、認知學徒制等（周甘逢、劉冠麟譯，2003）。表 2-1 為傳統教學與建構式教學的比較，由表可以得知兩種教學取向教學方法、教師角色、理論基礎的差異。建構主義的學習理論和教學理論不容易切割，以下僅就建構主義重要教學主張作一探討：

表 2-1　傳統教學與建構式教學比較

類別	傳統教學	建構式教學
別名	教師中心、傳統的、舊式、教導的、行為主義的	學生中心、進步的、新的、反思的、人本的
學習的目標	1. 教導事實、原理原則和行動步驟 2. 強調基本技能	1. 教導概念、思維模式和抽象觀念 2. 強調理念（ideas）
學習的隱喻	獲得	參與
教學法	講述、告知、展示、直接、指導、解釋、作業練習、依賴教科書	個別化教學、發現學習、合作學習、認知學徒制、探究法、討論法、重視動手操作
教師的角色	教師是主宰者、教師是指導者、教師是控制者	教師是治療者、教師是解放者、教師是協助者
結合的理論	史金納行為理論、奧蘇貝爾的認知理論	杜威的理念；皮亞傑、維高斯基和布魯納的認知理論
評量	與教學分離且以考試進行	與教學相整合且以檔案進行

整合自 Lefrancois（2000, p. 204）、Reynolds（2005, p. 66）

一、情境學習

　　建構主義認為教師不應以傳統的方式教學，而要建構一個情境，讓學習者以教材的操作與社會的互動進行主動學習，這稱之為情境學習（situated learning）理論。傳統教學長期以來常被人詬病是一種填鴨式的教育，致使學生無法將習得的知識靈活運用到日常生活中。但有效的情境教學卻可以使學生主動參與學習，促使學生主動地去想像、思考、探索及解決問題，所設計的教學活動最好能夠包括觀察現象、教室外的參觀、蒐集資料、建立和考驗假設，並且與同學分工合作。而且教師所設計的情境應與現實情境相類似，且選擇的學習內容要最好是真實性的任務（authentic task），以協助學生解決在現實生活中遇到的問題為目標。教師可依據學習者不同的學習特性差異，設計出多樣化的教學情境環境，透過參與學習而獲得知識。在學習過程中要求學生以設定目標、監控和評鑑自己進步情形，來進行自我調整學習（楊順南，2002；Schunk, 2008）。

二、統整課程

建構主義主張消除學科界限，強調統整課程的重要性，鼓勵教師在做課程計畫時能將不同學科的內容加以統整，讓學生以多元觀點整合學習的內容。例如教師設計熱氣球這個單元，讓學生閱讀、寫作、參觀、操作、學習科學原理、畫圖、學習新單字及唱有關熱氣球的歌曲。在教導學科知識時，強調由上而下教學，即知識的階層結構是由較高階的思考，到小問題、小概念的組合（Schunk, 2008）。

三、合作學習及發現學習

在教學方法方面，建構主義提倡在教師指導下的學生中心的學習，也就是既強調學習者的認知主體作用，又不忽視教師的指導作用，教師不是知識的傳授者，學生是意義的主動建構者，而不是被動接受外在訊息，因而建構主義者認為要用合作學習或發現學習讓學生自己去建構知識的意義。合作學習強調學習的社會性，透過同儕力量，來示範適當的思考方式、交換彼此的觀點、挑戰彼此的錯誤概念等。發現學習是讓學生根據現有的知識、經驗，在教師的引導和協助下，針對問題進行探究，透過問題討論、意見溝通、資料蒐集、觀察、實驗等活動，主動對問題進行探究，以尋求答案（鄭晉昌，2002）。

四、鷹架構築與中介學習

維高斯基強調鷹架構築（scaffolding）或中介學習（mediated learning）在學習過程的重要性。鷹架構築即接受協助的學習（assisted learning），中介學習即有中介的學習，這個中介就是教師，教師是文化的代理者，這個代理者引導教學，使學生精熟和內化那些使個體得以運作高層次的認知技能。例如教師派給學生複雜、困難和真實的作業，然後提供足夠的協助，以幫助他們完成這些作業（張文哲譯，2009）。

五、最近發展區

維高斯基提出「最近發展區」（zone of proximal development）來說明學生認知發展的情形，他認為學習準備度由個人兩個不同發展層級所支配，一是真實發展層級，另一個是潛在發展層級，前者為學生現在的學習能力，後者為學生在他人的協助下所能發展的潛在能力，介於兩者之間稱為最近發展區。這項理念告訴我們如果教學是在教學生已知的知識，這是在浪費學生的時間，教學的內容是要教導學生所缺乏的知識，經由教師的協助才能提升學生的知識和技能（Arends & Kilcher）。

第五節　多元智能理論

多元智能理論（theory of multiple intelligences）是美國哈佛大學迦納教授（Howard Gardner）所提出的智力理論，迦納揚棄以標準化智力測驗的得分來決定人類聰明程度，對智能提出的定義如下：在實際生活中解決所遭遇問題的能力、提出新問題來解決的能力、對自己所屬文化做有價值的創造及服務的能力（Gardner, 1993）。

 多元智能的內容

迦納的八種智能簡介如下（余民寧，2003；郭俊賢、陳淑惠譯，1999；Gardner, 1993）：

一、語文智能（linguistic intelligence）

這種智能主要是指有效地運用口語及文字的能力，包含用文字思考、運用語言表達，如詩人、小說家、記者、演說家、新聞播報員等都展現高度的語文智能。

二、邏輯一數學智能（logic-mathematical intelligence）

使人能夠計算、量化及考慮命題和假設，而且能夠進行複雜的數學運算，也就是運用數字和推理的能力。數學家、科學家、會計師、工程師和電腦程式設計師等，在這方面有很強的能力。

三、視覺一空間智能（visual-spatial intelligence）

視覺一空間智能強調人對色彩、線條、形狀、空間及相互之間關係的敏感性，能準確地感覺視覺空間，並把所知覺到的表現出來，如雕塑家、畫家和建築師擅長這方面的能力。

四、肢體一動覺智能（bodily-kinesthetic intelligence）

這種智能主要是指人調整身體運動、用巧妙的雙手處理物體的技能及善於利用身體語言來表達自己的思想，運動員、舞蹈家、演員、外科醫生、手工藝者都有這方面的智能較占優勢。

五、音樂智能（musical intelligence）

指察覺、辨別、改變和表達音樂的能力，允許人們能對聲音的意義加以創造、溝通與理解，主要包括了對節奏、音調或旋律、音色的敏感性，具有這種智能的人包括作曲家、指揮、樂師、樂評人、製造樂器者。

六、人際智能（interpersonal intelligence）

指辨識與了解他人的感覺、信念與意向的能力，其核心成分包括了注意並區辨他人的心情、性情、動機與意向，並做出適當反應的能力，具有這種能力的人適合擔任教師、社會工作者、政治家、銷售人員等。

七、內省智能（intrapersonal intelligence）

指能對自我進行省察、區辨自我的感覺，並產生適當行動的能力，其核心成分為發展可靠的自我運作模式，以了解自己的欲求、目標、焦慮與

優缺點，並藉以引導自己的行為之能力。宗教家、心理學家和哲學家擁有高度的內省智能。

八、自然觀察者智能（naturalistic intelligence）

這項能力包括了對動植物的辨識能力、從引擎聲辨識汽車、在科學實驗室中辨識新奇樣式，以及藝術風格與生活模式的察覺等能力。植物學家、生態學家、庭園設計師等具備較佳的自然觀察者智能。

 貳　在教學的應用

雖然學生都擁有這八項智能，但不是每種智能都能充分發展，有些人某種智能比較強，某種智能則比較弱，學生之間存在著個別差異，實施差異化教學是增強學生發展所欠缺的智能的方式之一。多元智能應用到教學有以下的作法（Arends & Kilcher, 2010）：

㈠使用多元智能的觀點思考學生的能力，比使用單一觀點更能正確認識學生所具有的能力。

㈡教師依多元智能的內容設計學習活動和作業，不要只局限在邏輯—數學和語文能力兩方面，而要與其他智能相結合，以增進學生所欠缺的能力。

㈢提供學生個別化和差異化的教學，以刺激學生不同智能的發展。教學所用的學習活動可以參考表 2-2 所列的示例。

表 2-2　多元智能適用的學習活動

智能	學習活動
語文智能	建立有關種族主義的專有名詞一覽表
	寫詩、神話、短劇、文章
	選擇某位作家作品，閱讀後寫評論
	找出兩個有關南北戰爭的網站

表 2-2（續）

智能	學習活動
邏輯―數理智能	以三種不同的方法解數學問題
	完成兩項問題解決的活動
	參與探索活動
	訪問科學博物館
視覺―空間智能	選擇一件藝術品，描述其藝術特徵
	製作思維地圖（mind map）來解釋生態系統
	製作圖形的前導組體
	繪製城市或鄉村的地圖，介紹有趣的六個地方
肢體―動覺智能	找一個同伴一起跳舞
	設計並執行一項運動比賽
	以一套手工材料編制一個主題
	設計和領導三個團體活動
音樂智能	完成一首饒舌歌
	看音樂劇後介紹你喜歡的三個場景
	選一個概念，並以五首歌曲說明此概念
	每個月至少從四種不同的流派中學唱一首歌
人際智能	訪問新搬來的鄰居
	設計一個小組解決問題的方案
	參加社團
	設計服務學習的契約
內省智能	寫省思日誌
	完成人格測驗
	寫兩頁有關友誼的論文
	以圖畫和標題製作剪貼簿
自然觀察者智能	以當地的實例編寫有關地球暖化的攝影報導
	訪問當地的科學家
	參觀天然的避難所或做田野調查
	設計一個盒子並選擇一個主題進行收藏

取自 Arends & Kilcher（2010, p. 125）

自我評量 ·····················

一、選擇題

(　　) 1. 有關精熟學習（mastery learning）之敘述，下列何者正確？　(A) 布魯姆（B. Bloom）設定之精熟標準是達到 60% 的學習　(B) 奠基於人本主義學習理論　(C) 主要應用於特殊班級之個別化教學　(D) 學習成就落差主要是因為所需之學習時間不足

(　　) 2. 下列教學活動，何者不符合鷹架教學（scaffolding）的主張？　(A) 讓學生在場域中獨立觀察做紀錄　(B) 教師提供示範，讓學生觀摩學習　(C) 教師提供資料，引導學生進行討論　(D) 進行異質分組後，引導學生共同探究

(　　) 3. 下列哪一種觀念屬於認知學習論的主張？　(A) 採用連續漸進法可以塑造個體的行為　(B) 透過獎懲可以改變行為促進學習　(C) 個體的自發反應可因強化而保留　(D) 學習是個體內在知識狀態的改變

(　　) 4. 班度拉（A. Bandura）的社會學習理論最強調教學中的何種活動？　(A) 增強與制約　(B) 觀察與模仿　(C) 長短期記憶　(D) 鷹架與支持

(　　) 5. 學生在教室中把相同大小的積木放進長方形與正方形的框架中，以計算邊長與面積。根據布魯納（J. Burner）的研究，學生們的學習行為屬於哪一種認知表徵方式？　(A) 動作表徵　(B) 影像表徵　(C) 具體表徵　(D) 符號表徵

(　　) 6. 教新單元之前，教師先將新的學習內容與學生舊的經驗結合，以故事、綱要等方式引導學生學習，此乃奧蘇貝爾（Ausubel）所謂的？　(A) 結構　(B) 心像圖　(C) 教學綱要　(D) 前導組體

(　　) 7. 下列哪一項教師的作為可以增進學生的「後設認知」（meta-cognition）能力？　(A) 讓學生自評作品或學習表現的優缺點　(B) 考試之後，公布答案，讓學生訂正錯誤　(C) 指定題目並要求學生上網搜尋相關資料　(D) 測驗時要學生摘述文義及分析作者的寫作動機

(　　) 8. 下列何者採用資訊處理的觀點來探討學習的歷程？　(A) 史金納的

編序教學法　(B) 蓋聶的教學理論　(C) 布魯納的教學理論　(D) 皮亞傑的教學理論

(　) 9. 何者不是「教師導向」的教學策略之理論基礎？　(A) 布魯納（J. S. Bruner）的發現學習論　(B) 奧蘇貝爾（D. P. Ausubel）的意義學習論　(C) 訊息處理論　(D) 行為學習論

(　) 10. 下列有關 Bruner 的發現學習論與 Ausubel 的意義學習論之敘述何者錯誤？　(A)Ausubel 的意義學習論亦稱為「接受學習」，強調學生的被動接受　(B)Bruner 的發現學習論強調學生的主動探索發現　(C) 在意義學習論中，Ausubel 強調前導主體的重要性　(D)Bruner 的發現學習論應用在教學上，提出螺旋課程

(　) 11. 學生在教室中把不同大小的積木放進長方形與正方形的框架中，以表示邊長與面積。根據布魯納（J. Burner）的研究，學生們的行為相當於哪一個認知發展階段？　(A) 動作表徵期　(B) 影像表徵期　(C) 具體表徵期　(D) 符號表徵期

(　) 12. 有關精熟學習的主張，請問下列敘述何者為不正確？　(A) 精熟學習本質上是一種個別化的教學活動　(B) 精熟學習通常是以班或小組為單位進行，並且適用於低年級學生　(C) 精熟學習一般要求學生至少應該學會 80% 的教學內容　(D) 精熟學習是布魯姆（Bloom）所提倡的

(　) 13. 根據班度拉（Bandura）的社會學習理論界定的增強物之階層，下列哪一項是最高階的？　(A) 外在增強物　(B) 社會契約　(C) 象徵性增強物　(D) 個人滿意

(　) 14. 下列關於建構主義學習觀的敘述，何者錯誤？　(A) 建構是主動的過程　(B) 認知是持續不斷的過程　(C) 學習是刺激─反應的連結　(D) 個體有建構知識的潛能與欲求

(　) 15. 下列何者不是建構主義的學習觀？　(A) 提供學生真實複雜的問題情境　(B) 教師將資訊提供給學生　(C) 反對技巧的過度練習　(D) 採用多元的評量工具

(　) 16. 下列何者不是建構主義教學設計的基本主張？　(A) 以學習目標為評量標準　(B) 意義是經由師生社會互動協議而來　(C) 強調學習

者的自我管理能力　(D) 重視學習者認知策略的特殊性

(　) 17. 下列有關情境認知理論（situated cognition theory）在教學上的應用，何者正確？　(A) 發現式學習是情境認知理論的一種應用　(B) 情境認知學習是一種深入脈絡的學習過程　(C) 情境對於學習的重要性，在於情感的激發　(D) 情境認知學習的主要目的在於培養學科專家

(　) 18. 王老師在教學中常教導學生將課本所學的概念，組織成樹狀圖來幫助學習。上述作法最有可能應用了哪一種學習理論？　(A) 社會學習理論　(B) 行為學派學習理論　(C) 訊息處理學習理論　(D) 情境認知學習理論

(　) 19. 王老師在課堂上常鼓勵學生向努力向上的名人學習，上述作法最有可能應用了哪一種學習理論？　(A) 社會學習理論　(B) 行為學派學習理論　(C) 訊息處理學習理論　(D) 情境認知學習理論

(　) 20. 下列敘述何者與奧蘇貝爾（Ausubel）主張的意義學習較無關？
(A) 鼓勵學生多參與活動，從直接經驗中發現知識　(B) 其理論建構主要在直接解決學校知識教學問題　(C) 學習只能產生於學生已有充分的先備知識基礎上　(D) 教師在教學時應將教材組成有系統有組織的知識，並條理分明地對學生講解

(　) 21. 班度拉（Bandura）的理論觀察學習四個階段歷程依序為？　(A) 動機→注意→保持→再生　(B) 注意→保持→再生→動機　(C) 注意→再生→保持→動機　(D) 動機→注意→再生→保持

(　) 22. 徐老師在教學過程中，引導學生設定目標，並且監控自己的學習情形，比較與目標的差距，並且適當改變自己的學習策略，請問徐老師這樣的作法主要在培養學生哪一種能力？　(A) 自我調整學習
(B) 自我效能學習　(C) 自我行為塑成　(D) 自我實現學習

(　) 23. 下列何者不符合布魯納（J. Brunner）發現學習的教學原則？　(A) 教師應詳細說明學習情境及教材性質　(B) 教材難易度應考量如何維持學生的動機　(C) 教師需配合學生經驗，適當組織授課教材
(D) 教材難度與邏輯順序需配合學生的心智發展

(　) 24. 自我調節學習（self-regulated learning）的觀念來自於：　(A) 桑代克的效果律　(B) 班度拉的觀察學習　(C) 巴夫洛夫的古典制約

(D) 史金納的青少年犯罪理論

(　) 25. 洪老師以「宇宙」為主題，利用多元智慧理論設計教學活動，下列哪一個活動的設計和其運用的智慧不符合？　(A) 觀察行星和各種隕石模型－自然探索智慧　(B) 計算行星的距離，及其運轉的時間－邏輯／數學智慧　(C) 闡述外星人的故事，描述對外太空的想像－內省智慧　(D) 製作宇宙和行星的模型－視覺／空間智慧

(　) 26. 王老師最近上到「分數除以分數」時，發現班上部分學生學習有困難。王老師藉由學生學習表現的分析，往前從「分數除以整數」進行教學。此教學行為較屬於下列何種觀點的應用？　(A) 合作學習中的「社會互賴」　(B) 行為主義中的「制約學習」　(C) 教學事件中的「先備知識」　(D) 社會學習理論中的「觀察學習」

(　) 27. 下列何者最不符合迦納（H. Gardner）多元智慧理論的觀點？　(A) 學校應該以多元的方式進行教學　(B) 教師應該儘量對學生進行個人化教學　(C) 教師應該嘗試教導包含各種智力的觀念或科目　(D) 學校應該培養學生一些在社會上有價值的能力與技能

(　) 28. 迦納（H. Gardner）提出多元智能理論。下列何者不是此理論在課程設計上可以發揮的啟示與應用？　(A) 提供學生以不同方式展現學習成果的機會，如口述心得　(B) 提供音樂、美術、肢體藝術、演說、人際技巧等學習活動　(C) 鼓勵學生應用自己專長之外的表達方式，以熟練各種智能　(D) 使用多樣方式呈現教學訊息，如繪圖、戲劇、分享自省故事

(　) 29. 下列何者較符合維高斯基（L. Vygotsky）「最近發展區」概念在教學上的應用？　(A) 教師提供公式，請學生計算出圓面積的大小　(B) 教師請學生自行找出計算圓面積的方法，並加以讚美　(C) 教師將學生進行同質性編組，請他們找出計算圓面積的方法　(D) 教師提供生活情境，引導學生將圓面積的計算方法應用到生活中

參考答案

1.(D)　2.(A)　3.(D)　4.(B)　5.(A)　6.(D)　7.(A)　8.(B)　9.(A)　10.(A)
11.(A)　12.(B)　13.(D)　14.(C)　15.(B)　16.(D)　17.(A)　18.(C)　19.(A)　20.(A)
21.(B)　22.(A)　23.(A)　24.(B)　25.(C)　26.(C)　27.(C)　28.(C)　29.(D)

二、問答題

1. 何謂精熟學習？如何將精熟學習的理念應用到您所任教的學科之中？

2. 請簡要敘述奧蘇貝爾（Ausubel）的意義學習論之要義，並說明其在教學上的應用。

3. 試略述布魯納（Bruner）與維高斯基（Vygotsky）的認知發展觀點，並說明教師在教學實務上如何應用其理論。

4. 請比較傳統式的教學與建構主義的教學所依據的理論為何？其教學方式與教師的角色有何差異？

5. 某國小張貼了如下的一則公告：

> 恭喜 10 月分閱讀小博士、小碩士、小學士！
> 10 月分閱讀小博士、小碩士、小學士得獎小朋友名單如下表，得獎小朋友將於 11 月 7 日（週二）學生晨會公開頒獎，並與校長合影。閱讀小博士另致贈優良兒童圖書乙本，以資鼓勵。
> 一、閱讀小博士合計 10 位小朋友（名單略）
> 二、閱讀小碩士合計 15 位小朋友（名單略）
> 三、閱讀小學士合計 31 位小朋友（名單略）

試說明社會學習論的基本觀點，並用此理論舉出三項論點，說明學校公告閱讀小學士、小碩士、小博士的作法，對該校學生的教育意義。

6. 班級中某位學生的閱讀與書寫能力很差，在作文課時常抱怨「不知道怎麼寫」、「不會寫」，即便教師提供範文，他還是無法有效表達；但是這位學生的繪畫能力很強，能夠將抽象的意念用圖像表現出來。請問教師如何透過多元智能理論的觀點，進行教學設計，以提升這位學生的寫作表現？

7. 說明維高斯基（L. Vygotsky）近側發展區（zone of proximal development, ZPD）的意義，並舉兩個例子說明 ZPD 觀念在教學上的應用。

第三章

動機理論與教學

　　在目前教學中，教師最迫切需要的是增進學生學習動機的相關技巧與策略，因為引起學生的學習動機是教學活動中的首要步驟，是決定教學成敗與學生學習成果的一個重要因素。因此教育學者及心理學者特別重視的主題，經由長期的研究而提出了許多的動機理論，包括行為主義、人本主義及認知主義心理學都提出精闢的理論，認知心理學的學習動機理論告訴我們：學生是主動的、自己控制自己的學習，學生所做的決定支配他們學習，目前的動機狀況是他們過去所遭遇到經驗的反應。但行為主義的理論告訴我們人的學習是被動的，需要透過獎懲來激發學習動機。認知心理學對學習動機的解釋目前是主流，學者對動機有以下幾種看法：動機來自於興趣、動機來自於自我效能、動機來自於歸因、動機來自於成就目標、動機來自於學習者預期的價值等（Mayer, 2008）。在本章中首先對心理學重要的動機理論作詳細地探討，並且提出引起學生學習動機的原則與方法，最後則以具體的教學實例來說明在教學歷程中如何引起學生的注意力。

第一節 學習動機理論

　　動機（motivation）是引起個體活動，維持已引起的活動，並促使該活動朝向某一目標進行的內在作用，應用在學習上稱為「學習動機」（motivation to learn），是引起學生學習活動、維持學習活動，並促使該學習活動趨向教師所設目標的內在心理歷程（張春興，2013）。有學者將學習動機分成內在動機（intrinsic motivation）、外在動機（extrinsic motivation）兩類，當學生的努力用功是為得到父母的歡心、獲得老師的獎品、或是為謀取較高的成績，這樣的學習動機即稱為外在動機。相反地，如果學生的用功讀書純粹是因為喜歡該學科而樂於學習，不是為獎品或分數，從學習中即可得到成就感、內心滿足感，這樣的學習動機稱為內在動機。內在動機所支援的學習比外在動機要持久得多，要引發學生終身學習，教師需發展學生的內在動機。動機的內涵與需求、誘因、抉擇、自我價值、自我概念、自尊、自我效能等名詞是相同的，也與好奇、習慣、態度、興趣、意志、價值觀等名詞有密切關聯（周新富，2011）。增強理論是行為

主義學者所提出的觀點，比較著重外在的行爲，認爲動機可由學習而來，透過外在的增強或獎懲，可以引發學生的學習動機（李春芳，1997）。增強理論透過正負增強、處罰等策略來強化學生的學習動機，或增強個人良好的學習行爲，這項理論仍是眾人皆知，本節僅就與人本論、認知論的動機理論加以探討。

 壹　與需求有關的動機理論

　　對學習動機的第二解釋是從需求的觀點所提出的理論，主要的論點在說明個人會以行動來滿足內在的心理需求或慾望。需求理論源自馬斯洛（A. Maslow）的需求層級理論，後續學者以此理念爲基礎，發展出幾種不同的理論，例如成就動機理論，以下分別說明之。

一、馬斯洛的需求層級理論

　　馬斯洛（A. Maslow）亦是人本主義心理學的學者，他的動機理論強調人類的動機是由多種不同性質的需求所組成，而各種需求之間，又有先後順序與高低層次之分，故稱爲需求層級理論（need-hierarchy theory）（張春興，2013）。馬斯洛將人類的需求分成基本需求、成長需求兩大類，基本需求有四項：1. 生理需求（physiological needs），指維持生存及延續種族的需求，例如水、食物、氧氣、身體的舒適、性的表現等需求。2. 安全需求（safety needs），指希求保護與免於威脅的需求，例如安全感、舒適、免於恐懼、心靈的平靜等需求。3. 隸屬與愛的需求（need for belongingness and love），指被人接納、愛護、關注、愛人與被愛、鼓勵及支持的需求。4. 自尊需求（self-esteem needs），指獲取並維護個人自尊心的一切需求，例如被人稱讚、認同、尊敬及自我價值的需求。後三個層級爲成長需求，分別爲：1. 知識的需求（need to know and understand），指智力、知識、理解、探索、成就的需求。2. 美的需求（aesthetic needs）：指對美好事物欣賞的需求，如秩序、美、眞、公平、善的需要。3. 自我實現的需求（self-actualization needs），指實踐個人理想、潛能、有意義目標

的需求。要達到較高層次的需求就必須成功地滿足歸屬感、愛和尊重的需求，這些需求得到滿足後，自我實現就會自然出現，也就是馬斯洛所說最高層次的人類功能（Maslow, 1970）。馬斯洛的需求層級請參見圖 3-1。

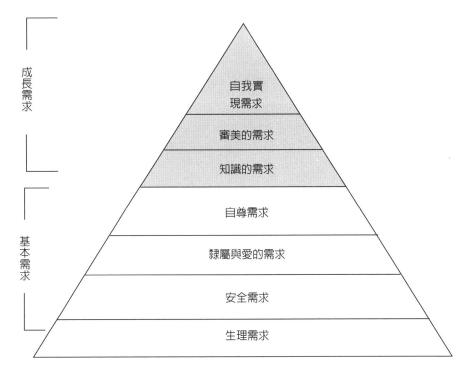

圖 3-1　馬斯洛需求層級
取自張春興（2013，頁 304）

　　將馬斯洛的理論應用在教學上，可以用來解釋學生的學習動機問題，例如飢餓是生理層面未得到滿足，學生無法學會數學，兼顧不了知識層次的滿足；父親放棄家庭，學生的安全感、歸屬感、愛的需求未得到滿足，無法對藝術鑑賞感到興趣、或關心美學層級的成功與否（Harlan, 1996）。學校更具體的作法則是提供免費的早餐或午餐，協助貧困的學生滿足食物和營養的需求，建立安全的校園環境，滿足學生安全的需求，讓學生可以進一步追求知識和審美的滿足（Arends & Kilcher, 2010）。

二、期望價值論

　　心理學家麥克里蘭（David McClelland, 1961）將人的高層次需求歸納為對成就、權力與親和的三種需求，需求不同的人有不同的追求方向，其中成就需求是想超越他人、成就某種目標及追求成功的慾望，這種需求又稱為成就動機（achievement motivation）。權力需求（need for power）是影響或控制他人且不受他人控制的需求；親和需求（need for affiliation）是建立友好親密的人際關係的需求。另一位學者阿特金森（Atkinson, 1964）進一步研究發現，成就需求的高低與避免失敗的意向有關，當希望成功的意向大於避免失敗，則個人就容易產生動機；同時想獲致成功者可能會受到他所認為的成功機率及其吸引力大小的影響，而常遭遇失敗經驗者會具有避免失敗的傾向。由兩位學者的研究得到以下結論：人們在決定是否做一件事時，不只會受到成就動機的影響，對成功的期望和誘因的價值也會對其決定產生交互作用的影響。這種理論稱為期望價值理論（expectations-value theory）。

　　早期成就動機理論強調個人的知覺和信念對行為的影響，當代學者則提出內在需要和個人環境因素對動機的影響，最著名的理論為卡芬頓（Covington, 1984）的自我價值論（self-worth theory）及埃克爾斯和威戈菲爾（Eccles & Wigfield）的期望價值理論。卡芬頓的自我價值論，基本上採取了阿特金森與麥克里蘭成就動機論中的成就需求與避敗需求理念，也受了溫納歸因論的影響，他從學習動機的負面著眼，企圖探討「有些學生為什麼不肯努力學習？」的問題，他的理論要義如下：自我價值感是個人追求成功的內在動力，社會上一向肯定成功的人，兒童們自幼就學習到，成功後使人感到滿足、使人自尊心提高、使人產生自我價值感。學生之所以肯努力用功（學習動機）追求好成績（成功），是他渴望從求學成功經驗中提升他的自我價值。然而長期追求成功而得不到成功機會的情形下，於是就在心理上形成一種應付學校考試後成敗壓力的對策，藉由不承認自己能力差但也不認同努力亦可成功的建議，從而達到既維護自我價值又逃避失敗的目的（張春興，2013）。

　　埃克爾斯和威戈菲爾的期望價值理論認為期望信念與價值信念是影響學習動機的兩個核心要素。就期望信念而言,基本上它是能力自我概念的一種型式,相近於個體對自己的能力的知覺,其內涵包含了工作困難度(task difficulty)及需求努力(required effort)兩個成分。當個人知覺工作困難度愈低,愈有可能去做;而個人如果覺得需要非常努力才能成功,就比較可能選擇避開學習活動。期望價值理論另一要素為價值信念,其內涵包含樂趣價值(interest value)、實用價值(utility value)、成就價值(attainment value)及代價(cost)四種成分。樂趣價值指的是個體知覺從事某活動所獲得的樂趣程度;實用價值指的是個體知覺從事某活動對實現自己的某個目標有幫助的程度;成就價值指的是個體知覺從事某活動符合對自己的期許或有助於提升自尊,則該活動是有高成就價值的;最後一個成分是代價,指失去從事其他活動的機會、失敗的心理代價,以及重要他人的期望代價等,是價值信念的負面成分(Eccles & Wigfield, 1995; Wigfield & Eccles, 2002)。

　　期望價值理論可用來解釋部分能力高卻不努力學習的情況,其原因為抱持「避免失敗」的動機,他們在學習過程中有多次失敗經驗,因此產生了就算自己再怎麼努力也不會成功的錯誤觀念,這種現象稱為習得無助(learned helplessness)。教師在教學時應採用適當的教學方式,設法提供學生成功的經驗,使學生產生動機、興趣和信心。同時也要強調努力與學習成就兩者之間的關係,建立一分耕耘、一分收穫的概念。

 ## 貳　與認知有關的動機理論

　　從認知觀點來解釋學習動機的理論相當多,認知學派提出歸因理論,行為認知學派提出自我效能理論,皆強調個體認知歷程的重要性,學生是否參與及投入學習活動不是只有受到外在壓力的影響,學生對學習活動或事件的解釋也是重要的影響來源。以下就歸因理論、自我效能兩項理論作一闡述。

一、歸因理論

美國心理學家溫納（Weiner, 1972）提出的歸因理論（attribution theory）是解釋學習動機最有系統的理論，歸因理論綜合了海德（Heider）的「因果歸因論」，以及羅特（Rotter）的「制控信念」（locus of control）的觀念。歸因理論認為，人有一種探索事件發生原因的天然傾向，特別是當結果很重要或出乎意料時，人們更會嘗試尋找其中的原因。例如一向成績優秀的學生在考試中失敗，就會問自己為什麼會考的這麼差？溫納發現一般人多半將自己行為結果之所以成功或失敗，歸結為以下六個原因（張春興，2013）：

㈠能力，即根據自己評估個人對該項工作是否勝任。

㈡努力，個人反省檢討在工作過程中是否盡力而為。

㈢工作難度，憑個人經驗判定該工作的困難程度。

㈣運氣，個人自認此次工作成敗是否與運氣有關。

㈤身心狀況，指工作過程中個人當時身體及心情狀況是否影響工作成效。

㈥其他，除了上述因素外，有何其他相關人與事的影響因素（如別人幫助、或評分不公等）。

學生們對考試成敗的歸因，則多以前四項（能力、努力、工作難度、運氣）為主，而後兩項（身心狀況與他人影響）為副。溫納認為具體的原因對於行為並不重要，這些原因所屬的歸因向度才是決定行為的關鍵，這些向度為因素來源、穩定性及能控制性。因素來源關係到原因的位置，即屬於行動者的內部原因還是外部原因；穩定性則指原因是否隨著時間變化而變化；能控制性是指原因是否受主觀意志支配。一般認為努力是內在的、不穩定的和可控制的；能力是內在的、穩定的和不可控制的。穩定性影響對成功的主觀期望，在其他條件相同的情況下，將成功歸為穩定的原因（如高能力）比歸為不穩定的原因（如運氣）表示對未來成功的期望大。同樣將失敗歸為穩定的因素會降低對未來成功的期望，將失敗歸為不穩定的因素，例如努力不夠或運氣不好，則會增強學習的堅持性。因素來源影

響情感反應，將成功歸爲內在的原因比歸爲外在的原因能產生更強的自豪感。能控制性影響更爲廣泛，對於任務選擇、努力、堅持性乃至學習成績都有影響（張春興，2013；Schunk, 2008）。

二、自我效能理論

社會認知理論對人類行爲採取一種原動力的觀點（agentic perspective），強調人們具有自我組織、自我調整、前瞻的（proactive）、反思的能力。亦即人們雖然會受到外在環境而有所影響，惟其所擁有的原動力將使其有能力去選擇、創造及改變其所處環境與周遭事物，而這種能促使個體產生連串行動的意圖即稱之爲「人類動力」（human agency）（賴英娟、巫博瀚，2007；Bandura, 2000）。

而自我效能（self-efficacy）理論是班度拉（Bandura, 1977）用來解釋學習動機的概念，其本質是指個人對自己能力與表現的自我評估，此信念會影響個人對活動的選擇、繼續努力與動機的堅持度，以及精熟的表現水準。爲何自我效能如此受重視？因爲學生的自我效能可以預測學業成就，也會影響學生對學習工作的努力和堅持程度（Bandura, 1977）。

班度拉認爲個人自我效能的高低受到四項因素的影響，第一是過去的成就表現（performance accomplishments），此是效能期望最可靠的來源，如果個人過去有重複成功的經驗，將會發展出較強的效能期望，當效能期望建立後，可類化到其他的情境。第二是替代經驗（vicarious experience），當觀察到他人成功的過去及各種不同的成功楷模，個體將獲取較多的效能訊息，並較能增強個人的效能感。第三是口語的說服（verbal persuasion），說服性的言語可以使人相信自己具備成功達成任務所需的能力，惟此種方式所引起的效能感通常是微弱且短暫的，一旦個體面臨失敗時，建立起的效能感將被摧毀。第四是情緒的激發（emotional arousal），在受到威脅的情境中，情緒的激發會引起效能的期望，個體情緒的高度激發常會削弱個體的表現，因此個體受到不良情緒，如厭惡、焦慮等，可能會有較低的成功期望（賴英娟、巫博瀚，2007；Bandura, 1977）。

　　與自我效能相關的理論是目標傾向（goal orientation），所謂目標傾向指學生在進行學習工作時所要追求的目標。目標可以分為績效目標（performance goal）和學習目標（learning goal）兩類，前者是指學生關注的是透過績效獲得對能力的良好評價，例如考試成績，通常是為了得到外在的獎賞而設定；後者關注的是學習新知識、提高自己的能力，也就是由學習本身得到內在滿足。這兩類目標傾向可以引起不同的行為模式，重視績效目標容易產生無助（helpless）的反應，為避免對能力的不良評價，學生會逃避挑戰，面對挫折時績效下降，把失敗歸因於低能力，甚至放棄學習。學習目標引起精熟趨向（mastery oriented）的反應，學生會尋求具挑戰性的工作，在困難的情況下也能保持有效的努力，當面對失敗時，會視失敗是改變學習策略的線索，因而更加努力以完成工作（Tollefson, 2000）。

　　自我調整學習理論

　　有關教學或學習策略的研究認為，學習歷程應同時探討認知策略、動機及後設認知三項因素，因此學者提出「自我調整學習」（self-regulated learning）的理論，有學者譯為「自律學習」。自我調整學習理論的源頭可來自於 1980 年代班度拉提出的自我效能理論，與期望價值理論相同之處，皆認為個人的自我效能信念會影響其行為動機與產出，並以設置目標、自我評鑑與滿意度來增強行為動機。認知論、行為認知論及建構主義皆提出自我調整學習的理論，其中以齊博曼（Zimmerman）的理論受到的關注最高。現階段由於網路科技的快速發展與普及化，在翻轉教室策略盛行之際，如何以學生為學習主體，提升學習者的學習動機與培養自律學習的能力，也就成為重要的議題。在自由度愈來愈高的學習環境中，自發性低的學生往往不懂得有效安排時間及運用適當的學習策略，因而導致學習效果不彰。教師若能給予學生適當回饋，要求學生訂定目標、檢視目標、自我反思，以促使學生學習如何進行自律學習（朱蕙君、楊國禎，2016）。

一、自我調整學習歷程

　　自我調整學習理論認為學習者不只是被動的知識接受者，而是可以主動的建構知識。自我調整學習的概念主要說明學習者如何管理自己學習歷程，其本質可說是學習者後設認知落實於學業的具體表現。齊博曼（Zimmerman, 2002）認為自我調整學習歷程分為預慮階段（forethought）（或譯為先前的考慮）、表現或意志的控制（performance or volitional control）及自我省思（self-reflection）三個主要階段性活動。以下分別說明之（王財印等，2019；Zimmerman, 2002）：

㈠ 預慮階段

　　此階段乃學習前的籌劃，包括任務分析和自我動機兩方面。任務分析與學習目標的訂定和學習策略的規劃有關；目標的設定是指學習者對所從事學習任務的內容，預先設定的標準，目標有其不同的特性，例如精確性、接近性和困難的程度。有了學習目標，接著就是根據目標尋找學習策略，不同學科有不同學習策略，不同的訊息處理歷程也有不同的學習策略。自我動機來自於學習者的自我效能，以及對於自己是否具備完成特定任務所持有的信心水準，此種信念會和環境因素產生互動，例如教師的教學或來自教師的回饋，會影響學習者對學習成果的期待，即對某一行為將導致某種結果的期待。內在興趣也是影響學習的動機，如果學習任務是有趣的，將使學習者更傾向於採取自我調整學習策略來輔助學習。

㈡ 表現階段

　　這個階段包括自我控制（self-control）、自我觀察（self-observation）和自我監控（self-monitoring）三個次歷程。自我控制的具體作法，指學習者透過心像、自我教導、集中注意力等學習策略來協助完成任務，此種控制包括行動上的控制和內在意志狀態的控制（state control）。自我觀察可以激發行為的改變，有助於建立改變計畫，包括自我紀錄和找出事件原因的自我實驗，能真實反應個人行為。自我監控是一內隱的自我觀察，一個認知功能的追蹤，此種自我監控有助於學習者的學習，也有可能阻礙學習

策略的運用，在學習過程產生疑慮，或分散學習的注意力，因此學者認為自我監控的自動化能改善它產生的負面效應，在執行階段，自我控制、自我觀察及自我監控三者相互作用。

㈢自我省思階段

自我省思階段可細分為自我評鑑（self-evaluation）、歸因（attributions）、自我反應（self-reactions）及適應（adaptivity）四個子歷程。自我評鑑是自我省思的第一步驟，它是學習者使用某些標準或目標對當前表現作判斷，而自我評鑑後則常常會對成敗做因果解釋，此即是歸因。事實上，不同的歸因結果會導致不同的反應，而自我調整學習者通常會透過歸因來找出學習困難之處，同時會試圖發現並找到最理想的策略，此即適應歷程。例如自己努力不夠、使用不當的學習策略，則比較容易使學習者下次更能努力達成學習目標，反之如果歸因於自己的能力不佳，則會減低其努力學習的動機。整體而言，先前的考慮會影響表現與意志控制，而表現與意志控制階段的活動又會影響自我省思，自我省思則最後又會影響後續的行動，所以自我調整學習是一個循環的歷程。

二、自我調整學習策略

齊博曼也提出四個階段的自我調整學習循環模式，協助教師設計更詳細的步驟，以教導學生實施自我調整學習，包括：1.自我監控與評鑑；2.計畫與目標設立；3.學習策略的實行與監控；4.策略結果的監控。自我監控為學生透過先前的表現和學習紀錄來判斷自己學習的程度，並評估自身的學習效能。而目標設立的策略則是教師教導學生如何分析學習任務、如何選擇適當的策略來達到良好的學習成效。第三階段為學生執行完成目標的學習策略，同時監控目標的達成程度。在此階段教師可以教導學生新的學習策略，例如繪製概念圖（concept map）來組織所習得的知識，但因此策略比較耗時，學生不一定願意花費時間來繪製，教師可考慮將繪製概念圖的任務列為評量項目。第四階段為策略結果的監控，如同自我省思階段，評估策略的成效是否符合預期，本階段的重點在於不斷地監控自己學

習的結果，並因應不同學科、學習環境及考題類型而經常調整策略（朱蕙君、楊國禎，2016）。

提升學習動機的策略

學習動機事關學習的成敗，爲教師者應將培養學生學習動機一事，視爲教學任務的一部分，只是這部分沒有固定的教材教法可資遵循，只能憑教師就其專業修養、專業知識及教學經驗，在教學情境中靈活運用（張春興，2013）。以下分爲學生學習態度及教師教學實務兩部分，來探討提升學習動機的策略。

壹　改變學生的學習態度

動機是由學習者所控制，學生可依據興趣、困難度、體力和後果等因素，自行決定是否參與學習活動。教師可協助學生了解動機是參與學習的關鍵，透過影響學生的態度和知覺來提升其學習動機。

一、聚焦學生可改變的因素

學生的家庭生活、部分人格特質及早期兒童經驗等因素會對學習產生影響，但是這些因素並不是教師可以改變的，教師應該將焦點集中在可以改變的因素上。例如改變教師對學生的態度，雖然學生來自各種不同的家庭背景，但我們可以認爲全部的學生都有能力可以學習，並且發現學生受到忽略的優勢，以協助學生設定合乎實際的學習目標，進而協助學生改變對成功和失敗的解釋（Arends & Kilcher, 2010）。

二、改變學生的成敗歸因

學生都會對學習的成功或失敗有所解釋，如果學生認爲自己的學習成就不在自己的掌握中，而將其歸因於外在因素，如老師都不關心我們、老師提供的教材我們都不懂等，因這些情況是他所無法控制的，所以就不

會有學習動機。學生的歸因是可以改變的，教師先要理解學生的看法，再與學生談話互動，協助學生將成功歸因於能力因素，將失敗歸因於努力因素。我們希望學生對學習成敗歸因到努力因素，教師可以指導學生如何努力，這樣學生就可以有成功的機會，甚至可以直接告訴學生努力對成功的重要性，失敗則來自於不努力（高熏芳，2003）。

三、注意學生的目標及目標傾向

目標傾向分為績效目標和學習目標兩類，績效目標是想要達成他人設定的績效標準，而且想要比其他同學有更佳的表現，這類學生過於強調競爭和依賴教師的評分；有些學生抱持學習目標傾向，這些學生與自己來競爭，由內在因素引發學習動機。當學生設定的目標太高，以致無法達成，此時會產生挫折和退縮；若目標太低則會有無聊和無趣的感覺，目標具挑戰性且可達成時，學生才會積極實現。教師要協助學生配合自己能力來設定目標，過於困難的學習目標要加以調整，不夠具體及長期性的目標要教導學生修改具體及短期可實現的目標。例如寫學期報告是相當長的目標，要改成一系列的短期目標，像是蒐集資料、完成報告第一章等（Arends & Kilcher, 2010; Tollefson, 2000）。

四、發展學生的自我效能

自我效能與自我調整學習是相互作用、相互促進的，當學生為自己設定具體的、近期的學習目標時，他們能夠較容易地觀察到自己在學習上所取得的進步，因而會增強他的自我效能；自我效能的增強又能促使學生為自己設定更富有挑戰性的目標。反之，自我效能低的學生則對自己的學習能力信心不足，為確保成功常常選一些過於簡單的任務，每當學習中遇到困難時，就認為是自己能力不行，不加努力就輕易放棄。教師透過語言的回饋對學生的學習提出建議，所提意見要傳達出學生是有能力的訊息，只要花更多努力或使用更好的策略即能表現得更好，讓學生知道學習的價值，則學生的自我效能即能逐漸增強。

五、實施動機訓練課程

　　自我調整的學習者在獲得知識過程中的各個階段，會制定計畫、設置目標、進行組織、自我監控及自我評價，自我調整的學習者認為自己是自主的和受內在動機激勵的，所以自我效能較高。若能應用自我效能、自我調整學習及歸因再訓練的概念，發展動機技巧的訓練課程，教導學生負起學習責任，使學生能以自我調整策略獲得教學上的資訊。動機訓練課程包括計畫、監控和評估、後設認知技能的訓練、認知技巧（如理解、記憶、注意）的學習，這些課程可增加學生知識的獲得、增加學習動機。另一種「歸因再訓練課程」通常以小團體活動方式進行，其目的在使學生知道努力與學業的成敗是具有因果關係，努力是導致成功的重要因素。經由教師的輔導，讓學生改變其歸因判斷，以提高其學習動機（周新富，2011）。

 ## 貳　改變教師教學實務

　　在教學方面，教師可試著採用以下的策略來提升學生的學習動機。

一、平衡使用內在動機與外在動機

　　社會普遍使用外在獎賞來增強行為，學校也不例外，當學生完成一項工作時，因為知道可以得到獎賞，所以引發參與學習活動的動機。獎賞的形式如讚美或分數，有時是代幣制，可換想要的物品，有時是特權，讓學生選擇喜歡的活動，這就是所謂的強化原則，當學生表現出適當的行為則給予他想要的增強物（周新富，2011）。大部分的教師相當依賴外在動機系統，其可能的原因如下：未把握能引發學生的興趣、教學自信心不足、未能與學生建立正向的信任關係。但如果使用過於頻繁，會使學生誤以為學習是為了拿到增強物或避免不喜歡的後果，因而無法培養學生從學習獲得樂趣（Pugach, 2006）。為避免外在獎賞所引發的負面影響，教師最好能做到內外動機的平衡使用。內在動機可促使學生對學習產生成就感和興趣，如此學生才會養成主動學習的習慣，但內在動機的激發需要較長時間

的導引，教師可以先朝減少使用外在獎賞開始，當學生可以做自我決定的可能性比較小時才使用外在獎賞。

二、依學生興趣設計多樣化教學活動

興趣是指學習者好奇心的喚起與維持，也就是要吸引學生的注意，教師要思考如何引起及維持學生的注意和興趣。最常採用的方法是運用不同的教學方法、新奇的活動來吸引注意。教師的教學方法不應局限於冗長的講述，可以隨時引導全班學生進行討論、分組學習、角色扮演、模擬遊戲等。教學活動也可在教室外進行，例如參觀博物館、科學館、美術展覽、野生標本採集與製作等。教師若能靈活採用各種教學方法，將使學生對整個學習過程感覺有變化和新鮮有趣，如此有助於維持高昂學習的動機。適當開展分組競賽是激發學生學習積極性和爭取優異成績的一種有效手段。藉由競賽，學生的好勝心和求知欲更加強烈，學習興趣和克服困難的毅力會大大加強，所以在課堂上，尤其是活動課上，教師應採取競賽的形式來組織教學活動（王財印等，2012）。

三、教師對學生要有高度的期待

卡芬頓的自我價值論說明自我價值感是個人追求成功的內在動力，為使學生提高自尊心，教師要以高度期望促使學生產生自我價值感。教室裡高、低成就學生知覺教師的不同對待稱之為教師期待，通常教師對高成就學生會有高期望及高學業要求，教師也會給這些學生一些特權；低成就學生認為他們在教室裡較少有表現的機會，雖然會受到教師的關心，但受忽略的情況是比較多的（Pugach, 2006）。要提高學習動機則要避免犯下教師期待的錯誤，以下建議可以作為參考：1. 依學生能力設定明確的期望，且要讓學生知道教師對他的期望。2. 假定所有的學生都能學習，並傳送這樣的期待給學生。3. 不因為學生無關學業表現的特質（如性別、種族、家長背景）而形成不同的學生期望。4. 不接受學生低成就的藉口（周新富，2006）。

四、營造良好的教室氣氛

馬斯洛的安全需求落實在教學情境，就是教師要提供一個安全的學習環境，這個團體是工作取向的、合作的、友善的、溫暖的，學生會表現出較高的獨立性和主動性，即使當老師請假時，班上仍會維持工作的生產力。良好的教室秩序亦是營造良好氣氛的重要因素，依據師生共同制定的教室規則來行事，即能建立一個有利於學習和教學的環境。以下的作法對良好氣氛的營造有所幫助：1. 以合作學習形成合作一致的關係。2. 以腦力激盪法提出不同的理念，並試著付諸行動。3. 鼓勵參與教室環境的美化，將所學知識應用於實際生活。4. 讓學生了解教師所做所為的用意何在（周新富，2006）。

五、建立良好的師生互動

教師應加強與學生感情的交流，增進與學生的情誼，關心他們、愛護他們，主動幫助他們解決學習和生活中的困難。主動的協助（unsolicited help）是師生互動的重要形式，教師以提供正確資訊的回饋來協助學生。在指導練習和獨立練習過程中，教師採用策略回饋方式告知學習者如何應用策略以改進學習成效，所提出的策略可幫助學生掌握要點、組織材料，例如教學生閱讀理解策略、選擇有價值資訊的策略等，使其知道何種策略對學習是有效的。當學生表現出良好的學習行為或是學習進步時，教師即給予稱讚，稱讚會增強教師想要的行為，並讓學生一再地表現該項行為。教師主動協助的結果會使學生經驗到他們在學習方面的進步，並使他們產生自我效能和成就動機（王財印等，2012）。

六、滿足學生的需求

需求理論告訴我們，學生將會在滿足成就、權力與親和需求的活動上投入時間。當學習工作是有挑戰性，學生如果獲得成功，就會滿足成就的需求；分組工作和社交活動可協助學生親和需求的滿足；當學生的意見可被接受，學習工作能有選擇性，則其影響力和自我決定的需求可以得到滿

足。教師可以設計差異化教學、合作學習及辦理社交活動,來滿足學生這三種需求(Arends & Kilcher, 2010)。

第三節 教學歷程中的引起動機

了解學習動機的重要理論之後,接著要探討教師要如何將理論應用到實際教學之中。因為學生之間的學習動機存在個別差異及文化差異,所以在使用激發學習動機的策略時,也要考慮到這些問題。在教學歷程中,我們經常會在開始上課前的「準備階段」中,藉由不同活動引起學生想要開始學習的動機,但是隔不到幾分鐘,學生的注意力開始渙散,當大部分皆如此時,教師有必要再度使用引起動機的技巧來喚起和維持學生的注意力。本節即針對在教學歷程中如何吸引及維持學生的動機作一探討。

壹 ARCS動機模式與教學策略

ARCS 是凱勒(Keller)以他激勵學生學習動機的系統化設計模式為基礎,整合動機理論與相關理論所提出的動機模式,認為提升學生學習成效需具備的四個要素為:注意(attention)、關聯性(relevance)、信心(confidence)和滿足感(satisfaction)。其內涵說明如下(Keller, 1987):

一、引起注意

在此模式中第一要務是要引起興趣和維持學生注意。如果學生對一個主題沒有相當的注意力與興趣,則學習成效必不佳。但要引發學生的注意並不難,真正的挑戰在於如何讓學生持續其注意力與興趣於課程上。

二、切身相關

模式中的第二要素是讓學生對學習產生切身相關的體認,包括自我、生活、未來三方面的關聯性,例如認識自己、生活應用、未來工作的關聯。這樣的教學設計對於學生學習興趣的提升是不可或缺的必備條件。除

此之外，教師可善用技巧說服學生這個課程與將來生活和工作生涯有相關，以引起學生的學習動機。

三、建立信心

信心與學生對成功或失敗的預期有關，且會影響學生實際的努力與表現。教師在成功地引發學生注意力，以及輔導學生對學習產生切身相關之後，若是忽略了學生原本就已經對某科目產生了畏懼之心，覺得它過於困難，或是覺得內容過於簡單不具挑戰性，此兩者都將扼阻學生學習動機的維持。補救教學及合作學習小組的安排，都是在幫助學生建立學習的信心。

四、獲得滿足

滿足感是學生對學習結果所產生的一種評價，個人的滿足是動機能繼續下去的重要因素。提供學生學習的滿足感，最直接的方式便是讓他們經由自我表現的機會，將所學的知識概念或動作技能運用於生活環境中。除了考試成績的進步可以獲得學習的成就感之外，自訂主題及進度可以滿足自主需求，師生及同學間的討論可以滿足互動需求。

ARCS 動機模式告訴教師在設計教學時要注意兩項重點：1. 學習動機、情意的引發。2. 在學習過程中，需藉由教學活動的設計來強化及維持學習者的興趣。為達成上述目的，教師在教學時要思考如表 3-1 所列的一些問題，並且提出相對應的教學策略，其最終目的在設計吸引學生興趣、激發學習動機的教學活動及相關教材（林思伶，1993；楊文輝、吳致維，2010）。

表 3-1　ARCS 動機類別與教學策略

構成要素	教學過程中思考的問題	激發動機的教學策略
Attention 引起注意	1. 如何捕獲學生的注意與興趣？ 2. 如何維持學生的注意和興趣？	變化教學方式
Relevance 切身相關	1. 如何在學習過程中，提供學生適當的責任、自我訓練的表現機會？ 2. 如何讓學生了解課程能滿足其需求？	1. 提供符合學生動機與價值學習機會，如自我學習、或合作學習方式。 2. 藉著陳述教學與個人目標的相關性，以產生實用的知覺。
Confidence 建立信心	1. 如何使學生知道哪些學習活動和經驗，可協助其提高學習能力？ 2. 如何讓學生知道成功控制在自己的努力？	1. 提供學習者在適當範圍內，可以自我控制、自我學習。 2. 提供情境讓學生練習與發揮，並有機會可以成功的達到具有挑戰性的目標。
Satisfaction 獲得滿足	1. 提供哪些增強鼓勵學生的成就？ 2. 如何協助學生成功創造正向積極的感覺？	1. 提供正向鼓勵。如：口頭讚美、獎勵。 2. 對於成功維持一致的標準與結果，學習的最後結果與起始設定的目標與期望。

取自楊文輝、吳致維（2010）

 貳　吸引及維持注意力的教學技巧

　　對某些學生而言，要他們上課時保持相當長時間的注意力是有困難的，為了吸引學生的注意力，有些教師會用講笑話、做出搞笑動作等方式來吸引學生注意力。學者葉倫（S. L. Yelon）則提出「新奇」原則，建議教師以變化教學上的刺激來集中學生的注意力，這些教學技巧有以下幾項（單文經等譯，1999；王財印等，2012）：

一、運用聲音及動作的變化來教學

　　聲音和動作的變化就是所謂的熱忱，即展現教學的熱忱。教學時變化音量、音調或速度來配合所要說的內容，如果對某一事件感到生氣，則提高聲音及用強烈的語氣說話；如果很興奮，你會張開雙腳、加快語速、面帶微笑，不要把對學科的熱忱隱藏起來，要展現出來。動作的變化則是加上手勢、走動、擺姿勢來傳達喜歡到這個班上課的熱忱。以下是一個把聲

音和動作的改變融合在所要表達的訊息的一個例子，有位老師在解釋形成一個教學目標有幾個部分時，他的動作是什麼樣子及他是怎麼講的。當這個老師說到「一個教學目標有四個部分」，他在說「四」、「目標」這兩個字時的聲音大聲且洪亮，他並且對學生比出四個手指，在說完「部分」這個字的時候他暫停了一下，還向左邊走四 。手勢移動及聲音的調整並不一定需要是誇大的，可以是微妙的移動，並且和學生的學習結合在一起。

二、運用困惑的事件並進行演示

欲望是一種傾向於認識、研究、獲得某種事物的心理特徵。在學習過程中，可以利用困惑的事件，使學生對某種知識產生一種急於了解的心理，這樣能夠激起學生學習的欲望。例如有一位老師準備了一些雞的大腿骨給他的六年級班級，他要學生試著去彎曲這些大腿骨，但是沒有一個能彎曲這些骨頭，然後他把醋倒進一個放有骨頭的容器，剩下的那些骨頭放在另一個玻璃容器裡。一個禮拜之後，學生們從兩個容器裡拿出骨頭，並且試著去彎曲它們，學生非常驚訝，竟然能夠彎曲那些浸在醋裡的骨頭。在課堂上，他要學生對他們所觀察到的現象提出問題。「關於你們所看到的現象之中，有哪些使你們感到困惑？對於你們所看到的現象，你想要知道什麼？」下課之後，他請學生把它當作一個作業，要學生利用各種資源去發現問題的答案。

三、引起學生的認知衝突

認知衝突是人的已有知識和經驗與所面臨的情境之間的衝突或差異。這種認知衝突會引起學生的新奇和驚訝，並引起學生的注意和關心，從而調動學生學習的積極性。例如「圓的定義」的教學，學生日常生活中對圓形的實物接觸的也較多，小學又學過一些與圓有關的知識，對圓具有一定的感性和理性的認識。然而，他們還無法揭示圓的本質特徵。如果教師此時問學生「究竟什麼叫做圓？」他們很難回答。不過，他們對「圓的定義」已經產生了想知道的急切心情，這時再進行教學則事半功倍。

四、運用卡通、笑話和幽默的故事

有些教師利用卡通、笑話和幽默的故事在教學裡，有些教師將幽默穿插在教科書和教材中，可以利用相關的幽默去強化驚訝，例如運用漫畫故事或類似實例，來教導學生說話要具體明確。或是當正在講故事時，在故事結束之前暫停一下，然後用充滿表情和活力的語氣來說完故事。

五、對作業、考試、活動給予及時回饋

學生學習的情況如何，需要教師給予適當地評鑑，以加強學生已有的學習動機，或是矯正學習中的偏差。教師既要注意課堂上的及時回饋，也要注意即時對作業、考試、活動等情況給予回饋。使回饋與評鑑相結合、使評鑑與指導相結合，充分發揮訊息回饋的診斷作用、導向作用和激勵作用。

其他方式還有運用媒體、提問等方式來激發學生的好奇心。總之，學生經常對新穎的東西感興趣，對運動變化的東西感興趣，對相互矛盾的東西感興趣，對笑話、幽默故事感興趣，對美的東西感興趣，對實驗、操作感興趣，對競賽和遊戲等感興趣，設計教學活動要以學生的學習興趣為核心，以達成激發學生學習動機的目的。

自我練習 ....

一、選擇題

(　) 1. 關於「行為主義的學習動機理論」，下列敘述何者錯誤？ 　(A) 重外誘控制，難以培養學生的求知熱忱 　(B) 趨獎避罰心態，有利於全體學生的學習 　(C) 手段目的化之結果，有礙學生人格發展 　(D) 短暫的功利取向，不易產生學習遷移

(　) 2. 在激勵理論中，麥克里蘭（McClelland）提出三需求理論（McClelland's theory of needs），請問是哪三種需求？ 　(A) 成就需求、權利需求、生存需求 　(B) 成就需求、權利需求、親和需求 　(C) 成就需求、生存需求、親和需求 　(D) 生存需求、權利需求、親和需求

(　) 3. 有關成就動機的敘述，何者正確？ 　(A) 成就動機和學業成就的相關很低，因此無法預測學業成就表現 　(B) 麥克里蘭（McClelland）與阿特金森（Atkinson）認為，成就動機包含求成需求與避敗需求 　(C) 高成就動機者容易將成敗歸因於情境因素 　(D) 成就動機是影響學生學業成就表現的智力因素

(　) 4. 根據卡芬頓（M. V. Covington）的自我價值論，下列敘述何者比較「正確」？ 　(A) 不同年級的學生均認同能力和努力同等重要 　(B) 學生學習的內在動機是追求他人的肯定勝於自我價值的提升 　(C) 成功的學生常將結果歸因於努力，以使個人感到更大的自我價值 　(D) 在高度競爭的班級環境中，學生較傾向以逃避失敗來維持自我價值

(　) 5. 下列何者不屬凱勒（J. Keller）ARCS 動機模式中影響學習動機的要素？ 　(A) 注意（attention） 　(B) 滿足（satisfaction） 　(C) 關聯（relevance） 　(D) 創造（creativity）

(　) 6. 如果以「將教材與現實生活相結合，讓學生可以實際應用所學，進而覺得學習是有意義的」來引起動機，這是利用凱勒（J. M. Keller）於 1983 年提出學習動機策略 ARCS 模式中的哪一項？ 　(A) 注意（attention） 　(B) 相關性（relevance） 　(C) 信心（confidence）

(D) 滿足（satisfaction）

(　) 7. 要求學生記錄自己的運動行為，並自己決定獎懲標準，是運用哪一種行為改變之技巧？　(A) 社會支持　(B) 自我效能　(C) 回饋反應　(D) 自我控制

(　) 8. 李老師因學習情境的安排不當與增強方式不妥，致使學生學習興趣低落；當他改採「目標期望與價值」觀點後，情況有所改善。試問李老師使用了下列何種動機理論？　(A) 認知論　(B) 人本論　(C) 行為論　(D) 心理分析論

(　) 9. 有四位學生說出他們對體育課將學習蛙式游泳的看法：甲：蛙式太容易了，我覺得學這個沒什麼用；乙：蛙式太難了，雖然我覺得學會蛙式很重要；丙：我對蛙式不太有把握，可是學會蛙式卻很重要；丁：學會蛙式對我而言輕而易舉，學會蛙式確實很重要。若根據艾特肯遜（J. Atkinson）的期待理論（expectancy theory），哪一位學生學習蛙式游泳的動機最高？　(A) 甲　(B) 乙　(C) 丙　(D) 丁

(　) 10. 根據 Locke 的目標設定理論（goal setting theory），目標設定必須具備四個條件，才能達到激勵作用，下列何者為非？　(A) 可達成的　(B) 可預期的　(C) 可明確衡量的　(D) 有報酬的

(　) 11. 下列何者不是 B. Weiner 歸因理論中個體對成敗歸因的因素？　(A) 能力　(B) 誘因　(C) 工作難度　(D) 運氣

(　) 12. 一個 13 歲的七年級學生覺得自己的數學考試成績不理想，並向父母解釋說：「我做了很多準備，但是我準備的題目在這次考試中連一題都沒有出現」。根據 B. Weiner 歸因理論的觀點，這個學生將他的學習表現主要歸因於什麼因素？　(A) 能力　(B) 努力　(C) 運氣　(D) 工作難度

(　) 13. 成就動機低的學生，通常會把考試成績不好的原因歸因於：　(A) 能力不足　(B) 功課太難　(C) 運氣不好　(D) 努力不夠

(　) 14. 溫納（B. Weiner）歸因理論中有關三向度之影響效果的敘述，下列何者正確？　(A) 學生將失敗歸因於不穩定的向度，則會降低自尊　(B) 學生將失敗歸因於可控的向度，則會引發罪惡感的情緒　(C) 學生將成功歸因於內在的向度，則會引發感激的情緒　(D) 學生將

成功歸因於外在的向度，則會預期未來有好表現

（　　）15. 有關動機理論的敘述，下列何者較不正確？　(A) 人本論鼓勵學習者發展潛力與重視外在動機　(B) 行為論主張運用增強來提升學習者的學習動機　(C) 社會學習論認為學習者透過觀察與模仿，可提升學習動機　(D) 認知論主張學習者的動機是來自於個人對目標重要性與期望的思考

（　　）16. 一個 14 歲的國中生面對不理想的數學考試成績，向父母說：「那是因為這次的考試題目太多也很艱深的緣故。」根據溫納（B. Weiner）歸因理論的觀點，這個學生將他的學習表現主要歸因於什麼因素？　(A) 能力不足　(B) 努力不夠　(C) 運氣不好　(D) 工作難度

（　　）17. 根據溫納（B. Weiner）的歸因理論（attribution theory），下列哪一種歸因型態，容易發展出「習得無助感」（learned helplessness）？　(A) 將成功歸因為能力　(B) 將失敗歸因為能力　(C) 將失敗歸因為努力　(D) 將成功歸因為努力

（　　）18. 溫納（B. Weiner）的歸因理論中，將「努力」的歸因因素納入下列哪一向度？　(A) 內控、穩定　(B) 內控、不穩定　(C) 外控、穩定　(D) 外控、不穩定　向度

（　　）19. 下列有關動機的描述，何者符合馬斯洛（A. Maslow）的動機理論？　(A) 認知衝突與認知失衡讓人有學習動機　(B) 人有避罰及避免失敗的驅力而投入努力　(C) 要先適度滿足匱乏需求，學生才有成長需求　(D) 給予挑戰性任務，讓學習者覺得有成就感，可促進學習動機

（　　）20. 「小華在段考之前的假日，決定是否留在學校自習時，可能會問自己：如果留下來唸書就會考得好嗎？我這樣做值得嗎？」上述的例子屬於哪一種動機理論？　(A) 人文取向　(B) 認知取向　(C) 行為取向　(D) 社會學習取向

（　　）21. 請依據馬斯洛（A. H. Maslow）的需求層次論，將以下七項需求由最低層次排序至較高的層次：A. 安全感；B. 自尊心；C. 求知；D. 美感；E. 自我實現；F. 生理；G. 愛與歸屬感　(A)FABCDGE　(B)

FAGBCDE　(C)FGABCDE　(D)FCDABGE

(　) 22. 如果有學生是因為受老師嘲笑而拒絕上學，根據馬斯洛（Abraham Maslow）的動機階層論，這位學生拒學是基於何種需求未獲滿足？
(A) 自我實現　(B) 審美鑑賞　(C) 認知需求　(D) 自尊需求

(　) 23. 下列對成就動機（achievement motivation）的敘述，何者正確？
(A) 成就動機愈低的人愈努力避免失敗　(B) 愈簡單的作業愈能激發學習者的成就動機　(C) 學生的努力程度和成就動機的強度間有正相關　(D) 成就動機愈高的學生愈會認為成功與否操之他人

(　) 24. 下列哪一項作法對一般學生的學習動機，較可能會產生負面的影響？　(A) 建立支持學生學習的環境　(B) 經常給予學生容易的作業　(C) 彈性運用不同的教學策略　(D) 師生共建有意義的學習目標

(　) 25. 班級家長會為激勵學生的學習動機，提出「本次段考前三名同學每人可獲500元獎金」。此一作法最有可能造成下列何種效應？　(A) 會建立精熟的學習目標　(B) 會傳達自我精進的觀念　(C) 會造成班內同學的競爭　(D) 會樹立努力與追求進步的學習楷模

(　) 26. 根據溫納（B. Weiner）的歸因理論，下列哪一種說法是將考試成績不理想歸因於內在、可控制的因素？　(A) 這次的題目好難，我根本做不完　(B) 考前我沒有好好地複習，做好準備　(C) 考試那天我身體不舒服，沒能好好作答　(D) 真倒楣，我最有把握的問題都沒有考出來

(　) 27. 原本學業成績相當好的阿哲，最近經常不交作業，成績也愈來愈差，甚至對學習活動表現得不在乎。阿哲最可能出現下列哪一種情形？　(A) 起點行為落後　(B) 成就動機低落　(C) 智力商數下降　(D) 安全依附不足

(　) 28. 鄭老師在上「岳陽樓記」時，播放了有關岳陽樓的幻燈片。請問鄭老師是在進行教學上的哪一項行為？　(A) 自學輔導　(B) 引起動機　(C) 社會化過程　(D) 創造思考

(　) 29. 林老師在教學時準備了許多生動的圖片，引發學生的學習興趣，讓學生認為此門課程是有趣的，這符合動機理論中的何種概念？

(A) 好奇心　(B) 好勝心　(C) 認同感　(D) 互惠感

參考答案

1.(B)　2.(B)　3.(B)　4.(D)　5.(D)　6.(B)　7.(D)　8.(A)　9.(C)　10.(B)

11.(B)　12.(C)　13.(A)　14.(B)　15.(A)　16.(D)　17.(B)　18.(B)　19.(C)　20.(D)

21.(B)　22.(D)　23.(C)　24.(B)　25.(C)　26.(B)　27.(B)　28.(B)　29.(A)

二、問答題

1. 何謂學習動機？學習動機和學習有何關係？哪些因素會影響學生的學習動機？

2. 學習動機可分為內在動機和外在動機兩類，請說明其意義並舉出具體實例說明之。

3. 請說明期望價值論的理論要義及其在教育上的涵義。

4. 王老師上課時發現有半數學生上課不專注，顯得無精打采的樣子。請你就教材、教法、學習等三方面提出因應的教學對策。

5. 試以卡芬頓（M. Covington）的自我價值論（self-worth theory）說明學生學習動機低落的原因為何？並舉出教師在教學上可用來激發學生學習動機的策略。

6. 請就 Bandura 的自我效能理論，說明自我效能的意義、影響來源，以及在教學上要如何應用？

7. 八年級的小清並非特殊生卻是個學業低成就者，從小學開始就常經歷挫敗的學習經驗，以致於以消極的態度面對考試，並經常以「我本來就學不會」、「所有科目都很難」來回應師長的關心。請以凱樂（J. Keller）ARCS（Attention、Relevance、Confidence、Satisfaction）模式四要素，說明如何幫助小清提升學習動機的策略。

8. 依據行為學派、認知學派以及人本學派的教學理念，各舉一個激發學生學習動機的例子。

第四章

教學設計與差異化教學

　　將同年齡學生編成一班進行教學是各個國家普遍性的作法，班級裡
30 位左右的學生有許多的共同性和差異性，其中影響學習最大的因素為
能力和智力。為解決學生個別差異的問題，學校通常都使用能力編班或班
級內能力分組的方式來因應，但是卻產生了以下問題：1. 教師對低能力學
生產生較低的期望，給予的指導亦不足；2. 低能力組的學生會有低自我概
念與低動機的問題出現；3. 能力分班產生穩定化現象，低能力組的學生年
復一年都被標籤為低能力的學生；4. 低能力組的學生上課不專心、師生互
動較少（Kauchak & Eggen, 1998）。在此趨勢之下，能力分班的教學方式
逐漸減少，而在常態編班之下所實施的差異化教學則愈來愈受重視。國內
近年來積極倡導此一教學模式，則是為因應十二年國教全面實施後，高中
職學生程度差距可能擴大的問題。差異化教學（differentiated instruction）
是系統取向教學計畫的一種，是為了讓班級內不同學術能力的學生能同時
獲益的教學設計模式。本章先探討較常見的教學設計模式，再就差異化教
學的特徵與實際作法作一探討。

第一節　教學的設計模式

　　教學設計是二十世紀 50 年代以後逐漸發展成熟的一門綜合性學科，
它既是教育技術學（educational technology）的主要領域，又是教學科學的
重要組成部分，教學設計的發展與教育心理學的理論研究有密切的關係，
促成理論與實務能緊密結合。本節先就教學設計的意義與作用作一詮釋，
然後提出三種重要的系統教學設計模式作一闡述。

壹　教學設計的意義與作用

一、教學設計的意義

　　設計（design）是指事物發展或計畫執行之前的系統規劃過程，設計
不同於計畫或發展（development），因設計需要的精確程度、監督與專業

知能更高。教學設計有兩方面的意義：一方面是教學遵行的藍圖；另方面像教學處方，針對特定對象與目標，選擇特定的方法、內容與策略。教學若缺乏良好的設計，除造成時間與資源的浪費，更會帶來學習無效的後果（李宗薇，1997）。

　　許多教育學者對教學設計（instructional design）下了定義，其中蓋聶（Gagné, Briggs, & Wager, 1992）就認為教學設計是一個系統化方式規劃教學系統的過程，這裡所指的教學系統界定是為了提升學習而對資源和過程所做的安排。除學校外，軍隊、工商業等訓練系統皆適用教學設計。梅里爾（Merrill）認為教學設計是一種用以開發學習經驗和學習環境的技術，這些學習經驗和環境有利於學生獲得特定的知識技能（引自盛群力、李志強，2003）。國內學者李宗薇（1997）認為教學設計是對教學的目標與學習者的特性，進行一系列分析、規劃、執行與評估的過程。在教學設計的內容包含了三個重要的議題：教學目標、教學策略與方法、評量與修正。綜合學者的看法，所謂教學設計是指教師為了提升教學品質而妥善規劃教學過程，教師依據認知學習、教育傳播和系統科學等理論，並根據學生的學習特點和自身的教學風格，對教學過程的各環節、各要素預先進行科學的計畫、合理的安排，制定出整體教學運行方案的過程（詹瑜、王富平、李存生，2012）。

二、教學設計的作用

　　當教學者設計教學以達成特定的學習目標，其結果可能成功也可能失敗，如果事前有充分的計畫，則成功的機率會比較高，所以教學設計的目的是在激發並支持學生的學習活動，以達成有效的、成功的教學結果。蓋聶（Gagné, Briggs, & Wager, 1992）認為教學設計應以系統方式進行，所謂系統是一組相關的部分，這些部分同時朝共同目標運作，系統的各部分是彼此依賴，整體系統使用回饋決定預期目標是否達成；若未能達成目標，系統要進行改變，直到達成目標。使用系統方式進行教學設計可發揮以下的作用（司曉宏、張立昌，2011）：

㈠增強教學工作的科學性

教學設計可補充以往只依靠經驗而進行教學的不足，將教學工作建立在學習理論、教學理論和系統科學理論的基礎上，使教學過程成為實證的且可以複製的，教學活動的步驟有相應的理論支撐，可確保教學任務的完成和教學品質的提高。

㈡整合教學要素

系統取向模式用來設計、發展、執行和評鑑教學，包含一系列的步驟，每一步驟會從前一步驟得到投入，得到的產出再作為下一步驟的投入，所有的步驟同時運作可促使有效教學的達成。故教學設計能以整體性的觀點來規劃和安排教學活動，而將學習成果、學生特性、教學活動、評量緊密的結合在一起，經由全面且周密地思慮，可讓教學達到最佳的成效。

㈢連接教學理論與教學實踐

教學理論研究者和教學實踐工作者都十分關心教學理論是否可以應用於教學現場？教學設計的研究和實踐，就是為了把教學理論與教學實踐結合起來，充分發揮教學理論對教學實踐的指導功能。

 ## 貳　教學設計的模式

在教學設計過程中，因設計者所持的教育立場、教學理論依據、教學目標任務、教學對象特點等的不同，教學設計的基本步驟和方法也就不同，從而形成了不同的教學設計模式（詹瑜等，2012）。其中比較著名的是系統化教學設計模式（systematic instructional design model），此模式的提倡者認為教學是一個有系統過程，其目的在引發學習，系統的因素有學習者、教學者、教材和學習環境，因素彼此互動以達成目標，如果學習失敗，則需有一種引發變化的機制。成功教學中每一項成分都是重要的，這種觀點稱之為系統取向設計教學（王財印等，2019）。以下僅就比較典型的教學設計模式作一闡述。

一、ADDIE模式

　　最常見的建立教學設計的模式是 ADDIE，這個縮寫代表包含在模式中的五個階段，其關係如圖 4-1 所示，五個階段分別是分析（analysis）、設計（design）、發展（development）、實施（implementation）、評鑑（evaluation）。該模式最初是由美國佛羅里達州立大學爲軍隊研發在職訓練的教學系統發展（instructional systems development, ISD）方案，因爲這個模式是教學設計最基本的歷程，許多系統化模式大多由此模式所延伸，所以有必要先對此模式作一探討。ADDIE 的五個步驟依序說明如下（杜振亞等譯，2007；Molenda, 2003）：

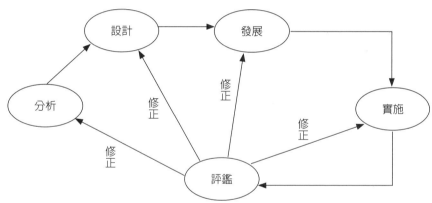

圖 4-1　教學設計的 ADDIE 模式

取自杜振亞等譯（2007，頁 26）

㈠分析

　　在教學設計的第一個階段是進行分析，首先要決定教學的目的是要解決什麼問題，接著要決定此課程所欲達成的認知、情意、技能目標，還要分析學生所需具備的入門技能及了解學生的學習動機，最後要考量教學情境和限制，例如可用的時間有多少？有哪些可用的資源？

㈡設計

　　有了確定的課程目標及前面分析所得的資料，接著就要根據這些資料

進行設計，其主要任務在產生一個指引教學發展的計畫或藍圖。在這個階段所要完成的工作如下：1. 轉化課程目標為表現的結果和單元目標；2. 決定可以含括這些目標的主題或單元，以及每個單元所需花費的時間；3. 依課程目標安排單元的次序；4. 設計教學的單元，並確認在這單元中所要達成的主要目標；5. 規劃各單元的學習活動；6. 發展特定的評量以確認學生學習情況。

㈢ 發展

發展是指準備在學習環境中所要使用的材料。依據目標開始編制教材，教材的製作花費很大，為節省經費，可以選擇可用的教材且將之整合到課程模組中，以配合所欲達成的教學目標。

㈣ 實施

此階段為教學設計者將所完成的教材及所設計的教學活動應用在班級教學之中，教師要發展一個適合情況所需的學習管理系統，像成績冊、學生個別紀錄等；提供學生的輔導與支持亦是此階段的重要工作，這些作法可以改善學習的品質。

㈤ 評鑑

想要了解學生的學習成效及課程設計的品質就要進行評量，這階段包含五種不同類型的評量：1. 教材的評量，測試教材內容是否能達成學習目標；2. 過程的評量，評量教學系統設計過程的品質；3. 學習者的反應，即學生對教學過程的感受；4. 學習者成就；5. 教學的結果，針對教學實施來評量。但在班級教學，所偏重的評量還是學習者成就。

二、迪克和凱利的系統取向模式

迪克和凱利（W. Dick & L. Carey）的系統取向模式（systems approach model）於 1978 年提出，中間經過多次修改，該模式對教學歷程作了極為詳細的介紹。迪克和凱利認為，傳統教學過程涉及教師、學生和教科書，學習內容在教科書之中，教師的責任是教給學習者內容，教學就是把教科

書的內容傳送到學習者腦中，以便於考試時提取資料，要改進教學就是要提高教師的水準，例如要求教師擁有更多的知識和更多的教學方法，來傳送知識給學生。整個流程包括教師設計、執行、評鑑和修改教學，共分成九個項目（不含總結性評量）來說明教學整個歷程（圖 4-2）。這種教學設計模式的設計過程系統性強、設計步驟環環相扣便於操作，因而成為目前應用最廣泛的一種教學設計模式（盛群力、李志強，2003）。以下簡要敘述各步驟之內容（Dick, Carey, & Carey, 2005）：

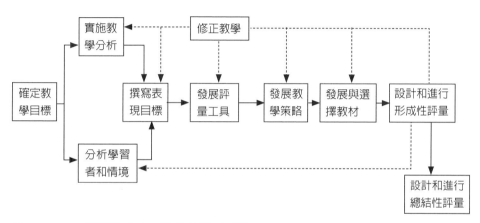

圖 4-2　迪克和凱利的系統取向教學設計模式

取自 Dick, Carey, & Carey（2005, p. 1）

(一) 確定教學目標（identify instructional goals）

　　教學設計的第一步驟是教學目標的確定，是根據課程需要、學生能力、個別差異及教師的經驗。目標來自以下途徑：課程目標、特殊課程需求的評估、學習困難學生的實際經驗、已完成某項工作的分析、某些人對新教學所提出的需要。

(二) 實施教學分析（conduct instructional analysis）

　　根據教學目標要進行學習任務分析，將目標分析成次級知識和技能及次級程序步驟，分析教學目標的主要用意在於界定教學中所必須包含的知識與技能。教學目標分析一般包含兩個步驟，首先是根據學習的成果來撰

寫目標，其次是正確描述學習者應如何執行目標。教學過程則以圖表或圖形敘述這些技能和顯示彼此的關係。

(三) 分析學習者和情境（analyze learners and contexts）

教學分析可以與學習者和情境的分析同時進行，分析學習者會在什麼樣的情境中學習這些能力，以及在什麼樣的情境中他們會使用這樣的能力。確定學習者目前的能力、喜好、態度與規劃教學環境的特性，以及學會的能力如何實際運用是有關聯的。這些重要的資訊會影響到這個模式後面的步驟，特別是教學策略。

(四) 撰寫表現目標（write performance objectives）

依據教學分析和起點行為的敘述，教師要寫下特定的敘述，描述學生在完成教學後能夠達成的行為表現標準，這稱之為表現目標。表現目標是可觀察、可測量的行為描述，一般稱之為行為目標。在功能方面，表現目標可以用來決定測驗的內容與方向，可以幫助教師釐定學習者應具備什麼樣的經驗與知識才能有效的學習，可以確定教學是否達成目標，以促使目標、教學及評量間緊密的結合。

(五) 發展評量工具（develop assessment instruments）

根據所撰寫的目標，接著要發展評量工具，這個評量是要與所撰寫的表現目標相結合，以測量學習者的能力是否達成所描述的目標。

(六) 發展教學策略（develop instructional strategy）

依據前五個步驟的資訊，開始擬定教學中要使用教學策略和達成終點目標要使用的教學媒體，教學策略可包含教學前的活動、呈現教學內容、練習和回饋、考試、追蹤活動（follow-through）等五項元素。教學前的活動包含引起學習的興趣，增加學生學習的動機和自信，吸引學生的注意力。告訴學生學習的目的與目標，舉行簡單的測驗以了解學生的能力或基礎。教學內容呈現是指教師應確定教學所要介紹的內容，並運用適當的媒體、實例，清楚地傳授教學的內容。練習和回饋又稱學習者的參與，教師可以安排適當的活動、提出問題，讓學習者能練習或表達個人觀點或對學

習內容建議的機會。為確認學習的情況則要進行考試與追蹤活動，除了正式的測驗之外，教師可以使用問卷或學習單，讓學習者可以表達自己的意見或看法。

㈦ 發展與選擇教材（develop and select instructional materials）

確定教學策略後，接著要編制或選擇教材。教材包括教科書、學習手冊、教學指引、視聽媒體、網頁、學習單及評量。教師需依據學習成果的類型、現存相關的教材，以及可善加利用的相關資源來發展教學所需的教材。㈥和㈦屬於發展階段，接著就是執行階段，將設計好的教學活動與教材付諸行動。

㈧ 設計和進行形成性評量（design and conduct formative evaluation of instruction）

形成性評量是教學設計者在教學活動中，用來蒐集資料的過程，評量所獲得的資訊可以用來修正教學，使其更有效。換句話說，形成性評量是在教學進行中，教師針對教學目標的達成、學習的成效、學習者的情況等問題進行了解，以作為修正後續學習的參考。形成性評量有三種形式：一對一評量、6-8 位學生組成的小團體、現場評量（field-trial），每一種評量可提供教師用來改進教學的資料。

㈨ 修正教學（revise instruction）

教學模式的最後步驟是修正教學（是重複循環的第一個步驟），由形成性評量資料的解釋，認定學生學習有哪些困難之後，教師要全盤思考教學步驟，不是只有修改教學法而已，也要檢視教學分析是否有效，甚至要重新確定學生起點行為和特性，或檢視目標及測驗題目，以使得教學更具成效。

㈩ 設計和進行總結性評量（design and conduct summative evaluation）

總結性評量主要目的是根據形成性評量所蒐集的資料來對教學作整體性的診斷，並作為教學設計或未來教學的參考。因為總結性評量並不是由

教學設計人員所實施，所以這個因素不包含在教學設計過程中。

　　圖 4-2 中的虛線上標示有「修訂教學」，意指從形成性評量所獲得的資料不是簡單的用來修訂教學本身，而是重新檢查教學分析和起點能力的假設，以及學習者特性的可信度，再依序重新檢查能力表現目標的敘述、評量工具、教學策略等步驟。用系統化的方式去設計教學時，這九個步驟代表了它運用的過程，這一系列的過程被稱為系統化方式，因為它是由相互關聯的因素一起產出教學。針對系統運作過程所蒐集的資料，不斷地對最後的成品進行改進，直到品質達到理想的水準（陳正昌等譯，1996）。

三、MRK模式

　　MRK 模式（The Morrison, Ross, & Kemp Model）先前稱為堪普模式（Kemp Model），是國內所熟悉的教學設計模式之一。該模式最早由美國新澤西州立大學教授堪普（G. E. Kemp）依認知論學習者中心的理念發展而成，其內容如圖 4-3 所示。這一教學設計模式的設計步驟是非直線型的，其過程共包括九個步驟，各步驟沒有特定起點與終點，也不必依照一定的順序，設計者根據教學的實際需要，可從整個設計過程的任何一個步驟起步，向前或向後，以增加使用的彈性，且九個步驟並非都要用到，可視個別需要加以選擇（李宗薇，1997；Gustafson & Branch, 2002）。以下針對此模式的設計流程作一說明（Morrison, Ross, & Kemp, 2007）：

(一)整體計畫過程

　　圖 4-3 最外圍的橢圓形包括計畫、專案管理、支持服務及總結性評量四項，這四項表示在發展教學設計時所要思考的重要因素，例如學生要通過那些校外的標準化成就測驗，教師在設計教學活動時就要列入考量。計畫、專案管理、支持服務是本設計模式的特色，其他模式皆沒提及此三項活動。第二圈是修正及形成性評量兩項活動，這表示在計畫發展的每一階段都要進行的兩項活動。

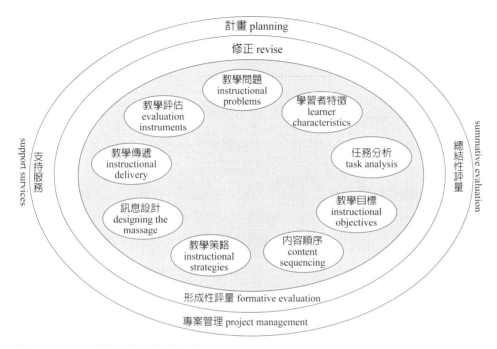

計畫 planning
修正 revise
support survies 支持服務
summative evaluation 總結性評量

教學問題 instructional problems
學習者特徵 learner characteristics
教學評估 evaluation instruments
任務分析 task analysis
教學傳遞 instructional delivery
教學目標 instructional objectives
訊息設計 designing the massage
內容順序 content sequencing
教學策略 instructional strategies

形成性評量 formative evaluation
專案管理 project management

圖 4-3　MRK 教學設計歷程模式

取自 Morrison, Ross, & Kemp（2007, p. 29）

⼆ 教學步驟

1. 確認問題和目標

設計的第一個步驟是確認教學問題，以設計教學方案的目標，所用的方式有二：需求評估及目標分析。

2. 檢視學生特性

此步驟要進行學習者的分析及情境分析，以了解學習者的特性，適當的學生資訊能協助教師更有效地設計教學。

3. 確認內容和任務分析

使用任務分析來確認教學內容，從目標的分析來確認學生所需學習的資訊和技能。

4. 敘述教學目標

確認教學中學習者必須達成的行為目標，這些目標是可測量的、可達

成的、真實的。

5. 內容順序

此階段即安排每一教學單元的邏輯結構。教師依據內容和學生特性，來確定教材的順序。

6. 設計教學策略

為使學生精熟目標，教師要設計適當的教學策略。教師需要決定呈現資訊的方式，使新知識能與學生舊經驗相結合。

7. 訊息和傳遞的計畫

此階段為計畫教學的訊息和傳遞，教學單元內容如何有效地傳達重要資訊給學生，例如使用圖片、印刷品使用特殊字體。

8. 發展評量工具

評量不只告訴教師學生是否精熟目標，也幫助教師了解學習的問題，教師需依目標來發展評量工具，所以要回到前面步驟來檢視目標，若發現不適當的目標也可著手修改。

9. 選擇支持的資源

在教學傳遞（instructional delivery）這個步驟中，教師要選擇資源來支持教學活動的進行。為使教學更有創意，教師需思考及運用增加學生興趣和動機的方法到教學中。

 ## 參　教學設計與教學歷程的改變

教師可以透過教學設計實現差異化教學，滿足每個學生的需要，透過精心的設計，教師能夠為學生提供更多的時間來完成作業，並調整教材的內容，還能為學生提供多種多樣的學習活動。但有時候教學內容是很重要的，教師就無法改變他們的目標去迎合特殊需求的學生，例如核心課程中的讀、寫、算，或學科的基本概念，教師要保證所有學生學會基本的學習目標。為因應學生學科背景、學科能力、學習興趣等方面的差異，教師可透過以下方式來調整教學（丘立崗等譯，2009；叢立新等譯，2007；Kauchak & Eggen, 1998）：

㈠ 調整教學時間

不同學生對同一學習內容通常會需要不同的時間去精熟，有的學生學會特定內容所需要的時間比另一些學生要來的長。教師可以進行分組，等大部分學生完成共同任務之後，還要為個別學生提供更多時間來完成任務。但需注意的是，教師必須準備豐富的教學活動給較快完成作業的學生，教師可規劃以下的活動：學習中心、電腦遊戲及模擬遊戲、自由閱讀、學習遊戲、個人研究計畫等。

㈡ 調整教材

教師通過調整教學材料，也可實施差異化教學。有些學校提供不同難度的教科書，有些學校卻由教師自己作調整，例如改寫教材以適合不同程度的學生，但是這種方式很耗時。其他方法包括為學生提供特別設計的學習指導或注釋，使材料易於理解，有的教師會從雜誌找出學生感興趣的主題作為教材，或是製作閃示卡或數學遊戲作為補充教材。

㈢ 使用不同的學習活動

學生的喜好各有不同，有些學生能從課本中獲得大量的資訊，有些人適合聽教師的講解，有些學生喜歡抽象思維，而有些人適合動手操作，還有人喜歡與同儕一起閱讀或討論。成功的教師會調整教學策略，提供各種學習活動供學生選擇，以便於學生利用不同的學習活動來完成共同的學習目標。例如一位自然教師擷取學生寫的筆記分享給其他同學，並且將學生分成數個小組，一起完成分組作業；對學習緩慢的學生則成立小組提供補救、矯正的學習活動。

㈣ 調整學習目標

在某些情況下，教師可以調整給學生設定的學習目標，例如允許學生在一個學習單元中選擇他們感興趣的內容，或選擇與他們自己的能力相匹配的項目。這一方法與依學生的能力進行分組類似，其危險在於學習緩慢組或選擇低難度項目的學生其程度會與其他學生愈差愈遠，甚至因掌握不了課程的核心內容，而無法完成重要的目標。這是每位教師面對特殊的學

生和特定的情境時必須做出的抉擇。

(五)科技可作爲差異化教學的輔助工具

科技可作爲差異化教學的另一種方式，近年來科技的進步讓教師能使用的教學工具範圍大大地擴展。電腦、網際網路、多媒體等科技都能提供教師更有效的方法，來滿足所有學生的需要。例如提供適性化的作業及額外的練習給需要的學生，也可提供補充教材加快學習速度。

第二節　差異化教學的設計

學生的個別差異已是日益嚴重的教育問題，近年來的課程改革正積極鼓勵學校運用課程調適的策略來解決這個問題，因此很多學校尤其是小學都嘗試用調適課程的方式來幫助個別差異的學生學習（羅耀珍，2004）。中學因爲是採用學科教學，又有升學的壓力，所以在中學階段要進行課程的改革相當不容易。教師若能具備差異化教學的理念，抽出教學的部分時間來調整教學方式，則可照顧到學生的個別差異，對學生學習效能的提升也有所助益。

壹　學生的個別差異

學生之間不論在心理或生理方面都存在著個別差異（individual difference），在學業成就、學習速度、學習風格、興趣、動機、種族、文化、社會階級、語言、性別等方面都存在差異。這些差異可區分成兩大類，第一類是指學生的內部因素，包括能力、智力因素與非智力因素（學習動機、學習興趣、個性、情緒、學習態度、學習習慣等）；第二類是指學生的外部因素，包括社經地位、家庭、社區、文化等因素。這些因素都會影響到學生的學習，從事教學設計之前要對學生特性進行分析，以了解學生之間的差異，再設計出適合每位學生學習的教學計畫。根據史諾（Snow, 1994）的分析，學生的個別差異是基於以下的三種因素：認知策略、學習

風格與學習動機，以下即針對這三項因素作一詳細說明。

一、認知策略

　　有關認知策略方面，傳統的學者都以學生的普通智力作為討論的重點，他們著眼於學生的遺傳智力和他們在學業成績的表現；但長久以來，智力商數的測試都受到各方的質疑。近年，這方面的討論已轉移到迦納（Gardner）所提出的八個多元智能的理論上，認為人皆擁有上述不同的多元智能，有些智能會發展得較為迅速，而另一些則停滯不前。事實上，學生是天生具有不同認知的能力，他們會運用這些能力在學習和思考上，造成他們在認知策略上的差異（羅耀珍，2004）。

　　認知策略是一種對學習和思考活動都非常重要的心智能力，是學習者選擇、控制他們注意、學習、記憶、思考方式的內在歷程，其類型包括複誦策略、精緻化策略（例如摘要、記筆記）、組織策略、後設認知策略、情感的策略（控制注意力、急躁情緒）等。個人的認知策略決定著學習者的學習準備程度，也決定著學生對已學得知識的使用程度，甚至決定著學生思考的流暢性（陳正昌等，1996；Gagné, Briggs, & Wager, 1992）。

二、學習風格

　　學習風格（learning styles）又稱為認知風格，有些學生需要用視覺圖像來幫助學習，也有些習慣用語文作為學習的媒體。另外，有學生擅長於運用擴散性思維去思考問題，他們著意搜尋邏輯及正確的答案以解決問題；也有學生喜歡運用聚斂性思維去探究新事物，即以不同但同樣可以接受的方式來解決問題（羅耀珍，2004）。學者將學習風格分成兩類：場地依賴（field dependence）和場地獨立（field independence），場地依賴的人傾向於把刺激視為一個整體組型，因此要把某一部分從情境或組型中分離出來會有困難；場地獨立的人較能看清楚構成較大組型的各個部分。場地依賴的人比場地獨立的人更人際關係導向，在小團體中工作效果最好，較喜歡歷史和文學。場地獨立的學生喜歡獨自工作，他們比較喜歡數學、

科學和解決問題等作業（張文哲譯，2005）。每個學生都有不同的學習方式，教師該如何回應這些差異？

三、學習動機

　　研究發現人格特質與學生的能力和學業成就有密切關係，這些特質包括動機、控制信念、焦慮、自我效能等（Gagné, Briggs, & Wager, 1992）。其中最廣受重視的是動機這項特質，學生的學習往往是受到他們的學習動機所影響，學生的動機愈高，其學業成就也愈高。動機分為兩類：內在動機（intrinsic motivation）和外在動機（extrinsic motivation）。根據班度拉（Bandura）的自我效能理論（self-efficacy theory），當學生以內在動機完成了學習活動，他們的自我價值或自我能力必然提升；外在的獎賞或許會提高學生的學習興趣，但要視個別學生對這外在獎賞的喜好和感受而定（羅耀珍，2004）。學生的動機也存在個別差異，如何激發學生動機此一議題頗受教師的重視。

 貳　差異化教學的意義與特徵

一、差異化教學的意義

　　差異化教學或譯為區分性教學，其理念是來自特殊教育的融合教育，在有特殊需求學生融入普通班的學習環境中，教師的教學方法便需要更富有彈性且具多元化，能夠滿足每位學生獨特的個別需求，而教師的教學彈性，則來自於對教學方式的重新思考與組合、運用不同的教學策略及各種教學資源的靈活運用等方面（賴翠媛，2009）。所以差異化教學就是一種針對同一班級之不同準備度（readiness）、學習興趣及學習偏好（learning profile）的學生，提供多元教學活動，讓每位學生在教學內容、教學程序及教學結果上能夠滿足學生的需求，進而獲得最大成效的教學模式（Tomlinson, 2005）。這種教學模式也強調重要學習結果（例如概念、原理原則、理念）的教學、學生先備知識和進步的評量、尊重興趣但維持學業的

高標準及挑戰（Price & Nelson, 2007）。

　　湯姆林森（Tomlinson, 2005）是差異化教學重要的倡導學者，她對差異化教學作了以下的詮釋：

㈠ 差異化教學不是盛行於1970年代的個別化教學

　　差異化教學提供幾種學習的路徑，但不對學生區分等級，差異化教學著重在有意義的學習，不會使知識或技能的學習變得零碎化。

㈡ 差異化教學不是一團亂

　　教師常會被學生教室內的失控行為嚇到，教師最擔心差異化教學會無法控制學生的教室常規，但差異化教學必須管理和監督學習活動，教師要指導教學事件的順序，所以有效率的差異化教學包含學生有目的之行動和交談。

㈢ 差異化教學不只是同質性分組的另一種形式

　　傳統教學大多採用同質性的固定分組，但差異化教學採用彈性的分組，教師了解學生不同的能力及學習形式，知道獨自學習、兩人或三人分組學習，哪一種對學生的學習效果最好，因而分配學生到不同的組別。

㈣ 差異化教學不只是裁製相同的衣服

　　很多教師認為差異化教學只是讓一些學生回答比較複雜的問題、分享比較深入的主題、依學生能力分配不同的作業、讓學生選擇要回答的問題等教學的改變。但有時候這些策略的改變是無效的或是壞的，就好像基本的作業對程度好的學生來說是過於簡單，現在讓他有回答複雜問題的機會，然而這樣的挑戰卻不是適當的；有時教師所教的資訊是重要的，但卻允許不能理解這些資訊的學生不參加考試，這樣的作法就如同為學生所裁製的衣服不是太大就是太小，忽略了衣服是否合身。

二、差異化教學的特徵

　　為對差異化教學的涵義有更清楚的認識，我們以傳統教學和差異化教學的課堂來做比較，其差異之處請見表 4-1。傳統教學均使用相同的教

表 4-1 傳統教學與差異化教學的比較

傳統教學	差異化教學
對學生差異視而不見	將學生的差異性視為設計教學活動的起點
評量的目的在於了解學生精熟多少知識，評量時間點多發生於學習活動之後	評量的目的在於診斷學生學習需求，並據此進行教材教法的調整。評量的時間點是持續性的
對智慧採用狹隘的界定	著重多元智慧的觀點
對於卓越採單一的界定	將卓越界定為個人的成長
不重視學生的學習興趣	經常引導學生進行興趣本位的學習選擇
忽略學生的學習偏好	提供多種學習偏好的選擇
以全班教學為主	使用多種教學的安排
以課本及課程指引作為教學依據	以學習準備度、學生的學習興趣及學習偏好作為教學的依據
將精熟脫離情境的事實與技巧視為學習的重點	使用必要的教學技巧讓學生掌握學習的重要概念和原則
單一選擇的課堂作業	多元選擇的課堂作業
無彈性的教學時間	根據學生的需求，調整教學的時間
盛行單一文本（text）	提供多元教材
僅採用單一的觀點解釋理念和事件	採用多元觀點解釋理念和事件
教師主導學生的學習行為	教師著重訓練學生的學習技巧，使成為更獨立的學習者
由教師解決學生的學習問題	不僅運用教師的專業知識，更運用同儕的協助為學生解決學習問題
教師提供以全班為標準的評分	學生與教師共同合作，建立全班及個人的學習目標
單一的評量模式	運用多元化的學習評量模式

取自 Tomlinson（1999, p. 16）

材，學習目標是全班均要達成，而差異化教學需要依據學生需求與能力，選擇不同的教材並且調整學習目標；教學方法上，傳統教學採取團體教學與相同的教學策略，差異化教學則可採用多樣的教學方式與學習策略；差異化教學同時也認為學生可以有不同的教學進度，依據學生興趣，提供合適的機會讓學生選擇學習活動，而傳統教學則需在一定時間內完成同樣的學習目標；評量方式上，傳統教學教師會對所有學生採用同樣的評量工具

與作業，差異化教學則同意學生能採用多元的方式呈現學習成果（賴翠媛，2009）。從傳統教學與差異化教學的比較中，可以歸納出差異化教學設計具有下列特徵（國立臺灣師範大學教育研究與評鑑中心，2013）：

㈠能積極地針對學生的差異化設計教學活動，而非消極地回應學生的學習困難。

㈡能運用彈性分組創造學生的學習機會，使每位學生得到高品質的教學。

㈢能設計多元化的教材滿足不同學生的學習需求。

㈣能針對學生的學習需求調整教學的進度。

㈤能使學生掌握該學習單元的重要概念與學習技巧。

㈥能以學生的學習需求、興趣作為設計教學活動的重要依據。

 ## 參　差異化教學的作法

前文提到在進行教學設計時，對學生的起點行為及學習特質要先進行分析，有一定的認識之後再來設計教學活動。差異化教學是以學生為中心，所以設計的活動要能讓學生引起興趣，且要具有挑戰性。差異化教學不把學生的差異化視為阻礙教學的因素，而視為教學的起點，教師在進行教學之前，必須對學生的興趣、需求有所認識，才能設計最適合學生的教學模式（Tomlinson, 2005）。圖 4-4 為差異化教學的思考組織結構，教師的努力在回應學生學習的需要，在合乎差異化教學的原則之下，教師依據學生的學習準備度、個人興趣、學習偏好，有系統地改變內容、過程、成品，因此需要使用一些教學和管理的策略（Tomlinson, 1999）。至於調整學習環境也是一項重要策略，這方面的做法可參見 404 頁有關學習環境的安排這部分。以下僅從三方面來說明（Benjamin, 2005; Price & Nelson, 2007; Tomlinson, 1999）：

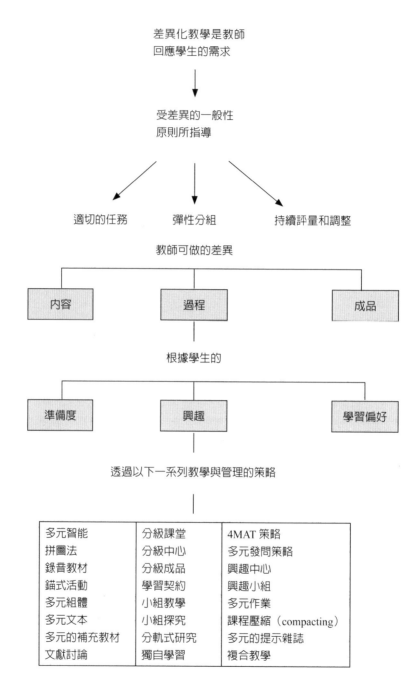

差異化教學是教師
回應學生的需求

↓

受差異的一般性
原則所指導

適切的任務　　　　彈性分組　　　　持續評量和調整

教師可做的差異

| 內容 | 過程 | 成品 |

根據學生的

| 準備度 | 興趣 | 學習偏好 |

透過以下一系列教學與管理的策略

多元智能	分級課堂	4MAT 策略
拼圖法	分級中心	多元發問策略
錄音教材	分級成品	興趣中心
錨式活動	學習契約	興趣小組
多元組體	小組教學	多元作業
多元文本	小組探究	課程壓縮（compacting）
多元的補充教材	分軌式研究	多元的提示雜誌
文獻討論	獨自學習	複合教學

圖 4-4　差異化教學思考組織結構

取自 Tomlinson（1999, p. 15）

一、教學內容

差異化教學允許教師彈性選擇課程主題，教師可依據學生個人程度、符合卓越教學的課程標準和學生需要學習的重要知識三項條件來選擇內容。這些內容的形式包含文本資料、有聲教材、各類型的前導組體（organizers）及網頁上的資訊。全班的學生要學會基本的知識或技能，其他較深入的內容則供學生自行選擇。

二、教學過程

此步驟即學生建構個人的知識，差異化教學依據建構主義的理論，認為學習者賦予外在資訊意義，才會產生學習。教師所提供的內容、知識或技能，學習者要經過處理，這樣才能建立有意義的學習。彈性的分組、合作學習活動和操作活動是教師提供給學生處理資訊的選擇。具體的教學活動則有學習契約、學習中心、小組探究、小組討論、分級任務（tiered task）、錨式活動（anchor activities）等。這裡的錨式活動是指一些持續學習活動，讓提早完成核心課業的學生隨時以獨立或小組形式延伸學習，例如讀一本書、瀏覽網頁、寫學習日誌、參與線上討論、複習需記憶的教材等，這些學習活動可讓學生自行選擇或由教師分配。差異化教學用了許多的教學策略，有些策略相當複雜，例如分級任務的規劃，教師需要參與專業的訓練才會運用。其他圖 4-4 中提到的「文獻討論」（literature circles），即讓學生事先閱讀一份文獻（書或文章）後，再進行小組深入的討論。「4MAT」策略中文則無適當的譯名，這項計畫假設學生的學習偏好是四類中的一類，基於公平考量，教師在幾節課的單元教學中，分別使用著重精熟、著重理解、著重個人參與、著重綜合的教學方式，如此學生皆能經歷到他們喜好的學習方式，也能夠加強他們比較弱的領域。「課程壓縮」（compacting）的教學策略是指當學生已精熟課程的某些資訊和技能，則可提升到進階層級的學習，通常是依據前測的成績來決定是否達到精熟。

三、教學成品

　　成品即學習結果，指學生經過學習後所表現的行為。教師該如何評量學生的學習結果，考試並非唯一方式。學生可以選擇以其他方式展示所學到的知識或技能，例如示範、發表、檔案、展覽等方式。

　　以下列舉兩所學校差異化教學的作法，說明此教學設計如何運用。

　　澳洲墨爾本 Parkmore 小學的教師在學生參加完一場露營活動後，設計了八個任務：1. 寫下參加在野營中，令你快樂的一件事；2. 在 A3 紙上畫下營區的鳥瞰圖，盡可能的畫下圖中的所有特點；3. 利用電腦網絡中的相關照片，製作 PowerPoint；4. 選擇野營中的一部分，並做口頭報告；5. 從野營中選擇一個活動，並敘說過程，如攀岩、划獨木舟等；6. 寫一封信給你自己，並且寫下你在野營中不想說的有趣祕密；7. 用 30 個字寫下 Camp Nillahcootic 的文字搜尋；8. 利用 A4 或 A3 紙，畫下野營中詳細的一些部分或畫八格漫畫圖。每一項任務皆列舉詳細的說明，以第一項任務為例，學生必須寫下細節，並使用正確標點符號，篇幅至少一頁（A4 大小），學生要利用電腦打字，並加上適當的插圖（莊育琇，2011）。

　　美國 Mildland 中學以三學期實驗差異化教學的實施成效，以下僅呈現科學的教學流程（見圖 4-5），以了解差異化教學的實施模式。

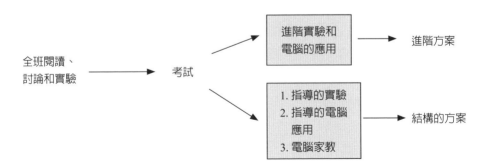

圖 4-5　科學教師管理模式

取自 Tomlinson（2004, p. 227）

自我練習 ....

一、選擇題

(　) 1. 下列何者不是 ADDIE 的主要步驟？　(A) 分析　(B) 設計　(C) 實施　(D) 環境

(　) 2. 在各種系統化教學設計的模式中，有一種教學模式的英文簡稱為 ADDIE 模式，請問其中的 I 指的是什麼？　(A) 強化教學　(B) 補救教學　(C) 實際教學　(D) 測試教學

(　) 3. Kemp 的環狀教學設計模式中，下列何者不是位於最外環的教學要項？　(A) 計畫　(B) 形成性評量　(C) 總結性評量　(D) 支援服務

(　) 4. 李老師為讓學生的經驗和知識能有效連結，以「資源再利用」為主題進行課程統整，並要求學生於學期末完成報告。請問，此種安排屬於下列哪一選項？　(A) 設計教學　(B) 精熟學習　(C) 協同教學　(D) 合作學習

(　) 5. 教學有所謂的六大要素，請問下列何者敘述正確？　(A) 目標、時間、教師、教法、組織、學生　(B) 學生、目標、教材、時間、環境、教師　(C) 目標、評量、教材、教法、教師、學生　(D) 學生、目標、教材、教法、環境、教師

(　) 6. 在教學設計時，學習目標的決定不必設定下列哪一事項？　(A) 學習者特性　(B) 表現水準　(C) 個別學習差異　(D) 班級大小

(　) 7. 下列何者不屬於教學設計的基本要素？　(A) 引起學習動機　(B) 分析教學對象　(C) 運用教學方法　(D) 實施教學評量

(　) 8. 對於線性模式的教學設計方式，下列敘述，何者較為正確？　(A) 將步驟化繁為簡　(B) 執行時間花費較多　(C) 不需擬定教學目標　(D) 強調彈性並隨時修改

(　) 9. 依據 Dick 和 Carey 的教學設計歷程模式，下列各要素的流程順序何者正確？a. 確定教學目標；b. 撰寫表現目標；c. 發展評量工具；d. 設計並進行總結性評量；e. 進行教學分析；f. 發展教學策略；g. 確定學習者的起點行為特質；h. 發展與選擇教材；i. 設計並進行形成性評鑑　(A)abegchfid　(B)agbehfcid　(C)agebhfcid　(D)aegbcfhid

(　) 10. 下列哪一項不是單元活動教學設計的主要內容？　(A) 教材分析　(B) 教室情境　(C) 資源　(D) 評量

(　) 11. 下列何者是系統化教學設計的優點？　(A) 自動產生創意教材　(B) 過程合乎科學邏輯　(C) 激發教師的教學熱忱　(D) 避免「見樹不見林」的缺失

(　) 12. 下列哪一項不屬於「導引學習心向」的作法？　(A) 教學方法宜多樣以激發學習動機　(B) 複習舊知識以奠定新學習的基礎　(C) 明白告訴學生這堂課的學習目標　(D) 揭示教學重點並做有系統的介紹

(　) 13. 某一教學設計的步驟如下：分析學習者→陳述學習目標→選擇媒體與教材→使用媒體與教材→要求學習者的參與→評量與修正，請問它是下列何種模式？　(A)ASSURE 模式　(B) 有效教學模式　(C) 系統教學模式　(D) 環形模式

(　) 14. 下列何者較不符合差異化教學的原則？　(A) 進行分組教學時，由能力較高者指導能力較低者　(B) 對於能力較高及能力較低的學生，另訂評量的標準　(C) 提供多樣性的教材內容，以適合不同程度的學生使用　(D) 允許能力較高者加速學習，並對能力較低者，進行補救教學

(　) 15. 下列有關「差異化教學」的陳述，何者為正確？　(A) 重「量」勝於重「質」　(B) 以「課程」為中心　(C) 又稱「區分化教學」　(D) 以小組教學為主

(　) 16. 因應十二年國教，以下何者非教學改革的重點：　(A) 合作學習　(B) 差異化教學　(C) 精熟學習　(D) 補救教學

(　) 17. 下列有關「差異化教學」的敘述，何者為非？　(A) 差異化教學的理念認為每位學生有他獨特的學習風格與需求，故每位學生從獨特的方法，個別化的支持與挑戰，達到學習任務，增強學習經驗　(B) 教師可提供相同方式教學來讓學生展現其進步　(C) 在此種教學模式當中，學生可以用適合其特殊需求且個別化的方式展現他自己對於學習內容之理解　(D) 例如某位學生可以用繪圖方式展現他對於臺北市的孔子廟這個古代建築結構的理解，另一位學生可以用

歌頌的方式來形容孔子廟的結構

(　　) 18. 教學設計中有關「學習者分析」通常包括哪些分析？　(A) 學習者一般背景、學習者學習特性、教材地位分析　(B) 學習者一般背景、學習環境分析、教材地位分析　(C) 學習者一般背景、學習者學習特性、學習者起點行為　(D) 學習者一般背景、學習環境分析、學習內容分析

(　　) 19. 林老師應用蓋聶（R. Gagné）學習階層的概念進行教學設計，下列何者應為其教學的最後步驟？　(A) 引發表現　(B) 評估表現　(C) 提供回饋　(D) 增進保留與遷移

(　　) 20. 教學設計第一個階段的工作是：　(A) 撰寫教學目標　(B) 選擇教學媒體　(C) 分析　(D) 進行教學評量

(　　) 21. 對於學習風格為「場地獨立」的學生，下列哪一種作法比較配合其特質？　(A) 寫報告時讓其自己發展架構　(B) 寫報告時教師給予組織內容的架構　(C) 寫報告過程中經常給予明確直接的指導　(D) 寫報告時儘量使他繳交進度計畫表給教師

(　　) 22. 有關教學設計的基本假設，下列的敘述何者為非？　(A) 教學設計可分為立即及長期兩類　(B) 教學設計應以非系統方式進行　(C) 教學應依人類如何學習的知識而設計　(D) 教學設計應協助個人的學習

(　　) 23. 黃老師認為教學設計是一套解決教學問題的方法，只要注意每個子環節設計，就可以控制好教學輸入及輸出的關係。此種教學設計理念屬於下列何者？　(A) 認知取向　(B) 建構取向　(C) 綜合取向　(D) 系統取向

(　　) 24. 教學設計在臺灣的發展，其先後順序為何？1. 教案；2. 行為目標教學活動設計；3. 單元教學活動設計；4. 系統化教學設計　(A)1234　(B)1324　(C)1342　(D)1423

(　　) 25. 下列何者最符合素養導向教學設計與實施原則？　(A) 設計學習單，讓學生進行文具的選購，做加法進位的演算　(B) 參觀科學教育館並聆聽導覽後，回家整理參觀筆記及心得進行分享　(C) 藉由地震的新聞報導，讓學生蒐集與討論防災資料，並實際應用於防災

　　　　　演練中　　(D) 因應耶誕節，請學生閱讀相關的英語繪本進行單字學習，並完成耶誕卡片著色活動

參考答案

1.(D)　　2.(C)　　3.(B)　　4.(A)　　5.(D)　　6.(D)　　7.(A)　　8.(A)　　9.(D)　　10.(B)

11.(B)　　12.(A)　　13.(A)　　14.(A)　　15.(C)　　16.(C)　　17.(B)　　18.(C)　　19.(D)　　20.(C)

21.(A)　　22.(B)　　23.(D)　　24.(B)　　25.(C)

二、問答題

1.教學方案設計的格式包括「教學研究分析」，其內涵通常為「教材內容分析」與「學生特質分析」兩類。請說明上述兩類的主要內容，每類至少兩項。

2.請說明教學設計的 ADDIE 模式之內涵。

3.迪克和凱利（W. Dick & L. Carey）提出的系統取向模式包含哪些教學步驟？

4.教師為了提升學生的學習成效，在選用教學方法時，應考慮哪些要素？請列舉五項要素並說明之。

5.為因應學生學科背景、學科能力、學習興趣等方面的差異，教師要如何調整教學？

6.請說明「差異化教學」的意義，並以某一學科或領域為例，論述在內容、過程、結果（成果）及學習環境等四個面向，如何進行差異化教學的課程規劃。

7.國中小學生學科表現在班級中有雙峰化現象。針對學習能力佳及學習有困難的學生，教師要如何運用「差異化教學」的策略，提升其學習成效？（請針對上述兩類學生各寫出三項教學策略）

第五章

教學計畫

　　計畫（plan）原本指的是設計圖或藍圖的意思，通常從兩方面來界定計畫的意義：計畫是設計（planning as design）、計畫是歷程（planning as process）（鐘淑芬，2005）。應用到課程即稱為課程計畫（curriculum planning），所謂「課程即計畫」是從事前規劃的角度來探究課程設計與課程發展的工作，並將課程視為一種教學計畫；因而「課程計畫」就是指教師根據社會文化價值、學科知識與學生興趣，對課程目標、內容、方法、活動與評鑑等因素所作的一系列選擇、組織、安排和規劃（張素貞、顏寶月，2004）。教學計畫具備以下的特性：為達成預定的教學目標、是一種理性思考與決定歷程、是一種未來行動的策略。完善的教學計畫可以幫助教師紓解焦慮，而使教學活動順利進行，並且可增進教師對學科內容的熟悉。教師透過計畫，使教學活動有系統、有組織並更加流暢，使學生對教學活動產生「有意義」（make sense）的概念（鐘淑芬，2005）。教學計畫相關的概念包含教師計畫、教師決定、教師思考，實徵研究上是要探討教學決定是受到哪些因素的影響，在師資培訓過程中訂定相關課程與訓練，其目的在提升教師的教學效能。本章主要在探討教學計畫如何撰寫，先介紹教學計畫的理論模式，次就教學計畫的實務工作作一闡述。

第一節　教學計畫的理論模式

　　教學不能任意而為，事先的準備工作極為重要，教師專業的指標之一即是教學前能否做足充分的準備，其具體的作法就是撰寫教學計畫。本節從理論的觀點來探討教學計畫的模式，分別從教學計畫的意義與功能、教學計畫的取向、教學計畫的類型三方面來探討。

壹　教學計畫的意義與功能

一、教學計畫的意義

　　人們通常會透過制定周密的計畫，對於自己掌控事情發展的能力表現

出極大的自信心，計畫對於教學也相當重要，教師每週大約要花工作時間的 10-20% 在作計畫（叢立新等，2007）。教學計畫（teaching plans）就是教師在未教學前所做的安排和設計，透過計畫歷程，統整教學過程中的教學目標、教學策略和教學評量諸項要素，促使自己的教學能達到良好的成效。教學計畫是未來教學活動的藍本，透過各種教學方案，來引導教學活動的進行，然而教學計畫不等同於「教案」，教學計畫的範圍比較廣，教案只是其中的一項（王財印等，2012）。通常實習教師及新進教師要訓練撰寫教案的能力，透過教學前的詳細規劃，除讓教學更加順暢外，亦可有效地落實各項教學目標。等到具備教學經驗後，就可以在心中做計畫，教學過程中的細節就可充分掌握。有些資深教師甚至只在上課前列出幾項重點，不用寫出冗長的教案，就可掌握教學重點。雖然有些教師認為教學環境是複雜的、變化無常的，教師很難不折不扣地執行教學計畫，有時候甚至會產生一些非預期的結果；但是為了不使教學流於隨意、無效率，教學計畫還是有其必要性。

二、教學計畫的功能

　　備課是教師的重要工作，上課時之所以會發生問題，是因為教師未能適當計畫課堂的活動所導致，當一位教師的教學過程零亂、無組織，這是教師能力不佳或未充分備課的訊號。張素貞、顏寶月（2004）認為教學計畫的功能為設計、溝通和管理，「設計」是指教學設計，設計教學活動是用來引發內容的，而非為活動而活動；「溝通」是指教學者彼此溝通、教學者與家長溝通及行政人員溝通；「管理」則是指能力指標的管理，使課程得以一貫和統整。綜合學者的意見，教學計畫對於教學過程具有如下的功用（林寶山，1998；叢立新等，2007；Ryan, Cooper, & Tauer, 2013）：
　　㈠幫助教師記住教學所要達成的意圖，以及用哪些方法、策略來完成自己的意圖。也就是增進教師對於教學目標和教學程序的了解與掌握，使教學順利推展。
　　㈡計畫指出學生在教學時所要學習或練習的知識或技能。

㈢計畫記載評量學生學習的方法和精熟的標準，協助教師於教學中隨時測量。

㈣教學計畫可使教師事先準備充分的教學材料與設備。

㈤提供新進教師教學的安全感與自信心。

 ## 貳　教學計畫的取向

教學計畫取向（approaches to planning）主要有兩種：線性－理性模式（linear-rational model）和心理意象模式（mental-image approach），以下分別介紹之。

一、線性－理性模式

從泰勒（Tyler）提出目標模式之後，強調科學技術取向的學者皆採用此模式，葛拉塞（Glaser, 1962）提出一般教學模式（general model of instruction, GMI），認為構成教學四個基本要素為：教學目標、起點行為、教學程序、成果評鑑，其關係是直線發展、相互影響。

㈠教學計畫過程模式

在教學計畫方面，拉斯里和馬克林斯基（Lasley & Matczynski, 1997）提出四步驟的教學計畫過程模式，然而第一和第二步驟是結合在一起的。教學計畫第一個步驟是要確定單元教學後學生可學會什麼，因此要先確定教學目標及表現目標。第二個步驟是教師要確認如何協助學生達成單元教學後的目標，所以教師要思考運用什麼教學策略或模式。第三個步驟要如何確認學生是否達到教師所預期的表現目標。目標、教學策略及評量是相互關聯的，且是依據前一步驟發展而來，彼此之間具有內部概念的一致性（concept of internal consistency）。這四個步驟中最重要的是第一個，教師先要確認自己的教學目標，讓教師明白自己的教學方向，然後再轉化成學生的表現目標，即行為目標。例如教師設定「欣賞高行健文學作品」的目標，但這樣的目標會讓教師懷疑要如何進行教學及如何評量，因此要將此

目標轉化成表現目標,這樣教師就可以評量出學生的表現。

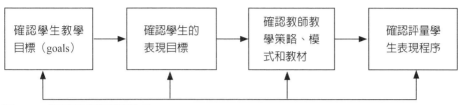

圖 5-1 教學計畫過程模式

取自 Lasley & Matczynski(1997, p. 78)

(二)後向設計模式

美國教育心理學者威金斯(G. Wiggins)與麥克泰希(J. McTighe)所提出的後向設計模式(backward design model),亦可應用在教學計畫之中。後向設計模式將計畫過程分成三階段,即所預期的最終目標、決定所接受的證據及計畫學生學習經驗與教學。第一階段是要確認教學的目的與目標、終點目標或預期結果,也就是教師要提供哪些知識或內容讓學生學習。第二階段是決定如何評量課程實施後是否成功,在這階段教師要思考三個問題:我需要什麼類型的證據?這些證據是否可以讓我檢視有沒有達到預期的結果?這些證據可否讓我推論到學生的知識、技能或理解的程度?第三階段是教師計畫及實施教學活動,教師所要思考的是要用什麼教學活動或策略,才能使學生精熟必要的知識和技能(方德隆,2004;Ornstein & Hunkins, 2004)?後向設計模式的基本步驟請見圖 5-2。

圖 5-2 後向設計模式基本歷程

取自方德隆譯(2004,頁 20)

後向設計模式雖被視爲課程發展模式,但運用在單元教學計畫也頗爲適合。比格斯(Biggs, 2003)將此模式修改成圖 5-3,從確定所預期的結

果引導出更有效地使用教學資源和計畫學習經驗。第一個步驟包含了教師對重要標準、需通過的重要考試、需獲得的重要知識及技能的理解,第二步驟是要蒐集正式或非正式測量學生是否達到所欲學習結果的證據,第三步驟是要以合邏輯的方式設計教學的程序。

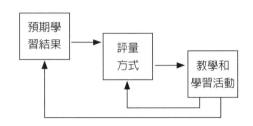

圖 5-3　課程發展基本模式

取自 Biggs(2003, p. 140)

二、心理意象模式

　　儘管使用線性—理性模式的教學計畫具邏輯性,但多數教師並不使用這個模式,他們所使用的是心理意象模式的教學計畫,或稱之為內心式教學計畫(mental planning)、教師教學意象(teachers lesson images)模式。1970 年代對小學教師的計畫過程研究發現:許多教師寫出來的教學計畫只是簡短的大綱或列出主題,因此下結論說教師計畫只是心理過程並未寫出來,教師會發展「教學圖像」作為計畫的結果。教師會根據以往的教學經驗,內心自我揣摩教學過程中可能發生的事,而加以考慮周全,進而訂定整個教學的大綱,但沒有寫成完整的教學流程,只在內心構思。有經驗的教師通常採用這種方法從事教學計畫,這種教學計畫是教師最常應用的方式(王財印等,2012)。

　　這種心理意象模式的實施流程如圖 5-4。教師會先考量有關教學活動與例行事務,開始形成單元心像,而且這些決定會被教師特質所過濾。為了有效地計畫,教師在考慮學期目標與長期計畫時,必須同時考量特定的、每日的,以及短期計畫。一旦教師發展心像時,可以迅速構思教學計

畫，但通常不是細節，可能只寫摘要或重點。教師的計畫非嚴格的，而是有彈性的架構，會依據學生的興趣與表現、教學成功與否的相關因素等，來調整教學計畫（劉豫鳳等譯，2008）。

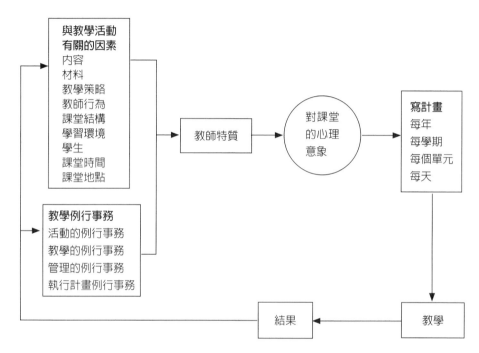

圖 5-4　心理意象模式的教學計畫
取自劉豫鳳等譯（2008，頁 2-21）

三、教學事件模式

　　蓋聶（Gagné）將教學活動或是事項稱為「教學事件」（events of instruction），意指教學活動中經由設計且對學習者的學習有利的教學活動。教學事件是教師根據學生學習內在歷程所設計的外在教學步驟，通常這些事件會存在於一節課或連續兩節課的單元教學之中，這些事件可應用於所有型式的課程，無論它們所欲達成的學習結果是什麼，同時也適用於教室教學或電腦網路的線上學習。以下略述九項教學事件之大要（郝永崴等，

2007；杜振亞等，2007；Gagné, Briggs, & Wager, 1992）：

㈠獲得注意

如果不能獲得學生的注意力，學生幾乎不會專心聽課，更別說讓他們主動學習，因此每節課的計畫要以教學事件來吸引學生的興趣、好奇心和注意力。常用的方式有：1. 說故事；2. 視覺刺激，如圖表、圖片、影片、展示教學設備等；3. 示範、角色扮演；4. 問問題，如呈現待解決之問題、一個明顯的矛盾問題；5. 故意做錯誤的示範（但要立即矯正）。

㈡告知學生教學目標

要告訴學生在課程結束所應預期獲得的行為結果，可以藉由在課堂或單元初期告訴學生，他們將如何被測驗或被期待來展現他們的能力，這是告知學生教學目標的最好方法。

㈢刺激對已學得先備知識的回憶

提示教學目標之後的下一步教學事項是喚起與新知識學習有關的舊經驗，舊經驗即儲存在長期記憶中的既有知識，任何新知識的學習，必須靠既有知識為基礎。例如學習質量定律需建立在加速度、重力及成倍增加的觀念上。透過發問、複習、摘要、再次說明，或提示先前課程中所獲得的重要概念，可以幫助學生取回必要的相關先備知識，以及可以隨時立即運用到的相關知識。

㈣呈現刺激材料

呈現刺激材料是課程計畫的核心，這個步驟即是向學習者呈現教材。如果學生必須學習一系列事件，例如歷史事件，那麼這些事件就必須以口頭或書面形式傳達給他們，在教學活動中提供適當的刺激給學生是相當重要的。刺激經常以醒目的方式呈現，例如課文呈現斜體字、粗體字、劃線等方式；或使用口語說「這是很重要的」。要保持學生的注意力就要變化教學形式，例如從大團體講課改變成問答或小組討論。

㈤ 提供學習指導

教師提供教材之後，接下來是學生在教師指導下自行學習，也就是指導學生做作業，或透過發問的方式來指導學生學習；教師給予指導的數量，與所要學習的內容不同而有所變化，暗示或指示的數量多寡也隨學生個別差異而給予不同方式的指導。

㈥ 誘發表現

每位學習者必須能以嘗試錯誤的方式，來處理關於上課內容的回想、摘要、重述、應用或問題解決，主要方法包含習作本、講義、教科書的研究問題、進行口頭或書面的練習，不管哪種方式，這個引出的活動是簡短的、非評鑑性的，並專門集中在引起學習者一定要為活動組織答案的情況。

㈦ 提供回饋

這個步驟在確認學生成果呈現是否正確或正確程度的高低。確認正確答案的方法有大聲唸出正確答案、以單槍投影正確答案；個別學生的回饋，可以點頭或微笑的方式表示對他肯定之外，或指出不正確的答案等。

㈧ 評估表現

此步驟即對學習者的學習行為表現給予評估，但不同於教學評量，而是只限於單一節上課結束後對學生學習結果的評定。教師要怎樣確認學生所展現的成果是有效的？首先要判斷學生的成果反映出學習目標，第二是要觀察學生的展現成果是否能真實顯示已學成的能力。至於考試、小文章、研究報告等作業，則是上過幾次課後才指派或實施。

㈨ 加強保留與學習遷移

為防止學生遺忘已經學會的知識或技能，因此教師在教學將結束時，要提醒學生將所學新知識反覆思考幾遍，藉以加強記憶。至於學習遷移的確認，則要透過一些新任務來達成，例如指派回家作業讓學生練習，可加深對學習內容的印象，進而產生學習遷移的效果。

教學事件應用到教學計畫的步驟如下：1. 列出教學目標的種類與敘

述；2. 即將採用的教學事件清單；3. 完成每個事件所需的媒體、教材和活動清單（杜振亞等譯，2007）。實際應用時，5 和 6 步驟、8 和 9 步驟各可合併成一個步驟，其範例請參閱表 5-1。

表 5-1　依教學事件形成的教學計畫

目標：展示數種不同的幾何圖形，學生藉由圖選以分辨出梯形。

事件	方法／媒體	時間分配	教學處理或策略
1. 獲得學生注意	現場使用黑板教學	1-5 分	將不同外貌的圖形畫在黑板上。
2. 告知學生目標	現場使用黑板教學	1-3 分	列出數對特質非常不一樣的圖形，告知學生如何辨識這些形狀。
3. 刺激先備條件的回憶	使用 PowerPoint	5-10 分	列出成對的直的、不直的、平行、不平行的線和開放或封閉的三角、四邊或五邊形。請學生指認其中的差別。
4. 呈現刺激性材料	使用 PowerPoint	10-20 分	列出一系列的圖形，各含梯形與其他形狀，請學生指認每種四邊形。當各類特徵熟悉時，指出每一對之中所缺乏的特徵。
5. 提供學習指導			
6. 誘發表現	學習單	10-20 分	提出一張含有 20 個平面圖形的學習單，其中 8 個是不規則四邊形，其他則是具有不同特徵的形狀，請學生勾選不規則四邊形。
7. 提供回饋	電腦單槍與教師口頭練習	5-10 分	當學生完成學習單時，將一張投影片投影出來，指認哪些是梯形，並解釋為何其他形狀條件不符合。
8. 評估表現	學習單	0-10 分	用一個類似學習單的考試，請學生勾選不規則的四邊形。
9. 強化保留與遷移	學習單		請學生畫出一個不規則四邊形，先從直線開始畫（縱向線、橫向線、斜線）。請學生觀察四周圍有哪些物品，也會呈現這些形狀。

修改自杜振亞等譯（2007，頁 284）

教學計畫的類型

　　教學計畫可依教學時間的長短及所包括的教材範圍分成五類：學年計畫（yearly planning）、學期計畫（term planning）、單元計畫（unit planning）、每週計畫（weekly planning）、每課計畫（lesson planning）。學年計畫有學者稱為課程計畫（course planning），當學年被分為兩個部分時，每個階段半學年，分成三部分，每個階段則稱為三學期制之一，因此課程計畫有一年、半學年、三個月或一季的區分。這是學期計畫的參考，而學期計畫又是單元計畫的參考，這些計畫以單元計畫及每課計畫最受重視。以下略述各類計畫之內涵（王財印等，2012；林美玲，2002；劉豫鳳等譯，2008）：

一、學年計畫

　　學年計畫是長期的、整年的教學內容的組織與課程時間的安排，因為它提供一年內所教的完整架構，所以教師個人與團隊都非常重視學年計畫。依據學年計畫，教師才有教學進度的感覺，否則將錯失教學的整體關係，更無法連貫學年計畫中的主題。這類計畫不是一位教師獨自完成，有時是以年級或學科組成的團隊共同合作規劃。學校行政單位都會訂定一般性的作息時間和教室規則，教師要在學校架構內發展自己的計畫。但在臺灣各級學校會訂定年度行事計畫，通常由學校行政單位依縣市教育局的行事曆規劃各種教學活動，教師的教學計畫是以學期計畫為主，教師很少撰寫學年計畫。

二、學期計畫

　　學期計畫的性質同於學年計畫，教師在撰寫學期計畫時，通常要參考教學指引（教師手冊）、教科書、學校行事曆，而以「教學進度表」的型態呈現，它是以週為計算單位，在中等學校由學校各科教學研究會共同擬定，在小學則由同一學年各教師共同商討後擬定。在實施教科書教學的臺灣，因為全校的授課內容一致，而且又有二次或三次的定期評量，所以學

期計畫的作用只在統一全校教學進度，避免教師在某一單元停留太久，以致耽誤其他單元的授課時數。

三、單元計畫

　　單元是課程最主要的次部分，通常一個單元就是一項主題、議題或主要概念，一門學科必須包括三至二十個單元，構成一個有邏輯結構的學科整體。單元計畫是決定在一特定時間，期望學生獲得何種學習經驗的教學藍圖，它是學習過程的片段，這種計畫比其他計畫更為重要。單元計畫把教師能想到的各種教學目標、教學內容與教學活動結合在一起，決定幾天、幾週的教學流程，如此可以統整方式來說明單元主題。許多教師將每週、每日計畫併入單元計畫中，如此單元計畫就會以「節」為單位，貫串整個相關的活動主題，單元計畫就變成是一系列每課計畫的結合。在臺灣的中小學教育因每個學科都有教科書作為上課的教材，因此教師的職責是在一學期將一冊教科書教完，通常教科書的編排形式是以章、課、回等名稱來貫串全冊，因此章、課、回即可視為一教學單元。

四、每週計畫

　　每週計畫通常是由幾個每課計畫所組成，教師通常以單元計畫為架構，依實際教學狀況擬定每週計畫，例如因學校活動或假日而中斷教學，故需要重新調整教學計畫，通常教師會於每週課程結束之時作下週的計畫。教師若事先作好一週的教學計畫，當教師缺席或請假時，代理教師便能迅速銜接教學進度。在美國有些學區會要求新進教師繳交每週課程計畫給校長檢查，其內容不像單元計畫那麼詳細，只要以表格的形式填寫目標、教學活動、資源與教材、學生作業等項目。

五、每課計畫

　　每課計畫或稱為每日計畫（daily planning），是最受教師關注的計畫之一，這種計畫是以一節課的時間為範圍所作的教學計畫。每課計畫的

主要目的在安排和準備次日的課程，在此計畫中，教師要構思教學所需教材、安排活動、評量及時間分配、準備所需設備等項目。蓋聶的九項教學事件即適合應用在每課計畫，透過這類計畫的撰寫，幫助教師熟悉課程內容及做好課前的準備工作。

第二節　如何撰寫單元計畫

前文提到教學計畫最常使用的是單元計畫，這種計畫或稱為教案，有些學校要求教師必須寫課堂教案，甚至連教案的形式都是預先設計好的。課堂教案通常包括教學內容、激發學習動機的策略、詳細的教學步驟與學生活動、教具，以及評量方法。教案可詳可略，在實習階段指導教師會要求實習教師寫非常詳細的課堂教案（叢立新等譯，2007）。本節先敘述教案所要撰寫的內容要點，然後再以實例敘述具體的撰寫方式。

 ## 壹　教學計畫的重點

教學計畫的內容可分詳細和簡略兩種格式，簡略的計畫只要寫出教學目標和教學歷程，但詳細的計畫則要包含教學目標、標準的敘述、教材及設備、教學活動、充實或重教活動、評量方式等項目，以下分別說明（Gronlund, 1978; Linn & Gronlund, 2000; Ryan, Cooper, & Tauer, 2013）：

一、教學目標

格蘭倫（Gronlund）主張內外結合的教學目標撰寫模式，先寫出描述內部心理過程的一般目標，再列舉出特殊學習結果（即行為目標）。格蘭倫建議具體目標的敘寫不要依據教材內容，最好是寫一般性的通則，這樣可以適用於其他單元，例如「指出心臟的位置」、「說出肺部的功能」這兩項是依教材編寫的具體目標，一般通則的寫法是「指出結構內各部分的位置」、「說明結構內各部分的功能」。目前依能力指標所編寫的具體目標，也是採用這種具體目標與教材內容脫勾的形式。因具體目標與教學評

量有密切關係，教師在編寫時可以統整能力指標與教材內容，並在教學時以學生可以理解的語言來呈現這些具體目標。

二、課程標準

美國近年來設置了國家、州的課程標準，指出各階段的學生所要具備的認知能力和學習內容，為貫徹績效責任，並且舉辦標準化成就測驗，除確認學生的成就水準外，還比較各學區學生成就的差異。在此情況之下，教師在選擇教學內容及擬定教學目標時，一定要參照課程標準所列的能力標準。我國正在推動的十二年國民基本教育課程綱要，以核心素養為課程連貫與統整發展的主軸，透過素養導向課程與教學的實踐，落實適性揚才之教育。在進行教學設計時，教師需參閱課綱的基本理念、課程目標、領域核心素養及學習重點等內容，來落實新課綱的精神（范信賢，2016）。有關核心素養的內涵，將於第三節及第六章第一節中詳加說明。

三、教材及設備

教學時要使用教材及設備來實現教學目標，所以教師需在計畫中列出這些項目。最常使用的教材有講義、教科書、學習單等，設備則是與科技相關的軟硬體，例如手提電腦、單槍、電視、錄放影機及視聽媒體（DVD），有些器材因要事先借用，所以要列在計畫中，以便能做好準備。

四、教學過程

教學過程至少分為三個階段，即開始、中間、結束。在規劃教學過程時，教師要思考以下四個問題：1. 如何介紹課程的目標？2. 要維持學生的注意力要用什麼方法？3. 教學活動、學習目標與學生興趣如何妥善結合？4. 對學生的期望要如何傳達給學生？

㈠開始階段

一節課的開始階段在教學過程中是相當重要的，其目的在讓學生準備學習。在這個階段要掌握以下要點：1. 讓學生知道這節課要學什麼；2. 複

習上一節課所講的內容或複習與本單元有關的知識或概念；3.讓學生對學習活動感到興趣。研究告訴我們，對學習活動感興趣比較能記住所學的內容，教師要設法引發學習興趣，使學生產生有效學習。

㈡中間階段

這是教學的主要階段，學習活動包括講述、小組討論、練習等。教師所設計的活動主要在協助學生達成學習目標，也就是讓學生精熟概念或技能。寫下教學計畫能協助教師確認教學過程中所要發生的事，協助教師決定所需要的教材和資源，以及上課時間要如何安排，計畫愈詳細，教學的進行會更流暢。初任教師準備教學計畫愈詳細愈好，例如預計要實施的活動及發問的問題。

㈢結束階段

結束階段如同開始階段一樣重要，教師在此階段可增加學生對重要概念或技能的記憶，也可了解學生的學習狀況。一項例行活動是請學生列出在一節課裡的三件事，兩件事是問學到什麼，一件事是他們更想知道什麼。指派家庭作業也在這個階段進行。通常教師會因時間控制不當而草草結束教學，教師在上課時要知道離下課還有幾分鐘，才能有足夠的時間結束教學。

五、評量

當計畫教學時也要思考如何進行評量，評量是確定學生是否學會計畫所列的學習目標，評量不必每次都是正式的紙筆測驗或作業，非正式的觀察學生在團體、小組或獨自練習的表現也可以。

六、延伸活動或差異化活動

大部分教學活動是針對一般學生來設計，教師應有信心讓大部分學生均能學會教學內容，但有少部分學生的學習緩慢或超前，為讓所有學生均能受益，教師要針對學習快速的學生設計延伸活動，針對學習緩慢的學生設計補救教學或修改教學活動。

七、學科的聯繫

　　教學時除注意各階段教學活動之間的連結外，還要注意不同學科之間的聯繫，例如數學課也要知道理化、英文的學科內容大要。這一點國小教師比較容易做到，因為教師任教的學科不只一科，國中就比較困難，因為一科一位教師。協助學生做到跨學科的聯繫，可讓學生對學習內容加深印象。

 ## 貳　具體的撰寫方法

　　教學計畫的格式眾多，本小節僅以單元教學計畫（教案）為例（如表5-2），說明撰寫計畫的具體方法（方炳林，1996；王財印等，2012；高廣孚，1988；Linn & Gronlund, 2000）：

一、單元主題

　　一般的教學是依照教科書的內容順序逐頁講授，所以在選擇主題時可以省去思索的時間。如果是自編教材，可採論文題或問題的形式來表達，例如「如何增進人際關係」、「臺灣河川的汙染問題」。

二、教材來源

　　依教材來源之不同，此欄有兩種寫法，如是教科書的教材，註明「×× 本第 × 冊第 × 課」；如是自選，應註明其出處，如選自某書名。

三、教材研究

　　此一項目應就此一單元的教學內容做一簡要的描述，讓教學者了解該單元的主要上課重點；另外也可就本單元教材的特點或是在整個課程中的重要性加以陳述。此欄內容包括教材分析與教學聯繫，教材分析可寫以下要點：教材性質、範圍、內容重點、教材疑難，以及本單元主題的重要性等。教學聯繫則寫出本單元與同學科、跨學科的相關性。

表 5-2　單元教學活動設計表

單元教學活動設計（教案）　　　編號：

單元主題		班級		人數	
教材來源		時間		分鐘 編寫者	
教材研究					
學生學習條件分析					
教學資源					

教學目標	單元目標	具體目標
	一、認知領域 　　1. 　　2. 　　3. 二、技能領域 　　4. 　　5. 三、情意領域 　　6. 　　7.	1-1 1-2 2-1 3-1 3-2 3-3 ． ． ．

時間分配	月	日	節次	教 學 重 點

教學目標	教學活動	教具	時間（分鐘）	評量	備註

四、學習條件分析

　　在進行每一單元教學前，應先了解學生學習此一單元應具有的知識、能力或背景，以了解學員之起點行為。因此應預先針對學習本單元前，學

生應具有哪些基礎詳加了解、分析與描述，例如列出各科目中學生已學習過的與本單元有關的教材，以及已具備的舊經驗。

五、教學資源

教學資源指的是在本單元的教學過程中可能使用的教具或儀器設備，如掛圖、模型、實物、標本、電腦、單槍、DVD、影片等。

六、教學目標

撰寫教學目標可說是編寫教案的重點，但也是比較難寫的部分，以下列出撰寫步驟詳加說明：

㈠ 列出教材的大綱

為掌握單元的目的和範圍，教師最好將教材的主要概念或理念列出，也就是列出教材的大綱，其方法有以下兩種：1. 概念架構圖；2. 文字標題法。這個方法可幫助老師組織教材內容，對撰寫目標及往後的教學有所幫助，也可作為單元的簡介，教學時可幫助學生了解現在的內容和前後的關係。以「氣候」此一單元為例，說明如何列出教材大綱：

1. 空氣壓力：(1) 測量和報告空氣壓力；(2) 影響空氣壓力的因素；(3) 與天氣變化的關係。

2. 氣溫：(1) 測量和報告天氣的溫度；(2) 影響氣溫的因素；(3) 與天氣形成的關係。

3. 濕度和凝結：(1) 測量和報告濕度；(2) 影響濕度的因素；(3) 凝結的形式；(4) 測量和報告凝結。

4. 風：(1) 測量風速和風向；(2) 影響風速和風向的因素；(3) 報告風速和風向的符號。

5. 雲：(1) 雲的類型；(2) 導致雲形成的因素；(3) 雲與天氣狀況的關係；(4) 雲形狀的符號。

6. 鋒面（fronts）：(1) 鋒面的形態；(2) 鋒面的形成；(3) 鋒面與天氣的關係；(4) 鋒面的符號。

㈡撰寫一般目標

教師列出教材大綱後，接著要依據認知、技能、情意分類系統草擬出一般教學目標，不能只顧及認知層面而忽略其他層面。教師也要注意教學目標是學習結果，是學習的終極行為（terminal behavior），不是教學過程，也不是教材內容，一個教學目標只敘述一項學習結果，一個單元列出八至十二項一般教學目標應該足夠。在撰寫單元目標時，也可以參閱一些重要的資訊，例如教育部頒布的「課程綱要」，以及教科書商印行的「教師手冊」或「教學指引」，了解各學科的教學目標、分段能力指標，研判所擬定的目標是否能代表該單元重要的學習結果、是否適合學生的學習能力。

㈢撰寫具體目標

在這個步驟，教師要思考如何將一般目標轉換為可測量的具體目標，單元計畫撰寫完畢後，教師每次上課時要列出這節課要達成哪些主要的教學目標，並判斷是否能在一節課內完成這些目標。在撰寫時要注意以下幾項原則：

1. 行為的描述應具有觀察的特徵，所以要避免使用諸如「知道」、「理解」、「掌握」、「欣賞」、「認識」、「體會」、「喜愛」等涵義較廣的動詞來描述行為，這類語詞可用在描述總結的課程目標和單元目標（一般目標）。

2. 具體目標的寫法是行為動詞加上學習內容，例如（能）操作電視機、（能）說出空氣中的主要成分。這些行為動詞一定是可觀察的行為，行為動詞的選用是撰寫具體目標較為困難的部分，撰寫時很容易出錯。

3. 每項一般目標都要列出足夠的具體目標，來描述學生的行為是否可以達成該項目標，具體目標要與一般目標緊密結合。

4. 依據學生的特性來編寫目標的難易度，例如學習快的學生可增列分析、綜合、評鑑等較高層級的認知目標。

以氣候此一單元為例，依據內容大綱所寫出的教學目標如表 5-3 所示。

表 5-3　一般目標與具體目標對照

一般目標	具體目標
1. 知道基本名詞。	1-1 寫出每個基本名詞的定義。 1-2 說出基本名詞所代表的天氣因素。 1-3 能從所給予的天氣描述中，指出最恰當的基本名詞。 1-4 能以基本名詞做出概念圖。 1-5 能區別基本名詞是否使用正確。
2. 知道天氣的符號。	2-1 能將符號與天氣的因素相配對。 2-2 畫出每個天氣因素的符號。 2-3 說出每個符號的意義。
3. 知道特定事實。	3-1 說出影響天氣的因素。 3-2 說出測量天氣用具的名稱。 3-3 能將雲的名稱和雲的特徵做配對。 3-4 說出鋒面形狀會形成的天氣狀況。
4. 了解影響天氣形成的因素。	4-1 能從給予的天氣情況說出其特性。 4-2 說出雲如何形成。 4-3 能區別天氣預告的可能性與否。 4-4 說出導致天氣變化的影響因素。 4-5 從變化的情境預測未來的天氣。 4-6 解釋雲如何影響天氣和氣候。 4-7 以口語預報別州的天氣。
5. 測量與天氣有關的特性。	5-1 測量和記錄空氣壓力的變化。 5-2 測量和記錄風向和速度。 5-3 測量相對濕度。

取自 Linn & Gronlund（2000, p. 134-144）

七、教學活動

　　這部分主要是敘述教師要用什麼方法來呈現教學內容，教師可以使用腦力激盪法選擇適當的教學方法和學生活動，以準備、發展和綜合三階段組織教學流程。教師可依據學科性質選擇適當的教學策略，不要只用講述法進行教學，方法要多樣化，學生才不覺得枯燥乏味。教師也要清楚地列出每項步驟所需要的教學時間。

㈠準備活動（preparatory）

準備活動最主要包含教學情境的布置、複習舊教材及引起學習動機三項。教學情境的布置主要是指進行教學活動前分發器具或是學生分組，複習舊教材是提示上次授課的重點或與本單元有關的舊經驗，至於如何引發學生的學習興趣或學習動機，請參閱第三章之內容。

㈡發展活動（development activities）

發展活動主要是進行新教材的教學，教師將所要教學的內容及教學方法依序列出，教學方法包含講述、提問、討論、小組活動、練習等。

㈢綜合活動（synthetical activities）

此一活動為整個教學活動最後階段，主要目的是在協助學生對學習內容有整體性的了解，主要的工作有總結上課內容、視需要評量、指定作業、整理情境等。

八、教具、時間及評量

在計畫中，教師要列出所需的特殊材料與設備，除了粉筆、黑板、教科書可以不必寫出來，其他如影片、光碟片、數位教材、補充教材、人力資源等，以及呈現這些教材的儀器設備，一定要記載在計畫裡面，寫下材料、設備的用意在讓教師課前能做好準備。每個活動所需要時間也需做一預估，準備活動通常為 5-10 分鐘，發展活動為 25-30 分鐘，綜合活動為 5-10 分鐘，再針對每一行為目標或每一活動來分配時間，才不會在某一活動停留太久的時間。第三個項目是評量的方式，不一定是考試，發問、小組討論、作練習題、觀察皆屬之。評量的結果需用來檢視教學目標達成的程度，若大多數學生不能達成目標，必須深入探求其原因，必要時應加以修正之。

第三節　素養導向教學設計

　　《十二年國民基本教育課程綱要總綱》對「核心素養」的解釋如下：是指一個人為適應現在生活及面對未來挑戰，所應具備的知識、能力與態度。核心素養強調學習不宜以學科知識及技能為限，而應關注學習與生活的結合，透過實踐力行而彰顯學習者的全人發展。核心素養包含：A 自主行動、B 溝通互動及 C 社會參與三大面向，再細分為九大項目：「A1 身心素質與自我精進」、「A2 系統思考與解決問題」、「A3 規劃執行與創新應變」、「B1 符號運用與溝通表達」、「B2 科技資訊與媒體素養」、「B3 藝術涵養與美感素養」、「C1 道德實踐與公民意識」、「C2 人際關係與團隊合作」、「C3 多元文化與國際理解」（教育部，2014）。核心素養，將透過各學習階段、各課程類型的規劃，並結合領域綱要，以落實於課程、教學與評量中。圖 5-5 為核心素養在課程綱要的轉化及其與學習重點的對應關係，各領域／科目的核心素養是延續總綱的三面九項而來，但各領域／科目有其特性與內涵，故而領域／科目的重要內涵如理念目標、學習重點與總綱核心素養乃是彼此呼應，雙向互動的關係。既然總

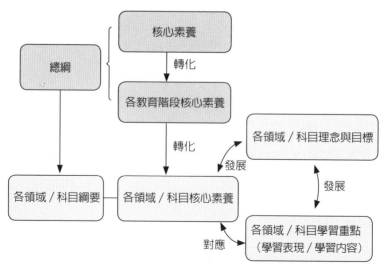

圖 5-5　核心素養在課程綱要的轉化及其與學習重點的對應關係
取自范信賢（2016，頁 3）

綱及領綱強調核心素養的導向，未來的課程、教學及教材等，理應是核心素養導向的發展，而領綱的「學習重點」尤爲其主要的展現。學習重點分成兩個層面：「學習內容」及「學習表現」，其中「學習內容」比較偏向學習素材部分，「學習表現」比較偏向認知歷程、行動能力、態度的部分，兩者需結合編織在一起，構築完整的學習（范信賢，2016）。

　　參照總綱的核心素養敍述及意涵，素養導向教學設計可以統整爲以下四項原則：1. 關照知識、技能與態度的整合；2. 導入情境脈絡化的學習；3. 關注學習策略及方法；4. 強調活用實踐的表現。依據四項原則，在撰寫素養導向教學設計時，可以依據以下步驟來進行：1. 選擇一個學習單元；2. 單元價值定位（設計理念）；3. 呼應的領綱核心素養；4. 撰寫單元目標；5. 設計總結性表現任務；6. 設想連結的情境脈絡；7. 列出節次安排；8. 擇定設計節次，選出學習重點，轉化爲學習目標；9. 設計學習活動及形成性學習評量；10. 本設計與素養導向教學四大原則的呼應或開展（范信賢，2016）。教學設計的格式及內容請參見表 5-4。

表 5-4　國小專題研究教學單元設計

領域 / 科目		校訂課程		設計者	國立屏東大學附設實驗國民小學邱麗珍
實施 年級		三年級		總節數	共 8 節，320 分鐘
單元 名稱		整理分析研究內容			
設計依據					
學習 重點	學習 表現	自 pa-II-1 能運用簡單分類、製作圖表等方法，整理已有的資訊或數據。 自 pc-II-2 能利用簡單形式的口語、文字或圖畫等，表達探究之過程、發現。	核心 素養		E-A3 具備擬定計畫與實作的能力，並以創新思考方式，因應日常生活情境。 自 -E-A3 具備透過實地操作探究活動探索科學問題的能力，並能初步根據問題特性、資源的有無等因素，規劃簡單步驟，操作適合學習階段的器材儀器、科技設備與資源，進行自然科學實驗。 E-C2 具備友善的人際情懷及與他人建立良好的互動關係，並發展與人溝通協調、包容異己、社會參與及服務等團隊合作的素養。
	學習 內容	自 INb-II-6 常見植物的外部形態主要由根、莖、葉、花、果實及種子所組成。			

表 5-4（續）

教材內容	自編教材	
學生經驗分析	1. 學生曾有蒐集相關植物資料的經驗。 2. 學生已繪製好研究架構圖。 3. 學生在國語課學習過摘要策略，在閱讀課學習過心得寫作課程，具有進行歸納的初步經驗。	
學習目標	1. 針對蒐集的資料內容，配合研究架構圖，進行各子題資料分類。 2. 能將各子題的資料，整理到「研究內容」與「研究結論」兩個表格中。 3. 與組員良好互動與溝通，進行研究相關的討論。 4. 在研究過程積極參與，並提出研究結論，以完成小組任務。	
教學策略	講述、討論（學生分組討論、師生共同討論）、實作	
教學評量	參與態度、口語表達、分組討論、實作評量	
教學設備／資源	1. 教師 (1) 資料整理：研究內容表格及研究結論表格。 (2) 教師先蒐集與研究主題玫瑰花相關之書面資料（內有維基百科、百度百科、中央研究院三個網站資料）。 2. 學生 (1) 學生蒐集研究主題之書面資料。 (2) 研究報告之「研究架構圖」。	
第一節：師生共同討論植物「基本資料」的書寫類		時間
準備活動	一、複習研究架構圖概念 上一堂課，老師請小朋友一起針對玫瑰的研究主題找出玫瑰的小主題，繪製研究架構圖。我們也透過討論，針對植物研究提出必要之研究小主題。教師提問：「植物研究必要之研究小主題有哪些？」學生回應：「基本資料、外型和用途。」	5
發展活動	二、學生分組討論，各組比對三份書面資料內容，歸納整理植物「基本資料」的書寫內容。 ㈠ 教師請各小組討論，找出三份書面資料屬於「基本資料」類別中共同的部分，並圈出來。 ㈡ 教師請各小組討論，找出三份書面資料屬於「基本資料」類別中除了共同的部分，還有提到其他的類別，並圈出來。 ㈢ 歸納整理學生的回應。教師歸納整理上述學生所提出的類別項目，可以書寫到研究內容──基本資料的部分；對於不屬於「基本資料」的類別，師生透過討論，找出可以歸屬於哪一小主題之下。	30

表 5-4（續）

綜合活動	由各組指派代表上臺發表整理歸納的植物「基本資料」類別。	5
參考資料	蔡玲等著（2001）。小學生做研究，中冊。新北市新店市：正中。 中文維基百科（2016）。玫瑰。資料取自 https://zh.wikipedia.org/wiki/%E7%8E%AB%E7%91%B0. 中央研究院生物多樣性研究中心（2016）。玫瑰花。資料取自 http://kplant.biodiv.tw/%E7%8E%AB%E7%91%B0%E8%8A%B1/%E7%8E%AB%E7%91%B0%E8%8A%B1.ht	

（第二節至第四節教案，略）

節錄自周淑卿、吳璧純、林永豐、張景媛、陳美如（2018，頁 24-28）

自我練習 ....

一、選擇題

(　) 1. G. Wiggins 和 J. Mctighe 提出「逆向設計模式」，將課程發展分成三個主要階段：甲、計畫學習經驗及教學活動；乙、提出令人信服的評估指標；丙、確立欲達的學習結果。請問這三階段的正確順序為：　(A) 丙乙甲　(B) 丙甲乙　(C) 乙甲丙　(D) 乙丙甲

(　) 2. Wiggins 等人提出的後向設計模式中，下列何者屬於第二階段？　(A) 終點目標　(B) 學習經驗與教學　(C) 改進教學　(D) 決定評量

(　) 3. 單元教學活動設計的順序安排，何者正確？　(A) 準備活動→統整活動→發展活動　(B) 準備活動→發展活動→綜合活動　(C) 準備活動→綜合活動→統整活動　(D) 發展活動→統整活動→綜合活動

(　) 4. 菁莪高中在討論素養導向的校訂課程時，期望能培養學生「系統思考與解決問題」的核心素養。下列哪一種課程設計較為適當？　(A) 探究社區環境及善用資源，以規劃並執行社會行動方案　(B) 推動跨領域的閱讀教學活動，以解決閱讀能力低落問題　(C) 鼓勵自然科學實驗社團的學生，參觀全國性科學博覽會　(D) 為了解決資源浪費的問題，舉辦全校環保歌曲創作比賽

(　) 5. 根據 a. 教科書；b. 課程；c. 教學材料；d. 教學活動等名詞的內涵，下列何者最能顯示其間的關係？　(A)a + d = c　(B)d > c > a　(C)b > c > a　(D)b + c = d

(　) 6. 教師需重視下列何種教學事件的安排，學生才能透過語意編碼將學習內容納入長期記憶中？　(A) 喚起學生舊經驗的回憶　(B) 告知學生學習目標　(C) 促進學習遷移　(D) 提供學習輔導

(　) 7. R. M. Gagné 把將資訊傳遞給班級學生的步驟稱為「教學事件」，而且將之依序分成八項。請問下列選項，何者不是蓋聶（R. M. Gagné）所提的「教學事件」之項目？　(A) 動機階段、察覺階段、獲得階段　(B) 自由學習階段、再測階段　(C) 表現階段、回饋階段　(D) 保留階段、回憶階段、類化階段

(　) 8. 提供各種練習與間隔複習，是蓋聶（Gagné）教學理論中的哪一項

教學事件？ (A) 引發表現 (B) 提供回饋 (C) 評估表現 (D) 增進保留與遷移

( ) 9. 下列何者非素養導向的教學原則？ (A) 教導學習方法及策略 (B) 引導學生實踐活用所學 (C) 強調情境脈絡化的學習 (D) 給予充足時間精熟所學

( ) 10. 兼具行為主義和認知心理學的學者，他認為學習應有階層性，最著名的見解是提出「學習成果」、「學習階層」、「教學設計」和「教學事件」，以上之敘述之學者為何？ (A) 斯肯納 Skinner (B) 蓋聶 Gagné (C) 布魯納 Bruner (D) 巴夫洛夫 Pavlov

( ) 11. 編擬單元教學計畫的步驟包括：甲、準備教材；乙、選擇主要活動；丙、決定教學目標及具體目標；丁、選定單元名稱；戊、決定評量項目，下列何者是較適宜的順序？ (A) 乙丁甲戊丙 (B) 乙丁戊丙甲 (C) 丁乙丙甲戊 (D) 丁丙乙戊甲

( ) 12. 以學生為中心的教學計畫最可能不包括下列哪一項特徵？ (A) 確認先備知識 (B) 安排社會互動 (C) 多元化的內容呈現 (D) 確定清楚且明確的教學目標

( ) 13. 某中學因為學校運動會進場活動扮演納粹軍團而受到非議。活動前學生上網搜尋並研究納粹軍團的人物特色及軍事裝備，進場時扮演得栩栩如生。輿論認為學生的扮演活動是以吹捧之姿，歌頌納粹精神。若以多元文化的觀點修改活動內容及其目標，下列哪一學習目標不需優先考量？ (A) 能了解文化的多樣性 (B) 能採取適當的社會行動 (C) 能具備文化批判的能力 (D) 能具備全球視野與關懷

( ) 14. 教師在教學計畫中，訂定了「能夠獨立地評論媒體訊息的可信度」的目標。下列何者比較能夠達成此目標？ (A) 閱讀一篇媒體報導，並撰寫心得 (B) 閱讀兩個廣告，並比較兩個廣告手法的差異 (C) 閱讀一個廣告，並與同學討論廣告表達的意涵 (D) 閱讀一篇新聞報導，並找出報導者未言明的前提

( ) 15. 下列有關教案的敘述何者正確？ (A) 教案只是理論性的教學方案 (B) 有經驗的教師可以不必有教學計畫 (C) 增加學生活動和改變

教法是編制教案的原則 (D) 教案以週為單位，教學進度通常以單元為範圍

( ) 16. 張老師透過一篇〈塑膠垃圾汙染海洋〉的文章，將環境教育議題融入國語文教學，並依據國語文領域綱要核心素養「國-E-A2 透過國語文學習，掌握文本要旨、發展學習及解決問題策略、初探邏輯思維，並透過體驗與實踐，處理日常生活問題」，設計教學活動。下列何者最能夠呼應此核心素養內涵？ (A) 各組學生摹寫報導文章並增加插圖 (B) 學生分組將文章內容製作成簡報並上臺報告 (C) 設計學習單，幫助學生熟悉與使用文章中的語詞和句型 (D) 分組討論文章的重點，並嘗試提出改善海洋汙染的方法

( ) 17. 請將 1. 教案設計中之教學目標；2. 課程總綱中的課程目標；3. 課程綱要中的課程目標；4.《教育基本法》所列之教育目的；5. 課程綱要中的能力指標；五個敘述，由抽象到具體加以排列： (A)42531 (B)45231 (C)45321 (D)42351

( ) 18. 建築師在建造房子之前要先繪製藍圖；導遊在帶隊出遊前要先規劃行程表。同理，教師在進行教學前要做何種準備？ (A) 購買參考書 (B) 選用教科書 (C) 編擬教學計畫 (D) 熟悉學生習作

( ) 19. 訂定單元計畫時的考量，以下哪一個是正確的？ (A) 嘗試教授以較高層次開始 (B) 依教學者的步調來進行 (C) 學習的責任放在教學者身上 (D) 為學習者的差異提供替代方法

( ) 20. 目標導向的教學流程中，正式進入單元的主要學習活動為： (A) 準備活動 (B) 發展活動 (C) 綜合活動 (D) 緩和活動

( ) 21. 十二年國民基本教育課程綱要強調素養導向的教學，需要考量到什麼，下列哪一項是錯的？ (A) 需要以學生為主體，考量學生的身心發展需求及學習風格 (B) 呼應十二年國教三面九項的核心素養，並轉化領綱的學習重點 (C) 注意各版本教科書的內容，需配合學校課程計畫，按時教學、考試、評量與補救教學 (D) 適時輔以相關議題融入，並讓學生在生活情境，真實運用所學

( ) 22. 陳老師在教學時，放一段音樂以引發學生的回憶與聯想，這樣的活動比較適宜置於何種教學階段？ (A) 課前準備 (B) 引起動機

(C) 發展階段　(D) 綜合階段

(　　) 23. 沈老師在教學活動的「綜合活動」階段，引導學生歸納單元的重點。沈老師的作法最有可能是為了達成下列哪一項目的？　(A) 培養學生的學習技巧　(B) 提升學生的自主學習能力　(C) 建構學生完整的單元概念架構　(D) 要求不認真上課的學生複習教學重點

(　　) 24. 就教學活動的歷程而言，以下哪一陳述較正確？　(A) 引起動機歸發展活動階段　(B) 複習舊課程歸發展活動階段　(C) 小組討論歸綜合活動階段　(D) 指定作業歸綜合活動階段

參考答案

1.(A)　2.(D)　3.(B)　4.(A)　5.(C)　6.(D)　7.(B)　8.(D)　9.(D)　10.(B)
11.(D)　12.(D)　13.(B)　14.(D)　15.(C)　16.(D)　17.(D)　18.(C)　19.(D)　20.(B)
21.(C)　22.(B)　23.(C)　24.(D)

二、問答題

1. 何謂教學計畫？為何教學之前要擬定教學計畫？

2. 教學計畫主要有兩種取向，即線性—理性模式和心理意象模式，請說明其含意及比較兩者之差異。

3. 蓋聶（Gagné）將教學活動稱為「教學事件」，如何運用教學事件模式撰寫教學計畫？

4. 單元計畫又稱為教案，請問完整的教案包括哪些內容？

5. 黎明國中裡有一片櫻花林，學校擬發展以「櫻花」為主題的統整課程。請編寫此統整課程的教學目標（至少兩條），並依據此教學目標規劃教學時間及其教學活動流程。

6. 新星國小教師在生活課程的共備中進行同課異構，由兩位教師就同一主題進行兩種不同的教學設計。你認為以下甲、乙兩份教案大綱，何者較接近素養導向教學的精神（1分）？請說明理由（至少三項）（9分）。

單元主題：端午節

甲	1. 教師詢問學生是否知道端午節是哪一天？為什麼要過端午節？ 2. 教師配合影片講述屈原投江的故事，以及吃粽子、掛艾草、戴香包的習俗。 3. 教師詢問學生吃過什麼樣的粽子，並歸納粽子的種類。提醒粽子熱量高、不易消化，不能多吃。（以下略）
乙	1. 端午節前一週，老師請學生觀察生活周遭有哪些事情和端午節有關？ 2. 學生就自己的觀察，到課堂上與同學分享對端午節的認識。教師引導學生歸納端午節的習俗，並回憶以前聽說過的端午節故事。 3. 請學生提出以前吃過粽子的經驗和感覺，以及自己喜歡的粽子口味。老師提供超市的粽子廣告圖，讓學生把粽子分類，認識現代的粽子的種類。 4. 將自己對粽子的認識帶回家與家人分享，並討論今年端午節可以選購怎樣的粽子。（以下略）

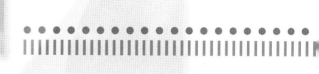

第六章

課程目標與教學目標

我們經常會對教育宗旨、教育目的、教育目標三個名詞感到混淆，例如我國的《教育基本法》第 2 條提到「教育之目的以培養人民健全人格、民主素養、法治觀念、人文涵養、愛國教育、鄉土關懷、資訊知能、強健體魄及思考、判斷與創造能力，並促進其對基本人權之尊重、生態環境之保護及對不同國家、族群、性別、宗教、文化之了解與關懷，使其成為具有國家意識與國際視野之現代化國民。」這是我國的教育宗旨，但也將之視為教育目的。當然教育目的是由教育宗旨轉變而來，最後成為目標，通常目的（goals）是要達成的長期目標，而目標（objectives）是較具體的陳述，是指學生從教學中所得到的結果（Brandt & Tyler, 2007）。國外學者經常使用「教育目標」一詞，所謂教育目標（educational objectives）其定義為設定教育活動之應施行方向或應達成之結果，其層級可大可小，可以大到整個國家各級教育的目標，也可以小到班級教育活動的目標，高層級的教育目標稱之為廣泛性的教學目標，例如課程目標即屬此類，班級教學所使用的目標則屬於特定性的教學目標，教育學者通常會採用「教學目標」（instructional objectives）此一名稱。因為課程與教學之間的關係極為密切，教學目標是來自於課程目標，為對教學目標有一完整的認識，本章先就課程目標的內涵做一敘述，次就教學目標的分類及內容做一探討。

第一節　課程目標

教育目的要具體落實有賴課程目標與教學目標的實現，課程目標屬於長期的、抽象的，很難評鑑出實際的成效，因此要靠教師在每一節課的教學中先能達成教學目標。奧立佛（Oliver）將教育目標區分為一般性的目標及較具體的目標兩類，前者稱為課程目標，後者稱為教學目標，他認為課程與教學兩個領域都應該有各自的目標，而教學目標是源於課程目標，是較具體的陳述有關學生的行為，也是成就水平的顯示，為一項規準或標準水平（方德隆譯，2004a）。

課程的意義

　　課程的英文為 Curriculum 源自拉丁字 currere 意指奔跑、跑馬場之意，引申為「學習的進程」，意思是透過一連串的安排，以達到學習目標（方德隆，2001）。最傳統及最廣為人知的定義是：課程是科目、課程是學校中所教的、課程是一個學科群的集合、課程是材料（materials）的一個集合。隨著課程理論的發展，課程的定義也不斷地被修改，例如課程是教師的計畫、課程是一個表現目標（performance objectives）的集合、課程是學生在校內經歷的經驗等（黃光雄、蔡清田，2012；Oliva, 2001）。

我國的課程目標

　　2014 年 8 月 1 日全面實施「十二年國民基本教育實施計畫」，同年公布《十二年國民基本教育課程綱要總綱》，明訂十二年國民基本教育之課程發展本於全人教育的精神，以「自發」、「互動」及「共好」為理念，強調學生是自發主動的學習者，學校教育應善誘學生的學習動機與熱情。依此，課程綱要以「成就每一個孩子——適性揚才、終身學習」為願景，兼顧個別特殊需求、尊重多元文化與族群差異、關懷弱勢群體。在基本理念引導下，訂定如下四項總體課程目標，以協助學生學習與發展：1. 啟發生命潛能；2. 陶養生活知能；3. 促進生涯發展；4. 涵育公民責任。為落實十二年國民基本教育課程的理念與目標，以「核心素養」作為課程發展之主軸，以裨益各教育階段間的連貫及各領域／科目間的統整（教育部，2014）。依總綱的敘述，核心素養取代九年一貫課程綱要的「能力指標」，成為新課綱的課程目標。

一、核心素養

　　核心素養包含三大面向與九大項目，透過各學習階段、各課程類型的規劃，並結合領域綱要的研修，以落實於課程、教學與評量中。各領域／科目的課程綱要需考量領域／科目的理念與目標，結合或呼應總綱的核心

素養具體內涵，以發展及訂定「各領域／科目之核心素養」及「各領域／科目學習重點」。表 6-1 以語文領域——國語文課綱核心素養溝通互動面向「B1 符號運用與溝通表達」為例，說明在各教育階段的核心素養內涵。

表 6-1　語文領域——國語文課綱「B1 符號運用與溝通表達」核心素養內涵說明

總綱核心素養項目	總綱核心素養項目說明	國民小學教育（E）	國民中學教育（J）	普通型高級中等學校教育（S-U）
B1 符號運用與溝通表達	具備理解及使用語言、文字、數理、肢體及藝術等各種符號進行表達、溝通及互動，並能了解與同理他人，應用在日常生活及工作上。	國 -E-B1 理解與運用國語文在日常生活中學習體察他人的感受，並給予適當的回應，以達成溝通及互動的目標。	國 -J-B1 運用國語文表情達意，增進閱讀理解，進而提升欣賞及評析文本的能力，並能傾聽他人的需求、理解他人的觀點，達到良性的人我溝通與互動。	國 S-U-B1 運用國語文表達自我的經驗、理念與情意，並學會從他人的角度思考問題，尋求共識，具備與他人有效溝通與協商的能力。

取自洪詠善（2018，頁 62）

二、學習重點

前章提到各領域／科目學習重點由「學習表現」與「學習內容」兩個內容所組成，各領域／科目學習重點用以引導課程設計、教材發展、教科書審查及學習評量等，並配合教學加以實踐，因此學習重點亦屬於課程目標的一部分。各領域／科目學習重點係由該領域／科目理念、目標與特性發展而來，但各領域／科目學習重點應與「各領域／科目核心素養」進行雙向檢核，以了解兩者的對應情形（國家教育研究院，2015）。以下分別對學習表現與學習內容作一說明（國家教育研究院，2015）：

㈠學習表現

學習表現是強調以學習者為中心的概念，學習表現重視認知歷程、情意與技能之學習展現，代表該領域／科目的非具體內容向度，應能具體展現或呼應該領域／科目核心素養。例如能運用一手資料，進行歷史推論。

學習表現的內涵在性質上非常接近現行九年一貫課程中的分段能力指標。

㈡**學習內容**

學習內容需能涵蓋該領域／科目之重要事實、概念、原理原則、技能、態度與後設認知等知識，依據學習內容可以發展成適當的教材。學習內容的內涵非常接近九年一貫課程中各領域的「基本內容」、「教材內容」，或是高中的「教材綱要」概念。茲以表 6-2 為例，說明語文領域國語文課綱國民中學教育階段學習重點與核心素養「A2」的呼應關係。

表 6-2 語文領域──國語文課綱國民中學教育階段學習重點與核心素養「A2」呼應示例

語文領域──國語文學習重點		語文領域──國語文核心素養（A2 系統思考與解決問題）
學習表現	學習內容	
5-IV-4 應用閱讀策略增進學習效能，整合跨領域知識轉化為解決問題的能力。 5-IV-5 大量閱讀多元文本，理解議題內涵及其與個人生活、社會結構的關聯性。	Bd-IV-1 以事實、理論為論據，達到說服、建構、批判等目的。	國 -J-A2 透過欣賞各類文本，培養思辨的能力，並能反思內容主題，應用於日常生活中，有效處理問題。

取自洪詠善（2018，頁 66）

第二節 教學目標

本節重點在針對教學目標的分類理論作一探討，以下分別就意義、功能及分類說明之。

 壹　教學目標的意義

在課程綱要所列的課程目標大部分是屬於長期的、抽象的，不易評鑑出實際的成效，因此有必要再細部化、具體化，教學目標可以說明課程目標的具體陳述，所以教學目標乃是描寫學生在學完一項指定的教學單

元以後，所應展現出學習表現之陳述（涂金堂，2009），是教學活動實施的方向，也是對教學成果的預期。也有學者使用學習目標（learning objectives）此一名詞，如果從教師的觀點來看，教學目標即教學時所要達成之預期理想，如果從學生觀點來看，教學目標即是教師指導學生達成其所預期的學習效果，稱為學習目標；兩者名異而實同（高廣孚，1988）。教學目標在敘寫上可分為兩種方式，一是採用一般性目標，一是採用行動取向的行為目標，這部分將在第七章作詳細探討。

　教學目標的功能

教師在進行教學活動之前，必須思索三個重要的問題：1. 學生應該獲得哪些學習成果（知識、技能、情意態度）？2. 教師該採用哪些教材與教學活動，來協助學生獲得教師所期待的學習成果？3. 教師該如何確定學生是否達到被期待的學習成果（涂金堂，2009）？這三個問題都與教學目標有關，由此可以得知教學目標在教學歷程之中扮演重要的角色。以下歸納學者的意見，將教學目標的功能陳述如下（林寶山，1995；涂金堂，2009；張霄亭等著，2000）：

1. 可協助教師或課程設計者，讓他們自己的教育目標更加清晰呈現。
2. 教師可根據目標來選擇和組織教材。
3. 可提供教師分析教學活動的內容，並據以設計學習活動。
4. 可描述特定的實作表現，教師可據此評估教學的成功與否。
5. 可協助教師評鑑和改進教學歷程與學習目標。
6. 可讓學生清楚知道他們被期待的學習表現，藉此引導自己的學習歷程。
7. 教師可根據教學目標以實施追蹤輔導及補救教學。
8. 可讓學生父母、其他教師、學校行政人員或社會大眾了解教學內容，以達到溝通教學的目的。

教學目標分類

　　1956 年經由布魯姆（B. S. Bloom）等三十多人的努力，提出教育目標的分類（a taxonomy for educational objectives），將教學目標分成三大類：認知領域（cognitive domain）、情意領域（affective domain）、動作技能領域（psychomotor domain）（Bloom et al., 1956），此系統幾已成為教學目標的共同語言，其中的認知領域教學目標，更提供了各學科課程發展、教材教法、教學評量、編制試題的重要依據，影響至為深遠（陳豐祥，2009）。以下分別敘述布魯姆分類架構的內涵。

一、認知領域

　　認知領域的教學目標強調學習者在教學歷程中，所被期待獲得有關知識或認知歷程的學習結果。布魯姆將認知領域的教學目標分成知識、理解、應用、分析、綜合、評鑑等六個類別，除了應用這個層次，其他每個層次都包含幾個不等的次類別。以下分別敘述認知領域的教學目標（高廣孚，1988；涂金堂，2009；李坤崇，2006；黃光雄譯；1983）：

　　㈠ **知識**（**knowledge**）
　　知識是認知領域最低層次的教學目標，要學生將學習到的各種基本事實、資料、術語、公式、學說及原理原則等牢牢記住，例如能記住七夕情人節的由來是因為牛郎與織女的故事。

　　㈡ **理解**（**comprehension**）
　　此一層次在培養學生的了解能力，指學過的東西能明白它的意義，以及其與其他資料的關係；或在明白其涵義之下，為所得到的資訊做結論，或者從資訊中看出結果（推論）。例如能將物理實驗觀察記錄資料製成圖表。

　　㈢ **應用**（**application**）
　　應用是指學習者能將所學到的原理原則、觀念、理論、概念、公式等

資訊，運用到新的情境。在應用之前，學生要先具有充足的知識，而且要對這些知識有相當的理解。例如運用習得的二位數加法來計算另外二位數加法問題。

㈣分析（analysis）

分析能力是指對材料構成部分的分拆，即分離拆解某道理或事物成各個重要元素的技巧，再深一層次的認知能力是要能知道各要素之間的關係為何。在分析層次，學生被要求能夠分辨邏輯上的錯誤，或找出想法之間的關係，並加以比較。前面三層次是屬較低的認知能力，到了分析以後就進入高層次的認知能力。例如給學生一段荒謬的敘述，學生能夠指出其矛盾點。

㈤綜合（synthesis）

綜合能力是指能將各種要素或部分整合起來，形成一個整體。也就是將零碎的知識、概念，依其相互的關係，以構成一個完整的體系，學生即能創造一些獨特且具有原創性的東西。例如能設計新的實驗計畫、能設計單元教學計畫。

㈥評鑑（evaluation）

這是認知領域最高的層次，是指學生評價和判斷的能力。學生做價值判斷或批評時，必須根據內在的證據或外在的標準以批判其價值。例如能根據印象畫派觀點，評判一幅畫的構圖與用色。

二、情意領域

情意領域（affective domain）的教學目標指所被期待獲得有關情意、態度、興趣等學習結果。情意領域的教學目標分成接受、反應、珍視、組織、價值內化為性格等五個類別（李坤崇，2008）。這五類的教學目標，可視為是學習者情意價值的形塑歷程，學習者先接受到有關情意價值的訊息，在適當的情境中，學習者願意對所接受的情意價值有所反應，接著在價值形成的歷程中，學習者懂得珍視所接受的價值，然後學習者將所接受

的價值進行統整，使其形成一個有系統的價值組織，最後學習者則是將所形成的價值體系內化至個人的性格中（郝正崴等譯，2007）。以下分別敘述情意領域教學目標分類如下（郝正崴等譯，2007；李坤崇，2008；張霄亭等，2000；Krathwohl, Bloom, & Masia, 1964）：

㈠接受（receiving）

也有學者使用注意（attending）此一名詞，接受或注意是指學生願意去注意特定的現象或刺激。教學所關心的是教師如何引起、保持和引導學生的注意力，若不能達到這個層次，任何知識或技能的教學都不可能進行。注意層次教學目標的範例如下：上課時能注意到教師的手勢、學生在聆聽莫札特音樂作品時能不離開座位。

㈡反應（responding）

反應是指學生主動地參與學習活動，它不只是注意到特定的現象，而且是以某種方式對它做反應。學生的反應可以再細分成三種層次：勉強反應（如及時讀完指定的材料）、願意反應（如除了指定材料外，還多讀其他材料）、樂於反應（如樂意且主動去閱讀相關材料），分別代表了不同程度的學習興趣。例如願意報名擔任醫院義工、聽音樂會時會鼓掌叫好。

㈢評價（valuing）

評價層次的目標，要求學生能夠在不被強迫和要求順從的情況下，表現出單一信念或態度一致的行為。價值評定的程度在行為上不只是要樂於反應，還要穩定與持續，讓他人足以認出其價值觀，所以這一層次又可以再依序分為接納、偏好和堅信（commitment）三個等級。例如認為相互忠實乃是婚姻成功的必要條件、經常欣賞古典音樂。

㈣組織（organization）

組織是指學生把不同的價值觀放在一起，解決不同價值間的衝突，並開始建立起一個內在和諧的價值系統。其強調的是各個價值觀之間的比較、關聯和綜合。組織又可以分成兩個層次：價值概念的建立、價值系統的組織。此層次的教學目標範例如下：學生能夠比較死刑方式和其他替代

性選擇，並且決定何者較符合自己的信念。

㐬 形成品格（characterization）

這個層次的目標有學者譯爲特徵內化（characterization by value or value complex），由價值觀或價值體系所塑造的品格等。此目標是指由於個人價值系統的影響，而在某些方面產生主動、長期、一致性的行爲，而形成他個人的生活風格。在這個層次裡，學生不但已經學習到前面所有層次的行爲，同時也將其個人價值觀融合至一個完全及普遍的哲學系統中。例如養成節儉的生活習慣、培養愛人如己的品格。

三、動作技能領域

動作技能領域的教學目標指所被期待獲得有關動作表現、動作技能的學習結果。哈羅（Harrow, 1972）曾依據不同類型的動作技能，將動作技能的教學目標分成反射動作、基礎功能性的動作、知覺性的能力、生理性的能力、技巧性的動作，以及協調溝通等六個類別，從最直覺的反射動作，藉由不斷的練習，依序不斷的發展，最後發展成意識性的溝通動作。但哈羅的觀點並未獲得廣大迴響，有關技能教學目標常被引用者爲辛普森（Simpson, 1972）觀點，辛普森建構的技能領域教育目標分類模式闡釋如下（李坤崇，2006；李堅萍，2001；Simpson, 1972）：

㈠ 知覺（perception）

指肢體或感官在察覺、注意或感應到外界之物體、性質或關係的歷程。知覺是成爲一項動作的最初步驟，也是「情境—解釋—行動」鏈（situation-interpretation-action chain）的最基本一環，包含感官刺激、線索的選擇和轉化三個小層次。例如能知道使用觸覺選擇合用的木柴、能連結音樂和特殊舞步。

㈡ 趨向（set）

或譯爲「預備」、「準備」、「預定」、「預勢」，是在感官接收刺激、產生感覺或感應後，開始要採行某種動作或意向之肢體與心智的準備

狀態，是展現行動方向的初步動作與意念，包括心理趨向、生理趨向和情緒趨向三個小層次。例如認識粉刷木材的步驟順序、能顯現出打字效率的欲望。

㈢ 引導反應（guided response）

是指在教學者的教學指導下，或類似操作手冊、說明書、作業範例、標準程序單、教學影帶等書面文件或視聽媒材的導引下，所明顯展現經引導的動作與行為，此層次為真正的教學功用，包含模仿、嘗試錯誤兩個小層次。例如能模仿教師或他人的動作進行學習、從各種不同工具的試用中找出最適當的操作工具。

㈣ 機械化（mechanism）

是指技能已成為習慣性、反射性的連續順暢動作反應。機械化的技能表現，源於長久或多次的技能練習，而能衍生出成為可以「不加思索、立即正確反應」的動作與自信。例如能正確設定實驗室設備、示範簡單的舞步。

㈤ 複雜性的外在反應（complex overt response）

是指含有複雜內容，但明確有效率的動作技能。複雜明顯的反應已經超越機械式的反應動作，有最適度力道、最合適動作、最經濟動作流程，且最有效能融合多種動作或行為的技能反應。可細分為解決不確定性、自動表現兩個小層次。例如熟練地操作電腦、精確迅速地完成解剖任務。

㈥ 適應（adaptation）

是在面對內容不明或初次嘗試的事項，重組或修正改變動作行為，以因應新問題情境。雖然面對外在環境變化，但仍具有重組或變化修正既有技能的能力。例如能根據已掌握的舞蹈技巧，編制一套現代舞。

㈦ 創新（origination）

是依據既有的知識與技能為基礎，加入個體創意與悟性，建構新的動作、行為、處理方式或程序。這是最高階層的技能表現，能自既有的技能

表現形式中，發揮全然不同以往或超乎現有水平的技能。例如設計一款新的衣服款式、創作一件音樂作品。

第三節　教學目標的修訂

　　認知心理學的研究成果，卻引發不少學者對布魯姆認知目標分類系統的質疑，特別是針對綜合、評鑑等高層次目標的階層性是否合理，不斷呼籲應予重新檢討。

　　加上新近學習理論的發展大多強調主動（active）、認知（cognitive）和建構歷程（constructive process）的學習，認為知識不是客觀存在的絕對真理，而是由學習者依個人主觀經驗建構而來；傳統教學的流弊即在遵循刺激與反應的模式，只重視學習結果而忽略學習過程（陳豐祥，2009）。因此安德森等人（Anderson et al., 2001）出版《學習、教學與評量的分類：Bloom 教學目標分類的修正》一書，針對布魯姆等人提出的認知領域教學目標進行修正。此外，美國學者蓋聶（R. M. Gagné）提出教學目標分類的統合取向，以下分別說明這兩項教學目標的內涵。

　壹　認知領域教學目標

　　新版布魯姆的認知目標分成「知識向度」（knowledge dimension）和「認知歷程向度」（cognitive process dimension）兩大系統。知識向度是將知識進行分類，以便教師能夠掌握「教什麼」（what to teach）；認知歷程向度則在引導學生保留（retention）和轉移（transfer）所學的知識（鄭蕙如、林世華，2004）。如圖 6-1 所示，知識向度分為：事實性知識（factual knowledge）、概念性知識（conceptual knowledge）、程序性知識（procedural knowledge）與後設認知知識（meta-cognitive knowledge）。認知歷程向度包含記憶（remember）、了解（understand）、應用（apply）、分析（analyze）、評鑑（evaluate）、創作（create），改採用動詞語態，且將綜合改為創作，調整至評鑑之前（Anderson & Krathwohl, 2001）。以

下分別敘述其內涵（李宜玫、王逸慧、林世華，2004；Anderson & Krath-
wohl, 2001; Krathwhol, 2002）：

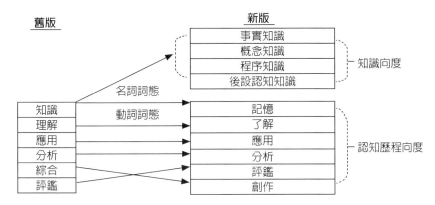

圖 6-1　新舊版本布魯姆認知領域教育目標分類之改變情形

取自 Anderson et al.（2001, p. 268）

一、知識向度

　　認知領域教育目標分類法修訂版將舊版的知識層次獨立出來，自成一
個向度。知識向度屬名詞詞態，以學習內容爲主，並將知識區分成四類：

㈠ **事實知識**

　　指學生應了解的術語，或是學生想進行問題解決時必須知道的基本要
素，包括術語知識、特定細節及元素知識。例如科學術語、注音符號、重
要人物事蹟等。

㈡ **概念知識**

　　乃從較複雜、較大的基本元素間，抽取共同屬性，予以分類形成的知
識，例如心理問題的種類、學習的主要原則、進化論等理論知識。

㈢ **程序知識**

　　指知道如何做某事的知識，通常是一系列或有步驟的流程，也就是做
某事的方法及使用技能、算法、技術與方法的準則。例如水彩畫的技巧、

面談技巧、社會科學的研究方法等。

㈣ 後設認知知識

指一般對認知的認知及對自我知識（self-knowledge）的認知和覺察，包含認知知識、監控、控制、調整認知。例如不同記憶的策略、認知任務知識（運用不同策略於不同情境）、知道自己學習的優缺點等。

二、認知歷程向度

在認知歷程向度部分，修訂版分爲較低層次的記憶、了解、應用和分析，以及較高層次的評鑑與創作，其中記憶和學習保留具密切關聯，而另五種則與學習遷移有關。修訂版也強調認知歷程的漸增複雜性階層概念。

㈠ 記憶

是從長期記憶中提取相關知識，包括再認、回憶，例如說出中日甲午戰爭的發生年代。

㈡ 了解

從口述、書寫和圖像溝通形式的教學資訊中建構意義，所學新知識並且與舊經驗產生連結，包括詮釋、舉例、分類、摘要、推論、比較、解釋七項次類別。例如比較中秋節和端午節的異同、解釋颱風發生原因。

㈢ 應用

牽涉使用程序（步驟）來執行作業或解決問題，與程序知識緊密結合，包括執行及實行，例如能應用定理或執行某種運算。

㈣ 分析

指的是將材料分解爲組成的部分，並確定部分之間的相互關係，例如能進行區別、組織與歸因。

㈤ 評鑑

是指根據準則與標準做出判斷，例如檢視結論與數據是否吻合，或評論解決問題的方法中哪一種較好。

㈥ **創作**

將各個元素組裝在一起，形成一個完整且具功能的整體。例如提出新的假設、計畫新的研究報告等。

修訂版布魯姆教育目標分類法先依知識向度和認知歷程向度，可形成如表 6-3 的雙向細目表，可置入課程設計、教學活動與教學評量，以建立課程、教學與評量三者的連結。

表 6-3　修訂版布魯姆分類表

知識向度	認知歷程向度					
	1. 記憶	2. 了解	3. 應用	4. 分析	5. 評鑑	6. 創作
A. 事實知識						
B. 概念知識						
C. 程序知識						
D. 後設認知知識						

取自 Anderson & Krathwohl（2001, p. 28）

 貳　蓋聶的教學目標分類系統

美國學者蓋聶（R. M. Gagné）將學習結果分為心智技能、認知策略、語文資訊、動作技能、態度，實際上是把教學目標分為五類。以下就此一分類系統做一探討（張春興，2008；杜振亞等譯，2007）：

一、心智技能

心智技能是指學習者透過學習獲得了使用符號與環境相互作用的能力。例如使用語言和數學這兩種最基本的符號進行閱讀、寫作和計算。語文資訊是回答「是什麼」的知識，而心智技能則與知道「怎麼辦」有關。經由學習學生具備理解、運用概念和規則，進行邏輯推理的能力。心智技能由簡單到複雜、由低級到高級，又可分為四個層次：

㈠辨別（discrimination）

辨別是區分兩個不同的刺激，或者將一個符號與另一個符號加以區別的一種習得能力，包括視覺、聽覺、嗅覺、觸覺、味覺等方面的辨別。辨別能力的培養，是小學低年級教學的主要課題之一。

㈡概念（concept）

概念是根據某些共同的屬性將事物和觀點進行分類，概念按其抽象水準又可分為具體概念和定義概念，前者是指一類事物的共同本質特徵可以直接透過觀察獲得，如水果、動物等；後者指一類事物的本質特徵不能透過直接觀察獲得，必須透過下定義來理解。例如把蝙蝠歸類為哺乳動物；在一組詞彙中，將同義詞、反義詞歸類。

㈢規則（rule）

規則是數個概念合在一起作為一個完整意義的表達，規則的學習以概念的學習為基礎，例如要掌握英語語法規則，必須先學會句子、詞、字母等概念。

㈣問題解決（problem solving）

問題解決是運用學得的原則從事解決問題的心理歷程，學習者將一些簡單的規則組成複雜規則，用來解決不同內容或難易的問題。

二、認知策略（cognitive strategy）

認知策略的學習結果與解決問題的學習層次有關，是學習者運用他們自己的注意、學習、記憶和思維等內部過程的技能。學習者的認知策略指揮他自己對環境中的刺激物予以一定的注意，對學習的事物進行選擇和編碼，從而獲得新知識。認知策略是學習者控制、管理自己學習過程的方式，只要學到了認知策略，學生就會有能力自行求取新知識。

三、語文資訊（verbal information）

語文資訊是指學習者經過學習以後，能記憶事物的名稱、符號、地

點、時間、定義、對事物的具體描述等事實，能夠在需要時將這些事實敘
述出來。語文資訊對學生的能力要求主要是記憶，學生學習了水的沸點是
攝氏 100 度這類的科學事實，雖然這是一種很低階的學習，但是從記憶中
回想事實的能力是協助學生發展更高階心智技能學習的基礎。

四、動作技能（motor skill）

動作技能是一種習得能力，如能寫字母、跑步、做體操等，這些動作
的表現可以引導出其他的學習，例如學生使用書寫字母的技能來書寫文字
與句子。動作技能要靠練習，練習過程要靠回饋逐漸變得精確和連貫。

五、態度（attitude）

態度是布魯姆所稱的情意領域，學生對於各種事物、人及狀況，會有
各種不同的態度，態度的影響就是產生正向或負向的反應。通常學校是在
協助學生建立社會認可的態度，例如對別人的尊重、合作、個人的責任、
對知識及學習的正向態度等。

自我練習 ....

一、選擇題

(　　) 1. 關於課程目標的撰寫方式，下列敘述何者較為正確？　(A) 強調教師教學專業表現的評量　(B) 指出學習經驗的預期成果　(C) 著重在教材設計主題的抽象內容　(D) 使用模糊的能力指標敘述

(　　) 2. 教師希望教導學生「適切辨識網路資訊的價值性」。針對此一教學目標，下列敘述何者較為適切？　(A) 設計線上標準化測驗題庫，請學生上網練習　(B) 請學生上網蒐集某議題的正反意見，並加以分類　(C) 透過教學平臺，投票表決文章內容的真偽與價值　(D) 提供學生立場不同的網路文章，請其提出比較與評論

(　　) 3. 根據布魯姆（B. Bloom）對認知領域教學目標的分類，下列敘述何者正確？　(A) 分為知識、理解、應用、分析、綜合、創造等六個層次　(B) 各層次彼此互不關聯，並且沒有高、低層次之分　(C) 知識層次是指能了解所學知識或概念的意義，能對資料進行解釋　(D) 分析層次是指能分辨概念或原則的組成，能找出各部分的相互關係

(　　) 4. 下列哪一個教學方式最能達到情意領域的目標？　(A) 請學生仿作藝術家不同時期的作品，進行分析比較　(B) 播放藝術家的紀錄片，請學生分享其對藝術家的了解　(C) 引導學生藉由藝術家不同時期作品敘說自己的生命故事　(D) 邀請藝術家到校分享創作理念並與學生共同創作校園藝術品

(　　) 5. 根據《十二年國民基本教育課程綱要總綱》，其中「藝術涵養與美感素養」的核心素養項目，屬於下列哪一面向？　(A) 溝通互動　(B) 自主行動　(C) 終身學習　(D) 社會參與

(　　) 6. 下列何者是最適當的認知領域行為目標？　(A) 學生能聽懂教師所講解的一元二次方程式相關概念　(B) 經由一元二次方程式的學習，培養學生的數學興趣　(C) 教師示範運用配方法解一元二次方程式的正確方法　(D) 學生能正確說出以配方法解一元二次方程式的方法

（　）7. 下列何者非教育界長期忽視情意目標的原因？　(A) 教學上的困難　(B) 評量技術上的困難　(C) 人本教育思想的影響　(D) 擔心造成負面效果

（　）8. 情意領域反應層次的教學目標，下列何者是「樂於反應」？　(A) 能完成指定的家庭作業　(B) 主動要求上臺朗讀課文　(C) 願意報名參與醫院志工　(D) 能服從學校的游泳池管理規則

（　）9. 下列何者非情意教育目標層次？　(A) 主動反映程度的高低　(B) 非價值體系發展　(C) 信念堅定程度　(D) 高低接受或注意力

（　）10. 娜娜在自然與生活科技中，學會操作顯微鏡來觀察洋蔥的表皮細胞。「操作顯微鏡」屬於安德森等人（Anderson et al., 2001）認知目標中的哪一類知識向度？　(A) 事實知識　(B) 概念知識　(C) 程序知識　(D) 後設認知

（　）11. 「能正確比較十萬以內兩數的大小」，此較屬於蓋聶（R. Gagné）主張的哪一類學習結果？　(A) 心智技能　(B) 動作技能　(C) 語文訊息　(D) 認知策略

（　）12. 動作技能領域的學習分為六個層次，從簡單到複雜，從複雜到創造的心理歷程為：1. 創造；2. 知覺；3. 心向；4. 模仿；5. 複雜反應；6. 機械化　(A)234561　(B)234651　(C)254361　(D)254316

（　）13. 下列有關撰寫教學目標的規範，哪一項是最適切的？　(A) 以教學活動為中心　(B) 以學習過程為中心　(C) 一個描述儘量包含多個目標　(D) 以學習結果為中心

（　）14. 方大明在準備段考時，知道要花較多時間，準備自己較弱的英文，花較少時間，複習自己較強的數學。此種應試方法屬於下列哪一種知識類型？　(A) 事實性知識　(B) 概念性知識　(C) 程序性知識　(D) 後設認知知識

（　）15. 下列何者符合「生涯發展教育」的情意領域目標？　(A) 學習運用社會資源，適應社會環境變遷　(B) 認識工作所需知能，培養生涯發展能力　(C) 具備積極工作態度，提升生涯發展信心　(D) 了解教育工作關係，學習開展生涯方法

（　）16. 江老師在進行價值觀教學時，問學生：「坐在付費座位的年輕人應

該讓位給年長者嗎？」依克拉斯霍爾（D. Krathwohl）的情意目標分類，這屬於以下哪一層次的問題？　(A) 價值反應　(B) 價值接受　(C) 價值判斷　(D) 價值組織

(　) 17. 在教導師資生唱完李叔同的《送別》後，李老師要他們為該首曲子填上新詞，歌詞除要淺顯易懂，亦要能配合國小中、低年級學生的語文能力和生活經驗。該活動最高能達到認知領域評量的哪一層次？　(A) 理解層次　(B) 評鑑層次　(C) 分析層次　(D) 創造層次

(　) 18. 「發展積極進取的人生哲學」屬於情意領域教學目標中的哪一個層次？　(A) 接受　(B) 反應　(C) 重視　(D) 品格形成

(　) 19. 賴老師在教授「登鸛鵲樓」這一首詩時，下列哪一個教學目標屬於布魯姆（B. Bloom）認知目標中的「分析」層次？　(A) 能用自己的話解釋這首詩的意義　(B) 能欣賞這首詩，說出自己的感受　(C) 能指出這首詩的組織結構及修辭技巧　(D) 能運用這首詩的平仄和對仗自行創作

(　) 20. 蔡老師的國文課設計了下列數項目標，哪一項較屬於「情意」領域的學習目標？　(A) 欣賞文章中優美的句子　(B) 解釋文章中字詞的意義　(C) 比較文章中修辭的方法　(D) 複述文章中的段落與文句

(　) 21. 方老師在數學課教完如何測量圓柱體體積後，發給學生無刻度的水杯及直尺，要求計算出水杯容量。方老師此種評量方式，最希望達到的教學目標屬於認知領域的哪一層次？　(A) 知識　(B) 理解　(C) 應用　(D) 分析

(　) 22. 布魯姆（B. Bloom）將認知領域的學習分成六個層次，有關「學生知道如何判斷不同測驗的好壞」屬於認知領域中的哪一個層次？　(A) 理解　(B) 分析　(C) 應用　(D) 評鑑

(　) 23. 由於十二年國民基本教育核心素養，強調培養以人為本的「終身學習者」，因而在核心素養不特別列出。但是為了凸顯素養中態度、價值和責任的重要性，特別列出什麼核心素養？　(A) 身心素質與自我精進　(B) 人際關係與團隊合作　(C) 多元文化與國際理解　(D) 道德實踐與公民意識

( ) 24. 李老師在開始教導新單元時，都會主動且明確地告訴學生這個單元
的學習目標。依據蓋聶（R. M. Gagné）的觀點，李老師的這種行為
可以引發學生何種內在歷程？ (A) 形成期望 (B) 感應接收 (C)
產生回應 (D) 增強作用

( ) 25. 某教育學程教授在學期中出了如下作業：「請設計一份評定國中一
年級綜合活動教科書之評定表，表中列出評鑑之項目及其加權量，
然後據以實際評定各版本教科書之優劣。」此一作業能評量學生的
何種認知能力？ (A) 了解 (B) 應用 (C) 評鑑 (D) 分析

( ) 26. 根據蓋聶（R. M. Gagné）的理論，概念和原則屬於下列哪一種學習
結果？ (A) 心智技能 (B) 認知策略 (C) 語文訊息 (D) 態度

( ) 27. 教師應關注學生對課程內容的深度學習。下列有關「戰爭」的教學
目標，何者不能達成較高層次的認知學習結果？ (A) 說明歷史上
主要戰役的起因 (B) 批判各重要戰役將領的功過 (C) 提出避免
衝突與戰爭的解決方法 (D) 以難民立場撰寫「致聯合國信」

( ) 28. 在李老師的指導下，大明學會了網球的各種抽球手法。到了戶外球
場與同學相互抽球時，大明能夠調整抽球的手法，連續抽出好球。
依據辛普森（E. Simpson）的技能領域目標分類，大明達到下列哪
個目標層次？ (A) 適應 (B) 創作 (C) 指導練習 (D) 複雜反應

( ) 29.「學生能精確、迅速完成生物課的解剖任務」，此表現較符合動作
技能領域目標的哪一層次？ (A) 知覺 (B) 創新 (C) 機械化
(D) 複雜反應

( ) 30. 張老師設計「減少塑膠用品的使用」課程，下列有關減塑之情意目
標的敘述，何者較適切？ (A) 品格形成：學生能遵守校規不帶一
次性餐具到校園中 (B) 接受：學生會與家長討論如何外帶餐點，
以達減塑目的 (C) 價值組織：學生對於海洋生物受到垃圾危害的
情形，感到難過 (D) 價值判斷：學生對於飲料店禁用塑膠吸管的
政策，提出自己的觀點

參考答案

1.(B)	2.(D)	3.(D)	4.(C)	5.(A)	6.(D)	7.(C)	8.(B)	9.(B)	10.(C)
11.(A)	12.(B)	13.(D)	14.(D)	15.(C)	16.(C)	17.(D)	18.(D)	19.(C)	20.(A)
21.(C)	22.(D)	23.(D)	24.(A)	25.(C)	26.(A)	27.(A)	28.(A)	29.(D)	30.(D)

二、問答題

1.十二年國民基本教育課程的理念與目標，以「核心素養」為課程發展之主軸，其主要是培養以人為本的終身學習者，試說明核心素養之意義。核心素養之下分有三大面向，試說明三大面向內容及概述其意涵。

2.請說明課程目標與教學目標之關係，並比較兩者在敘寫上有何差異。

3.扼要說明教學目標（instructional objectives）的意義及功能，並以可觀察、可測量的學習行為說明教學目標的意涵。

4.請說明辛普森（E. J. Simpson）技能領域教學目標的分類，並舉例說明各個不同層次的技能學習。如果你是高職的專業科目教師，你認為高職學生的技能學習的教學目標宜達到哪一層次？

5.安德森（L. Anderson）與克拉斯霍爾（D. Krathwohl）（2001）提出六個教學認知目標層次。請針對「記憶」層次以外的五個層次，各舉一例說明之。

6.美國教育學者蓋聶如何對教學目標進行分類？試說明之。

行為目標與教學評量

　　行為目標（behavioral objectives）是近年來興起的一種課程與教學的革新運動，提倡行為目標主要是為了改正傳統教學上常使用的、較籠統含糊、不夠具體的目標敘寫方式之缺失。1960 年代的美國教育界盛行使用行為目標，課程學者泰勒（Ralph Tyler）都提倡使用行為目標於課程設計上，泰勒認為教育是改變人類行為的一個過程，因此要以行為主義的觀點來擬定明確的行為目標，據此來設計課程與教學（劉真，2000）。泰勒的重大功績之一是用教育評鑑代替了傳統的測驗，其四個步驟的課程發展理念為量化的測驗發展加快速度。目標的概念在以後的發展逐漸和「可測量」的概念相結合，在那個時期的學者如布魯姆等人，認為「目標＝行為＝評量技術＝測驗問題」（孔企平，1999）。1971 年以後，臺灣的教育界引介並推展這種教學法，行為目標才開始普及於臺灣的中小學及高職教育（高廣孚，1988）。教學評量與教學活動是緊密結合的，教師先擬定教學目標後才進行教學活動，依據教學目標編制教學評量，從評量的結果教師可以得到教學過程及學生學習的資訊，進而修改教學計畫。教學評量是教師的重要專業能力，教師要不斷在以下方面下功夫：掌握教學目標、剖析教材內容、善用命題技術、落實多元評量、適切解釋評量結果等。本章的安排先闡述行為目標的敘寫方式，再就教學評量的重要概念與評量方式作一探討。

第一節　行為目標的敘寫

行為目標的意義

　　當「行為」這個字放在「目標」之前，學習便定義為可觀察行為的改變，發生於學生心靈角落的行為活動是不可以觀察的，因此不為行為目標所注重；而且行為目標所觀察的行為也限制在某一段時間內，這段時間內曾使用特定的上課內容、教學策略和教材，例如一節課、一個學習單元等（郝永崴等譯，2007）。行為目標（behavioral objectives）是指教學目標的一種「寫法」，它所強調的是必須在目標中明確敘述出學習者學習完畢

後應該能表現出來的學習成果，而這些學習成果都是可觀察或是可測量出來的行為，又稱為「表現目標」（performance objectives）或「具體目標」（張霄亭等，2000）。所以行為目標最大的特色就是強調以比較具體行為動詞，避免以過於抽象、籠統的語詞敘寫教學目標，如此行為目標方可更加清晰及明確，往後在教案的編寫、教學方法的選擇及評量的設計，便有明確準則可供遵循。

 ## 行為目標的敘寫

行為目標經常是與單元目標相結合，是單元目標的細步化，是達成單元目標的細節。單元目標可以採用一般性目標的寫法，其性質可以籠統、概括或抽象，所用的動詞可以不是具體的行為動詞，例如認識、了解、增進、陶冶等動詞，都是比較抽象的性質。但是行為目標是要告訴學生具體行為或活動的訊息，因此所用的動詞一定要具體及明確（高廣孚，1988）。而且完整的行為目標還要包含幾項構成要素，才能具體地顯示所預期的學習結果。以下針對行為目標的構成要素詳加說明：

一、三要素寫法

行為目標這個名詞在二十世紀 60 年代為眾多教育界人士所熟悉，這起源於 1962 年梅格（Robert F. Mager）出版了關於教學目標的專著《教學目標的準備》（*Preparing instructional objectives*），他強調要清楚、準確地說明學習者在完成教學後應該能做什麼，書中他描述教學目標的三要素如下（劉豫鳳等，2008；張霄亭等，2000）：

㈠ 可觀察行為（observable behavior）

第一個要素是對行動的敘述，以行為動詞定義出想要觀察的學生行為，教師可以觀察學生的行動或表現，以判斷學生在學習過程是否學會內容或技能。這些行為動詞如寫出、解決、排列、說出等，有些動詞必須避免使用，例如知道、了解、欣賞等，因為這些動詞並不是「可觀察的行

為」。舉例來說,欣賞文學作品是一個很適當的教學目標,但它是一個抽象的目標。

(二)重要條件(conditions)

第二個要素是對重要條件或情境的敘述,亦即期望學生在此條件之下,能表現出教師指派的任務或作業。這些條件或環境可能包含時間限制、可以使用的教材或設備、任務表現的地點。例如不使用課本、15 分鐘、使用地圖等。

(三)標準(criterion)

第三個要素是標準,用來評鑑學生行為表現是否成功完成目標的標準,標準的敘述有時會設定符合目標的能力程度,例如必須答對 70%、90% 的準確率,這些能力程度表示可以接受的最低能力限度。

將這三項要素結合,梅格的行為目標的敘述為:1. 在沒有任何參考資料的情況下(條件),學習者能夠按照順序列出(行為)清朝 12 位皇帝的年號(標準)。2. 提供學習者 50 題有關美國地理的選擇題(條件),使學習者能夠回答(可觀察的行為)出 40 題正確答案(標準)。

二、ABCD四要素寫法

ABCD 目標陳述法是由尼克和葛斯塔佛森(Knirk & Gustafson, 1986)提出來的一種教學目標陳述方式,ABCD 寫法包括在以下四個要素(張霄亭等,2000;Knirk & Gustafson, 1986):

(一)A—對象(Audience)
指需要完成行為的學生、學習者或教學對象。

(二)B—行為(Behavior)
指學習者學習完畢後所表現出的具體行為。

(三)C—條件(Conditions)
指行為出現的條件,即學習後的行為在什麼情境下發生。

㈣ D─程度（**Degree of results**）

指該行為要完成到什麼程度。

用 ABCD 目標陳述法陳述教學目標時，這四個要素的前後順序並不重要，重要的是在一個教學目標中這四個要素要同時具備。ABCD 法的後三個要素與梅格的行為目標三要素是一致的，不過它增加並強調了行為者（對象）這一因素，從而使得教學目標的陳述更加完整。以此寫法寫出的行為目標如下：1. 給一段過去時態或現在時態的語句（條件），學生（對象）能夠準確無誤地（程度）下八個定義。2. 提供十個散亂但標明 1-10 編號的積木（條件），讓學生（對象）能夠在 9 秒內（程度）正確依序排出（行為）。

三、五要素的寫法

蓋聶提出行為目標五個構成要素的寫法，這五個要素如下（杜振亞等譯，2007）：

㈠ 情境（**situation**）

學習結果表現的環境，以打字為例，是否在一間無干擾的、安靜的房間裡完成。

㈡ 習得能力的類型（**type of learned capability**）

以一個學習能力動詞列出學習種類，他歸類出九種能力動詞，分別是辨別、確認、歸類、演示、產生、採納、闡述、實施、選擇。

㈢ 對象（**object**）

含所要學習的新內容，例如演示（學習能力動詞）兩個三位數字的加法（對象）。

㈣ 動作動詞（**action**）

描述表現是如何完成的，例如打一封回覆顧客的詢問信來產生一封商業書信，說明了動作是「打字」，其他動詞有比較、寫作、口說等。

㈤工具、條件或其他限制（tools and other constrains）

某些情境中，成果表現將要求使用特殊的工具、某種限制或是其他特定狀況，例如一封信必須在一特定時間內完成，並少於三個錯誤。這個目標加了一個限制就是表現的標準。

涵蓋五個構成要素的範例如下：「在電腦教室的情境中，給予一組資料明細表（情境），學生將示範操作（學習能力動詞）在微軟資料庫軟體（對象）中建立資料庫表格，並選用適當的資料型態與按鍵（工具、限制），將之鍵入電腦（行動動詞）。」這種目標的特色是使用兩種不同動詞，一為界定能力，另一為界定可觀察的行動。但蓋聶不認為行為目標必須包含五項構成要素，如果含有的要素愈多，則傳遞的訊息會更明確。以心智技能這項學習結果的「辨別」層次為例，行為目標的寫法如下：呈現畫有三架飛機的圖片（情境），讓學生辨別（習得能力的類型），指出（動作動詞）其中一架形狀與另兩架不同的飛機。在「具體概念」的行為目標敘寫如下：在一組幾何體當中（情境），確認（習得能力的類型）錐體（對象），把它選出來（動作動詞）（杜振亞等譯，2007）。

國內學者黃光雄（1985）、郭生玉（1993）及國外學者奇伯樂（Kibler, et al., 1974）皆主張行為目標包含五要素，分別是：1. 對象（who）；2. 行為動詞（actual behavior）；3. 學習結果（result）；4. 條件或情境（relevant conditions）；5. 標準（standard）。以下為包含五要素行為目標的範例（王財印等，2012）：

1. 學生（對象）能分辨出（行為）花園中（情境）五種以上（標準）的草本科植物（結果）。

2. 給予測量用尺（情境），學生（對象）能正確無誤（標準）量出（行為）教室的面積（結果）。

四、內部過程與外顯行為相結合的寫法

行為目標強調行為結果而未注意內在的心理過程，儘管它有助於教學目標的明確化，但行為目標有使教學局限於某種具體的行為訓練，而忽視

學生學習的心理過程的危險，例如理解、欣賞、熱愛、尊重等，不能直接進行觀察和測量，在教學上就受到忽略。另外在教學過程中，有些學習行為非常複雜，以至於並不能準確地書寫出相應的學習目標。為了彌補行為目標的不足，葛隆倫（N. E. Gronlund, 1978）在《課堂教學目標的表述》中，提出了用內部過程與外顯行為相結合的方式來表述教學目標。首先陳述內部心理過程的一般目標，然後列舉相對應的特殊學習結果（即具體目標）。一般目標的範圍較廣，所用的動詞較含糊，例如知道、了解、陶冶、培養、喜歡、認識等；具體目標範圍較小，所用的動詞較明確，例如寫出、背出、列出、指出、說出等。葛隆倫也認為對象、情境、標準三個要素都可省略，只寫出行為和學習結果就可以。這種陳述方式強調教學目標不能忽視情意領域目標和認知領域的高層次目標（黃政傑，1991；Eggen & Kauchak, 1997）。這種教學目標的寫法如下（黃政傑，1991）：

　　一般目標：1. 欣賞優秀的文學作品

　　具體目標：1-1 敘述優秀和不良文學作品的區別

　　　　　　　1-2 在自由閱讀時間內選讀優秀的文學作品

　　　　　　　1-3 說明為何喜愛某些優秀的文選

參　表意目標的敘寫

　　行為目標的敘寫方式引發教育學者的論戰，贊成者認為行為目標具有以下優點：教學目標具體化、教學重心在學生、教學過程有順序、教學成果容易評量等，然而也有許多學者是持否定的意見，所持的理由如下：1. 行為目標比較狹窄，會忽視重要和不可預期的學習成果；2. 過於瑣碎，不容易敘寫；3. 行為目標是側重結果而不是過程；4. 教學過程機械化等（孔企平，1999）。例如波漢（Popham, 1993）就提到他支持行為目標的敘寫，但他也認為行為目標的缺失在於具體化和細微化，這種作法會影響教師和學生的教學決定，因此他主張使用一種廣域、可測的目標（broad-scope, measurable objectives）。在反行為目標陣營中最著名的學者是艾斯納（E. W. Eisner），他提出表意目標（expressive objectives）的概念，主張

用三類目標：行爲目標、問題解決目標和表意目標來代替單一的行爲目標（Eisner, 1985）。

艾斯納認爲如果教學目標在使學生熟悉現有的文化工具（cultural tools），所指向的行爲方式是已知的，希望學生在學的某一時間內均共同發展出來，則可用行爲目標方式敘寫。解決問題目標是應用在教師提供一個問題讓學生進行解決，類似設計師或建築師的工作，這些人是自由的，其完成作品也是各式各樣的，所以這類目標較具變通性，未先明確界定目標（黃政傑，1991；Eisner, 1985）。表意目標係指學生經由設計好的學習活動，所產生的可能結果，這些結果不事先訂定，也無事先建立評鑑標準。其重點不在學生從事教育活動後應該展示的行爲結果，而在確立學生所經歷的情景，即重視學習過程的經驗。這種目標可以使教師和學生擺脫行爲目標的束縛，以便學生有機會去探索、發現他們自己特別感興趣的問題或課題（施良方，1999）。表意目標的寫法如下（黃政傑，1991）：

1. 解釋《失樂園》（*Paradise Lost*）的意義。
2. 檢視和評估《老人與海》（*The Old Man & The Sea*）的重要性。
3. 使用電線和木材，設計三度空間的形式。
4. 訪問動物園，討論其中的趣味。
5. 在一個星期裡讀完《紅與黑》，討論時列出對你印象最深刻的五件事情。
6. 選擇和學習彈奏一項樂器。

第二節 教學評量

本節所討論的評量主題不是只有如何行使考試和評分的技術，而是強調評量和教學的關係，探討評量如何對教師的教學和學生的學習產生相互的影響。根據一項研究發現教師平均花了 30% 的工作時間在評量的相關活動上，而且美國某些學校將學生學習的評量結果與教師的晉升和續聘綁在一起（Arends & Kilcher, 2010）。這就是所謂的「績效責任制度」，透過學生在標準化成就測驗上表現來決定學校辦學及教師教學的績效。考

試及評分的技術固然重要，但如何有效運用評量來改進教學與學習更是重要。此外，教師如何因應評量的新趨勢建立新的評量策略亦是本節所要探討的主題。

 壹　教學評量的意義與功能

一、教學評量的意義

　　教學評量（instructional assessment）或稱為「教學評鑑」（instructional evaluation），是教師用來測量學生在學習後表現的所有方法，大部分的評量偏重學業成就，對於情意和行為的部分則較不重視。學者對評量所下的定義如下：評量是運用科學方法和技術，蒐集有關學生學習行為及其成就的正確資料，再根據教學目標，就學生學習表現的情形，予以分析、研究和評斷的一系列工作（簡茂發，1999）；評量係指教師蒐集、綜合、解釋有關學生的各種資料，以協助教師進行各種「教」與「學」決定的歷程（李坤崇，2006）。若依據布魯姆等人（Bloom et al.）的分析，評量具有以下的性質：1. 是一種用以確定學生學習水準和教學有效性的證據的方法；2. 評量是確認學生達成教學目標程度的一種輔助手段；3. 評量是一種回饋—校正系統，在教學過程中判斷該過程是否有效（邱淵等譯，1989）。

二、教學評量的功能

　　依據教學的一般模式，教師要得知預期的教學目標是否達成、學生是否具備學習的起點行為或基本能力，就要透過教學評量活動，所以評量是教學過程中不可或缺的一部分，與教學是一體之兩面。簡茂發（1999）就認為教學評量具有下列四項功能：1. 診斷，即了解學生的潛能與學習成就；2. 調節，即了解學生學習的困難；3. 教學，即評估教師教學的效率；4. 增強，即獲悉學習進步的情形。後續有些學者補充了幾項功能，筆者綜合學者對評量功能的看法如下（余民寧，2012；郭生玉，1993；張文哲譯，2005）：

㈠對教師的回饋作用

教學評量對教師的回饋作用主要是使教師了解他們教學的有效性如何，作為改進教學方法的參考；其次是對學生學習情況的了解，了解學生在學習上的快慢，作為實施充實或補救教學的依據。另一項對教師的回饋作用是在教學之前了解學生的起點行為，便於規劃教學目標及教學活動。

㈡對學生的回饋作用

對學生而言，教學評量的功能在讓他知道自己努力的結果，協助學生了解自己的能力及學習上的優缺點。提供學生學習表現回饋資料，可讓學生察覺學習問題及進步情形，除可激發學生學習動機外，也可促使改變學習的方法與態度。

㈢提供家長及篩選的訊息

學校的評量及成績單上的等級，可以讓家長明瞭子女的學習情形。假如學生的成績正在退步，讓家長知道如何幫助子女回到正常狀態；假如學生的成績良好，則家長會給予增強。另一功能是評量可以提供篩選的訊息，學校會依據學生在評量上的表現，引導學生進入高中或高職就讀，最主要的篩選是發生在學生被錄取到不同的大學及是否有資格進入某種專業的檢定考試。

㈣評量可作為誘因

評量有一重要功能就是它可以激勵學生，使他們盡最大的努力。高的成績、獎品都是一種酬賞，學生有好的成績，可以進入好的大學就讀，也可以得到父母的獎賞。

 ## 教學評量的種類

教學評量有多種不同的分類，本小節依據兩項指標來探討教學評量的種類。第一種是依照教學前、教學中、教學後不同實施的時間點，可分為安置性評量、診斷性評量、形成性評量及總結性評量四類；依據評量結果

的解釋方式來分，可以分成常模參照評量及標準參照評量兩類，以下分別說明之（余民寧，2012；郭生玉，1993；Arends & Kilcher, 2010; Kubiszyn & Borich, 2007）：

一、安置性評量（placement assessment）

安置性評量或稱爲預備性評量（readiness assessment），爲教學前對學生所具有的起點行爲之評量，它關心的是學生在教學開始前所具有的一些知識、技能，依據評量結果教師要做以下的決定：決定是否先行複習舊教材內容、決定選擇何種適當的教材和教法、決定如何將學生分組或安排在特殊班級中學習。當然教學之前不一定都需要實施安置性評量，只有在教師對新接任班級學生的能力不熟悉時才實施。

二、診斷性評量（diagnostic assessment）

指在教學活動過程中對於學生持續性、反覆呈現的學習困難的原因的診斷，通常在教學中或教學後進行評量。目的在診斷學生的困難所在，並針對其困難，予以必要的補救教學。因此診斷性評量是一種更綜合性和精密性的評量，通常需要學科專家或特殊教育專家協助。教師亦可透過訪談、調查表、觀察等方式，了解學生的先備知識、興趣、錯誤概念等。

三、形成性評量（formative assessment）

形成性評量是指在教學活動進行過程中，隨時採用簡短的測驗，評量學生學習的進步情形，有學者認爲這類評量是教學過程而不是測驗，例如教師使用發問與學生討論。其目的在於提供教師和學生連續性的回饋資料，幫助教師修正教學策略，並且幫助學生了解學習成敗的原因，進而調整學習策略。形成性評量的範圍通常較小，內容僅限於教學的特定內容，故評量結果不必給等級，只告知學生的學習是精熟或非精熟。

四、總結性評量（summative assessment）

總結性評量是指在教學若干單元或課程結束後，對學生學習結果的評量，其目的是為了決定預期的教學目標被達到的程度，以及教學目標的適切性，也被用於證明學生對於預期學習成果的熟練程度。總結性評量的內容較廣、題數較多，評量後需要給學生成績或等第，所以其重點是評定學生學習成就，而不是如同形成性評量是在發現困難和改進教學。

五、常模參照評量（norm-referenced assessment）

根據解釋評量的參考點異同來分，可以分成常模參照評量和標準參照評量。常模參照評量是把學生的學習表現與某一特定的參照團體相比較，依其在團體中所占的相對位置來解釋評量結果。這種評量的目的即是在比較個人得分和他人得分的高低，以作為分班晉級、擇優錄取和取定等級之用。學校的期中考、期末考、基本能力測驗、標準化成就測驗，都是採用常模參照評量來解釋的評量方式。

六、標準參照評量（criterion-referenced assessment）

如果評量結果的解釋是以事前決定的標準作為依據，達到標準即為精熟，未達標準即未精熟，這種評量即稱為標準參照評量。其目的不在和別人比較，旨在找出學生已經學會和尚未學會的原因或困難所在，以作為改進教學及學習的參考。例如教師設定某份測驗的精熟標準為 80% 以上的答對率。有關於常模參照評量和標準參照評量的差異比較，請參閱表7-1。

 編制教學評量的流程

依照編制過程的標準化程度，評量可分為標準化成就測驗及教師自編成就測驗兩類。標準化成就測驗是依明確的試題取樣、施測程序、計分標準、分數解釋的常模、信度及效度原則等編制程序所編制的測驗，這類評量是由校外測驗機構的專家所編制，用於校際、地區或國際間的

表 7-1　常模參照評量與標準參照評量的比較

層面（dimension）	常模參照評量（NRT）	標準參照評量（CRT）
題目答對的平均學生人數	50%	80%
學生表現的比較	與其他學生表現相比較	與精熟標準相比較
題目取樣內容	廣泛，包含多項目標	狹窄，包含少數目標
題目取樣內容的完整性	較淺，通常每個目標僅包含一兩題	較完整，通常每個目標包含三題以上的試題
變異性	學生分數的變異性愈大愈好	因不與別人的分數比較，分數的變異性很小
試題編制	選擇的試題是用來增加分數的變異性，太難或太簡單的題目刪除不用	選擇的試題能反映效標行為，特別強調相關反應領域的辨認
成績報告與解釋	使用百分等級與標準分數	成功或失敗的數字或可以接受的表現範圍（例如達到90%的精熟）

取自 Kubiszyn & Borich（2007, p. 71）

比較（歐滄和，2002），例如國際學生評量計畫（Program for International Student Assessment, PISA）。教師自編成就測驗是教師依自己的教學目標與教學需要而自行編制的測驗，編制程序沒有經過標準的步驟，卻能滿足教師在教室情境中使用，例如隨堂考（quiz）、段考、月考等由教師自行命題的考試。教師自行命題的評量雖然費時耗力，但優點有：1. 符合教學目標；2. 教學與評量可以緊密結合；3. 試題品質比較穩定。教師最常使用坊間測驗卷作為平時考，雖然省時省力，但評量的試題不一定符合教學目標，而且試題品質良莠不齊。編制良好的評量是教師應具備的教學能力之一，以下即針對教師自行編制試題的步驟做一探討（余民寧，2012；李坤崇，2006；黃德祥等譯，2011；歐滄和，2002；Kubiszyn & Borich, 2007; Wright, 2008）：

一、確定測驗的目的

　　前文提到評量依教學時間先後可分為四種類型，教師會因測驗目的之不同，而使用不同的評量，例如安置性評量是要決定學生應以何種教學順

序為起點來學習；診斷性評量是要決定哪些目標是學生尚未習得且可能導致學生學習障礙的因素，其試題難度不必太高，但試題必須包含學生常犯的錯誤。教學上最常使用的評量還是以形成性評量及總結性評量居多，形成性評量的目的在判斷學生是否全心學習，教師所指定的學習活動是否有效，以及是否需要增刪學習活動，通常這類型的評量實施次數要多，但範圍要小，以此方式鼓勵學生積極學習。總結性評量是決定學生是否達成教學目標，並評定學業成就，故其試題必須反映教學目標，且試題難度的分布範圍較廣，考試範圍比較大。

二、確定所要測量的教學目標

教學評量必須能有效評量教學目標，教師若能詳細、具體、列舉教學目標，將更能提高測驗的有效性。以九年一貫課程為例，要培養學生十大基本能力，必須在教學上落實分段能力指標，將課程目標與教學內容妥善整合成具體目標，教師再依據具體目標來命題。例如教學目標為說出美國五十州的首府名稱，評量試題就要這樣出：寫出德州、紐約州、加州與羅德島的首府名稱。評量試題所敘述的學習結果與條件，必須與教學目標中所敘述的學習結果與條件相配合，這是建立評量的內容效度（content validity）的一項重要原則，教師要確定自己所編寫的教學目標是否可以測量。

三、建立雙向細目表

雙向細目表（table of specification）為編制評量的架構藍圖，它是以教學目標和教材內容為兩個軸，分別說明評量要測量認知領域的各個層次及要分配多少測驗題目，幫助教師掌握欲評量的教材重點，檢核欲測驗的能力向度分布是否恰當、試題的取材分布是否均勻。一般紙筆成就測驗較適於評量認知領域教學目標，所以橫軸部分依據認知歷程向度的記憶、了解、應用、分析、評鑑、創作等六個層次，將各單元適合命題的教學目標作一分類；縱軸部分則列出教材的內容，教師再寫出試題的題數及配分，其範例請參見表 7-2。

表 7-2　教學評量雙向細目表

教材＼試題＼目標	記憶	了解	應用	分析	評鑑	創作	合計
活動一：水中生物的生長環境（4 節課） 是非題	8(4)						8
選擇題							0
填充題							0
配合題		12(6)					12
做做看							0
簡答題							0
小計							20
活動二：水中生物怎麼生活（3 節課） 是非題	4(2)						4
選擇題		4(2)					4
填充題	4(2)						4
配合題							0
做做看							0
簡答題				3(1)			3
小計							15
活動三：水中生物的生長模樣（3 節課） 是非題							0
選擇題							0
填充題	5(5)	2(2)					7
配合題	6(6)	3(3)					9
做做看							0
簡答題							0
小計							16
合計（占分） 是非題	14						14
選擇題	2	4					6
填充題	19	2					21
配合題	6	15					21
做做看			22			4	26
簡答題		9		3			12
小計	41	30	22	3	0	4	100

節錄自李坤崇（2006，頁 68-69）：（　）中的數字為題數

四、選用適當題型

測驗題型分為客觀測驗題及論文題兩類，前者包含選擇題、是非題、配合題、填充題，後者包含簡答題、申論題（extended response type）、限制反應題（問答題）（restricted response type）。由於這兩類試題所發揮的評量功能不同，教師宜在編擬試題之前，就確立何種類型試題最能測量教學所要達成的目標。

五、依據命題原則編擬試題

在實際進行試題的編制時，除了必須依據雙向細目表的規劃，針對特定的內容和教學目標來命題之外，還需充分了解各類型試題的優缺點和命題原則，根據自己的學科知識和教學經驗，以靈活生動的創造力來撰寫試題，才能編擬出高品質的試題。一般而言，無論編擬何種類型的試題，均需考慮下列幾項共同的命題原則：

㈠試題的取材應該均勻分配，且具有教材內容的代表性。

㈡試題的敘述應該力求簡明扼要，題意明確。

㈢各個試題宜彼此獨立，互不牽涉，並避免含有暗示答案的線索。

㈣試題宜有公認的正確答案或相對較佳的答案。

㈤試題的敘述宜重新組織，避免直接抄錄課本或習作。

㈥注意試題公平性原則，例如試題中的訊息不宜是某些群體（種族、性別、居住地區、省籍）所特別熟悉或是比較陌生的，以免造成測驗上的不公平。

㈦涉及政治議題時，要注意避免涉及人身攻擊。

㈧使用書商的題庫光碟命題要加以潤飾修改，以免造成試題的外洩。

六、審題與修題

試題初稿編制完成後，接著要進行試題的審查及修改。審查方式分為邏輯審查及實證審查兩種，邏輯審查又可稱作「形式審查」或「質性審查」，旨在閱評試題與教學目標間的關聯性。實證審查又可稱作「客觀審

查」，旨在評閱學生的反應組型是否符合所期望的數據。邏輯審查所關心的重點有以下幾項：1.能否適當區分高成就與低成就？2.能否適當測量教學的結果？3.試題是否與教學的呈現方式相一致？4.題目的難度是否適當？5.題目是否沒有缺點？可以採用試題共審模式進行審題，首先教師組成命題團隊（3-4人），由一人負責擬定架構，例如聽讀寫比例、題型、命題重點、主題分配等，組員命題後考前一週共同審題，以挑出錯誤題、不適當題目為優先，但要互相約束不能洩題。

七、預試與進行試題分析

通常教師自編成就測驗可以跳過此步驟，直接進入排版印刷，但標準化成就測驗就必須經過嚴謹的試題分析才能使用。實證審查方式即透過預試後進行試題分析，以確保試題具有良好的品質。試題分析主要是考慮試題的兩項基本特徵指標：難度指標（difficulty index）、鑑別度指標（discrimination index），試題難度指標（item-difficulty index）是以每個題目答對的人數百分比來定義，故愈容易的試題答對人數愈多，難度值愈大，難度公式為 $P = R/N$。試題鑑別度指標的公式為 $D = P_H$（高分組答對百分比）$-$ P_L（低分組答對百分比），高、低分組占總人數比介於 25-35%，一般取27%。當難度與鑑別度分析同時進行，難度的算法如下：$P= (P_H + P_L)/2$。一般選用難度在 50% 左右，而鑑別度 .40 以上的試題。選擇題的部分還要進行誘答力分析，分析選項的有效性，只要依高低分兩組在各選項選答次數加以判斷即可，判斷的標準是每個不正確的選項，至少有一個低分組的受試者選它，且低分組比高分組更多人選擇不正確的答案。難度、鑑別度數值不佳的試題則予以刪除或修改，從誘答力分析所得到的不佳選項也要予以修改。

標準化成就測驗除作試題分析外，還要算出整體測驗的信度係數、效度係數，而教師自編成就測驗因依據雙向細目表來命題，具有內容效度的要求，故不必算出信度及效度。

八、編輯評量試題

　　初稿經過審查修題後，即由負責人彙整編輯及排版。試題編排有兩種方式：1. 依據試題類型來排列，通常是簡單容易的類型在前，複雜困難的類型在後，是非題、選擇題一般均放在最前面，其後為填充題和簡答題，最後為申論題。2. 依據試題難易度來排列，試題應由易而難排列，以增強作答信心，避免浪費時間在前面較困難試題。在編排試題時，宜注意以下原則：

　　㈠將同類型的試題編排在一起，和其他不同題型分開，避免不同類型交錯造成學生作答困擾。

　　㈡一個試題不應被分割成兩頁。

　　㈢試題應明確標號，尤其是學生必須將答案填寫於另一張答案紙，或考卷其他特殊的地方時。

　　㈣版面安排應易於評分與計算成績，避免造成計分困擾。

　　㈤直排或橫排應統一，所有測驗試題的排版方向要統一，各層級字體、大小亦要一致。

　　㈥計算題、申論題應留足夠的空間作答。

　　教師排妥試題的先後順序後，可在測驗卷上載明施測指導說明，稱之為測驗指導語。測驗指導語分為整體指導語及個別試題類型指導語，整體指導語應包括下列項目：1. 試卷共幾張幾面？是否繳回？2. 答案寫在哪裡？3. 試卷包括幾大題？4. 配分、總分為何？5. 如何作答？是否倒扣？6. 以何種筆、何種顏色作答？7. 試卷、答案紙是否可打草稿？8. 其他，如作答時間多寡、作文必須寫在作文答案卷上否則不計分。個別試題類型指導語，係補充說明整體指導語之不足，至少應包括下列幾項：1. 題數；2. 配分；3. 總分。例如選擇題共44題，第1-14題，每題1分；第15-30題，每題2分；第31-44題，每題3分；共88分。評量編制完成後，接下來就要開始實測及評分，評分後再發回給學生，共同訂正試題。

肆　多元評量

　　傳統評量以紙筆測驗為主，這種評量方式有諸多的限制，例如教師多半傾向使用具有標準答案、計分方便且具公平客觀的測驗方式進行評量，學生必須根據書本或教師所教的答案去回答試題，作答容易僵硬化。紙筆測驗通常僅能評量到較低層次的認知能力目標（記憶、理解），對於較高層次的認知能力目標（如分析、綜合、應用、評鑑）則比較無法評量。另一限制是過分重視考試和分數，因而被批評為考試領導教學，且會對學生的個性和創造力造成壓抑。因此教學評量的新趨勢主張多元評量，強調評量要與實際生活相結合，教師要以多樣化的評量方式來評量學生多方面的表現。所謂多元評量即是評量的多元化，其特色為重視高層次能力的評量、強調使用真實的問題、使用多向度分數、重視歷程勝於結果等（歐滄和，2002；Woolfolk, 2013）。以下僅以多元評量的策略、真實性評量及檔案評量三部分詳加探討。

一、多元評量的策略

　　新式的評量方法有：實作評量、檔案評量、動態評量、情意評量等，實作評量的方式包含科學實驗、數學解題、寫作、口頭報告、戲劇演出等；而動態評量則以小老師、家教式輔導、補救教學等方式進行，補傳統評量之不足；檔案評量則是對學生長期的表現建立檔案及評量。茲以多元智慧理論為例，說明為達到認知、情意、技能等目標的評量方式（李平譯，1997；郭俊賢、陳淑惠譯，2000）：

　　㈠口頭發表：培養語言表達、經驗分享的能力。
　　㈡角色扮演：內化同理心，建立人際良好互動。
　　㈢實驗操作：建立即知即行的觀念與空間邏輯推理的技巧。
　　㈣檔案紀錄：訓練歸納統整與自省的操守。
　　㈤攝影拍照：欣賞自然，孕育藝術真、善、美的情懷。
　　㈥活動學習單：開放性設計，安排學生由做中學的機會。
　　㈦過關遊戲：寓教於樂，在遊戲中促進人際關係交流。

㈧ 參觀報告：結合戶外教學，走出戶外，拓展知識領域。

㈨ 剪貼心得：蒐集資料，奠定未來性向發展基礎。

㈩ 紙筆測驗：發現問題癥結，及時進行補救教學。

二、真實性評量

主張評量方式必須改革的學者認為傳統的測量理論可以有效地預測學業成就，卻無法有效地測量人類真實能力。又因過度倚賴各種成就測驗常導致課程窄化，且易流於基本技能與片面瑣碎事實的學習，忽視複雜思考和問題解決能力。以我國各級升學考試為例，教師教學常被考試所牽制，造成考試領導教學（measurement-driven instruction）或者評量領導課程發展（assessment-led curriculum development）的結果，常使教學僅流於機械記憶與練習低認知層次的學習。因此近來評量學者提出變通性評量（alternative assessments）的概念，以替代紙筆式測驗（莊明貞，1998）。

㈠ 真實性評量的意義

真實性評量（authentic assessment）是替代性評量（alternative assessment）的另一發展形式，有人稱實作評量（performance assessment）、整體性評量（holistic assessment）、結果本位的評量（outcome-based assessment）。當一個評量使學生進入一個具有重要意義的任務中，這個評量就是真實的，這樣的評量看起來像是學習活動，而不是傳統的測驗，這種評量要求運用更高級的思維能力和綜合多學科的知識（Hart, 1994）。也就是說真實性評量容許教師在學生並未意識到是在被測驗的情境中，觀察到學生的成就、心理運作、工作的方法等，這些學生在實際生活中的表現是以傳統的紙筆測驗無法測量到的（黃德祥等，2011）。所以真實性評量所強調的是學生要具有知識和技能來解決真實生活的問題，因此教師在設計評量情境時要盡可能與學生實際生活經驗相符合。

㈡ 真實性評量的實施方式

真實性評量所使用的方式有以下幾項：書寫測驗、問題解決、實驗操作、展示、表演、作品集、教師觀察、檢核表、問卷、軼事記錄法、日記

式記錄法、訪談法、拍照法、錄音法、錄影法，以及團體合作計畫等，藉著一連串多元化的資料蒐集，以對每一位學生有「全面性」的認識，並作為提供「全人教育」的參考基準（林惠娟，1999；莊明貞，1997）。其中真實性評量最常使用的是技能方面的評量，例如開車、彈奏樂器、體育活動、打字等，而檔案評量亦屬真實性評量的一種，在下節將詳細說明此種評量方式。

真實評量可以用紙筆測驗的方式來實施，教師可以設計要求學生完成與真實世界相關的測驗，像是寫一篇具說服力的書信或是發展房屋的建築計畫；亦可納入教學活動中，例如大聲朗讀、設定程式、口頭報告、解答數學題、評論一份社論的邏輯、做出圖表等。教師可以要求九年級學生進行一項口述歷史的研究計畫，去訪談相關人士後至教室作口頭報告（周甘逢、劉冠麟，2003；張文哲譯，2005）。

(三)真實評量的實施步驟

有關真實評量的實施步驟可分為四個步驟說明（涂金堂，2009；Kubiszyn & Borich, 2007）：

步驟1：決定評量的目標

發展真實評量的第一個步驟是建立一系列的教學目標，從認知、技能和情意領域中，設計出適合發展出真實評量的表現目標。認知領域的表現目標可以這樣設計：根據記憶畫出一幅北美洲地圖，並標示出十個城市；設計一個展示會，說明清除油漬的好方法。在情意及社交領域的表現目標可以這樣設計：誠實、客觀地、不偏不倚地檢視資料；知道問題的解決方式往往有一個以上。教師要掌握一個原則，真實評量的設計是要評量在傳統的紙筆測驗中被忽略的技能和心理習慣（habits of mind）。

步驟2：設計評量情境（assessment context）

此步驟的目的在規劃一項任務、模擬或情境，讓學生可以展示他們習得的知識、技能和態度。教師可從報章雜誌、暢銷書或媒體對專業人士的訪談報導中得到靈感。任務可以是辯論會、模擬法庭、向市議會作口頭報告、歷史事件的再議、科學實驗、工作職責等，無論是何種情境，都必須

給學生帶來挑戰。例如李老師上數學課「認識統計圖表」這個單元時，要求學生進行實際的調查，並將調查的資料，轉換成不同的統計圖表，將結果以圖表呈現後，再向全班做口頭報告。

　　步驟3：訂出評分規準（scoring rubrics）

　　一般而言，評分規準要包含四項內容：產品、複雜的認知過程、可觀察的表現、態度和社會技能。所用的評分方式有三種：檢核表、等級量表、整體評分（holistic scoring），也可將這三種分數綜合起來，以達到完全的評量。教師可以準備一個評分模式，明確說明各等級應有的表現品質及符合標準的程度，不同等級之間要有區別性；此外，在真實評量的計分方面，總分不一定必須是 100 分。

　　步驟4：訂出評量的限制

　　最常見的評量限制有以下幾項：時間期限、學生可否查閱參考資料、可否請他人協助、使用何種設備、是否告知學生評分標準等。有必要在實施評量之前，先對學生說明相關的限制。

三、檔案評量

　　「檔案」（portfolio）並非嶄新的概念，最早源自於藝術家之作品集，經由個人成果表現的蒐集，可以了解自己的成長歷程，進而提升個人的技巧與成就。將此概念應用在教師則稱之為教學檔案，應用到學生則稱之為學習檔案。學習檔案是有目的之蒐集和保存學生在某個學習領域的作品（works），以此呈現學生在學習上的努力、進步和成就的情形（周新富，2009）。

㈠學習檔案的類型

學習檔案依其性質的差異，可分為四種類型（周新富，2009）：

1. 過程檔案

過程檔案又稱工作檔案（working portfolio），要求學生蒐集某段期間內的計畫、大綱、未完全成熟的作品及最後成功的作品等。

係依據教學目標蒐集學生某段期間內一切的作品，並定期根據檔案目

的和選擇標準，從中挑選具有代表性的樣本整理成紀錄檔案、評鑑檔案或展示檔案。進行檔案與教學密切配合，是學習診斷的重要策略，可協助教師了解學生學習上的優點和弱點，以利計畫後續的課程與教學。

2. 成果檔案

成果檔案或稱作品檔案、展示檔案（showcase portfolios），要求學生從其蒐集的作品中挑選出自己最好、最滿意或最喜愛的作品，作為精熟學習的證明。此種檔案常應用在親師懇談會、學校和班級期末學習成果展上，主要目的在分享學生的學習成就。

3. 評量檔案（evaluation portfolios）

教師依照教學目標與教學內容來設計評量的標準、程序，要求學生根據規定的內容選擇或準備作品而做成的檔案，教師再針對學生的檔案進行評量。

4. 生涯檔案

要求學生蒐集所參加之各項比賽獎狀、表現獎勵、投稿稿件等，藉此檢視學習生涯中的表現情形，這類檔案可作為未來升學、求職的表現證據。

㈡ 檔案評量的意義

對學習檔案有了初步認識後，接著對檔案評量的意義作一說明。檔案評量（portfolio assessment）是一種蒐集學生的表現或作品的評量方式，要求學生彙整一系列的表現或作品來展現其能力或進步情形。這種評量方式具有以下的特質：1. 學生參與性高，因教學與評量是相互結合。2. 評分的多元化，可由自己、教師、家長、同學進行評分，藉此訓練學生自我省思。3. 可長時間、連續的觀察學生的努力、進步及成就（王財印等，2012）。

㈢ 檔案評量的執行過程

以下扼要地將檔案評量的執行過程作一敘述（張麗麗，2002）：1. 建立工作檔案；2. 蒐集與儲存工作檔案資料；3. 向家長介紹檔案評量；4. 訓練學生作自我省思；5. 設計及製作檔案夾；6. 與學生一起訂定檔案管理制

度（例如選擇內容的標準、件數、省思多久作一次、如何評分等）；7. 進行檔案作品選取；8. 作品自我省思（每件作品應附上省思，說明選取原因）；9. 整理與組織檔案；10. 蒐集他人提供的省思；11. 教師檢視檔案，評分及與學生進行對話（一學期進行一至二次）；12. 定期與家長就檔案內容討論學生成長情形。其中訓練學生做自我省思是檔案評量中最重要的一部分，教師可以「問題式的省思」引導學生省思，其問題如下：這件作品哪裡寫得最好？對這件作品你希望改變什麼？哪一篇寫得最有趣？為什麼？當寫作遭到困難時你如何處理？你注意到你有哪些進步？

㈣ 檔案評量的範例

以下僅以作文及化學為例，說明檔案評量所要蒐集的作品。

1. 小作家檔案

小作家檔案目的在使學生擁有自己的作品，以培養學生寫作的興趣及成就感，從工作檔案的蒐集中，學生將選擇一些樣本放進他們的寫作檔案裡，放進展示用檔案裡的作品要注意的事項：(1) 一張內容清單或目錄，詳述檔案的內容；(2) 多篇作品；(3) 不同種類的寫作；(4) 不同時間作品（長時間蒐集）；(5) 每件作品註明時間；(6) 呈現成長的作品；(7) 信或敘述，說明目的或檔案型態；(8) 選擇的理由；(9) 學生參與選擇的作品；(10) 學生對部分或全部的作品的省思。最後的展示檔案中共包含九項內容：(1) 我的最佳作品；(2) 一件未完成的作品；(3) 早期的一件作品；(4) 晚期的一件作品；(5) 兩件最喜歡的作品；(6) 一件我最想撕掉的作品；(7) 作品自我省思；(8) 同學意見；(9) 父母感言（張麗麗，2002）。

2. 中學化學成長檔案

姜建文（2009）以國中三年級學生為對象，建立學生化學科的成長檔案，其主題為氧氣與我們的地球。檔案包含以下的內容：(1) 蠟燭燃燒的實驗方案設計；(2) 蠟燭燃燒的實驗觀察記錄；(3) 實驗設計：鐵釘鏽蝕條件的探究；(4) 調查報告：某居民社區生活用水的調查；(5) 資料綜述：二氧化碳的是非功過；(6) 觀測記錄：本地 3-6 月分降雨的 pH 值資料記錄；(7) 小組編寫小報：愛護我們的地球；(8) 社區防火情況調查計畫；(9) 實驗報

告：空氣中二氧化碳濃度的測定；(10) 蒐集的資料：微量元素與人體健康；
(11) 小組同學的評價；(12) 成長記錄袋的反省與感想。

自我練習 ⋯⋯⋯⋯⋯⋯⋯⋯⋯⋯

一、選擇題

（　　） 1. 我們寫課程計畫，在敘寫行為目標時，一定要包含下列哪一要素？
(A) 對象　(B) 情境　(C) 標準　(D) 結果

（　　） 2. 教師在敘寫行為目標時，下列哪一目標較合乎敘寫的原則？　(A)
能說明如何遵守交通規則　(B) 能知道衛生習慣的重要性　(C) 能
了解互助與友愛的重要性　(D) 能認識自己與社會中他人的關係

（　　） 3. 敘寫行為目標教學時所強調的要素，下列何者為非？　(A) 教學的
主體─教師　(B) 具體的行為─描述說寫讀做等之具體行為　(C)
學習後的結果─學習之後所獲致的具體行為改變　(D) 標準─用以
評量達成目標或成功的具體標準

（　　） 4. 行為目標的敘寫，要能成為教學評量的依據，下列有關行為目標的
敘寫方式，何者有誤？　(A) 行為目標的敘寫必須是學習的結果，
而非學習的活動　(B) 行為目標的敘寫必須是教師導向，而非學生
導向　(C) 行為目標的敘寫必須是清楚可觀察的　(D) 行為目標的
敘寫必須只包含一個學習結果

（　　） 5. 有關行為目標的敘寫原則，以下哪三項最符敘寫原則？甲：包含教
師活動或教材內容；乙：每一行為目標只配合一種學習成果；丙：
強調學習歷程完成後，學生所應該表現的行為；丁：包含行為主
體、行為本身、行為情境、行為結果、行為標準　(A) 乙丙丁　(B)
甲丙丁　(C) 甲乙丁　(D) 甲乙丙

（　　） 6. 何者屬於行為目標的敘寫方式？　(A) 能拼出本課所有英文單字
(B) 鍛鍊強健的體魄　(C) 養成勤勞習慣，陶冶職業興趣　(D) 培養
五育均衡的健全國民

（　　） 7. 「學生能背出五個『英文單字』」，此一行為目標中的「英文單
字」，是屬於行為目標構成要素中的哪一項？　(A) 實際行為　(B)
有關條件　(C) 標準　(D) 結果

（　　） 8. 「能利用字典在 10 分鐘內查出本課所有的生詞詞意」，其中「利用
字典」屬於哪一項行為目標敘寫要素？　(A) 標準　(B) 行為　(C)

條件　(D) 結果

(　) 9. 有一行為目標為「學生在地球儀上，指出北美洲五大湖中三個湖的位置」。「湖的位置」屬於行為目標中的哪一個要素？　(A) 條件　(B) 標準　(C) 結果　(D) 行為

(　) 10. 張老師常帶領學生到附近的歷史博物館參觀。他認為學生雖未抱特定的目標前往觀賞，但參觀後常能引發學生的多元收穫和心得。張老師所強調的是下列哪一種目標？　(A) 行為目標　(B) 表意目標　(C) 具體目標　(D) 問題解決目標

(　) 11. 李老師引導學生閱讀《小王子》一書時，期待他們閱讀後可以描述三件自己印象最深刻的事情及個人的感受，並說明原因。此屬於下列何種目標？　(A) 行為目標　(B) 表意目標　(C) 認知目標　(D) 技能目標

(　) 12. 謝老師在設計課程時，安排學生到社教機構參觀，不過，她並沒有為此等活動撰寫特定的教學目標，而是期望學生在參觀後，可以自行引發多元的感受和心得。謝老師所設計的課程，係為預定達成下列哪一種目標？　(A) 表意目標　(B) 行為目標　(C) 行動目標　(D) 體驗目標

(　) 13. 下列何者是「表意目標」？　(A) 能在 20 秒以內跑完 100 公尺　(B) 能計算出 5 打鉛筆的數量　(C) 能利用回收的寶特瓶進行藝術創作　(D) 能說出「表意目標」的意義

(　) 14. 艾斯納（E. W. Eisner）曾在 1969 年針對行為目標的缺點，提出表意目標（expressive objectives）的概念。請問下列哪一個敘述屬於表意目標？　(A) 能應用組織結構的知識閱讀　(B) 能辨認平面圖形上的線對稱關係　(C) 能舉例說明影響自我角色扮演的五個因素　(D) 檢視與評估《老人與海》一書的重要性

(　) 15. 關於艾斯納（E. Eisner）倡議之表意目標（expressive objectives）的敘述，下列何者正確？　(A) 精確描述問題的情境　(B) 強調以操作性的動詞來界定　(C) 不詳述學生具體的學習結果　(D) 重視程序並詳述所應表現的行為

(　) 16. 下列何者是教師編制測驗的第一個步驟？　(A) 建立測驗的題庫

（B) 確定測驗的目的　　(C) 選擇測驗的題型　　(D) 設計雙向細目表

( ) 17. 下列關於評量的敘述，何者正確？　　(A) 替代性評量（alternative assessment）是一種標準化測驗（standardized test）　　(B) 實作評量（performance assessment）即真實性評量（authentic assessment）　　(C) 標準化測驗是一種真實性評量　　(D) 真實性評量屬於替代性評量

( ) 18. 以下有關行為目標的敘述，何者有誤？　　(A) 行為目標適於表達高層次的複雜學習行為　　(B) 行為目標的陳述方式有助於清晰準確的溝通　　(C) 行為目標容易造成只注意部分而忽略整體的問題　　(D) 行為目標是把教學目標透過可以被觀察到的行為來表示

( ) 19. 下列哪一個動詞的運用，最符合行為目標的敘寫方式？　　(A) 知道　　(B) 理解　　(C) 列出　　(D) 欣賞

( ) 20. 王老師採取行為目標導向來設計課程，下列何者最適合此一課程設計？　　(A) 創造力　　(B) 具體行為　　(C) 情意表達　　(D) 批判思考能力

( ) 21. 依行為目標的撰寫要求來看，「學習者能回答出一半的正確答案」，此一目標缺了以下哪一要素？　　(A) 成功標準　　(B) 學習對象　　(C) 表現行為　　(D) 特定情境

( ) 22. 下列何者較符合形成性評量的性質？　　(A) 教師上數學課前，先讓學生做個小測驗，了解學生的程度　　(B) 教師上了兩星期的數學後，進行考試以作為分組教學的依據　　(C) 教師上了一學期的數學後，進行測驗以檢視學生的學習成就　　(D) 教師在講解兩遍數學解題方式後，進行小測驗，了解學生的學習情形

( ) 23. 下列何者不屬於常模參照測驗的結果解釋？　　(A) 玟郁英文測驗的百分等級為 80　　(B) 曉蓉是今年校運會 100 公尺短跑的冠軍　　(C) 家慶能正確寫出週期表每個元素的名稱　　(D) 國恩的化學期末考成績是班上的第 10 名

( ) 24. 教師對新班級學生的學習能力不熟悉時，可採取下列哪一種評量？　　(A) 形成性評量　　(B) 總結性評量　　(C) 階段性評量　　(D) 安置性評量

（　）25. 教師進行試題分析時，在 50 名高分組中，有 40 名答對第一題；而在 50 名低分組中，則有 20 名答對第一題。請問第一題的難度是多少？　(A)0.2　(B)0.4　(C)0.6　(D)1.2

（　）26. 下列有關評量之敘述何者正確？　(A) 動態評量主要以行為主義為理論基礎　(B) 檔案評量可用來檢視學生的學習進步情形　(C) 常模參照評量的通過標準通常是事先設定的　(D) 效標參照評量的主要目的在於了解學生的個別差異

（　）27. 下列何者最足以提高評量工具的信度？　(A) 降低試題難度　(B) 延長施測時間　(C) 增加同質的複本試題數量　(D) 找程度相當的受試者接受施測

（　）28. 有關測驗分數的解釋，下列何者最適用於效標參照測驗？　(A) 興趣量表　(B) 高中性向測驗　(C) 全民英檢測驗　(D) 標準化智力測驗

（　）29. 下列何者最能提升選擇題選項的誘答力？　(A) 誘答選項的措詞要簡單　(B) 正確選項的字數要較多　(C) 各選項的內容儘量不一樣　(D) 使用學生常有的錯誤觀念

（　）30. 根據雙向細目表命題，主要在確認試題的何種效度？　(A) 表面效度　(B) 關聯效度　(C) 預測效度　(D) 內容效度

參考答案

1.(D)　2.(A)　3.(A)　4.(B)　5.(A)　6.(A)　7.(D)　8.(C)　9.(C)　10.(B)
11.(B)　12.(A)　13.(C)　14.(D)　15.(C)　16.(B)　17.(D)　18.(A)　19.(B)　20.(B)
21.(D)　22.(D)　23.(C)　24.(D)　25.(C)　26.(B)　27.(C)　28.(C)　29.(D)　30.(D)

二、問答題

1. 何謂行為目標？完整的行為目標包含哪些要素？

2. 簡述教學評量的內涵及主要功能。

3. 王老師在用紙筆測驗的方式舉行期末考，改完考卷、算好成績之後，可以應用這項測驗結果使教學發揮什麼作用？試簡述之。

4. 請列舉教學評量設計時應考慮的基本原則（至少五項）。

5. 教學過程中各階段均有應用評量的機會。請針對教學前、教學中、教學後可以實施的評量，各寫出一種評量並舉例說明之。

6.試列舉檔案評量的優點五項及其可能的限制三項。

7.試列舉動態評量、課程本位評量、檔案評量等三種評量方式的定義、優點與限制。

8.國民中小學課程綱要及普通高級中學課程綱要指出教師應採用適當而多樣的評量方法，請你就此舉例說明多元化評量的五種方法。

9.王老師在某數學單元教學後，想運用真實評量來評量學生計算的應用能力。請從情境、活動流程和評分標準三個層面，舉例說明王老師可以如何設計。

10.說明教師可以如何運用檔案評量的結果，寫出五項。

11.請指出「檔案評量」的四項特色，並簡要說明。

12.信義國小李老師負責全縣國小作文比賽的評分業務。為了提升此次評分的信、效度，請協助李老師規劃：

　(1) 提升效度的一項作法，並說明理由。

　(2) 提升信度的一項作法，並說明理由。

第八章

發問技巧

　　發問（questioning）又稱爲提問（probing），是教學過程中不可或缺的教學策略。發問最早源自古希臘哲學家蘇格拉底所運用的問答教學法，教師透過這種方法，可將學生的知識引導出來，如同助產士在接生時一樣，所以又稱爲產婆術、產婆式教學法或詰問式教學法（伍振鷟、林逢祺、黃坤錦、蘇永明，2010）。巴西當代教育學者弗雷勒（Paulo Freire）提出以問題化爲中心的「對話教學」及「提問教學」，鼓勵學習者能主動探索，進而對挑戰做出回應（周新富，2013）。傳統式的教學相當依賴教師的講述及發問，教師藉由發問引發學生的討論，對學生思考能力的提升產生很大的影響。二十世紀 70 年代對發問的研究相當興盛，其採用的方法爲觀察研究，焦點集中在教師發問的方式和問題類型兩方面，這些研究得到兩項重要的發現：強調事實性問題對提升年級較低兒童的成績特別有用、強調高層次的認知問題對培養學生的獨立思考極爲有效（Arends, 2009）。適當的發問是一項複雜的技術，教師在課堂中要問哪些問題？用怎樣的方式發問？在提出問題時要注意哪些事項？學生回答問題後要如何處理？這些問題將在本文中分別探討。

第一節　發問的功能

　　在教學的過程中，發問是教學的主要活動，有效的教學過程中，發問通常占用一節課最多的時間。因爲從一開始的複習先前教材開始就要使用發問，當教師進入新教材的教學時，發問可讓學生練習所學到的知識，教師可以檢查學生的理解情形，以決定哪部分的教材要再教一次；課程結束後的複習也是以發問來進行。發問是檢查學生對教材的熟悉程度的最佳方式之一（Muijs & Reynolds, 2005）。

　　張玉成（1991）就相關文獻，歸納出發問具有以下幾項功能：

一、引起學習動機

　　教師在課堂上提出問題，可使學生集中注意力，導引學習心智，激發探討興趣。

二、幫助學生學習

發問具有提示重點，組織教材內容，幫助了解及促進記憶的功能。

三、提供學生參與討論、發表意見的機會

對學生組織發表能力的發展有幫助。

四、評鑑功能

一方面可藉以了解學生學習成就，另一方面可以分析其弱點或學習障礙所在，以為補救教學實施的依據。

五、引起回饋作用

教師透過學生對問題的反應或回答，幫助自我檢討教學成效，以供改進的參考。

六、啟發學生思考

引導學生思考方向，擴大思考廣度，提高思考層次。

第二節　問題的類型與編擬

為了在課堂上提出好的問題，教師必須在課前要有所準備，教師所提的問題要能兼顧認知領域的各個層面，因此必須對不同問題類型的編擬原則有所認識。本節即針對問題的類型與編擬做一說明。

 ## 問題的類型

學者對於發問問題的分類有幾種分法，最簡單的是分為閉鎖式和開放式問題，桑達士（Sanders）則細分為記憶性、轉譯性、解釋性、應用性、分析性、綜合性及評鑑性七類問題；葛拉格和亞斯納（Gallagher &

Aschner）分爲認知記憶性、聚斂性、擴散性及評鑑性問題四類（張玉成，1991）。筆者歸納上述學者的分類，將問題的類型分爲聚斂性、擴散性、評鑑性問題三類外，再加上省思性問題，共分爲四類，以下分別介紹此四類問題的性質（張玉成，1991；Orlich, Harder, Callahan, Trevisan, Brown, & Miller, 2013）：

一、聚斂性問題（convergent questions）

這類問題包含認知記憶性問題和推理性問題，是鼓勵學生聚焦在某一主題來回答。認知記憶性問題是學生回答問題時，學生只需對事實或其他事項作回憶性的重述；而推理性問題則需對所接受或所記憶的資料，從事分析及統整的歷程，而得到預期的結果或答案。通常回應的內容比較簡短，著重在較低層次的認知領域，即偏重記憶和理解。這種問題學生回答的時間比較短，可以讓較多同學參與，通常教師中心的教學、直接教學，所問的問題多屬此類。例如：長方形與正方形有什麼異同？《馬關條約》的內容是什麼？

二、擴散性問題（divergent questions）

擴散性問題也可稱爲創造性問題，學生回答問題時，需將要素、概念等重新組合，或採新奇、獨特觀點作出異乎尋常的反應，此類問題並無單一性質的標準答案。當使用擴散問題進行發問時，學生回答的時間會比較長，而且這類問題沒有對或錯的標準答案。教師問完問題後可以找 3-4 位學生回答，可以接受不同的答案。爲鼓勵學生提出具有創意的答案，教師需要適度增強學生的反應行爲。由於這類的問題比較難形成，所以教師在上課前先要寫下問題，檢視問題是否明確。以下爲這類問題的舉例：假如沒有電腦和網路，學校會變成什麼樣子？要營造永續環境有哪些有效的作法？

三、評鑑性問題（evaluative questions）

　　評鑑性問題或稱為批判性問題，回答問題時，學生需先設定標準或價值觀念，據以對事物從事評斷或選擇。通常這類問題是以擴散性問題為基礎，但增加評鑑的因素，與擴散性問題的差異在評鑑性問題有一套評鑑規準為依據。例如某一件事情是好的或壞的？為什麼？教師問完一個問題後，學生接著回答，教師再追問為什麼，要學生說出理由。教師的角色主要在協助學生發展建立評鑑規準的邏輯基礎。例如教師問：為什麼全球暖化是一項重要的問題？學生的發言內容不是很一致，因為這種問題也是沒有標準答案。有些評鑑性問題可以發展出小組討論的活動，經由討論建立一套評鑑規準。

四、省思性問題（reflective questions）

　　省思性問題是最近發展出來的新型式問題，與擴散性、評鑑性問題相類似，但不是問學生「是什麼」或「為什麼」的問題，而是在協助學生發展高層次的思考，例如引發動機、做推論、推測原因、思考影響性和思考結果。教師試著鼓勵學生去思考某些事物隱含的意義或尋找可能的結果，這種引導思考的過程或可稱為批判性或分析性的思考。例如：「昭昭天命」（Manifest Destiny）在二十一世紀有什麼啟示？個人電腦對我們學校的課程有何影響？如果代數列為八年級必修課程，你認為會發生什麼問題？在建築國內的高速公路系統時，美國政府做了什麼假設？省思性問題較前幾類問題更需要事先規劃，教師要先寫下與教材有關的問題，於適當時機提問；也可將學生分成小組，經討論寫出省思性問題的答案，學生不僅可以相互合作，也可促進思考能力。

 貳　如何編擬問題

一、編擬問題的原則

　　通常在教學時所想到的問題大都屬低認知層級的問題，想要在發問的

過程之中進行得很順暢，而且能提出高認知層級的問題來引導學生思考，教師務必要在做教學計畫時就要著手編擬問題，以下僅就編擬問題的原則做一說明（李春芳，1988；郝永崴等，2007）：

㈠問題要符合教學目標

發問的目的是要刺激學生動腦思考，進而協助學生達成課程的目標。教師在編擬教學計畫時，就要開始設計所要發問的問題，最簡單的方式是依據每一單元的教學目標來構思問題，每一項目標至少可以寫出一個問題。

㈡問題必須事先設計，且兼顧各類問題

問題的編擬應依據上述四種問題類型分別擬定問題，或是依據布魯姆（Bloom）所提之認知領域的教育目標分類，依其認知層級分為知識、理解、應用、分析、綜合、評鑑等六類，前兩類偏屬記憶性問題，而後四類則偏重聚斂性與擴散性思考，特別是高層次的問題更需要預先構思。各層次問題並無好壞之分或重要性之別，故應兼顧各類問題。一般而言，開始上課可先提出記憶性問題或概念性問題，看學生是否已掌握了基本的觀點，接著提問應用性及分析性的問題，最後以有助於激發批判性和創造性思考的問題作為總結。鑑於上課時間的限制，各類問題的比例亦需考量。其比例為知識、理解、事實占 60%，應用、分析、比較占 20%，評鑑、創造性思考占 20%。

㈢避免使用複雜、模稜兩可或雙重性質的問題

冗長而複雜的問題及一個問題包含兩個或以上的問題，如此會讓學生無法了解問題的意思，以致不知如何回答。這類問題如下：「單細胞的生物要如何讓自己受孕並分裂，以製造看起來像自己的類似生物？」、「你對於南北戰爭、伊拉克戰爭或一般的戰爭看法如何？」當教師問完這類問題後，學生一定會要求教師重述問題，而教師也可能不記得自己複雜的措辭，因此為相同的問題提供了不同的版本。為避免這種現象產生，教師在編擬問題時要注意以下基本原則：1. 每個問題只集中一個概念；2. 使用明

確的語言；3. 盡可能用較少的文字陳述問題。

二、編擬問題的範例

教學領域包含認知、技能、情意，但認知部分所占的比重最大，也較為教師所重視，故僅就布魯姆認知領域的六個層次提出編擬問題的範例（張玉成，1991；郝永崴等，2007）。

(一) 知識性問題

知識的目標需要學生記憶、描述、定義或辨認已經記住的事實，學生不需要理解所背誦的內容。問題的範例，如資本主義的定義為何？三角形的定義為何？H_2O 代表什麼？

(二) 理解性的問題

理解層次的問題需要學生對已經記住的事實有某種層次的理解，這些問題的答案應該顯示出學習者可以解釋、摘要或闡述已經學習的事實。以下是問題的範例：你能用自己的話來解釋資本主義的概念嗎？畫三角形需要什麼步驟？《老人與海》這本書的內容在講什麼？

(三) 應用性問題

應用層次的問題需要學生將事實應用到問題、上下文或不同於學習這個資訊的情境。因此，學生既不能依賴原先的上下文，也不能依靠原先的內容來解決問題。問題的範例如下：你認為在這些所列的國家名單中，有哪些為資本主義的系統？你能為我畫一個三角形嗎？牛頓第二定律在什麼情況下運用？為防止瓦斯中毒，熱水器及瓦斯宜設置於何處？

(四) 分析性問題

分析性問題需要學生將問題分解成它的組成成分，然後找出這些成分之間的關係，或是在於辨認邏輯的錯誤，或是在於區分事實、意見和推論等。問題的範例如下：有哪些因素可以區分資本主義和社會主義？你在下列的哪一個圖片中看到三角形？為什麼有些樹在冬天會掉葉子？

㈤評鑑性問題

評鑑性問題需要學生使用指定的標準，來形成判斷和作決定。這些標準可能是主觀的（個人的標準）或客觀的（科學的證據或程序）。以下為問題的範例：舉證說明資本主義或社會主義的國家有較高的生活水準？如果給予幾何圖形一些未完成的部分，哪一個可以用來構成三角形？你認為哪部小說是最好的文學作品？

㈥創造性問題

創造性問題亦稱為綜合性問題，綜合層次的問題要求學生產生某樣獨特或原創性的東西，這個層次通常和創造力有關，但是並非所有的答案都是被同等接受。問題的範例如下：結合資本主義和社會主義主要特徵的經濟制度會是什麼樣子？有哪些方式可以讓你不用尺而能畫出一個三角形？假如你有一千萬，你將如何運用它？為激發學生的創意思考，陳龍安（1997）提出創造性問題的發問技巧，供教師在編擬問題時參考：

1. 假如的問題，預設問題已設想答案，要求學生對一個假設的情境加以思考，可用日常生活中的人、地、事、物、時假設來發問，例如：假如家中失火了，你該怎麼辦？假如你是一隻螞蟻，你看到人所穿的鞋子會是什麼樣子？

2. 列舉的問題，舉出符合某一條件或特性的事物及資料，且愈多愈好。比如問學生：「茶杯有什麼用途？」讓學生發表自己的意見。

3. 比較的問題，所謂比較的問題是指拿兩樣或以上的東西讓學生比較，依其特徵或關係比較其異同，以使其仔細觀察、縝密思考。例如人腦和電腦有什麼不同？

4. 替代的問題，提出問題以設想替代方案，用其他的字詞、事物、涵義或觀念取代原來的資料。例如問學生，如果你去郊遊，卻忘了帶茶杯，你可以用什麼東西來代替它？你今天很高興，你可以用什麼語詞來代替高興？膠水用完了可以用什麼替代它？

5. 除了的問題，針對原來的資料或答案，鼓勵學生能尋找不同的觀念。例如要到美國去，除了坐飛機之外還有什麼方法？學校除了教你讀書

寫字之外，還能學到什麼？希望學生能提出一些比較別出心裁的答案。

6. 可能的問題，要求學生利用聯想推測事物可能發展，或做回顧與前瞻性的了解。例如明天如果下雨，可能會發生什麼事？爸爸現在可能在做什麼？

7. 想像的問題，有關未來或現實生活中沒有遇過的問題，讓學生充分運用想像力於未來或化不可能為可能的事物。例如想想看，一百年後的臺北市會長成什麼樣子？如果人類要住在月球，可能會面臨哪些問題？要如何解決？

8. 組合的問題，提供學生一些資料，要求他們加以排列組合成另有意義的資料。例如用七巧板可以組合成幾種有意義的造型？這幾個不同的字，可以組合成什麼句子？

9. 六 W 的問題，可以經常使用為什麼（why）、是什麼（what）、在哪裡（where）、誰（who）、什麼時候（when）和怎麼辦（how）等所謂的「六 W」的方式來設計問題。例如為什麼要種樹？要種什麼樹？什麼時候去？讓學生對一個簡單的問題作更深入的思考。

10.類似的問題，選擇相近的事物加以比較，可以促使仔細觀察；選擇毫不相干者加以比較，則可激發想像力。例如媽媽和警察有什麼相同的地方？貓和電冰箱有什麼相同的地方？眼鏡和唱歌有什麼關係？

　　郭秀緞（2011）在對國小高年級學生教導〈鴿〉一文時，課前預先編擬了以下的問題：1. 根據文章題目，猜猜看內容是在寫什麼？2. 你對鴿子有什麼認識？3. 本文在介紹鴿子的什麼？4.「外形」介紹了什麼？5. 鴿子怎麼做「飛行訓練」？6. 有「太陽符號」的段落內容在說什麼？7. 有關「成長」的介紹包含文字說明和成長圖說明，你覺得哪一種比較容易了解？8.「放和平鴿」介紹了什麼？9. 整篇文章在說什麼？10. 作者寫這篇文章時心情如何？請根據文章的描述來回答？11. 根據文章所述，你想不想養鴿子？為什麼？12. 你覺得本文對鴿子的介紹清楚嗎？為什麼？上述問題雖是偏重在閱讀理解，但教師在安排問題的順序由簡而難、由部分而整體，且能兼顧認知領域各個層級。

第三節 發問的方式

　　問題編擬好之後，就要在教學的歷程中來提問，無論是在複習舊教材或講解新教材，教師若能妥善運用，對提升學習成效會有很大的幫助。以下將發問時的注意事項歸納如下（劉豫鳳等，2008；Muijs & Reynolds, 2005; Orlich, Harder, Callahan, Trevisan, Brown, & Miller, 2013; Ryan, Cooper, & Tauer, 2013）：

用隨機的方式點學生回答

　　教師不要以預先安排的方式點學生回答，例如依照座號的次序或排列的順序發問，通常會讓已經回答過問題的學生感到無聊及分心，所以用隨機的方式可以協助他們更加專注。可利用姓名籤筒或其他隨機抽取方式，例如拿出卡片，上面寫上學生的姓名，隨機抽出後指名學生回答。

先發問後再指名回答

　　好的發問技巧是教師先提出問題後再指名回答，這樣可以讓所有學生有更多的時間思考問題，可以引起學生的專注。如果先點某位同學回答，則其他人可能就不會注意教師問了什麼問題。

邏輯性且有順序地提出問題

　　問題的提出應由易而難，由淺入深，一般以記憶性、理解性等較低認知層級問題為先，應用性、分析性問題次之，而以創造性、評鑑性及省思性等高認知層級問題殿後。相對地，教師應依據問題的性質來指名回答，高認知層級的問題要指名程度較好的學生來回答。

肆　問完問題後給予學生至少3秒的思考時間

教師發問之後到指名回答的時間，稱為等待時間（wait-time）。為確保教學的順暢，避免產生沉默，等待時間不宜太長，但為讓學生有足夠的思考時間來回答問題，等待時間又是必要的，通常教師會依據問題的性質來決定等待時間的長短。如果是封閉、低認知層級的問題，3秒左右是最佳的等待時間；如果是開放、高認知層級的問題，則允許學生有15秒的思考時間，太長的等待時間會導致學生的浮躁不安。教師在發問複雜的問題時，可以先讓全班同學以自己的方式先行作答，例如寫在筆記本上，等指名某位同學答題時可以迅速回答。有時候學生的答案可能不完整，教師可以在學生回答問題後再次等待，讓其他學生也能回答，有時教室的沉默也不是不好，思考後再回答則答案會更加完整。其流程可見圖8-1。

 ## 伍　清楚而明確地表達問題

教師發問時語音要清晰，語速要緩急適度，問題的內容及敘述的文字要適合學生程度，避免含混或模糊不清的問題，清晰具體的問題可以增加正確回應的機率。如果指名回答的是低成就學生，教師可以自然、簡單的語言，重新調整字彙與句子結構來敘述問題，以符合學生的語言及概念上的程度。

 ## 陸　鼓勵多數學生參與

如果教師只針對好學生而忽視其他人，則發問將成為少數人參與，如此對學生的心理易造成不良影響，也會降低其他學生的參與。同時為考慮上課秩序，最好不要採用舉手搶答的方式，這種方式易使答題機會集中於少數常常舉手的學生，無法讓其他人有均等之回答機會。在發問策略上建議採用高原式策略，一個問題由多人回答後再提出另一個問題，而避免採用尖峰式策略，讓同一位學生連續回答好幾個問題。

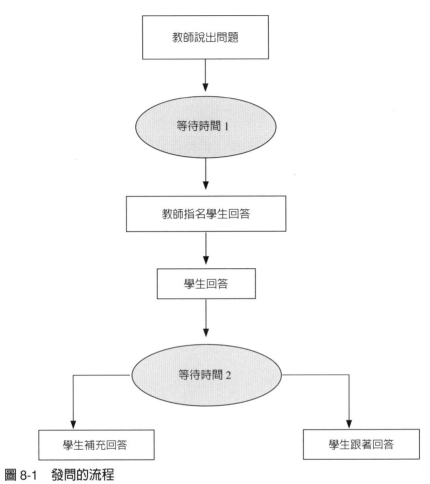

圖 8-1　發問的流程

取自 Orlich et al.（2013, p. 225）

 # 柒　不以發問作為懲罰

　　有些教師會以發問作爲懲罰學生的一種方式，例如學生回答錯誤，教師再問一個更難的問題；學生上課分心被問一個可能無法回答的問題；一個回答隨便的學生，連續被問四個問題。有些教師認爲這不是一種懲罰，而是要學生認眞聽課，但是這樣的行爲會對學生的自尊及自信心造成傷害，或許有更好的方式來處理學生的不當行爲。

第四節 回答的方式與處理

教師問完問題之後，接著就是學生的回答。回答完後，教師要做適當的處理，這樣才是完整的發問歷程。

壹　回答方式

傳統教學在教師發問後，學生大多採用口語、個別的回答方式，但教學現場還是存在其他類型的回答方式，例如齊聲回答（choral responses）、同伴回答（partner responses）、小組回答（team responses）、用寫的回答（written responses）、行動回答（action responses）。以下分別說明之（Archer & Hughes, 2011）：

一、齊聲回答

這種方式適用在數學、閱讀、科學和社會等科，而且國小及中學均可適用。最常見的情況是教師提出一個簡單的問題，接著學生就齊聲說出答案，教師提出的問題通常只有一個正確答案，而且答案的字數比較少。當在複習舊教材中有關事實性的知識，這種回答方式有相當顯著的成效。

二、同伴回答

另一種有效的回答方式，稱之為同伴回答。最常用的方式是「思考—配對—分享」（think-pair-share）的策略，其流程如下：1. 發問後全班短暫時間思考；2. 2 人一對，討論最佳的答案，甚至可要求他們寫下答案；3. 教師指定學生說出答案。對於有特殊需要的學生，例如低成就、害羞的學生，教師可以採用這種方式。

三、小組回答

這種方式最常應用在合作學習的小組，4 人一組，採用異質分組，把組員編碼為 1-4 號，教師進行「數字頭」（numbered heads together）的活

動。其流程爲教師提出一個問題後各組開始討論，討論到各組的成員都有信心可以回答問題，這時教師隨機抽出一個數字，抽中的人代表該組向全班說出答案。如果受限於時間，無法多組回答，教師可以「組別編號＋組員編號」的方式，指定某位學生回答。

四、用寫的回答

有些學科學生被要求用寫的方式來回答，例如英文課的拼字、數學課教師請學生到黑板上計算數學問題，或每組準備小白板將計算過程寫在上面。有時作文課可以使用腦力激盪法進行分組討論，再將討論的要點記錄下來，學生依照要點來寫文章。前文提到少數害羞的學生不敢回答問題，可以請他們將答案寫在卡片或筆記本上，教師也可要求全班學生將答案寫在紙上。

五、行動回答

學生使用動作、表演或手勢來回答，稱之爲行動回答。最簡單的方式是用手指出地圖位置、圖片等。有一種回答方式是以手勢（hand signals）比出正確答案，例如教師在黑板上寫：1. 立法；2. 行政；3. 司法，教師接著提出問題，請學生用手指比出答案。這種方式的好處是全班學生可以參與，教師也可了解哪位學生還沒學會。

 ## 貳　學生回答的處理方式

學生提出答案或回答後教師要進行處理，這方面稱之爲理答技巧，通常學生會有以下的情況產生：完全正確、答案不完整、不會回答，有時學生會搶著發言，有時卻是沉默不語，對不同的情況教師要有不同的處理方式，以下根據相關文獻統整如下（李春芳，1988；Cruickshank, Jenkins, & Metcalf, 2009; Muijs & Reynolds, 2005; Orlich et al., 2013）：

一、給予提示

教師面對某一位學生回答不出或是答案不對時，常會轉問另外一位同學，以便得到正確答案。此種方法往往使回答不出問題的學生產生挫折感或退出討論。為了克服此一問題，當學生不能立即回答時，教師需給學生一些提示（prompting），讓學生可以正確回答問題。最常用的方式是口語的提示（verbal prompts），例如教師說還記得我們昨天所做的實驗內容嗎？提供教學上的線索引導學生思考。其次是手勢的提示（gestural prompts）或肢體的提示（physical prompts），例如教師做出正確的握筆行為，或比出某物體的形狀等。

二、整理學生所提出的答案

每當學生回答問題就在進行思考，故基於教育的意義，無論答對或答錯，回答行為本身即值得鼓勵。對於答對者若能給予即時的讚美，則更能激發學習的意願和內在動機。有些學生雖然可以做正確的回答，但常常不夠深入，教師可以使用轉問的策略，指名其他學生繼續針對同一問題回答，如此可以使更多學生參與討論，而且能對問題做更深入、更詳細的探討。對於回答錯誤的學生不做消極的批評，可給予時間思考後再回答，或轉問其他學生。前文所提到的第二次等待時間，就是當答案不完全或錯誤時，為了探究更深的理解，允許學生有時間進行思考。當提問的是開放性的問題，教師不能只接受所預期的答案，應允許學生提出多種答案，假如時間許可，可以請其他學生提出不同的回答或評論。如果學生的答案偏離主題而且冗長，這時應中斷其回答並引回主題。

三、避免教師的不當行為

學生在回答問題時，教師要注意傾聽，不能心有旁騖，如能注視學生，可使學生感受到尊重。同時教師也要避免有以下的不當行為：重複的問題、同一問題要所有學生回答、自己回答問題、不允許學生完成較長的回答、一直找相同的學生回答等。

四、鼓勵非自願者回答

　　對於未舉手回答問題的學生，教師也要請他們回答問題，可以讓這些學生有準備後再指名回答，使他們有成功的回答機會，教師先問簡單的問題，再慢慢引導至需要較長答案的問題。對於害羞的學生，教師可以給他們一張卡片，上面先寫上問題，讓他們下一次上課再回答。有些教師會將發問當作遊戲，例如拿出卡片在上面寫學生的姓名，隨機抽出後指名學生回答。簡單的問題可以採用輪流回答的方式，由直排或橫排的學生依序回答，不會回答的就說「pass」，這樣可以快速得到問題的答案。如果某些學生一直舉手要回答，教師可禮貌性地請他們 3 分鐘後再舉手，讓其他學生可以參與。如果時間允許，教師要記錄學生的口語活動，了解哪些人是自願回答，哪些人是很少回答。

五、記錄學生的表現

　　發問能夠迅速了解學生學習的表現，從發問中教師可得到學生表現的證據，所以發問可列為非正式評量的一種。如果教師要將學生參與回答的情況列入平時成績，那就要對學生的表現加以記錄，作為加減分數的參考。

六、鼓勵學生主動提出問題

　　有經驗的教師會發現：教學時如果教師問的問題愈多，則學生發問的問題就會減少。教師不要成為教學的支配者，應多給學生有機會表達他們的意見和理念。教師應減少在口語互動上的支配，鼓勵學生形成創造性和批判思考性的問題而主動發問。一般而言，教室營造高互動、和諧氣氛的情境，愈有助於學生主動發問。

第五節 以發問爲核心的教學法

發問技巧適用在任何學科的教學，而在偏重認知領域的學科則是廣受使用。發問可與討論教學法做緊密的結合，形成全班或小組討論的教學模式。以下僅就常見的教學模式，說明發問在教學的應用。

 ## 壹　學思達教學法

學思達教學法是張輝誠（2015）針對學生學習所設計的教學法，眞正可以在課堂上長期而穩定、每一堂課都能訓練學生自「學」、閱讀、「思」考、討論、分析、歸納、表「達」、寫作等綜合多元能力的教學法。學思達強調「師生對話」和「專業介入」，上課時教師表層上是透過對話和學生傳遞、交流、討論知識、激盪思考，底層卻不斷透過對話讓師生產生內在的連結，相互成長：再經由教師專業涵養的介入、設計、提問與引導，幫助學生進入高效率、高品質、高創造力、深刻思考的學習。

一、學思達教學法流程

學思達教學法透過教師的專業介入、製作以問答爲導向、補充完整資料的講義，掌握學生學習的最佳專注時間，讓學習權交還給學生，老師成爲主持人、引導者、課程設計者（張輝誠，2018）。其教學的實施步驟包括以下五個步驟（張輝誠，2015，2018）：

(一)學生自學
提供講義給學生，讓學生個人自行研讀、自行思考。

(二)思考問題
激發學生的好奇心，運用求解的動力，引導學生開始閱讀教科書或資料，讓學生在資料中自行探尋答案。

㈢ 分組討論

前後座位四個學生分成一組，利用同儕壓力，分組學習達到競爭與合作的目的。小組討論同時可訓練團隊合作，共同分析、歸納、整理。

㈣ 上臺表達

討論結束後，以抽籤方式讓一位學生上臺發表，此位學生講述的成績，即代表了整個小組的成績，因此不會隨便回答；若抽到的學生上臺不會回答，小組其他組員可趕緊上臺相互支援。爲使同學專心聆聽其他組別同學的發表，教師製作評分單供各小組同學評分。

㈤ 教師統整補充

老師只要補充精華和最重要的教材內容即可，如此不斷重複進行，大約一堂課可討論 3-4 個問題。

二、編制以問題爲主軸的講義

學思達教學法成功與否，講義製作是很重要的關鍵，講義的成敗又以「問題設計」爲關鍵，問題設計的好壞，直接影響學思達法教學的品質。講義要設計成問答題，根據學生的自學能力與專注時間，不斷用問答題引導學生自學（張輝誠，2018）。在製作講義時教師需要掌握以下的重點（張輝誠，2015，2016）：

㈠ 以問題爲導向

一個問題，提供一份資料，資料要切成一小段，方便學生能在 20 分鐘內讀完，也方便集中焦點討論。

㈡ 講義要從課文延伸到課外

從簡單而逐漸增加難度、廣度和深度，這樣學生才會由淺到深、由易而難、由窄到深，這樣收穫也才會更大。

㈢ 提供足夠資料讓學生自行研讀

老師不再講低層次的認知，要講高層次的理解、思考與表達。

㈣ **課本的知識與學生產生關聯**

讓課本知識與學生的生命、處境和現實發生關聯，這樣學生學起來才會覺得對自己有用。

 啟發式教學法

所謂啟發式教學法是相對於注入式教學而言，可以上溯至西方的蘇格拉底及孔子的教學法。這種教學法就是以學生的經驗爲基礎，由教師提出問題，使他們運用思想去解決、分析、批評、判斷和歸納，因而可以「觸類旁通」、「舉一反三」，使經驗逐漸擴張，思想更爲靈活（林進材，1999）。然而啟發式教學法僅能視爲一種教學原則，不能視爲一種教學模式，因爲任何一種教學方法都是在啟發學生的思考、想法，除非教師上課只有把教材唸一唸，再要求學生背誦、記憶，如同古代的私塾教學。現代的教學方法如問題教學法、發現教學法及創造思考教學法，皆可視爲啟發式教學法。問題教學法是應用系統的步驟，指導學生解決問題，以增進學生的知識、啟發思想和應用所學，隨著時間的演進，問題教學法已發展成問題導向學習。發現教學法即是認知論學者如布魯納所重視的發現學習，教師設計一個教學情境，讓學生運用知識探索未知的領域，以獲得新的了解和洞察力，這種教學法已發展成團體探究法，或是問題導向學習。創造思考教學法即利用創造思考策略，讓學生能增進創造思考能力的發展。無論是詰問法、問答法或現代的啟發式教學法，教師最重要的責任是安排適當的教學活動和利用發問以引導學生思考（林朝鳳，1996）。

 創造思考教學法

所謂創造思考教學法（teaching for creativity）即是教師透過各種課程的內容，在一種支持性的環境下，運用啟發創造思考的原則和策略，來激發和增進學生創造思考能力的一種教學模式。教師在實施創造性思考教學法時，要遵循以下三項原則：1. 支持學生的創造力，不作任何評語。

2. 上課氣氛的營造，促進師生間，互相尊重和接納的氣氛。3. 善用教具與教材，並提供一些開放性，沒有單一答案的問題（陳龍安，2006）。其實創造思考教學法並非是一種特定的教學法，而是將創造思考的策略融入學科教學之中。自從歐思朋（Osborn）發明腦力激盪法以來，有關策略的出現日新月異，現在已有數百種之多，本節僅就威廉斯（F. Williams）創造思考教學法的十八種策略列表說明，其教學策略請見表 8-1。威廉斯採用基爾福特（Guilford）的多元智力理論，致力於創造力發展，他為培養小學生的創造思考能力，發展出一種三度空間結構的教學模式，這是一種教師透過課程內容，運用啟發創造思考的策略，以增進學生創造行為的教學模式（陳龍安，2014）。教學時教師可以運用發問、圖片、故事、生活事件等方式，引導學生各項創造思考能力的發展。例如自然課討論到氣候與季節時，教師可提出：「如果季節不會改變，我們的生活會受到怎樣的影響？」讓學生發現知識中未知的部分（陳龍安，2006）。

表 8-1　威廉斯創造思考教學法策略

名稱	具體作法
1. 矛盾法	1. 發現一般觀念未必完全正確；2. 發現各種自相對立的陳述或現象。
2. 歸因法	1. 發現事物的屬性；2. 指出約定俗成的象徵或意義；3. 發現特質並予以歸類。
3. 類比法	1. 比較類似的各種情況；2. 發現事物間的相似處；3. 將某事物與另一事物做適當的比喻。
4. 辨別法	1. 發現知識領域不足的空隙或缺陷；2. 尋覓各種訊息中遺落的環節；3. 發現知識中未知的部分。
5. 激發法	1. 多方面追求各項的新意義；2. 引發探索知識的動機；3. 探索並發現新知或新發明。
6. 變異法	1. 演示事物的動態本質；2. 提供各種選擇、修正及替代的機會。
7. 習慣改變法	1. 確定習慣思想的作用；2. 改變功能固著的觀念及方法，增進對事物的敏感性。
8. 重組法	1. 將一種新的結構重新改組；2. 創立一種新的結構；3. 在零亂無序的情況發現組織並提出新的處理方法。
9. 探索法	1. 探求前人處理事物的方法（歷史研究法）；2. 確立新事物的地位與意義（描述研究法）；3. 建立實驗的情境，並觀察結果（實驗研究法）。

表 8-1（續）

名稱	具體作法
10. 容忍曖昧法	1. 提供各種困擾、懸疑或具有挑戰性的情境，讓學生思考；2. 提供各種開放而不一定有固定結局的情境，鼓勵學生擴散思考。
11. 直觀表達法	1. 學習透過感官對事物的感覺，來表達感情的技巧；2. 啟發對事物直覺的敏感性。
12. 發展法	1. 從錯誤或失敗中獲得學習；2. 在工作中積極的發展而非被動的適應；3. 引導發展多種選擇性或可能性。
13. 創造過程分析法	1. 分析傑出而富有創造力人物的特質；2. 以學習洞察、發展、精密思慮及解決問題的過程。
14. 評鑑法	1. 根據事物的結果及含意來決定其可能性；2. 檢查或驗證原先對於事物的猜測是否正確。
15. 創造的閱讀技巧	1. 培養運用由閱讀中所獲得的知識的心智能力；2. 學習從閱讀中產生新觀念。
16. 創造的傾聽技巧	1. 學習從傾聽中產生新觀念的技巧；2. 傾聽由一事物導致另一事物的訊息。
17. 創造的寫作技巧	1. 學習由寫作來溝通觀念的技巧；2. 學習從寫作中產生新觀念的技巧。
18. 視像法	1. 以具體的方式來表達各種觀念；2. 具體說明思想和表達情感；3. 透過圖解來描述經驗。

取自陳龍安（2014，頁 43-44）

 # 肆　批判思考教學

　　面對資訊與知識暴增的時代，為使個人能良好適應將來生活，「批判思考」是社會生活所不可或缺的。透過批判思考傾向與技能，能幫助個人在複雜變化的環境中，做出良好的評估與反應。目前批判思考已在美國各教育階段被視為重要的教學目標之一，我國的課程改革也強調培養學生獨立思考與解決問題能力，由此可見批判思考已逐漸受到教育領域的重視（陳萩卿，2004）。批判思考包含檢視、比較、判斷、歸納、選擇等思考過程，符合基爾福特智力結構說的聚斂性和評鑑性運作型態，亦是認知領域中的高層次認知能力（廖羽晨，2009）。教師實施有效的批判思考教學，可增進學生批判思考能力，幫助其適應未來多元的社會環境（陳萩

卿，2004）。

　　批判思考教學法並非一套新的，具有取代性的教學方法，它只是強調在傳統教學過程中，留意運用技巧或變化策略以啟發學生的批判思考，彌補現行教學缺失。批判思考教學法強調對話性思考和辯證性思考，所謂對話性思考，係指面對一項問題或事物時，能接納他人不同意見、觀點或參照架構，彼此對談溝通而不堅持己見；所謂辯證性思考是當面對兩個或兩個以上不同爭論觀點時，能客觀的各自為他們找出有利或不利的論據，進而考驗、測試、評鑑他們各自的優缺點（廖羽晨，2009）。批判思考教學法較常使用的策略如下（張玉成，1993；廖羽晨，2009）：

一、問答法

　　教師在課程中安排一系列的問題，透過提問的方法引導學生回答，或者要求學生討論後提出問題，再針對所提問題進行討論。然而「問題」必需經由設計，同時教師也得留意發問技巧，引導學生思考、回答。以國中歷史為例，在教導「清領臺灣的移墾社會」課程內容時，就可問學生何謂「移墾社會」？移墾社會的移民從何而來？是什麼理由讓這些人願意離鄉背井來到臺灣？藉由一連串環環相扣的提問，讓學生去思考、理解，使學生逐步建立清領臺灣移墾社會的知識架構。

二、討論法

　　課前提供相同議題不同觀點的文章，要求學生事前閱讀，課堂針對文章觀點提出自己的想法及批評，學生仔細聆聽同學的意見並從中提出認同或反對的意見，此方法能訓練學生查閱資料、蒐集論點、表達意見、分析思考，以及解決問題的能力。

自我練習

一、選擇題

(　　) 1. 小英讀到課本上有關原住民歲時祭儀的單元，其中提到阿美族有豐年祭、賽夏族有矮靈祭，因此請教老師這兩種祭典的差別。老師並未直接答覆，而是請賽夏族的大雄回答該問題。這種提問方式屬於下列哪一種技巧？　(A) 轉引（redirection）　(B) 深究（probing）　(C) 轉問（relay）　(D) 反問（reverse）

(　　) 2. 中山女高張輝誠老師的翻轉教室工作坊推廣「學思達教學法」，強調的是下列哪一選項？　(A) 自學、思考、表達　(B) 自學、思考、通達　(C) 勤學、思考、表達　(D) 勤學、思考、通達

(　　) 3. 教師提問技巧中的「轉問」係指，某學生發問後，教師會有下列何種反應？　(A) 不直接回答學生，而是請其他同學回答　(B) 不直接回答學生，而是請提出該問題的同學自己回答　(C) 直接回答學生，然後再請其他同學亦提供回答　(D) 直接回答學生，然後再請提出該問題的同學自己亦提供回答

(　　) 4. 在解說牛頓三大定理後，班上學生小真舉手詢問：「公車行駛途中突然煞車，車上乘客會先往前傾的現象」是屬於哪一種定理？教師不直接回答，而是將小真的問題再提出問班上其他學生的方法，是屬於哪一種提問技巧的運用？　(A) 轉問　(B) 深入探究　(C) 再次指示　(D) 反問

(　　) 5. 下列有關發問原則與技巧的敘述，哪些為正確？1. 先發問再指名回答；2. 使用轉問以吸引更多學生加入討論；3. 利用反問幫助學生深入思考；4. 使用開放性問題多於封閉性問題；5. 發問後，候答一段時間；6. 同一問題請多位學生回答以擴大參與　(A)123　(B)1346　(C)2345　(D)123456

(　　) 6. 張老師問純敏同學：「你最喜歡哪一種運動？」在純敏回答「籃球」後，張老師繼續追問：「為什麼？」張老師使用下列哪一種問答技巧？　(A) 深入探究　(B) 反問　(C) 轉問　(D) 轉引

(　　) 7. 美玲：「老師，『的』和『得』在用法上有何不同？」老師：「立

人，你來說說看它們的差異。」這時老師是採用何種發問技巧？
(A) 反問　(B) 轉引　(C) 轉問　(D) 深入探究

(　) 8. 教師向學生提問：「作者在本課中的哪些句子運用了譬喻法？」學生如果不會，教師繼續說：「譬喻法通常會在句子裡使用『像』、『好像』、『如』、『似』、『彷彿』等字。」此種方式屬於下列何種技巧的運用？　(A) 轉引　(B) 轉問　(C) 迅速提示　(D) 深入探究

(　) 9. 黃老師在國文課中，提出以下四個問題。請問哪一個問題屬於「閉鎖式問題」？　(A) 為什麼要修這一門課呢？　(B) 一斤桃子和一斤紙張，哪個比較重？　(C) 孟子的性善說，其內涵為何？　(D) 如何寫一篇好的文章？

(　) 10. 教師發問技巧有所謂「高原式策略」（plateau strategy），其意何所指？　(A) 同一問題請多位學生回答，以擴大參與　(B) 同一問題只問一位學生，以多問問題　(C) 同一學生提問多個問題，以深入探索　(D) 多個問題一併發問，以利學生選答

(　) 11. 教師向班級學生發問問題時，何者較適當？　(A) 向全班發問，候答一段時間，再指名回答　(B) 指名發問，候答一段時間，再依序請當事者及舉手者回答　(C) 向全班發問，勿須候答時間即指名回答　(D) 指名發問，勿須候答時間即要求回答

(　) 12. 下列何者是「開放性類型」的問題？　(A) 誰會是下任中華民國總統？　(B) 為什麼要做好環保工作？　(C) 你覺得同性戀應該合法嗎？　(D) 從澎湖到高雄有幾種交通路線？

(　) 13. 教師發問時的順序，下列何者最理想合宜？　(A) 先發問、再約定、後指名　(B) 先指名、再發問、後約定　(C) 先約定、再發問、後指名　(D) 先約定、再指名、後發問

(　) 14. 當學生提出「臺灣屬於海島型氣候」的正確答案時，教師最適當的回應為下列何者？　(A)「答對了！」　(B)「好！你很聰明！」　(C)「我喜歡這個答案！」　(D)「請大家給予愛的鼓勵！」

(　) 15. 下列有關教師理答技巧之敘述，何者正確？a. 給予正向鼓勵；b. 注意傾聽；c. 避免進一步探究；d. 歸納或總結答案　(A)abc　(B)abd

(C)bcd　(D)abcd

(　) 16. 王老師為了要幫助學生深層理解，採用觀察—思考—發問法（O-T-Q）。在單元教學活動時，王老師請學生觀察某地區年雨量統計圖，第三組報告其觀察的結果為夏季是雨量最豐沛的月分。此時，王老師首先應以下列哪項問題引導學生？　(A) 你們的分析是基於什麼觀點？　(B) 你們的說法有什麼事實根據？　(C) 你們認為這現象和什麼有關？　(D) 你們認為這現象是如何形成？

(　) 17. 發問技巧在教學上是一門大學問，請問教師在發問後不重述問題，這是屬於下列哪一項技巧？　(A) 擬題技巧　(B) 發問技巧　(C) 候答技巧　(D) 理答技巧

(　) 18. 依據創造思考教學的原則，楊老師在寫作教學時較不會進行下列哪一項教學活動？　(A) 仿寫優秀的童話作品　(B) 進行故事接龍的遊戲　(C) 改編有名的童話故事　(D) 讓學生自行創作故事結局

(　) 19. 王老師教歷史，想要用「問題、解決、結果」元素，來讓學生摘述歷史事件，當學生有困難時，請問，以下何者「不是」降低難度的有效作法？　(A) 用選擇題來提問　(B) 讓學生回到課文的文字或圖片找答案　(C) 問比較具體的問題來提問　(D) 鼓勵學生再試試看

(　) 20. 教師對學生提問，應如何運用等候時間以及注意某些事項？請選擇以下最合適的選項　(A) 教師提問後，高達 15 秒的等候時間並不可行　(B) 教師等候學生大約 1 秒鐘的時間，以思考答案　(C) 問答之間的停頓，應比最初提問的停頓時間長　(D) 教師先呼叫學生的名字，然後再說出問題

(　) 21. 教學時教師發問的問題可概分為封閉和開放式兩類，其主要達到的效果是：　(A) 封閉式問題協助學生回憶，開放式問題促進學習遷移　(B) 開放式問題協助學生回憶，封閉式問題促進學習遷移　(C) 兩種問題都在協助學生回憶　(D) 兩種問題都在促進學習遷移

(　) 22. 關於教師對學生提問的技巧，下列敘述何者錯誤？　(A) 先向全班提問，給予思考時間後，再指名回答　(B) 指名要普遍　(C) 所提問題要具體、明確、清晰　(D) 問題最好多重複幾遍

（　　）23. 下列何者較能引導學生進行高層次思考？　(A) 評論近十年教育改革的利弊得失　(B) 說明皮亞傑認知理論的主要內容　(C) 比較統編制與審定制教科書制度的差異　(D) 舉例說明教學實驗中兩個變項的因果關係

（　　）24. 下列何者屬於擴散性問題（divergent question）？　(A) 臺北到臺南300 公里，火車時速 100 公里，幾小時可以到達？　(B) 如果沒有發生二二八事件，臺灣會怎樣發展？　(C) 根據臺灣地圖與高速公路速限規定，如果要從臺北到高雄，走第一高速公路還是第二高速公路比較快？　(D) 為何羊毛的保暖效果會比棉花還要好？

（　　）25. 張老師在課堂上與學生討論時，為了釐清小明所講的內容，下列老師的提問，何者較為適切？　(A) 你可以舉個例子，來補充你的答案嗎？　(B) 你的答案很好，再想想有沒有別的答案？　(C) 你答非所問，請再次思考題目並重新回答　(D) 你的答案和我的不一樣，猜猜我的答案是什麼？

（　　）26. 有關批判思考教學的敘述，下列何者最適切？　(A) 教學成效可以立即看到　(B) 教學方式以標準答案最主要　(C) 教師應提供多元資源，引導學生自行思考　(D) 教師具專家角色，學生是等待充填的容器

（　　）27. 下列何者屬於擴散性思考的問題？　(A) 水分子的化學式是什麼？　(B) 10 個水分子含有多少個氫原子與多少個氧原子？　(C) 二氧化碳排放量的調節方式對地球環境生態的影響為何？　(D) 水與二氧化碳兩種物質的物理性質有何相同與不同之處？

（　　）28. 「芬蘭的首都是哪一個城市？」、「臺灣的西邊是哪一個海峽？」此類問題屬於下列何者？　(A) 擴散性問題　(B) 聚斂性問題　(C) 綜合性問題　(D) 評鑑性問題

（　　）29. 下列何者較屬於創造性問題？　(A) 臺灣地區新生兒的人數統計結果如何？　(B) 為什麼臺灣地區新生兒的人數逐年減少？　(C) 如果政府提供生育補助，有助於提高生育率嗎？　(D) 臺灣地區新生兒的人數逐年減少，有何解決辦法？

（　　）30. 廖老師向學生提問：「讀完《狼來了》的故事，你們覺得牧羊童說

謊的次數與故事的結局是否有關係呢？為什麼？」此問題的性質屬於下列何者？ (A) 理解性問題 (B) 應用性問題 (C) 分析性問題 (D) 評鑑性問題

參考答案

1.(C)　2.(A)　3.(A)　4.(A)　5.(D)　6.(A)　7.(C)　8.(C)　9.(B)　10(A)
11.(A)　12.(B)　13.(C)　14.(A)　15.(B)　16.(B)　17.(C)　18.(A)　19.(D)　20.(C)
21.(A)　22.(D)　23.(A)　24.(B)　25.(A)　26.(C)　27.(C)　28.(B)　29.(D)　30.(C)

二、問答題

1.發問在教學中具有哪些功能？
2.請依自選的一個學習領域或科目，至少舉三例說明教師如何應用不同的提問技巧。
3.教師發問的問題可分為哪些類型？請各舉一實例說明。
4.教師在提出問題時，有哪些技巧可供遵循參考？
5.學生回答問題有哪些方式？請說明之。
6.何謂理答技巧？有哪些理答技巧可供教師遵循參考？
7.為促進學生創造思考能力，教師上課要多提出創造性問題，請問這類問題要如何發問？
8.教師在編擬問題時要注意哪些原則？
9.教師於課堂上運用提問（questioning）進行教學，能達到哪些教學目的？請寫出五項。

第九章

討論技巧與情意教學

　　討論技巧（discussion skills）是經常應用在教學情境中的一種策略，其與發問的差別為發問是由教師問、學生答，而討論經常是學生之間的問答。將討論技巧應用在教學即成為討論教學法，又可分成全班討論（whole class discussions）及小組討論（small-group discussions）兩種類型。全班討論通常由教師主導並主持討論的進行，這種討論是發問的另一種形式，而且經常與講述教學相結合，其實施之技巧可參考發問技巧一章內容所述。討論教學是間接教學模式常使用的策略之一，其目的在讓學生探究、解決問題和發現結果，使用間接教學教室中的活動不以教師為中心，而是將學生的想法和經驗帶入課程中，這樣的教學會變得更複雜，教師要做好事先的準備工作，例如設計問題、訓練學生的社交技巧等，但這卻是發展學生批判思考能力的教學策略（郝永崴等，2007）。學生在上課時總會覺得教師講得太多，學者提出證據指出教師在一節課講了三分之二，有時聽課對學生是一件無聊事，尤其是當學生已經具備相關的知識。為何教師不讓學生說說他們所知道的事？但是學生所期待的討論卻很少應用在教學之中（Arends, 2004）。討論技巧最常應用在情意領域的教學，本章除就討論功能、實施方式作一探討之外，也針對比較常用的情意教學法作一闡述。

第一節　討論教學的意義與功能

　　討論可分為全班討論及小組討論兩種類型，全班討論是由教師主導的一種教學活動，通常與直接教學模式相結合，而小組討論則是屬於間接教學模式，其學習歷程是由學生主導。一般人聽到小組討論都會聯想到合作學習，雖然合作學習比較常採用小組學習，但是兩者是有所不同的。合作學習是運用在正式團體（formal groups），這種團體屬於異質性團體，而且會長時間待在一起；小組討論則是運用在非正式團體（informal groups），這類團體是短暫的，可能由鄰近學生組成小組進行討論，下次討論的成員也許又是不同人，例如教師在講述教學之後分組進行討論或練習（Johnson & Johnson, 1999）。除成員的差別外，教學的重點也有所不

同，通常合作學習會著重在成員關係的建立，而直接教學則是著重在分析的歷程，討論教學則是介於兩者之間（Lasley & Matczynski, 1997）。

 壹　討論教學的意義

在對小組討論下定義之前，先界定何謂討論教學法，討論教學法是「一群人爲了達成某種教學目標，齊聚一起，經由說、聽和觀察的過程，彼此溝通意見。」（張霄亭、朱則剛、張鐸嚴等，2000）或者是「一大群學生或一小組學生在老師的指導下，以分組討論、辯論、座談會、腦力激盪等方式做建設性的思考，在與同儕互相切磋中進行更廣泛、更深入的探究活動。」（張新仁，1999）討論教學可分爲全班式的討論與小組的討論兩類，前者是教師與學生之間的彼此對話，是教師主導討論的問題與對話的過程，帶領學生做彼此之間意見的交換。而後者將全班分爲幾個小組分別進行討論，各組學生依照教師所交付的主題進行討論（黃炳煌，2002）。小組討論教學即是將全班學生以 4-8 人分爲一個小組，組內成員以口語溝通的方式彼此交換理念和資訊，以尋求答案或獲得多數成員所接受的意見。在實施這種教學法之前，爲了使學生精熟討論的技巧，教師必須利用時間來教導及練習，使學生了解教學流程及如何進行討論，如果能讓學生先演練討論的過程，教師才能發現問題並有效地解決（Orlich, Harder, Callahan, Trevisan, Brown, & Miller, 2013）。

 貳　討論教學的功能

討論其實不是一種真正的教學模式，因爲幾乎所有的教學都會用到這種策略，在使用此策略時，有必要分清楚「交談」（discourse）和「討論」（discussions）的差異，字典上的定義都是以口語的方式就特定主題表達自己的想法，但是學者都認爲將之視爲「交談」更能反映出多樣化的交流和溝通模式。有時「討論與背誦也會混淆不清，例如用來激發討論的發問都是認知層級較高的問題，而直接教學法中的發問則是一些事實性的問

題，只在檢查學生對特定想法或概念的理解程度（Arends, 2004）。通常教師使用討論教學是要達成以下四項目的：1. 複習和擴展學生已經學過的知識，讓學生可以對該主題更加精熟。2. 當學生研讀某一主題後，讓學生檢視其理念及意見，再與同學分享。3. 解決問題，就政治、經濟或社會問題加以討論，提出解決策略。4. 協助學生改善他們面對面或人際溝通的技巧（Orlich et al., 2013）。基於上述的教學目的，小組討論教學即具備以下幾項功能（王金國，2000；洪子晴，2004；沈翠蓮，2003；張霄亭、朱則剛、張鐸嚴等，2000）：

一、認知方面

㈠熟悉教材

由於學生針對主題進行討論之前必須先閱讀指定的資料，如此有助於學生熟悉教材；在進行討論活動中，學生以自己的舊經驗與舊知識為出發點，需要隨時組織和綜合運用這些知識，所以有助於新舊知識的融會貫通。

㈡發展批判思考能力

在討論的過程中，學生提出自己的觀點後，會隨時接受到其他成員的挑戰，所以會尋找適合的理論與知識來驗證自己的論點；同時，在聽到別人的觀點，也會從中尋找對方論點的缺失，如此透過不斷質疑辯證的歷程可發展學生的批判思考能力。

㈢養成解決問題能力

透過小組討論，學生蒐集更多的資料，而討論過程中的意見表達，也使其能從不同的角度思考，進而找出解決問題的方式。

二、情意方面

㈠激發學習的興趣

學生在討論的過程由於大家的身分都是學生，可以讓人更放鬆、更自由的表達出自己的意見，增加了主動學習的興趣。

㈡凝聚團體向心力

學生在討論過程發生意見衝突時，學習彼此尊重、接納和容忍，形成共識，發展出團體歸屬感。

㈢促進團體與自我的了解

在團體的討論過程當中，組內彼此之間意見交換，進而討論出共同都可以接受的觀點。在這個過程中，學習到尊重與彼此接納，形成良好的團體氣氛。而自己也在這個討論的過程當中，重新了解自我。

三、技能方面

㈠增進溝通的技巧

在討論的過程當中，學生必須透過語言，將自己的論點很清楚的敘述出來，除了表現自己的能力、建立自信心外，也讓聽者可以很容易就了解到自己的論點，聽者也可以藉此訓練自己聆聽的能力。這樣的過程可訓練學生彼此的溝通及社交技巧。

㈡培養民主參與的技能

配合適當的發言規範，可幫助學生培養尊重彼此發言的學習態度，不會因為組員提供錯誤的意見，而過度責備或排擠該組員。討論的時候，參與者有機會發言來表達自己的看法，而且也必須聽取別人不同的意見，還可以針對問題再發出疑問，這些聽、說、發問的技能，正是當今民主社會不可或缺的。

第二節　討論教學的特性與實施程序

討論教學可以普遍應用於任何學科、活動和年級，是落實杜威民主教育理念最佳的教學形式，對於培養學生民主參與精神有很大助益。以下僅就討論教學的特性及實施程序作一探討。

壹　討論教學的特性

　　討論是在一種情境中，學生或師生可以分享資訊、理念、意見及共同解決問題，而不是教師提出問題問學生，等學生回答後教師再提出另一個問題。如前文所述，有效能的討論教學可以達成多項目的及功能，教師如能掌握討論教學特性，則可擬定出良好的討論教學計畫。討論教學有以下四項特性（Orlich et al., 2013; Ryan, Cooper, & Tauer, 2013）：

一、討論教學適用在多種教學情境

　　討論教學可以單獨使用，也可與其他教學結合使用，適用在多種不同目的教學情境，例如直接教學、概念教學、合作學習、道德兩難教學等，均可進行小組討論。小組討論亦可應用在複習舊教材、補救教學、分享經驗的教學活動中。

二、每位學生各有角色及責任

　　小組中每人都有一個角色，由教師或小組分配，每一角色有其權利、義務和責任，例如主持人負責主持討論的進行、摘要者（summarizer）負責報告討論的摘要、研究者（researcher）蒐集討論所需的資訊、跑腿者（runner）負責完成工作所需的設備或用品、計時員負責掌握討論時間、記錄員（recorder）負責記錄成員討論的結果、檢查員（checker）負責檢查小組成員的發言內容是否與教科書或相關文獻不符合。小組一般都會設小組長，討論時要擔任主席，主持討論的進行，成員沒人自願發言時，主席要指名發言，發言結束後主席要對其發言做一摘要。在第一次的討論實施前，教師要教導小組長如何計畫、如何發問、如何做摘要、如何限制冗長發言、如何請成員發言等技巧。組內各種角色必須輪替，讓每人有不同的經驗。教師是促進者（facilitator）的角色，教導學生討論的技巧、指導學生學習，小組討論進行時，教師要巡視行間，傾聽、觀察和鼓勵學生參與。

三、較少控制學生的學習與秩序

小組討論透過教師與學生或學生與學生的交談來學習，教師在學習的過程中較少控制學生的學習及規範，以致每位學生學習到的概念或資訊是不相同的。也因為學生交談及移動桌椅的音量過大，會使班級常規變得較難控制。

四、要事先教導學生的社交技巧

討論的基本特性之一是以口語、面對面的互動方式進行學習，學習的過程即是溝通的過程，學生需要教導領導、溝通、建立信任和解決衝突等社交技巧，好讓學生能夠有效地進行討論。

 ## 討論教學的實施程序

一般而言，討論教學的實施程序可分為四個階段：討論前準備、展開討論、結束討論、結束後的評估。以下分別說明各階段的重點（張霄亭、朱則剛、張鐸嚴等，2000；林進材，2008；Arends, 2004; Orlich et al., 2013）：

一、討論前準備

這個階段的重點是確定討論的主題及完成討論前的準備工作。教師會以為討論教學所需要的準備比其他類型教學來的少，另一想法是認為討論是完全無法事先進行計畫的，其實這兩種想法是不正確的，為討論做計畫及做準備都是必要的。在準備討論教學前所要考慮的因素如下：

㈠考慮目標

教師要確定討論教學是否適用於上課的教材？是否能達成教學目標？如果答案都是肯定的，接下來則要思考討論的內容，是聚焦在認知或情意層面？是否需要與其他教學策略相結合？例如小組討論能在參觀法院、博物館戶外教學後進行，討論主題也可來自課程的教學進度。

㈡ 考慮學生經驗與發展

教師必須在課前對學生已有的知識有所了解，也要知道學生是否具備討論和社交的技巧。為使成員具有足夠的資訊，教師要提供獲得資訊的管道，例如書本或是網站可以獲得所要的資訊，讓討論可以持續下去。在做計畫時，教師要設法讓更多的學生都能參與討論，而不是只有成績比較好的學生才能參與；教師還要準備能讓學生產生興趣的主題，讓學生能踴躍參與。如果想要發展學生高層次能力，但是所選的主題卻不能讓學生感到興趣，如此討論出來的成果也是有局限。道德兩難或是相互矛盾的主題是好的討論主題，同時題目要有足夠的難度，以維持學生的興趣。

㈢ 選擇討論模式

討論法的模式很多，教師應依據教學目的與學生的特性選擇討論模式。教師的角色是安排問題、布置、時間管理，如果學生不熟悉討論的歷程，教師要知道如何引導。

㈣ 考慮教室座位安排

教室的空間要如何妥善安排，亦是考慮的一項因素。如果是全班討論，學生座位可以排成ㄇ字型或是圓形，甚至不必調整也可進行，但是小組討論就要規劃如何安排小組的座位；最佳的小組討論是大教室分布幾個小組，簡單的方法是改變桌椅的方向，讓學生能面對面，而且不受他組的干擾。如果教室有書櫃，可以區隔出幾個空間，避免彼此的干擾。

二、展開討論

進行小組討論前，教師要用 5-10 分鐘向全班說明討論的題目、時間、討論規則、評量等事項，同時教師可以透過講述或影片等方式進行講課，作為引起動機之用，以帶動討論的氣氛。在各種準備工作完成後，可以立刻進行討論。討論時教師要注意以下兩件事：

㈠ 維持教室秩序

討論過程中會發生學生大聲說話、任意走動等秩序問題，教師要妥善

約束學生降低音量，以免吵到其他小組的討論。也可能學生會要求到圖書館找資料，以致任意進出教室，教師要管理學生的秩序，維持良好的學習環境。

(二)監督學生討論

討論過程中有時會發生學生的發言無法聚焦在主題上，甚至偏離主題或相互聊天的情況產生，此時教師藉由在教室中的巡視或參與小組討論活動的作法，謹慎監督各小組的活動，以確保小組聚焦在討論的主題。

三、結束討論

小組工作完成後，教師要針對討論活動做總結及評量，可扼要敘述各組報告的重點，或是以簡短的講解新知識做總結，也可透過省思性的問題做總結，例如在今天的討論中，你主要的收穫是什麼？你認為討論中最具挑戰性的任務是什麼？除總結討論活動外，評量亦是在此階段進行，教師可依據小組的討論記錄、成果發表予以評分，也可用自我檢核表的方式由學生自評其參與討論的程度。

四、結束後的評估

討論教學結束後除了對各組表現進行評量之外，教師還要評估是否達成教學目的？並要省思如何改進討論過程所發現的缺失。

第三節　常見的討論教學模式

從討論活動中，學生要完成的任務有二：預期的討論成果、成員在討論過程學會與他人互動。小組討論的模式很多，教師要選用哪種討論的型態，則需考慮討論的目的及學生的能力等因素，因此教師必須了解各類型之特色及程序，以期在教室中能有效使用。以下介紹五種基本的討論模式說明之。

腦力激盪

　　腦力激盪（brainstorming）英文的意涵為精神病患者的頭腦，可見只要脫離常人思考模式的軌道，很容易被認定不正常。此一技術最早是由美國廣告公司的創始人奧思朋（Osborn）在 1938 年首創，其意義為一群人共同運用腦力，作創造性思考，在短暫的時間內，對某一項問題的解決提出大量構想的技巧（陳龍安，2005）。

一、實施原則

　　腦力激盪的實施方式可採用全班共同討論及分組討論的方式進行，若採小組討論可在小組討論之後推派代表上臺呈現小組的腦力激盪成果。一般在實施此一技術需遵守以下之原則（林美玲，2002; Ryan, Cooper, & Tauer, 2013）：

　　㈠ 除開玩笑以外，所有的想法均可列入紀錄。

　　㈡ 對他人的建議不做批評。

　　㈢ 成員可依據別人的意見提出新的想法，所提出的想法不歸個人擁有。

　　㈣ 小組的領導者對沉默的成員要引導他們提出意見，並給予正增強。

　　㈤ 鼓勵奇異、怪誕觀念，品質重於數量，且所提意見需強調創造性。

　　㈥ 不允許有任何人身攻擊，陳述正向的語言，對事不對人。

　　㈦ 採取搭便車或撞球策略，尋求觀念的聯合及修正。

　　㈧ 列出各項意見和觀念，進行批評與評鑑。

二、教學流程

　　腦力激盪人數不拘，以 5-8 人最為適宜，其中一人為主席，一人為記錄。除用在創造思考教學外，一般學科也可適用，例如學生在寫作文之前，可以先分組進行腦力激盪，互相說出自己的想法，個別統整後再開始寫作。教師在實施教學之前，務必先對學生說明實施的流程及原則，經過教導後更能掌握腦力激盪的精神。以下是腦力激盪法的教學步驟（林美

玲，2002；李春芳，2001）：

㈠先決定出討論的主題。

㈡各組選出記錄，將每個人的點子寫在白板或海報紙上，以便讓大家都能看得到。

㈢每個人輪流發言，所有想到的點子都應該說出來。

㈣最後再從眾多建議中，刪除不合標準的意見，選出或合併出可行建議，歸納為最終答案。

㈤實施腦力激盪時，如果學生均沉默寡言該怎麼辦？可以先讓學生思考 3-5 分鐘，醞釀思考，再開始腦力激盪。想好之後先指定一位同學提出構想，再傳給其他同學，一個一個輪流，形成一種腦力激盪壓力。或是以分組比賽方式，比賽哪個小組提出的點子比較多。

 ## 貳 菲利普66法

菲利普 66 法（Phillips 66）為美國密西根大學教授菲利普（J. D. Phillips）於 1949 年所提倡，此法適合於不熟習小組討論的班級在作新的嘗試時採用，學習者在事前不需做太多準備，也不必具備熟練的團體討論技巧。其特色是 6 人和 6 分鐘的原則，即班級的各小組均由 6 人所組成，小組形成後，立即在 1 分鐘內選出各小組的組長和助理，然後教師在 1 分鐘內說明討論主旨和問題的範圍，接著各小組必須在 6 分鐘內獲得討論的結果。教師在此種小組討論的任務，包括決定討論主題、安排小組成員、宣布開始討論、從旁觀察或給予回饋等。菲利普66法的步驟如下（林寶山，1996；張新仁，1999）：

一、分組：6 個人一組，每一組推選一位主席，由主席指定一位同學計時，一位同學紀錄。

二、解說題目：教師在清楚明確解說題意之後，即可開始展開討論。若題目是參與者不熟悉的，則可提供資料讓學生先行閱讀。

三、進行討論：討論時間是 6 分鐘，座次安排以 6 人目光能彼此注視為準。教師此時應巡視觀察各組，提供必要的協助。

四、綜合報告：每組指派一人提出該組論點。

五、總結：教師綜合歸納各組論點。

六、注意事項：1. 各組應確實掌控時間；2. 發言時應去除客套話，愈簡潔愈好；3. 探討的主題不宜太專門，以交換心得為佳；4. 實施前應有帶動氣氛的暖身活動；5. 教師要能在極短時間內帶動熱絡的討論氣氛；6. 讓每個人都有參與感。

 ## 參　滾雪球式討論

滾雪球式（snowballing）討論包含思考、配對、分享三步驟（think-pair-share），老師提出一個問題後，每個學生針對問題寫下自己的想法（或答案）（think），然後教師讓學生與鄰座的同學分享他們寫下的想法（pair）。分享完後他們再找另一個 2 人小組討論，共同分享他們的心得（share）。老師應提醒學生在討論時著重彼此間觀點的差異性、相似性，是否可有新的論點在此討論出來。如時間允許，可以讓學生再找其他 4 人小組繼續討論下去，直到全班都加入討論為止。最初的 2 人小組往往是最能深入交流的，但加入愈多小組後，愈可聽到更多差異及共通觀點。教師可以將學生最初的個人思考紀錄收回，作為出席率的考核（史美瑤，2018）。

 ## 肆　討論會與辯論

座談會（symposium）、討論會（panel）、辯論（debates）與讀書會都是使學生小組能更融入特定主題且能深入討論的教學活動。當教師希望學生使用高層次的思考或當討論的主題可以從不同角度去討論時，討論會與辯論可以協助學生在富有爭議性的問題上獲得暫時的解決策略或替代性的方案，然而這種討論並不要求達到一致的解決方案或結論（王金國，2000；劉豫鳳等，2008）。

討論會的主題應事先由老師準備，並且主題應與教學目標及學生所

關心的議題有關聯。在討論會中，學生被分成兩類，一類是參與討論會的人；另一類則是出席討論會的人。參與討論會的成員必須對主題有基本的認知和理解，並且事前有充分的準備，人數通常只要三或四人，另有一位主持人主持議程，通常這些成員由教師事先指定，而班上其他學生則擔任討論會的觀眾。討論會的程序可分爲四個部分：1. 教師先介紹主題、討論會的成員，並且提醒其他同學注意聽；2. 討論會的成員分別利用 3-5 分鐘的時間陳述自己的觀點；3. 進行公開的討論，讓所有的學生均能自由地表示意見；4. 每一位討論會成員做結論或摘要（王金國，2000；林寶山，1996）。

　　辯論活動爲可增進學生批判思考的教學策略，這是一種非正式的討論，包含兩組對立的小組成員，他們根據蒐集的資料，依照一定的規則，闡述指定議題的議論與辯駁，並以說服對方爲目的。這種教學適用於社會學習領域，師生可選擇學校、社區、國家或全球的爭論性議題作爲辯論的主題，例如你贊成網路交友嗎？你贊成興建核四廠嗎（林菁，2010）？辯論的類型又有英國議會式辯論、奧勒岡辯論等，教室內的辯論不宜過於複雜。

伍　任務導向討論

　　大部分的討論教學都是採用任務導向討論（task-directed discussion），即教師交付各小組批判性、分析性或省思性問題，各組成員經由相互分工及討論而獲得答案。小組成員需分配特定工作，例如主持人、紀錄者、報告者等，教師視時間長短規劃討論時間及總結報告時間（Ngeow & Kong, 2003）。學思達教學、合作學習、道德教學、探究教學等教學法，經常會使用到這類型的討論方式。

第四節 討論在情意教學模式的應用

美國由於對道德教育的忽略，使得 1960、1970 年代社會動盪，犯罪率日益上升。因此從 1960 年代開始，美國人開始反思及批評以往灌輸特定價值的道德教育是否適切，價值中立的呼聲頓時成為主流。而在這種背景下，出現了價值澄清法（value clarification）和認知發展（cognitive development）等道德教育理念，強調教師必須是價值中立（value neutrality）的教學者，幫助學生澄清自我的價值觀，並摒除任何直接灌輸價值觀的教學方法。價值澄清法或道德認知發展理論在教學上是強調推理的方法或形式，避免給予兒童任何特別的、具體的內容（王財印等，2019）。國內道德教育之教學一般採直接與間接教學兩種方式，直接教學法如講述法，是將道德內容與學科結合，採用融入學科的方式進行教學，其缺點是容易淪為教條式的宣傳。為引導青少年具備道德判斷所需的知識與生活經驗，以及確立青少年實踐道德行為的內在意願，討論法是一種相當適合的教學方式，價值澄清法與道德兩難教學法對道德價值形成之認知有其地位與價值，因而在情意領域的教學受到重視。本節分別就價值澄清法、道德兩難教學法及角色扮演法等三種教學模式加以探討。

 價值澄清法

價值澄清法是目前盛行於美國各級學校的道德教學法之一，因為實施方法簡便、生動有趣、且富彈性，故在價值教學、輔導活動，乃至其他各科的教學上，都被廣泛地加以應用（單文經譯，2001）。這種教學法最早由瑞斯（Raths）等人於 1966 年合著《價值與教學》（*Values and Teaching*）一書中提出，該書質疑傳統的道德灌輸，因而提供各種價值澄清的策略，讓學生對道德性議題進行系統化反思，故受到世人的重視而廣泛運用，西蒙（Simon）於 1973 年再將此理念應用在輔導領域。價值澄清法主要目的是協助學生察覺並確定自己或他人的價值，在面對問題時，能有很明確的看法，以尋求較為合理的解決方法。瑞斯認為價值觀念不明確

的人，在生活上沒有確切的方向，而且不知道如何運用時間，如果能夠澄清個人的價值，才會朝向特定目的努力，並作出合理的思考判斷（王財印等，2019）。

一、價值形成的過程

瑞斯、西蒙等人強調，價值形成的過程必須經過三個階段、七個步驟（歐用生，1996）：

㈠選擇（choosing）

1. 自由選擇；2. 從許多選擇中選擇；3. 對每一個選擇中的結果都深思熟慮後選擇。

㈡珍視（prizing）

4. 讚賞、重視和珍愛所做的選擇；5. 願意公開地肯定自己的選擇。

㈢行動（acting）

6. 以自己的選擇採取行動、嘗試去做；7. 在自己某些生活模式中重複的行動。

任何觀點、態度、興趣或信念要真正成為個人的價值，必須符合這以下七個規準，缺一不可：1. 自由選擇；2. 從各種不同途徑中選擇；3. 對各種不同途徑的後果三思後才做選擇；4. 重視和珍惜所做的選擇；5. 公開表示自己的選擇；6. 根據自己的選擇採取行動；7. 重複實行（歐用生，1996）。

二、教學過程

價值澄清法的教學過程，可分成了解、關聯、評價、反省四個時期（王財印等，2019；歐用生，1996）。

㈠了解期

使個人表達自己，並且分享相關的資料和知識，由個人多種可能的

行爲方式中來自由選擇表達自己,是此時期的主要工作。教師可以應用圖片、統計圖表、卡通、詩或畫等引導或協助其了解,並鼓勵學生提出自己所了解的情形與看法。

(二) 關聯期

此一階段包含選擇和珍視的過程。教師將了解期學過的相關概念,與正在學習的主題和理念關聯起來,再進一步澄清兩者的關係。

(三) 評價期

又稱爲價值形成時期,學生表達對上述資料、理念、概念、事件的好惡感覺,以及自己的選擇、決定。

(四) 反省期

是指由學生反省個人所經驗過的價值或感情,並鼓勵個人公開表達出自己的價值觀和感覺,使學生覺知他們如何了解、如何思考、評價和感覺。

三、教學活動與技巧

從價值澄清法的四個階段來看,價值澄清法是透過教學活動的設計引導,提供學生選擇的機會,形成個人主觀認同與珍視的價值體系,進而願意主動與公開表現,並將其付諸行動的一種教學方法。因此在教學中,要應用各種技巧,並且透過所設計的活動實施。瑞斯等人便曾設計二十種活動,但歸結起來,價值澄清法的活動型態,主要可以分爲以下三類(歐用生、林瑞欽譯,1991;林吉基,2011):

(一) 書寫活動,例如價值單、每週反省單(思考單)、未完成填句、標記活動等,茲以價值單爲例作說明,當你有 1 萬元可花用時,你要做哪些決定?

(二) 澄清式問答,這是老師以問題來聽取學生的回應,並幫助學生釐清自己觀念與價值的修正。以下爲教學範例:

志明在課堂上回答老師的問題時說:「他最不喜歡上國文課」,請依

此態度給予價值澄清回答：

　　1. 老師：在所有科目中，最不喜歡上國文課，理由何在？

　　　　志明：作業太多，常寫不完。

　　2. 老師：因為作業太多，就不喜歡上國文課？

　　　　志明：對。

　　3. 老師：老師出很多作業，你猜老師的目的為何？

　　　　志明：為了我們好。

　㊂討論活動，包括價值澄清式的討論、行動計畫、角色扮演、設想的偶發事件討論等。價值澄清式的討論是教師對學生的回答不作評價，只是幫助學生對自己的抉擇和結果再檢驗，以便做選擇。例如學生說沒工業汙染的話，人會生活的更好。教師提問：商業怎麼辦？政府要怎麼做？你能做些什麼？

貳　道德兩難教學法

　　心理學認知發展論代表人物為皮亞傑（J. Piaget）與柯爾柏格（L. Kohlberg），重視孩童的道德推理與判斷能力，以及拾級而升的道德發展階段，此派理論對於近數十年來的道德心理學，以及道德教育理論有極大的影響。1981 年柯爾柏格將道德認知發展區分為六個階段，即是所謂的三期六段論，他藉由「道德兩難」的問題，來評定個體的道德推理層次，不受到種族或文化因素影響，並藉由對於道德兩難的討論方法中，引導學生進行道德推理，幫助學生解決道德衝突（李琪明，2013）。

一、道德兩難故事

　　道德兩難（moral dilemma）的問題大都牽涉到當事人和他人間在需求、權益方面的衝突，這些需求、權益可能是金錢、權力、親情、友誼、愛情、生命、自由等，對每個人而言這些需求或權益都具有不同的價值（重要性），當個人與他人的需求或權益產生衝突，必須在衝突的價值間做取捨才能解決問題時，便產生價值或道德衝突，因為選擇了某一項價

值就必須犧牲其他的價值，人們是否能依據較高層次的道德原則做取捨是道德兩難教育的核心議題。道德兩難問題並沒有對或錯的標準答案，決定取捨什麼不是重點，重點在取捨的理由，從人們解決兩難衝突背後的理由及推理模式可以了解其相應道德認知層次，以柯爾柏格著名的海因茲（Heinz）偷藥的兩難故事為例，同樣不贊成偷藥，如果理由是「偷藥會被關監牢」則屬道德認知發展的第一階段，「偷藥別人會把他當壞人」則具第三階段推理形式，「偷藥破壞社會規範」已具第四階段推理形式。因此，在評估孩子們道德發展過程要重視他們的推理方式（理由）而非答案（王財印等，2019）。柯爾柏格指導我們編擬兩難故事的基本要素包括五項（林吉基，20111；單文經，1996）：

㈠主題：故事內容儘量簡單，最好只包括兩、三位主角。困境故事的情節應集中在學生生活、課程內容，或現實社會生活，使情節具有逼真性。

㈡主角：故事包括一個主角，情節圍繞主角而構成，討論時學生針對主角該做的道德加以判斷。

㈢行動選擇：故事中的主角必須包括兩個選替性的行動，但不應該代表一種文化上認同的「正確答案」，如此對主角造成衝突與困境而激發推理。

㈣道德問題：可以包括道德、中心德目的核心價值問題。報章媒體熱門討論的話題如安樂死、代理孕母等議題，亦可列為討論教材。

㈤所擬討論問題含有「應然」的形式：如要不要、會不會等，以及探尋理由「為什麼」的假設性問題。沒有單一而正確答案的問題，才能引發衝突刺激討論。

二、教學流程

道德是個繁複的議題，道德教育之施行更不容易。透過道德兩難問題情境，經由充分的角色扮演和討論，可以教導學生正確的判斷能力，提升學生的道德認知水平，收到良好的教學效果（李怡慧，2018）。欲使道德討論教學有效地實施，教師必須預作籌劃，道德兩難的教學流程有以下步

驟（王財印等，2019；單文經，1996）：

(一) 引起動機

主題討論之前，可用與該故事有關的問題做暖身討論。

(二) 呈現故事

故事呈現給學生，可由教師視當時的條件而採取最適當的方式，例如可用講義、影片、投影片、口頭說明、角色扮演、新聞事件等。不管用什麼方式展現出來，重要的是透過故事的情節，激發學生參與討論的意願。

(三) 澄清教材內容

故事呈現之後，教師應就故事內容問幾個問題，以確認同學了解內容且能引發道德兩極之爭議，最後老師提出兩難困境討論之問題，以確定同學對於故事主角所面臨的衝突與抉擇是否了解。

(四) 提出主張

教師要求每位同學，設想自己就是故事主角，就所面臨的兩難問題加以考慮，並表明自己的立場，每位學生個別判斷這些問題「該」或「不該」的主張，並提出「理由」。立場或主張確定之後，教師以每組 4-6 人為原則，將不同立場的學生加以分組。

(五) 分組討論

分組討論的目的，在增加學生間相互結難的機會。在意見相同的小組內，能激發出更多的道德理由，以作為全班討論的基礎。討論時教師必須巡視各小組，給予協助及避免討論離題，本步驟約需 15-20 分鐘。

(六) 全班討論

教師要求學生將各小組的結論，以口頭報告的方式，推派代表上臺報告，報告完後同學可再補充或提出質問。

(七) 結束討論

道德討論教學的最後一項活動，是協助同學順利地結束討論，並且指定課後作業，以延續教學效果。

參 角色扮演

所謂角色扮演（role playing）是指教師設計學習情境，讓學生能模擬思考此角色的想法或態度，進而獲得新知識與技能，並在討論的過程中，澄清自己的概念（吳秀碧，2000）。亞伯朗斯基（Yablonsky, 1981）對角色扮演的定義如下：教師決定教學主題之後，設計情境並安排扮演的人選，引導學生進行分享，學生可從角色扮演中反思個人行為與價值觀。角色扮演的優點是將學習融合了模擬及遊戲活動，容易引起學生的學習動機，提高他們對課堂的興趣，寓學習於遊戲。

一、實施步驟

角色扮演所面對的局限也不少，主要是由準備到表演、討論與總結，需要花費較多的課堂時間；對於一些不認真對待角色扮演的學生，會較難達致預期的學習成果（廖佩莉，2010）。角色扮演的實施共包含以下六步驟：1. 決定欲探討主題；2. 依據主題設計情境與角色；3. 安排角色分配與觀察者任務；4. 進行角色扮演活動；5. 帶領討論；6. 進行反思（陳蓉倩、楊錦心、蘇照雅，2007）。廖佩莉（2010）以香港小學六年級學生為對象，選了〈醜小鴨〉這一篇戲劇體裁的文章作為角色扮演的試教，4 節課可分為下列三個階段：

(一) 準備階段（1節課）

1. 教師先提問學生〈醜小鴨〉的課文大意。

2. 學生解說分組角色扮演比賽的詳情。

3. 教師將全班分為四組，每組約 6 人。故事由四幕劇組成：醜小鴨的出世、出走、受難和新生，每組負責一幕劇的角色扮演。

4. 教師需與學生商討角色扮演的步驟。

5. 介紹各組別要討論的工作。

6. 介紹評分方法，老師派發評分標準，讓學生知道如何預備演出。

7. 給學生分組討論和排演練習時間。

㈡**表演階段**（**2節課**）

學生演出，四組同學輪流表演，每組表演完畢，用 5 分鐘讓各組互評。

㈢**討論階段**（**1節課**）

1. 教師先與學生討論評分、每組的表現。

2. 與全班討論以下問題：(1) 如果你是醜小鴨，你會離家出走嗎？你會怎樣面對嫌棄你的人？(2) 你對劇中哪個角色印象最深刻？為什麼？(3) 請學生發表對這次表演的感受及在角色扮演上遇到哪些困難？怎樣改善？

3. 老師綜合意見和頒獎。

二、角色扮演的教育功能

角色扮演運用於教育情境中，讓學生經由對問題情境的扮演和討論，來探究人際關係中的情感、態度、價值問題，以及共同思考問題解決的策略。應用於輔導稱為心理劇。應用於模擬技巧中，可提供行為表現的練習機會，例如學測面試的模擬。應用於生活情境，則可學習社會技巧，以增進良好的人際關係。這種教學方式是不必經過排演的即興表現，沒有固定的腳本，也不必受限於特殊舞臺，非常適合在教室中實施。教師可以將實施程序簡化成簡述問題、互動與討論三個步驟，於第一個步驟中確定問題情境、決定角色，互動階段即可進行演出，在討論階段分析行為的後果，討論如何在生活中實踐良好的行為（金樹人，1996）。

自我練習 ....

一、選擇題

(　　) 1. 「角色扮演」的教學程序，以下何者正確？ (A) 團體暖身、布置情境、挑選參與者 (B) 布置情境、挑選參與者、團體暖身 (C) 團體暖身、挑選參與者、布置情境 (D) 挑選參與者、布置情境、團體暖身

(　　) 2. 邱老師拿出一張光碟，請學生在半分鐘內，寫出光碟的用途，且愈多愈好，邱老師可藉此評估學生創造力的何種成分？ (A) 變通性 (B) 獨創性 (C) 流暢性 (D) 精緻性

(　　) 3. 下列何種說法，比較符合價值澄清法的特性？ (A) 較關切價值形成的結論，而非價值形成的過程 (B) 教師宜鼓勵學生依據大多數人的想法選擇價值 (C) 基本前提是沒有人可傳輸絕對正確的價值給其他人 (D) 價值形成是自我內省的過程，無須公開自己的選擇

(　　) 4. 由於班級學生的生活常規每況愈下，教師擬運用「腦力激盪」引導學生找出解決方法，其運用之最關鍵原則為何？ (A) 掌控時間 (B) 規定大家參與 (C) 運用菲利浦六六討論法 (D) 對於各種解決方法先不做價值判斷

(　　) 5. 在進行六六討論法教學時，下列哪一個是「不必要」的？ (A) 每組 6 個人 (B) 每人發言 1 分鐘 (C) 限制 6 分鐘討論時間 (D) 每人提出六個問題

(　　) 6. 金老師以「各國對歐洲難民安置所遭遇的處境」為主題，請學生依據拒絕或接納的立場蒐集資料，讓各組發表意見及相互詰問，之後各組依所持理由作摘要與結論，並在全班進行分享與討論，最後引導學生重新思考原來的主張，並慎思生活中的人道議題。金老師的教學法最符合下列何者？ (A) 道德討論法 (B) 價值澄清法 (C) 欣賞教學法 (D) 問題教學法

(　　) 7. 有關菲利浦六六法（Phillips 66）的內涵，下列有六項敘述：A. 請組員於討論前充分準備；B. 小組成員 6 人每人都要發言；C. 教師在 6 分鐘內提示討論主題；D. 以具有爭議性的問題為關注重點；

E. 小組討論 6 分鐘；F. 教師歸納統整，進行各組優缺點評估。以上六項敘述中哪四項是正確的？　(A)BDEF　(B)ABCE　(C)BCEF　(D)ACDF

(　　) 8. 下列何者最適合以道德討論教學法進行情意教學？　(A) 你認為在學校考試作弊的後果為何？　(B) 你認為學校考試作弊的嚴重程度為何？　(C) 你認為好朋友作弊時，該不該向老師報告？　(D) 你認為學校該如何避免學生考試作弊的行為？

(　　) 9. 在課堂運用討論方式進行教學時，以下觀點或作法何者正確？　(A) 不要問「事實性的問題」，以培養學生自己的觀點　(B)「解釋性的問題」不只探索作者說了什麼，也探索文中所述的意義　(C)「你是否會購買僱用童工工廠所販售的產品？」即是屬於事實性的問題　(D)「評價性的問題」，不適合放在全班討論中，以免引起爭議

(　　) 10. 進行討論教學時，為了提供不同思考向度，以了解及解決爭議性問題，請二、三人對主題深入研究並做報告，其他成員則自由回應意見。這是屬於下列何種討論類型？　(A) 討論會　(B) 腦力激盪　(C) 菲利浦 66 法　(D) 導生討論小組

(　　) 11. 下列何者較不可能是進行討論教學時會遭遇的問題？　(A) 流於單向溝通　(B) 時間較難掌控　(C) 秩序不易維持　(D) 偏離討論主題

(　　) 12. 社會領域進行討論教學時，題目為「國中生適宜談戀愛嗎？」，下列分組方式何種不宜？　(A) 亂數分組　(B) 男女分組　(C) 猜拳分組　(D) 異質分組

(　　) 13. 教師運用討論教學法進行教學時，以下哪一情境較適用？　(A) 成員不熟悉問題時　(B) 研討有爭議性的問題時　(C) 培養團體意識時　(D) 欲傳遞知識技術時

(　　) 14. 下列何者不屬於認知領域的教學方法？　(A) 精熟學習法　(B) 啟發教學法　(C) 價值澄清法　(D) 設計教學法

(　　) 15. 價值澄清法是由哪一個學派的心理學家所提倡？　(A) 行為主義心理學　(B) 認知心理學　(C) 人本主義心理學　(D) 存在主義

(　　) 16. 價值澄清法的教學過程分為四個時期 (1) 反省期；(2) 了解期；(3)

評價期；(4) 關聯期，依序為： (A)(2)(4)(1)(3)   (B)(2)(4)(3)(1)
(C)(1)(2)(3)(4)   (D)(4)(1)(2)(3)

( ) 17. 價值澄清法的教學過程中哪一個時期能使學生敘述哪些該做、哪些
不該做，亦即讓學生的價值和情感表露出來？ (A) 了解期   (B)
關懷期   (C) 評價期   (D) 反省期

( ) 18. 吳老師在生涯發展的課堂上，提供「學校排名、模擬考分數、學校
設備、地理位置、家長評價、教師知名度」等項目，請學生從自己
的觀點，將這些項目，依其重要性加以排序，並寫下排序的理由。
接著，在小組討論後，重新調整自己的排序，並與大家分享其排序
的理由。吳老師採用下列哪一教學方法？   (A) 角色扮演法   (B)
問題解決法   (C) 欣賞教學法   (D) 價值澄清法

( ) 19. 謝老師根據柯爾柏格（L. Kohlberg）的道德認知發展論設計教學活
動，期望道德循規階段的學生可以提升至道德自律階段。謝老師最
適合採用下列哪一種教學方法？   (A) 提供道德楷模   (B) 價值澄
清法   (C) 道德兩難情境教學   (D) 道德規範解說

( ) 20. 有關討論教學法的敘述，下列何者最適切？   (A) 無法達到情意的
目標   (B) 學生的先備知識不重要   (C) 教師應對討論內容做歸納
(D) 教師不宜介入學生的討論

( ) 21. 教師在教學上運用「腦力激盪活動」的主要目的在促進學生：   (A)
變異性   (B) 獨創性   (C) 流暢性   (D) 聚斂性   思考

( ) 22. 吳老師想在課堂上引導學生以不同觀點討論「搭乘大眾交通工具，
該不該讓座？」讓學生表達自己的選擇，再依不同情境進行同儕問
答，引發深入思考，最後反思自己的選擇並行動。此屬於何種教學
法？   (A) 討論發表   (B) 角色扮演   (C) 概念獲得   (D) 價值澄清

( ) 23. 張老師透過一篇〈塑膠垃圾汙染海洋〉的文章，將環境教育議題融
入國語文教學，並依據國語文領域綱要核心素養「國 -E-A2 透過國
語文學習，掌握文本要旨、發展學習及解決問題策略、初探邏輯思
維，並透過體驗與實踐，處理日常生活問題」，設計教學活動。下
列何者最能夠呼應此核心素養內涵？   (A) 各組學生摹寫報導文章
並增加插圖   (B) 學生分組將文章內容製作成簡報並上臺報告   (C)

設計學習單，幫助學生熟悉與使用文章中的語詞和句型　(D) 分組討論文章的重點，並嘗試提出改善海洋汙染的方法

(　) 24. 在社會課中，陳老師想運用角色扮演法進行教學，下列作法何者較不適切？　(A) 事先編寫好劇本且進行排練，以增加上臺的成功經驗　(B) 教師宜選用學生熟悉的故事，讓學生較融入故事情境　(C) 演出後可簡短討論，且演出者可變化角色以體驗不同感受　(D) 演出的時間不用太長，若有不妥的情節，老師應適時引導

(　) 25. 蘇老師請學生圍成兩個同心圓，先由內圈學生討論，外圈學生旁聽，5 分鐘之後，外圈對內圈做回饋，同時也可以將新的小組帶進內圈繼續討論。這是應用以下何種討論法？　(A) 小組討論法　(B) 開放式討論法　(C) 圓桌座談　(D) 魚缸式討論法

(　) 26. 王老師在教學過程中，請學生針對兩難困境故事發表看法，則王老師所運用的教學方法較接近下列哪一教學方法？　(A) 批判思考教學法　(B) 道德討論教學法　(C) 問題解決教學　(D) 創造思考教學法

(　) 27. 下列主題中，何者較不適宜提交全班或小組討論？　(A) 數學文字題的解題策略　(B) 國語課文的朗讀方式　(C) 雙十節的由來　(D) 節約能源的作法

(　) 28. 採用價值澄清法進行道德教學時，下列何者是其最終目的？　(A) 能夠持續實踐自己所選擇的行動　(B) 能夠比較不同選擇的利弊得失　(C) 能夠見義勇為指出別人的不當行為　(D) 能夠珍愛自己關心他人

(　) 29. 葉老師採取腦力激盪法，引導學生思考「如何使雞蛋從五樓落到一樓而不會摔破？」他要學生提出各種可能的策略，且這些策略的差異性愈大愈好。葉老師的引導較能激發哪一種擴散思考的能力？　(A) 精進力　(B) 變通力　(C) 想像力　(D) 流暢力

(　) 30. 王老師以價值澄清法進行休閒活動教學。下列哪一項是老師在「珍視」階段時，會引導學生進行的活動？　(A) 比較各種不同休閒活動的性質及花費　(B) 討論各種不同休閒活動對自己的適切性　(C) 選擇適合自己的休閒活動，並進行該項活動　(D) 和同學分享自己喜歡的休閒活動，並說出其好處

參考答案

1.(C)　2.(C)　3.(C)　4.(D)　5.(D)　6.(A)　7.(A)　8.(C)　9.(B)　10.(A)
11.(A)　12.(B)　13.(B)　14.(C)　15.(C)　16.(B)　17.(C)　18.(D)　19.(C)　20.(C)
21.(B)　22.(D)　23.(D)　24.(A)　25.(D)　26.(B)　27.(C)　28.(A)　29.(B)　30.(D)

二、問答題

1.何謂討論教學法？這種教學法有何功能？

2.在實施討論教學時，會出現交談（discourse）、討論（discussions）和背誦三種情況，請區別這三者的異同。

3.請問較常應用在班級的討論教學法有哪些模式？

4.要實施有效的討論教學，在教學前、中、後要注意哪些事項？

5.何謂腦力激盪法？其實施的歷程及適用時機為何？

6.有關情意領域的教學比較適合使用討論法，請列舉兩項適合此方面的討論教學法，並說明其教學要點。

7.請設計適合國中小學生的「專書討論會」實施流程。

8.曉民跟小華兩人是好朋友，他們跟一些同學負責打掃校長室。有一次，曉民不小心打破了具有紀念性的花瓶，當時只有小華看到，後來學校追究責任。如果小華舉報曉民，擔心會影響兩人的友誼，但是不舉報又會連累其他同學。請針對上述情境，運用道德兩難教學法，設計一教學活動。

9.紀老師安排了一項體驗活動，讓學生蒙上雙眼，由另一位同學在一旁看顧，從教室走到廁所，再回到座位上。體驗結束後，老師嘗試以焦點討論法（ORID）提問，引導學生反思並同理盲者。ORID 提問即是針對「客觀（Objective）、感受（Reflective）、詮釋（Interpretive）、決定（Decisional）」四個層次提出相關問題。客觀是說明外在客觀事實，感受是喚起並表達內心情緒感受，詮釋是詮釋意義、經驗與價值，決定是做出決議、改變和行動。請針對此四個層次，分別舉出一個有關上述體驗活動的教學提問。

第十章

教學媒體與翻轉教學

　　二十一世紀是一個知識爆炸，資訊發達的時代，教師將不可能再以過去的知識，來教導現在的學生去適應未來的生活。而且，傳統口述教學或一支粉筆、一塊黑板的教學，可能沒有辦法將欲傳達給學生的資訊，表達得淋漓盡致，使學習者能夠得到充分的感官效應，增加學習效率，提高學習品質。一個有效能的老師，需掌握住時代脈動，並能考量學生需要，在教學目標的指引下，尋找最有效的教學途徑，同時會使用適當的教學媒體來改進教學，這已成為一位教師必備的教學能力（紀夙芬，2012）。隨著資訊科技的進步，對於傳統的教學模式產生很大的衝擊，為因應科技的衝擊，教師必須提升資訊素養，除將資訊科技融入教學之外，還要能擷取或製作數位教材，應用到日常的教學活動中。如何充分運用數位化教材，以及如何使用數位化科技工具與學生互動，已經成為準教師所必備的專業技能。本章除介紹傳統的視聽媒體之外，也針對資訊科技融入教學、翻轉教學等新教學模式的作法加以闡述，著重在教學方法的探討，而不是教學媒體的製作。

第一節　教學媒體的基本認識

　　教學方法、教學策略、教學技術和教學資源在定義上是有所不同，方法和策略一般而言是將不同的教學和學習活動加以整合，例如討論、角色扮演或示範；而教育資源是教師或學生用來協助教學或學習事物和使用（Scales, 2008）。教育資源範圍比較廣，教室內的黑板、粉筆、白板、印刷文本、教學媒體皆屬之，本節僅就教學媒體的部分作一探討，以下就其定義、功能與種類說明之。

壹　教學媒體的定義

　　人與人之間用來互相溝通或傳遞訊息的媒介、方法與管道，我們統稱之為「媒體」（media），這些媒體若使用於教學上，就稱為教學媒體（instructional media）（徐照麗，2003）。教學媒體就是教學內容的傳播

工具，舉凡教師和學習者之間傳遞教學訊息的任何媒體即可稱之為教學媒體，例如印刷品、圖片、影片等（張霄亭等，2000）。教學媒體或稱為視聽教育（audiovisual education）、電化教育（electrified education）、教育工學（educational technology），指的是充分利用視覺器官、聽覺器官，以及其他感覺器官（如觸覺、嗅覺、味覺）來學習的一種教育方式，教師適當利用教學媒體，可以增進教學效率，達成教學目標（王財印等，2012）。

 ## 貳　教學媒體的功能

　　教學媒體的運用，需要慎重的考量、勤奮的練習與切實的評估，並隨時加以改進，如此不但可使教學生動化，並且可提供學生較為具體的經驗，教學媒體運用得當，即能達到下列的教學功能（張霄亭、朱則剛，2008；張霄亭等，2000；Scales, 2008）：

　　一、引起學習興趣，讓學生喜歡學習：興趣是激發學習的動力，透過生動的教具吸引學生的學習興趣，學習效果自然好。

　　二、集中注意力，提高學習效果：透過動態圖片、影像的刺激，可以吸引學生的興趣，使其注意力集中，提高學習效果。

　　三、幫助事物理解，獲得正確觀念：例如圖片或實物的介紹可幫助學生的理解，容易獲得正確觀念。

　　四、刺激思考，培養創造力：有些創意圖片或未完成的圖片，留下想像空間，可以刺激思考，培養創造力。

　　五、加深印象，幫助記憶持久：透過不同的感官學習，例如教師的口說、實物的觸摸、影片親眼目睹，可加深印象幫助記憶。

　　六、提供共同學習與個別學習的經驗：媒體可用於班級學習，亦可提供個別學習，以適應個別差異，例如課文朗讀錄音帶，可以全班學習，也可個別學習，達到自學的目的。

　　七、教學多變化，節省板書時間：例如利用投影片，可以節省許多板書的時間。

參　教學媒體的種類

教學媒體的種類眾多，若依時代演進觀點可將教學媒體分為三類：傳統媒體、視聽媒體及資訊媒體（王世英，2005）。以下就較常用的教學媒體種類做一介紹（王世英，2005；王財印等，2012；張霄亭等，2000；張霄亭、朱則剛，2008；徐照麗，2003）：

一、視覺媒體

視覺媒體顧名思義，即用眼睛看的教學媒體，又可細分為非放映性媒體與放映性視覺媒體兩類。

㈠ 非放映性媒體

在課堂上常可見到的動植物標本、海報、實物或是模型等，不需要使用放映設備的視覺媒體稱為非放映性媒體（nonprojected visuals），也稱為傳統媒體。以下介紹幾種常見的視覺媒體：

1. 立體媒體

包括實物、標本、模型、板類媒體等。實物指真實的東西，例如植物、動物、水、空氣、岩石、礦物、土壤、工具、家用電器、生活用品等。模型是用一定的材料，依據實物的形狀和結構，按比例製成的物品，例如花的模型、人體骨骼模型、心臟模型、內燃機模型、火箭模型、氣象站模型、地球內部構造模型、地殼變動模型等。板類媒體包括粉筆板、揭示板。因為大家對標本都不陌生，故不多做解釋。

2. 靜畫媒體

靜畫媒體又稱為印刷媒體，書籍是教學上最常見的印刷媒體，教師可依據課程安排選擇適合的教科書或補充教材。教學圖片、閃示卡、揭示板等都是比較常見的靜畫媒體，其內容包含圖片、圖畫、圖表、統計圖、海報、漫畫、地圖、掛圖等。

㈡ 放映性視覺媒體

由於在黑暗中明亮的螢幕容易吸引觀眾的注意，因此放映性視覺媒體

（projected visuals）一直在教學與娛樂上受到歡迎。所謂放映性視覺媒體是指被放大的靜態影像與呈現在螢幕上的媒體形式。

1. 實物投影機（資料提示機）

實物投影機將文件及實物透過投影機投射呈現在螢幕上，教師能對所有學生即時教學，可示範解說分享圖書資訊或眞實的物體，充分達到師生互動的效果。現在的實物投影機都已提升至數位化，可與電腦結合使用。

2. 投影片投影機

單槍投影機並未完全取代這類傳統的投影機（overhead projector），在使用前要先製作投影片（透明片），投影片常見的規格爲 A4 大小，透過投影機的強力燈泡照射和鏡子的反射，可以把影像投射在螢幕上進行教學工作。簡單的投影片製作方法爲手繪及影印，由於電腦的科技不斷進步，我們可以把電腦中的資料和圖片，藉由噴墨印表機或雷射印表機列印出來，這樣的投影片不但可使內容更爲豐富，而且更加美觀。

二、聽覺媒體

聽覺媒體（audio media）是指爲了教學目的，記錄及傳送人類聲音及其他聲音的工具。在教室裡最常見的聽覺裝置有手提式錄放音機，可以收聽廣播、播放 CD、MP3 等音樂或語言教材。

三、電腦多媒體

1980 年代後由於資訊和通訊技術（information and communication technology, ICT）的開發，以影像和聲音表達的新資訊媒體日益普遍，因多半是與電腦結合使用，所以稱爲電腦多媒體。多媒體是集合聲音、動態、情境設計等方式表達意見和情感的傳播方法，包括所有能利用電腦科技去介紹資訊、發表意見的傳播媒體，如文字、製圖、動畫等，關鍵的功能當然是強調讓學習者接觸並根據需要親自操作的互動式設計。電腦運用在教學共包含三種類型：1. 電腦管理教學（computer managed instruction，簡稱爲 CMI），用來協助教學資料管理、編制試題、學籍管理、成績管理等行政

工作；2. 電腦輔助教學（computer assisted instruction，簡稱爲 CAI），透過電腦遊戲、套裝軟體或網路的課程進行線上學習，這部分可統稱爲個別化教學。3. 播放影音檔案，例如音樂教學可以把學生帶進音樂會中，欣賞各種的演出，社會領域老師可以藉由影片，讓學生體會各地的風土民情。近來互動式電子白板（interactive whiteboards, IWB）逐漸應用在班級教學之中，IWB 是由電腦、投影機和觸控白板三部分所組成，除取代傳統黑板的教學呈現，更具有整合教學資源的功能，成爲教學的展示平臺，甚至成爲師生互動學習的平臺，例如教師播放數位教材、網站、學生作品等（梁宗賀等，2007）。

第二節　教學媒體使用的相關理論

　　首先對教學媒體提出理論的學者是戴爾（E. Dale）之經驗的金字塔理論（cone of experience）理論，讓理論是一種實用的指標，可以用來分析教學媒體和方法的特性，以及如何有效利用媒體。另一種選擇和使用教學媒體的教學模式爲 ASSURE，說明使用媒體進行教學時要依循哪些步驟。

　經驗的金字塔理論

　　經驗的金字塔是美國學者戴爾於 1946 年所提出，該理論探討媒體與人類學習經驗的關係。在經驗的金字塔中，最底層先從學習者身爲眞實經驗的參與者開始，接著往上移至學習者爲眞實事件的觀察者，再到學習者爲透過媒體呈現的事件的觀察者，最後進入到觀察或透過某事件的抽象符號學習。此架構與布魯納（Bruner）教學理論從直接經驗到圖像表徵的經驗，最後到符號表徵的經驗相一致。以下分別敘述這十種學習經驗（張霄亭、朱則剛，2008；張霄亭等譯，2002）：

一、直接、有目的經驗

　　直接、有目的經驗（direct, purposeful experiences）是由看、聽、做、

品嘗、感覺、接觸、嗅等實際體驗中所獲得的，例如旅行為直接參與並負有成果的責任，不僅是教育的歷程，且是生活的本身，更是有效學習的真實基礎。

二、設計的經驗

第二層較抽象的經驗是設計的經驗（contrived experiences），又稱模型經驗。當實際事物不便於直接觀察，或原物太大或太小時，為達成教學目的，經設計做出各種模型，使它較所代表的事物更易了解。例如小型蒸汽機活動模型代替笨重、巨大的蒸汽機。

三、戲劇經驗

有許多事物是我們不能夠經驗到的，戲劇經驗（dramatized experiences）可以幫助我們接近某些無法經驗到的事物，我們可以藉扮演戲劇中的角色來體驗歷史上的生活，也可以把戲劇表演帶進教室，在教學上加以廣泛地應用。戲劇雖然不是真實事物，卻具有對真實事物的教育功能，因為在戲劇裡面可以把真實經驗加以重編，以獲深切的體會和領悟。此外，戲劇觀賞亦可獲得間接經驗。

四、示範

示範（demonstrations）是使學生了解某些事物如何進行的另一種教學方法，在示範時學生做觀察，觀察後再做，可以減少嘗試錯誤，例如體育老師示範如何傳球、數學老師示範如何解題。在示範時學生只做觀察，有時亦可讓學生重複練習示範的動作。

五、參觀旅行

參觀旅行（study trips）這類感官經驗的實施相當普遍，例如參觀故宮博物院、立法院等，以了解各種實況。如果在觀察時，進一步對相關人員作業務訪問，可以獲得較為直接的經驗，則此種參觀旅行的方式更有價值。

六、展覽

展覽（exhibits）的形式眾多，但學習者只是一個觀察者，如能讓學習者可以在展覽中動手操作，則可以獲得直接參與活動的機會。展覽一般分兩種：現成的及自製的，「現成的」展覽中，無論陳列何種物品，學習者通常不參與工作；「自製的」展覽係由教師輔導學生規劃、製作展出，可獲得更大的教學效果。自製的展覽可以配合教學活動，藉以培養學生多種能力。

七、電視與電影

電視與電影（television and motion pictures）都是教學方面的良好教學媒體，電視與電影可以使抽象事物具體化，不受時間與空間的限制，可以把內容經過適切的設計和巧妙的安排，較具直接經驗且更易了解。

八、廣播、錄音、靜畫

廣播與錄音（radio, recordings）是屬於聽覺類教學媒體，可以提供學習資源，也可以用於欣賞教學、比較教學和練習教學。靜畫（still pictures）的範圍更廣，包括照片、圖片、幻燈片、透明片，這些教材可以揭示、可以用放映機放映。放映類教材可以提供多數人學習，有強迫學生注意學習的效果。

九、視覺符號

指以抽象的視覺符號（visual symbols）作爲傳播思想的媒介，例如板書、地圖、圖解、圖表等。以地圖爲例，地圖上的方位、山川、經緯度等，教師利用這些視覺符號幫助學生認識或了解事物。教師利用這些視覺符號輔助教學時，應配合學生的程度，使學生能逐漸了解和使用這些視覺符號。

十、口述符號

口述符號（verbal symbols）為金字塔的尖端，已到達純抽象的經驗，口述符號可能是一個物體、一個意思、一個觀念、一個科學原理等。語言是抽象的口述符號，是由感官經驗演進到純符號來代表的抽象經驗，亦是學習的重要媒體。

戴爾的經驗金字塔往上移動，愈接近較抽象的媒體，愈多的資訊可以壓縮成較短的時間；直接參與的經驗或戲劇經驗則比較花時間，例如實地參觀可以提供相當具體的學習經驗，但也需要較長的教學時間；觀看錄影帶雖然較抽象，但可以呈現與實地考察相同的經驗，且可以節省時間，花費較少的費用。然而使用書面文字或口頭語言雖可展現最多的資訊，但若學生不具備必要的背景經驗和知識來處理文字符號，所得到的學習成效將是相當有限。所以戴爾強力主張讓學習者先從具體經驗入手，比較有利於進行抽象的學習。

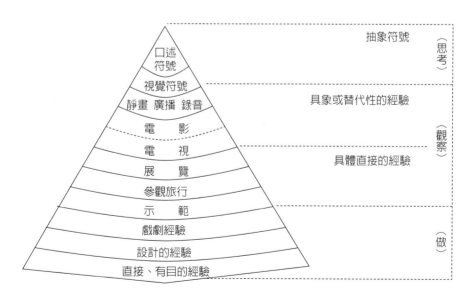

圖 10-1　戴爾博士的經驗金字塔
取自張霄亭、朱則剛（2008，頁 31）

貳　經驗學習理論

提出經驗學習理論（experiential learning theory）的學者之中，以柯爾伯（D. Kolb）的理論最具影響力，經驗學習又譯作「體驗學習」，其理論受到杜威、勒溫、皮亞傑教育思想的影響，而建構一套完整的體驗學習理論。柯爾伯（Kolb, 1984）影響深遠的名言如下：「對我講述，我會忘記；示範呈現給我看，我可能會記得；讓我身歷其境地融入，我將會理解。」他提出了體驗學習的四個階段時期為：具體經驗、省思觀察、抽象概念及主動驗證，這四個階段形成一循環的學習過程，並不斷的重複，以下為四個階段的學習特性描述（趙偉順、張玉山，2011；Kolb & Kolb, 2008）：

一、具體經驗

具體經驗（concrete experience）強調以個人的感覺進行學習（learning from feeling），會從一個特殊的經驗中來學習，對所接觸的人、事、物產生強烈的感覺，而有趣的具體經驗更能提高學生學習的意願。

二、省思觀察

省思觀察（reflective observation）強調用看與聽等觀察來學習（learning by watching and listening），作任何決定之前會先仔細的觀察周遭。

三、抽象概念

抽象概念（abstract conceptualization）強調以思考來進行學習（learning by thinking），會從邏輯的分析與概念來學習，先對情境完全了解之後，才做出有系統、有計畫的行動。經驗只是理性的素材，而這些經驗素材必得經過系統性理念的結構化歷程，才可能建構成為可靠的知識。

四、主動驗證

主動驗證（active experiment）強調以實際操作來進行學習（learning

by doing），有能力及耐心將事情完成，喜愛冒險性的活動，並且採取行動去影響周遭的人、事、物。

　　以學生參與淨灘為例，開始於個人的具體經驗，接著是個人進行觀察和以撰寫心得的方式進行省思，活動後學生獲得環保意識等抽象概念，最後在新情境中檢驗概念的正確性。為因應不同階段的學習特性，教師在進行教學時，必須搭配如表 10-1 的實例與教學方法，如此方能達到最佳的學習效果。趙偉順、張玉山（2011）運用此理論發展出生活科技教學單元：扭轉乾坤曲柄玩具，藉由好玩、有趣的「具體經驗」引發學習興趣與動機，使學生願意仔細的「省思觀察」，然後透過「抽象概念」的思考以規劃、設計自己的曲柄玩具，最後親自完成「主動驗證」做出自己的曲柄玩具。透過與同學作品的呈現與分享，再一次回到經驗學習的初始「具體經驗」中，重啟經驗學習的循環，使學習能夠永續的循環下去。

表 10-1　不同學習階段適用的教學方法

學習步驟	具體經驗（CE）	省思觀察（RO）	抽象概念（AC）	主動驗證（AE）
特徵	重感受	仔細的聽、看	重思考	重執行
實例	練習 親身經歷 面談	個人想法 摘要 經驗分享	圖示概念 舉例分類及要素	解決問題 應用所學於生活
教學方法	實驗、示範練習、面談觀摩	小組討論	演講 文獻資料	小組設計以解決問題

取自趙偉順、張玉山（2011，頁 4）

 ## ASSURE教學模式

　　此模式為美國印第安那大學教授韓內克（R. Heinich）、莫藍達（M. Molenda）與普渡大學教授羅素（J. D. Russell）三人於 1990 年代提出使用資源的六階段模式，針對教師在教學上如何有效使用媒體而作的教學系統計畫，依據建構主義學習理論及蓋聶九項教學事件而發展出的模式。該模式強調媒體和科技為本位的 e 化教學，如何應用在傳統的教室（Heinich,

Molenda, Russell, & Smaldino, 2002）。茲將模式要點敘述如下（李宗薇，
1997；Heinich et al., 2002）：

一、分析學習者

　　此一模式認為教學內容必須與學習者的特性有關，故從分析學習者
（analyze learners）著手，學習者的特質包括一般性、特殊性與學習風格
三方面。一般性如學習者的性別、年齡、年級、學識背景、文化與社經因
素等，所以，教師新接一個班級要盡可能透過資料及觀察來了解學生。至
於學習者的特殊性是指直接與此學習內容有關的因素，如學習者的先備知
能與態度，教師可藉教學前的測驗或問卷得知。學習風格是一組心理因
素，分為知覺偏好、訊息處理習慣、動機因素及生理因素四類，此因素影
響我們對不同的刺激如焦慮、性向、動機、人際互動及對視覺或聽覺偏好
的知覺與反應，所以學習風格自然會影響學習能力。

二、陳述學習目標

　　教學目標是指在學習結束後，學習者應具備哪些新的知能或態度，因
此教學的重點應是學習者獲得什麼，而不是教學者打算教多少東西。這個
教學模式的第二個步驟即陳述學習目標（state objective），告訴學生這次
教學所欲達成的學習目標為何。

三、選擇媒體與教材

　　教師在了解學生特性並陳述學習目標後，就意味建立了教學的起點與
終點，而連接兩點的築橋工作就是選擇媒體與教材（select media and mate-
rials）。通常媒體的屬性、教學的地點、型態、學習者的特性、目標的類別
等，均是選擇時考慮的要項。至於教材的來源，通常不外下列三種途徑：
選擇現有的教材、修改現有的教材、設計新教材。不論是自製或是使用現
成的教學媒體，教師必須考慮三項原則（單文經，1997）：

㈠方便性

教師在選擇教學媒體時，最先要考慮的事項是，使用這項教學媒體取得方便嗎？這個問題需從所使用的教學軟體和所必備的硬體設備兩個方面來考慮。

㈡適配性

選擇教學媒體時，還必須弄清楚這些媒體適不適合學生的特性，其中一個我們必須考慮的因素是，學生對於某一種教學媒體的態度如何。選擇教學媒體，還必須考慮學生的程度。這方面有兩個問題必須注意。首先，學生的一般能力的高低，會影響我們選擇教學媒體的種類。其次，我們也必須考慮學生在使用教學媒體時所具備的先備知識知能或是起點行為。

㈢功能性

教師選擇教學媒體時，要確定其是否發揮輔助教學的功能？要了解這個問題，我們可以就教師在教學時，所可能進行的各項教學活動，逐一檢視教學媒體所能發揮的功能。

四、使用媒體與教材

使用媒體與教材（utilize media and materials）即開始進行教學，此模式提出 5P 的概念作為教學實施的指導方針：1. 預覽（preview），使用前先看過電子媒體；2. 三個準備（prepare），準備電子媒體（教材）、準備教學環境（檢查設備是否可用，例如互動平臺）、學習者準備要學習（告知學習目標、看完影片的作業等）；3. 提供（provide），提供學習經驗，也就是教師使用媒體進行教學，教學後同學相互討論，教師可提供討論板、合作的作業讓學生討論。也就是說教師選用的媒體或教材都應事先看過，如此可將複雜的情境或背景資料先向學習者闡明，或讓學生及早準備。再好的媒體或教材需仰賴教學者將其呈現，所以不可忽略教師的角色，教師在講臺上傳遞資訊時，要掌握學習者的注意力。

五、要求學習者參與

在學習的過程中，激發學生熱烈地參與，會提高學習的效果。要求學習者參與（require learner participation）這個階段即教師應提供機會讓學習者練習新學得的知能，例如使用問答、討論、臨時測驗、實際操練等活動，針對學生的反應教師應給予回饋以增強其學習成效。如果是觀看影片，學生不能只是被動的觀看影片，需能主動參與學習，看完影片或媒體後，附隨一些練習活動是必要的，例如活動後要求學生評鑑內容、思考如何應用到其他領域，以刺激學生進行討論。

六、評量與修正

評量與修正（evaluate and revise）為模式的最後一個步驟，教學者要對學習者、媒體、教材、教學過程提出評量。為了使評估進行的全面、客觀，需要針對教學的過程回答下列問題：1. 學習者能夠達到預期的目標嗎？2. 選擇的媒體有助於目標的達到嗎？3. 是不是所有學習者都能夠恰當接受和運用你所選擇的媒體與材料？教師可由班級討論、觀察學生反應、訪談等方式得知，將此評量結果作為修正教學的依據。

第三節 教學媒體在教學的應用

資訊科技的發展非常的快，尤其是最近這幾年，個人電腦（含手機、平板）的普及與網際網路的快速成長，已經開始影響了教學的型態。因此，資訊科技在教學上的角色也應該有所轉變，從以前的輔助媒體到現在成為不可或缺的工具（王世全，2000）。本節僅就數位學習及資訊科技融入教學的實施方式做一探討。

壹 數位學習

電腦應用在教學上成為一種教學媒體起源於 1950-1960 年代，以行

爲學派的學習理論爲基礎的編序教學在美國盛行一時，史金納所發明的教學機是機器協助教師教學的濫觴，後來電腦的發明，使電腦取代教學機（Gardner, 1990）。隨著網際網路的蓬勃發展，學習者無論何時何地只要想學習就可以上網學習的方式，通常稱爲數位學習。數位學習這個名詞隨著資訊科技不斷的日新月異而有不同名詞出現，如早期的電腦輔助教學（computer assisted instruction）、遠距教學（web-based teaching）、線上學習（on-line learning）、網路學習（web-learning）、電子化學習（E-learning）等。這些名詞的演變，在早期是指利用電腦爲工具來輔助學習活動，後來變爲以電腦網路及各項電子化器材爲載具，學習各項數位化資訊的學習活動歷程（蘇子仁，2004）。目前的數位學習已經發展到建置大型網站，上傳許多的教學影片或數位教材，供教師教學或學生自學使用，除作爲補救教學用途外，也可作爲課前預習或加深加廣之用。例如民間經營的均一教育平臺、PaGamO，以及教育部撥款建立的因材網，皆是透過數位科技來輔助教學或學習。

一、數位學習的特性

　　電腦運用在教學上可扮演三種角色模式，即教導者（tutor）、工具（tool）、被教導者（tutee），但大部分是電腦扮演教導者的角色，由電腦替代教師的職責，讓教師可以兼顧到少數學生的個別需求（王財印等，2012）。數位學習即運用網際網路環境結合資訊科技，來進行學習和訓練活動，學習者可以進行線上研討、聽課、閱讀、測驗、討論、交談等活動。這樣的學習形式具有以下特性（陳年興，2006；張霄亭、朱則剛，2008）：

㈠個別化學習環境

　　傳統教學並不容易達成個別化教學，數位學習比較容易達成。學習者可以自訂學習進度，低成就學生的學習進度較慢，往往趕不上全班的進度，但數位學習可依學生個人的能力與程度，循序漸進呈現新的教材，這樣可以減少來自同儕的壓力。學生可自行操作電腦或觀看教學影片來學

習，無需教師或他人在旁指導，教師僅扮演引導者、資源提供者、診斷者、顧問等角色。

㈡ 自我導向式學習

數位學習的學習主導權在學習者自身的要求與控制，讓學習者擁有個人的學習空間、學習控制權，可以彈性且自主的選擇學習過程且可以反覆的閱讀與練習來達成學習目標。

㈢ 超越時間和空間的限制

當學習者使用行動載具來進行學習即可稱為行動學習（mobile learning），學習者可以在移動的過程中進行學習；同時數位學習也是一種無所不在學習（ubiquitous learning），強調學習可以不受到時間及地點的限制，隨時隨地都可以進行。人們不是只有在學校或教室才能夠學習，而是在整個生活的過程中都可以學習。

㈣ 提供多元化同儕互動

數位學習可提供多元化的同儕互動管道，例如透過網路可以彼此討論、分享學習經驗，促成學生之間更多的分享與交流。如果能使用合作學習理念，設計成團隊競爭方式，對於增進學習效能會有所助益。

二、數位學習的形式

數位學習相較於傳統學習而言，更容易在教學上應用適性策略，提供給學生的個人化的學習情境，依據學習者的先備知識及學習過程中的需要作出回應。個別化學習的概念主要架構於學習認知和建構理論上面，認知理論的教學原則在於學生主動學習並強調知識的結構，將學生先備認知與新知識連結。建構理論則是鼓勵學習者自己建構及理解知識內容，兩個理論的共通點都是以學生為中心，由學習者主動參與學習（黃國禎、蘇俊銘、陳年興，2015）。在教室情境中常使用的數位學習形式如下（王財印等，2019；張霄亭等譯，2002；鄧進權，2017）：

㈠ 個別指導

數位學習時代強調個別化及適性化，以適合不同教學目標及不同學習者的需求，學習者可以使用這些學習資源進行分享、討論及創造，以達到有意義的深度學習。目前網路上充滿了琳瑯滿目的數位學習資源，從網站可以取得數位教材或學習資源；教師亦可自行拍攝教學影片，上傳在平臺上供學生下載觀看。教師以個別指導（tutorial）的教學形式引導學生依照自己的時間、程度上網觀看教師所推薦學習資源，自行控制學習的進度。教師只需要關心學生的學習狀況，或與學生討論分享學習心得，不必對學生講解教材，這種方式對補救教學及加深加廣的教學有很好的效果。

㈡ 個人化系統教學

個人化系統教學（personalized system of instruction, PSI）由凱勒（Keller, 1968）所提倡，又稱爲「凱勒計畫」。個人化系統教學源自「精熟學習」的理念，認爲所有學生都能達到某一程度的精熟，只是每位學生達到該標準所需花費的時間並不相等，因此學生在未能證實他們已具有該單元必備的知識與技能之前，不能進入下一個單元的學習。個人化教學系統乃遵循個人自我學習的方式，沒有全班共同教學的活動，由學生依自己的學習速度使用各種教材進行學習。學生精熟程度是由考試成績來決定，如果達到標準則可進行下一單元的學習，學生可以自行決定學習的速度。透過網際網路的線上學習方式，可以發揮凱勒的個別化教學精神。這套教學系統可與圖文網頁、PowerPoint 檔案相結合，教師於數位教學平臺上傳檔案後，讓學生自行下載學習，再撰寫學習評量供教師評分，以決定是否通過該單元的學習。

㈢ 混成式學習

混成式學習（blended learning）的意義在於學習者於學習的過程中某一個時間點採用數位式教學的學習方式，強調不要單一性地採用傳統式的學習模式，或甚至極端地完全採用數位式之科技化學習模式。簡言之，混成式學習是指混合兩種以上的學習方法或教學工具，來讓學習者達到有效學習。混成式學習方式主要的目的在於有效解決學習者的學習疑惑以提升

學習者的學習成效，教學者扮演知識建構催化者的角色，在學習者的學習過程中提供適度的導引及回饋，讓學習者自主地建構知識。教育部近年來推動「數位學伴線上課業輔導服務計畫」，學生只要戴上耳機，透過網路視訊，就有大學生的大哥哥或大姐姐擔任家教，進行課業輔導並讓學生偕同合作進行學習。當行動科技與無線網路日益普及，混成式學習已逐漸更具人性化及不受時空限制。教師在規劃混成式學習時，關注學習者個別化的特性、選擇適性化的教學元素，以及依序安排這些教學元素的能力，是教師所要學習的專業能力。

 ## 資訊科技融入教學

　　所謂資訊科技融入教學，舉凡有關於電腦與網路相關的教學活動均包含在內，例如操作電腦軟體、觀看數位教材、用文書處理器打作業、上網際網路搜尋資料、利用電子郵件討論問題、用試算表來計算數字、使用簡報軟體來發表成果、用電腦來呈現教材等，甚至還可包含電視教學、廣播教學、網際網路線上學習等相關資訊科技的媒體教學與學習。因此資訊科技融入教學就是將資訊科技融入於課程、教材與教學中，讓資訊科技成為一項不可或缺的教學工具與學習工具，使得資訊科技的使用成為在教室中日常教學活動的一部分，並且能延伸地視資訊科技為一個方法（method）或一種程序（process），在任何時間、任何地點來尋找問題的解答（王全世，2000）。資訊科技如何融入教學？以下就教學流程及使用設備兩方面來探討：

一、不同教學流程的作法

　　依據教學流程的順序，資訊科技融入教學有以下的作法（周杏樺，2006；徐新逸、吳佩謹，2002）：

(一)課前準備

1. 利用網路查詢教學相關資料。

2.利用文書處理軟體、繪圖軟體、展示軟體等，撰寫課程大綱、講義、規劃學習、設計學習活動、製作教學投影片等。

3.建置教學網站內容供學生隨時隨地或於規定的時段中學習。

4.教師製作相關教材軟體或網頁，供學生課後複習或補課。

5.學生利用資訊網路讀取教學公布欄的消息。

6.學生利用資訊網路課前預習教材。

㈡教學中

1.教師利用電腦或網路呈現教學目標、講授綱要圖。

2.教師利用電腦或網路播放相關教學資源引起學習動機，並預備學習情境。

3.教師利用教學簡報，歸納整理教材的重點、節省板書時間，並可反覆使用。

4.教師利用多媒體線上教材，呈現圖文並茂及動態內容，收多管道學習效果。

5.教師利用模擬練習軟體，示範、解說課程知識。

6.教師利用學習單，引導學生學習及組織課程知識。

㈢教學後

1.要求學生寫 e-mail 或在社群網站上討論，與教師、助教、其他學生、學術社群等聯絡。

2.要求學生在網路上做作業。

3.學生利用資訊網路上的題庫系統，直接進行線上評量。

二、不同資訊設備的作法

由於資訊科技的特性，可以使傳統的教學型態轉變，提升教學的品質，使教學達到最佳化，所以要鼓勵教師多將資訊科技整合於教學中。依資訊技科設備的類型差異，資訊科技融入教學的作法有以下兩種（王財印等，2012；張新仁，2002；張國恩，2002）：

(一) **電腦簡報的製作**

此種方式如同傳統的投影片教學，但需使用電腦簡報軟體製作。雖然簡報軟體可以結合多媒體做多變化的展示，但不適當的簡報方式會造成較差的教學效果，且對中小學學生而言較不習慣。其中最常使用的形式是使用微軟公司的 PowerPoint 軟體製作簡報，再配合單槍投影機進行教學，可以作到文字、圖片、聲音的整合，在製作投影片簡報應把握以下的重點：

1. **文字方面**

(1)字體、字型大小要適當，字型過大會造成頁數過多，換頁頻繁，干擾學生上課；也不宜過小，使得後排同學閱讀不易，導致上課分心，最好以 32 字型、標楷體、粗體字呈現。

(2)適當的字距和行距。

(3)文字和圖片配置要適當，以免圖片干擾文字。

(4)同一畫面的字體與顏色變化不要超過三種，以免造成畫面太過雜亂。

2. **圖片與圖表運用方面**

(1)圖片要清楚，大小要適當。

(2)儘量用圖片和圖表代替繁雜的數字，讓學生更容易觀察到其間的變化情形，而不用閱讀大量文字。

3. **整體版面設計方面**

(1)配置版面過程中，儘量要求簡單性、一致性、重點性、平衡性。

(2)版面四周要留下適當空白，這樣才不致使畫面呈現擁擠感。

(3)可以加入聲音音效或文字出現的特效，吸引學生注意。

(二) **網際網路資源的使用**

網際網路上有相當多的資源，可視為大型教材庫，其中最常見的形式為網路遠距教學，目前已有許多大學課程透過網路提供遠距教學，學生主要是透過網頁的圖文、線上討論與諮詢、線上測驗、觀看教師授課錄影等方式來學習。近年來美國伊里諾大學（Illinois University）、麻省理工學院等大學，紛紛開設許多的網路課程，以符合世界所流行「開放教育資源」

（open educational resources）的發展趨勢。另一種網路教學形式稱為「大規模開放式線上課程」（massive open online courses，簡稱 MOOC），MOOC 是在網路上教導大批學生的課程，學生觀看簡短的講課影片，然後完成作業或評量，由機器或由同儕批改。而新一代數位學習的機制，強調大規模線上課程，更多的師生互動及同儕互動學習，因此稱為 MOOCs（張淑萍、張瀞文，2018）。教師可以挑選適合教學主題的網路課程、教學影片供學生觀看，除可提高學生學習動機外，亦可提升學習成效。

第四節　翻轉教學

翻轉教學主要源自 2007 年美國兩位高中化學老師柏格曼和山姆斯（Bergmann & Sams）為了缺課學生錄製教學短片，並掛在網路上作為補救學習之用，亦讓一般學生上網觀看進行增強學習。他們發現並不是每個學生都已經準備好要學習，有些學生先備知識不夠、有些學生對某個學科不感興趣，為了依據學生的不同需求而進行因材施教，讓每個學生都能學到教材內容，因此設計出翻轉教學的模式。這是一種因應個人不同需求的教學法，可視為個別化教學的一種形式（黃瑋琳譯，2016）。這股風潮帶動國內外許多學校開始使用資訊科技與通訊技術，建構出「虛擬教室」（virtual classroom）與「實體教室」混合的「翻轉教室」（flipped classroom）方法進行教學，也有稱此一趨勢為翻轉教學（flipped teaching）或翻轉學習（flipped learning）。

壹　翻轉教學定義

翻轉教學的定義很多，其中常用的定義是：利用拍攝記錄教師課堂活動聲音、影像的方式傳遞課程；學生在課堂前先觀看影音檔，空出課堂時間來解決困難的概念、回答學生問題，鼓勵學生主動學習並建立與日常生活的連結（黃國禎，2016）。葉丙成（2015）認為狹義的翻轉，指的是像國外所說的翻轉教室這樣的教學法，焦點在如何透過回家看影片，

課堂寫作業、訓練學生自主學習，包括預習、作題目、討論等的習慣跟能力。翻轉教學可視為兼顧線上 e 化教學與實體教室教學的混合教學法，基本上仍以傳統的順序實施教學，而翻轉教學則將實際的教學活動以線上 e 化教學方式在實體教室教學之前實施，而實體教室教學之重點不在教學，而在於共同討論、解答疑惑、或引導進一步思考等活動（郭靜姿、何榮桂，2014）。其核心價值在於將學習的主動權還給學生，在實體教室教學時，教師的角色或任務不是在授課，而是在和學生討論，或進行對話等活動。將學習的主動權交還給學生，主要奠基於「以學生為中心之學習」（student-centered learning）的概念（辜輝趂，2017）。

 ## 貳　翻轉教學的作法

　　「翻轉」的概念，就是將課堂授課的部分時間，透過影片的方式，與學生在家中做作業的時間交換，讓學生在課堂中有教師及同儕為伴的情況下應用知識。透過這樣的方式，不僅讓不同程度的學生可以依據需要記憶及理解授課內容，更可以解決他們在應用知識過程中遇到的問題；同時，在課堂完成作業及應用知識的過程中，更可以促進師生及同儕的互動。教師也可以透過設計課堂活動，讓學生透過討論、解決問題，甚至於創作，來發展更高層次的知識（黃國禎，2016）。以下分別敘述翻轉教學的實施模式與原則：

一、教學模式

　　翻轉教室的教學模式包含課前準備及課堂活動兩方面，以下將分別說明（卓芮綺，2014）：

㈠展開課前活動

　　教師課前活動包括以下四項：1. 教師自行製作建立教學影片；2. 教師針對教學影片製作課前學習單；3. 學生自主觀看教學影片；4. 利用社群網站進行交流。

㈡ 組織課堂活動

教室的教學活動要能掌握以下重點：1. 教師需要從教學內容中提出一些問題，與學生共同進行探究。2. 教師應注重培養學生的獨立學習能力，讓學生根據自己的興趣自主選擇相關的探究題目進行獨立解決。3. 發展協助式討論活動，較常用的方式是進行異質分組，每組 3-4 人進行討論。4. 學生進行成果發表與交流。5. 進行教學評鑑與反思。

二、實施原則

翻轉教室的特點，可由它的實施過程及其與傳統講演教學的差別得知。教師採用翻轉教室時，其實施中需注意以下原則（卓芮綺，2014；黃政傑，2014；Bergmann & Sams, 2014）：

㈠ 教師要翻轉什麼？一堂課、一個單元或章、一個科目或一個年級？

㈡ 確認要採用的教學媒體為何？短片是否為課堂主題的適合媒體？如果不是，可選其他合適的科技來使用。若教師不能講得很好，在電腦前錄影不自在，就找其他合適的工具。若有其他教師開發更好的短片可用，就用他的，或者找線上可用的免費短片。最重要的是短片要符合教學之所需，且品質要好。

㈢ 誰來做短片？教師自行錄製短片時，有時可以找學生或其他老師做幫手，或者有的學校也有媒體單位可以幫忙。若要自製短片，選用何種軟體較合適？最好由簡單的軟體開始，有必要時再用複雜的軟體。短片以 5 分鐘內為宜，最多一個晚上要看的影片在 15 分鐘內為佳。教師要找出時間，把翻轉教室要用的短片製作完成，跟上教學進度，短片一旦製作完成，未來還可重複使用。

㈣ 短片製作完成，要放在哪裡讓學生看？最好是放在同一個地方，例如學習管理系統（learning management system, LMS），或者把影片放在 YouTube 等位址。

㈤ 教師如何檢核學生看了影片沒有？線上互動、筆記重點、問題記

錄等，都是可用的方法。如果學生沒看，等於未盡責任，沒學到該有的知能就來上課，課堂上的小組作業和活動是無法發揮功能的；換言之，這樣的學生就無法成為獨立自主的學習者。

　　㈥ 教師要如何重組課堂教學時間？這是同等重要的問題，教師應依其教學科目、教學主題、教學年級及教學哲學去作決定，設計可以精熟學習內容及加廣加深的學習活動。

　　㈦ 不要每一堂課都翻轉，因為這不是唯一的教學法，一開始可嘗試不同的單元每週翻轉一堂課就好。

　　㈧ 為家裡沒有網路的學生設計備案。翻轉學習倚賴事先預習，若事前功課多需上網完成，老師需考慮到家中沒有網路或電腦的學生，提供他們預習資料的替代方案。

三、自製線上教材

　　善用多媒體科技提供學生教材是翻轉教學的重要特質，尤其是教學影片具備重複觀看的特性，讓學生的學習可以不受時間、空間的限制。但在製作線上教材時也要注意不可侵犯別人的智慧財產權，純粹使用在本身教學班級的環境下，教師是可以享有「合理使用」（fair use）的權利（王財印等，2019）。教師如要自製線上教材，以下有幾種方式可供參考（張淑萍、張瀞文，2018；楊家興，2009）：

㈠圖文網頁

圖文網頁是所有教材網頁中最常見的型態，它包含教材的文字內容及相關的圖表。圖文網頁的製作比較容易，且製作成本低但教學效果良好，其能減少學生聽課抄筆記的麻煩，而能專注於閱讀教材的內容。

㈡語音簡報投影片

語音簡報投影片是利用簡報投影片中的文字來呈現教材大綱，再搭配語音旁白來說明教材的詳細內容。它可以使用 PowerPoint 或 Producer 來製作，現在一般教師大多已經習慣使用電腦簡報的教學，稍加學習即可輕易製作語音簡報投影片。

(三)將教學錄影轉換成線上教材

　　教師製作網路教材可以使用數位錄影機錄下教學影片，也可使用數位電子白板錄下即時教學過程，視情況使用影片編輯軟體剪輯或搭配字幕，如此即可將影片轉換成線上教材。EverCam 是一套簡報與螢幕錄影軟體，透過 EverCam 使用者可以將錄製的影片製作成數位教材。

四、翻轉教學的評論

　　有人批評教學短片只是傳統閱讀作業用新科技表現出來而已，學生從閱讀改變為聽看人頭和大綱，學生都是從專家的用語中學習。批評者還指出作業仍然沒變，和以往的家庭作業差不多，只是完成的時間不同，未能充分協同合作和真實評估。只是科技進步神速且產品價格愈來愈平價，翻轉教室的教學改革對傳統教師而言很容易做，這也是為何實質效能的研究仍然有限，但翻轉教室很快流行起來的理由。成功的翻轉一定要有探究學習的成分，若只是指定視訊作業，那只是傳統教學的重組而已，不是翻轉。在資訊時代，教學應該更根本地修正，從演講或灌輸的學習方式改正過來，建議的方法有學生中心教學、合作學習、適性教學、個案教學、同儕教練、主動學習、問題本位學習、設計本位學習等，都是未來值得加強的教學方法改革（黃政傑，2014）。

參　翻轉教學的實例

　　蕭宇辰老師將翻轉教學理念應用到高中歷史課程，其教學對象是高中一年級學生，教學時間為 3 節課，任教主題是「臺灣戰後經濟」。教師所使用的資訊科技及電腦應用軟體包括：1.Google 雲端硬碟，讓學生上傳作業；2. 臺灣吧線上影音教材平臺，提供學生課前自學的影片；3.Zuvio IRS 雲端即時反饋系統。課前除要求學生觀看影片外，還要學生完成紙本學習單並帶至課堂上。蕭老師的課堂活動使用菲利普 66 法進行討論與結論發表，搭配進行同儕互評。在活動中使用 Zuvio IRS 雲端即時反饋系統，將學生即時分 5-6 人一組，每組推派一個發言人。在小組內，每組針對一個

題目有 1 分鐘可以發表意見；在跨組的發表時間，每組的發言也限制在 1 分鐘內。發言人整合全組討論後，上臺報告各組結論，時間也限制 1 分鐘完成報告。全班針對每一組的報告進行評分，並隨機抽點學生，說明個人對其他組結論的評分及建議。教師在課後依照同學的紙本學習單，對照小組學習單給予評分（朱蕙君，2016）。

自我練習 ....

一、選擇題

(　　) 1. 下列有關教學資源的敘述，何者最為適切？　(A) 上課時，使用的教學資源愈多愈好　(B) 經費、設備、時間都屬於教學資源　(C) 使用教學資源可以讓教師與學生變得更加輕鬆　(D) 讓學生在家使用網路蒐集資料，是公平的方式

(　　) 2. 美國學者戴爾（E. Dale）所提出的經驗金字塔理論，和下列哪一個領域最有關聯？　(A) 班級經營　(B) 教學評鑑　(C) 教師發問　(D) 教學媒體

(　　) 3. 下列何種教學方法較具個別化教學的特質？　(A) 講述教學法　(B) 問答教學法　(C) 電腦輔助教學　(D) 設計教學法

(　　) 4. 資訊媒體融入教學的運用，依據戴爾的經驗金字塔，以哪一種應用為佳？　(A) 直接學習　(B) 圖像學習　(C) 符號學習　(D) 觀察學習

(　　) 5. 電腦輔助教學是屬於下列哪一種教學法？　(A) 創造思考教學法　(B) 編序教學法　(C) 啟發式教學法　(D) 問題教學法

(　　) 6. 電腦輔助教學是根據何種教學法原理所設計出：　(A) 建構式　(B) 討論式　(C) 啟發式　(D) 精熟學習

(　　) 7. 編序教學或早期的電腦輔助教學，是何種學習理論在教學上的應用？　(A)D. P. Ausubel 的意義學習論　(B)A. Bandura 的社會學習論　(C)J. Bruner 的認知結構學習論　(D)B. F. Skinner 的操作制約理論

(　　) 8. 美國學者凱勒（Keller, F. S.）提倡的教學系統，將教材細分成若干單元，每一單元皆有評量考試，且設有精熟標準；學習材料是主要的教學來源，教師只是輔助者；每位學生按自己的能力、時間、決定學習的進度；此教學模式我們將其歸類為：　(A) 精熟教學模式　(B) 直接教學模式　(C) 探究教學模式　(D) 個別化教學模式

(　　) 9. 依據電腦輔助教學的設計方式，學習者以先前熟練的技術來解決一個挑戰性的難題。學習者需檢視所呈現出的資料或訊息，清楚界定

其範圍，提出合理假設，依據呈現資料驗證假設，並提出答案。請問，這是下列哪一種電腦輔助教學的設計理念？　(A)教學式（tutorial）　(B)模擬式（simulation）　(C)問題解決式（problem-solving）　(D)教學遊戲式（educational game）

(　) 10. 電腦輔助教學、精熟學習、個別化系統教學等教學法，均源自於何者？　(A)社會建構學派　(B)認知心理學派　(C)行為主義學派　(D)人本主義學派

(　) 11. 凱勒教學計畫（Keller Plan）和功文式教學具有什麼共同特質？　(A)重視個別化教學　(B)教師合作　(C)資源分享　(D)創意啟發

(　) 12. 下列哪一位學者提倡個別化教學？　(A)布魯姆（B. S. Bloom）　(B)蓋聶（R. M. Gagné）　(C)凱勒（F. S. Keller）　(D)奧蘇貝爾（D. Ausubel）。

(　) 13. 某校依柯爾布（D. Kolb）體驗學習模式，設計環保體驗活動。下列活動何者不屬於該模式的主張？　(A)活動當天進行「愛地球」闖關活動並到海邊淨灘　(B)活動後，以學習單加強環保意識並為活動做總結　(C)活動後，讓學生省思體驗活動的意義並發表心得　(D)活動後，學校進行方案評鑑並提出下次改進意見

(　) 14. 下列何者不是個別化教學的特性？　(A)一對一的教學型態　(B)學習能力的個別診斷　(C)適性教學內容的個別擬定　(D)教材的個別設計與提供

(　) 15. 在數位學習的教育典範轉移中，老師的主要角色轉換成什麼？　(A)學習輔助者　(B)教材製作者　(C)課程管理者　(D)知識供應者

(　) 16. 下列何種教學活動比較符合「資訊融入教學」？　(A)自然科教師運用「臺灣特有生物網站」進行教學　(B)教導學生如何上網自主學習　(C)教師使用製作好的多媒體教材上課　(D)教導學生使用文書編輯軟體

(　) 17. 翻轉教室（flipped classroom）源起於美國科羅拉多州兩位中學老師柏格曼（J. Bergmann）與山姆斯（Sams）。試問下列何者最能詮釋「翻轉」的核心重點？　(A)教師與學生都是主體，教師要開發

教育新產品，學生可以自主看影片　(B) 學生為學習主體，教師要引導學生將傳統教學，轉換為數位化教材　(C) 教師與學生都是主體，一起努力將傳統填鴨教育轉化為科技化學習　(D) 學生為學習主體，教師要因材施教，幫助學生將知識深化為能力

(　) 18. 樂樂國小想推動「資訊融入教學」。下列何種作法較符合「資訊融入教學」的意涵？　(A) 成立資訊社團，與地方科技團體共享資源，建立夥伴協作關係　(B) 購置充足的科技資訊設備，學生可隨時透過網際網路學習新知　(C) 設計資訊科技之相關主題課程，使學生熟悉網路世界的各種知識　(D) 讓學生結合資訊科技與課堂學習結果，製作校園特色植物尋寶圖

(　) 19. 美國印地安那大學教授 R. Heinich 等所提出的「線性模式」（AS-SURE）教學設計，其中的第二個「S」係指：　(A) 陳述學習目標　(B) 評鑑與回饋　(C) 選擇教學媒體　(D) 要求學習者參與

(　) 20. 技能本位的健康教育，在於結合各種的學習經驗，透過知識、態度和特殊技能的發展，以創造和維持健康的生活型態及狀態，所以根據戴爾的經驗金字塔應強調哪一類的教學法？　(A) 講述法　(B) 故事、提問法　(C) 展覽、參觀法　(D) 戲劇、角色扮演法

(　) 21. 下列有關柏格曼（J. Bergmann）等人推動「翻轉教室」（flipped classroom）的敘述，何者錯誤？　(A) 教師將授課內容預先錄製，並作為學生的家庭作業，在課前觀看　(B) 翻轉教室較傳統課堂更容易讓學生學習自我控速、滿足學習需求　(C) 教師在上課時，先根據影片進行講解，再讓學生討論並提出心得　(D) 能縮短教師上課講解時間，增加學生討論的互動機會並深化學習

(　) 22. 近年來，Salman Khan 所創辦的可汗學院（Khan Academy）受到全世界的矚目，其課程理念主要著重下列何者？　(A) 學生到實務現場進行體驗與實作　(B) 學生利用社區的多元環境進行廣泛學習　(C) 學生透過網路觀看教學影片進行自主學習　(D) 教師主導學習內容，學生負責聆聽與提問

(　) 23. 下列何種說明比較貼切「翻轉教室」的意涵？　(A) 學生採用遊戲學習新知　(B) 學生運用平版電腦尋找資料　(C) 教師採用資訊融入教學　(D) 學生課前預習課中討論

參考答案

1.(B)　2.(D)　3.(C)　4.(A)　5.(B)　6.(D)　7.(D)　8.(D)　9.(C)　10.(C)
11.(A)　12.(C)　13.(D)　14.(A)　15.(A)　16.(A)　17.(D)　18.(D)　19.(C)　20.(D)
21.(C)　22.(C)　23.(D)

二、問答題

1.以資訊科技融入學科教學是教學改進的方法之一，請以任一學科為例，說明資訊科技融入學科教學的具體作法，以及預期會遭遇到的困難與解決之道。

2.科技發展為現代人的生活帶來了很大的便利，當然也會進入教學現場改變教學的過程與效果。對於實施「資訊科技融入教學」的利弊得失，您有何體驗與看法？由此也請歸納實施資訊科技融入教學的方法與要領。

3.近年來翻轉教室（flipped classroom）的風潮盛行，試說明應用翻轉教室於教學現場的優缺點（至少各兩項）。

4.何謂個人化系統教學法？並請簡述其實施歷程。

5.現代電腦科技和網路如何影響學生的學習？教師如何運用這些新科技來幫助教學和促進學習？

6.何謂 ASSURE 模式？並請說明教學的流程。

7.美國學者戴爾（E. Dale）所提出的經驗金字塔理論其內涵為何？此理論對教學有啟示？

第十一章

教學管理與常規維持

　　紀律（discipline）、班級控制（class control）與班級經營（classroom management）可以說是同義字，都是身為教師最關心的事：維持教室秩序、減少分心和干擾行為。早期的班級經營是要控制學生的行為，最近的觀念則是較少強調紀律，而是重視學生未來生活的準備，引導學生養成自我紀律（self-discipline）（Hardin, 2012）。班級經營能力是成功教學的重要關鍵，每位教師都要具備維持教室秩序的能力，才能對教學工作感到勝任愉快，而無法掌控班級的教師將會導致學生的課業成績低落與道德發展不充足。當然班級經營的模式或策略是無法取代優異的教學，有效教學是一種預防性的紀律措拖，使學生有興趣去探討問題、追求學問。但是良好的教學並無法防範所有的班級問題，每位教師還是要準備適當的班級經營策略，以保持學習活動的流暢（郭明德等譯，2003）。雖然學生偶爾會表現出不當行為，但是教師會視一些狀況而決定是否處理，例如教師的容忍程度、行為的嚴重性、對其他同學的影響、成功處理的可能性（Hardin, 2012）。總之，教師要熟知不同的紀律管理模式，才能妥善處理學生行為問題。本章因限於篇幅，無法對班級經營的模式詳細介紹，僅就教學過程中的管理及學生不當行為的處理兩部分作一探討。

第一節　教學組織與管理

　　良好的教學可以預防學生上課分心、不參與學習等不當行為的發生，依據有效教學的研究，教師的教學活動要多樣化、活潑化，才能吸引學生的注意力，本節針對一節課的活動安排及教學過程的管理兩項主題詳細探討預防不當行為的作法。

壹　一節課的活動安排

　　在教學的過程中會遇到有些學生不想參與課程，以及表現出不當行為，這時教師需要運用某些策略或活動來維持教室秩序，使教學得以順利進行。以下針對有效教學的實證研究結果，說明如何以教學活動貫串每節

課的教學（劉豫鳳等譯，2008；林進材，2012；Burden & Byrd, 2010）：

一、一節課的開始

一節課的開始如果是成功的，就可以給予學生一個有意義的學習經驗，讓學生願意集中注意力在學習目標上。

㈠點名

導師或級任教師早上進入教室的第一件事是點名，對遲到或未到的學生做紀錄與追蹤。科任教師在開始上課之前也是要先點名，對遲到或未到的學生做紀錄。任教新的班級要認識學生也是從點名開始，所以班級的座位表及點名單是必要的。

㈡吸引學生注意力

應讓學生了解在上課時要專注在學習上，教師要獲得全班注意力後才開始教學，當學生做好上課的準備時，教師才傳遞開始上課的訊息。爲避免學生在上課初期出現分心，教師可以這樣做：1. 選擇一個提示（cue）吸引學生注意，例如關上門；2. 直到全班都注意老師課程才開始；3. 移開讓人分心的事物，例如桌上不需使用的物品。

㈢提供每日回饋

開始上課可以做個簡單的複習，例如複習先前的授課內容、訂正家庭作業、複習與今天課程有關的概念等。每日複習的目的，在確認學生是否已獲得課程中必要的、不可或缺的知識和技能。

㈣建立心向（set）

心向導引（set induction）是上課開始的活動，用來引導學生具備學習動機的狀態，以發展學生對這堂課的心理準備。引導活動的作法有以下方式：1. 引起學生對教授的課程感到興趣；2. 引導活動需與教學有關聯；3. 教師的引導活動必須讓學生能理解；4. 引導活動需與學生的生活或先前的教學有關。

㈤ 介紹教學目標

上課初期，教師應該清楚敘述這節課所要達成的教學目標，可以寫在黑板上或用 PowerPoint 呈現。建立心向及簡介教學目標，皆在提供學生前導組體，提供課程內容的架構，幫助學生連結到他們已知的知識。

㈥ 分發和蒐集教材

講義、地圖或學生習作等教材的發放或蒐集最好是在剛上課時，讓學生能將注意力集中在重要的教材上，以避免分心。

㈦ 給予清楚、明確的指導

通常在上課一開始，教師就會給學生指導，例如敘述學生在今天活動中要做的事、要完成的作業、預期完成作品的形式等，用口頭或書寫的形式向學生做具體的說明。

二、教學中間

教師在教學時會展現出有效的班級管理行為，這些行為包括掌握教學節奏（pacing the lesson）、順暢的轉換活動、任務取向、確保學業學習時間、清楚明確（being clear）和展現熱忱。

㈠ 掌握教學節奏

節奏（pacing）是教學進行的速度，有效的節奏是既不會太快，也不會太慢，視需要來進行教學節奏的調整。缺乏有效節奏的教學將會拖拉時間，單調到無法抓住教師教學重點。掌握教學節奏的要領將於下面第貳點作說明。

㈡ 順暢的轉換活動

轉換（transitions）是指從一個活動轉換到另一個活動，流暢轉換會讓活動平滑地融入教學中，不流暢的轉換會增加秩序混亂或違規行為。為減少轉換活動可能產生的混亂，可以參考以下的作法：1. 規劃教室的有效動線；2. 製作並張貼一天流程；3. 準備好下節課所需的教材；4. 給學生簡單明確的指導；5. 提醒學生接續活動的重要步驟。

㈢任務取向

教師應以任務取向爲重，提供足夠的時間講解、提問，讓學生參與學習活動，對於學校行政工作、學生違規行爲的處理要迅速完成，確保學生的學習時間不受到其他事情的干擾。

㈣清楚明確

教師需要給予學生清楚而明確的指導、教學和期待，學生才會知道教師期望他們做什麼，之後參與教室活動、課外作業及其他任務時，才知道怎麼進行。例如指派作業時，若教師缺乏清楚明確的指導時，學生可能因無法完成而感到困擾。

㈤展現熱忱

熱忱（enthusiasm）是一種興奮和強烈的表達，一位具熱忱和充滿生氣的教師與缺乏熱忱的教師相比，前者顯得比較熱情有趣。熱忱可用多種方式來傳達，包括生動的肢體表達、眼神的接觸、音調的變化、在教室中走動。但教師不必一直持續表現高度熱忱，有弱有強不同程度的熱忱表現比較恰當。

三、上課結束前

一節課的結束之前也要有效地加以整理，不能草草結束，提供摘要、結論，對一節成功的課來說是極爲重要的。

㈠提供教學結束的部分（providing closure to part of a lesson）

結束爲一節課呈現適當的結論，在此階段要達成三項目的：1. 吸引學生的注意力到教學結束的部分；2. 幫助學生組織學習；3. 加強或統整重要的概念。

㈡爲這節課做摘要

教師應該計畫好在下課鈴聲響前幾分鐘停止上課，開始爲這一次課做結論，教師應避免只是重複這節課上過的內容，可以採用問問題的方式，鼓勵學生將上課中的重要觀點做連結，或對重要觀點做評論。此外，教師

可以問學生對教學的重點有何意見？

(三)準備離開

下課之前，教師必須給學生一些時間將書籍、物品或教材歸放到適當的位置，如果需要時間整理教室，也要預留時間給學生，讓學生在打鐘時可以準時離開教室。「準時下課」是每位好老師的基本條件，不可以因為課程內容進度的問題而延遲下課時間，影響學生的課餘活動。

庫寧的教學管理理論

本小節將就庫寧（Jacob Kounin）所提出的教學管理理論，探討教學過程如何做好管理工作。《教室的常規與團體管理》（*Discipline and group management in classrooms*）是庫寧最著名的作品，乃是集二十多年的研究成果而成的一本書。他以錄影的方法觀察八十個國小班級上課時師生互動的歷程，從中分析出高效能教師班級經營技能的特徵，並發現出幾個使學生更專心而減少不良行為的團體管理原則（金樹人，2000）。庫寧的班級經營理念是以「教師為中心」的模式，其強調「動力」（momentum）觀念在高效能教師班級經營的應用，因此其理論被視為「有效動力經營模式」（郭明德，2001）。

一、基本理念

庫寧的教室觀察發現某些教師行為會產生學生的高成就，且會減低紀律問題，最有效能的教師在班級經營上都採用預防策略而不是介入策略，以下的幾個基本原則教師要能掌握（郭明德，2001；Burden, 1995; Kounin, 1970）：

(一)教師行為的重要性

庫寧不認為教師的人格特質對有效的教室控制特別重要，重要的是教師要能有「管理團體」的能力。也就是必須：1. 了解教室每個角落中任何時間發生的事情，且能把這些訊息傳達給學生；2. 能同時進行多項活動；

3. 能中止不當行為。因此，若要維持良好的教室秩序，建立活潑的教學環境，由庫寧的觀點來看，無疑是由教師來提供。

㈡教師要激發學生學習興趣

如果學生對學習活動已感厭倦，則興趣會較低，學生會覺得無聊，因而會表現出與正進行之學習活動無關的行為，這種情況庫寧稱之為「過度飽和的教學」（satiation）。為激發學生學習的興趣，在教學上可以採取幾個步驟中止這種現象：

1. 使學生感覺自己有進步（progress）。

2. 變化（variety），有變化性的課堂活動，有助於維持學生注意力、減少學生厭煩。因而教學型態、教材內容困難度、教材呈現方式、群體位置編排及教材的使用，均要富有變化。

3. 提供富挑戰性（challenged）的活動，有挑戰性的學習活動更有可能吸引學生注意，避免無聊情形發生。

㈢教師能維持學生的學習注意力

使用適切教學策略和活動的教師，會使學生專注於課程學習，學生的問題行為將可減到最低。全體學生能同時專注於相同事物上稱之為團體焦點（group focus），增進團體焦點的作法如下：

1. 團體參與：使學生對團體的活動能做最大的參與，不使學生有坐冷板凳的感覺。在教學活動中，作答、解決問題、整理教材及完成工作，均可以最大參與型式行為出現，例如某生回答完一正確答案後，全班同學一齊複誦一次。

2. 隨機指定：讓學生知道老師會觀察和評定其學習表現時，通常對學生負起學習之責有所助益，其使用技巧如讓學生先寫下答案，再隨機叫學生回答。

3. 製造緊張氣氛：讓學生在所有時間皆關注於學習活動，使用技巧如提出問題讓學生思考解決方法、隨機點名學生作答、改變反應型式等。

4. 相互回饋：為提高注意力，教師可以在甲生回答後，請乙生起來作指正或批判，可增加同學間的相互回饋。

㈣**對學生不當行為要立即處置**

當學生有不當行為發生，教師需立即作有效的處置，學生的不當行為一有徵兆或剛發生，絕不可隨意忽略它，因在最輕微的時候矯治最容易，若等它坐大了，要改正就難多了，且會影響其他同學。

二、教學管理的策略

庫寧班級經營研究的重點是以教師為中心，強調教學前要做好課前準備工作及教學計畫，教學進行時要以有效的技巧預防學生干擾行為的出現，故其策略大多偏重教學活動，以下為其有效班級經營策略（吳明隆，2000；郭明德，1999；單文經譯，2004；Burden, 1995; Charles, 1993; Kounin, 1970）：

㈠**漣漪效應**

當教師糾正學生不當行為時，對其他學生亦會產生影響效果，叫做「漣漪效應」（ripple effect）。這種效應對國小兒童影響最顯著，在適當情境下，運用訓誡的方法可達到「懲一儆百」的功效，但訓誡的內容要明確、語氣要堅定，表情要心平氣和，不可憤怒。使用漣漪效應要儘量避免產生負面的後果，如果教師在施行責罰的當時，不但在情緒上表現憤怒，而且在言辭上又對該生的人格加以批評，如此不但對糾正該生錯誤的行為未必有效，反而會引起其他學生對該生的同情，甚至因此對教師的作法產生反感。假若受罰者是班上部分學生視為他們小團體中的領袖人物，則教師此番責罰所產生的漣漪效應，可能更為嚴重。

㈡**掌握全局**

指不當行為發生時，教師對目標學生即時作反應處理的技巧。一位有先見之明的教師，會洞悉教室中即將發生的事情，指出正顯現的不當行為，而以適當及立即的態度處理。對情境良好的監控及立即處理是教師掌握先機的兩個主要關鍵，掌握全局（withitness）可使不當行為轉為嚴重或傷害同學的機率大大減少。有些個性好動或比較調皮的學生，很喜歡在教師不注意的時候表現一些不正常的動作，藉以引起同學們的注意。如果教

師在此種情況之下讓學生們了解他洞悉教室內的一切，讓學生們警覺到教師「腦後有眼」，他們就不會「輕舉妄動」。

(三) 順暢的教學活動

教師若能使教學活動的變換非常順暢，則能減少紀律問題，學生能繼續專心學習，如上自然課時，老師介紹完理論部分之後，接著要分組實驗，教師事先做好規劃，保持教學活動轉換的順暢，此對團體管理非常有效。老師若能流暢地銜接教學活動，避免「急動」（jerkiness）或「滯留」（dwelling），維持活動的運行，則有助於教室內學生行為的控制。

「急動」是指教學活動轉換太快，原因有四：1. 插入（thrust），指教師突然宣布進行某一活動，未先衡量學生是否已準備好接受此訊息，因此不能有效集中注意力，而導致教室內的秩序紊亂。2. 晃盪（dangles），指一項教學活動未完成就進行另一項，而後再回到第一項活動。3. 截斷（truncation），指一項教學活動未完成就進行另一項，但不再回到第一項活動。4. 搖擺不定（flip-flop），搖擺不定只有活動轉換的時候才產生，教師結束了第一個教學活動，進入第二個活動，而後又回到第一個教學活動。

「滯留」指教師在教學活動間浪費過多的無謂時間，使教學的速度變慢，通常滯留包括以下兩種現象：過度滯留（overdwelling）及支離破碎（fragmentation），兩者與教學動作及流暢度的需求有關，會使學生喪失對課程主要活動的興趣。過度滯留產生於教師花費太多時間在引導與解釋，以致忽略了應該如何使學生能以最有效的方式獲得對教材內容的了解；或是過度注意學生的行為。支離破碎是指教師將一個原可簡單而完整進行的活動，分割成一些不必要的小步驟。當課程活動可以讓學生集體操作時，教師卻採用了個別操作，這就是所謂的「集體的支離破碎」。

(四) 同時處理

善於維持教室秩序之教師所具備的另一種行為特徵是同時處理（overlapping）的能力，教師在同一時間能處理兩件事的能力叫做同時處理，例如上課時某甲提問題請老師回答，而同時教室後面乙和丙卻發生爭執，身

為教師者不能慢條斯理地先回答學生的問題，而後再去排解學生的衝突。在這種情形下，教師必須使用語言或手勢，兼顧兩邊學生的問題而同時予以處理，如此使學生深深覺得他們隨時都受到教師的注意。缺乏經驗的教師，有時因集中處理一個學生的問題，拖延時間過久，而使全班學生精神渙散以致影響到學習。

由庫寧的理論得知教師要成為有效能的教學者和管理者，必須表現出適切的教學行為，維持適切的教學能力，朝向團體焦點運作，規劃有助於學習及行為的學習環境（單文經譯，2004）。庫寧的教學管理理論強調良好的教學是預防問題行為的最佳策略，故其對教學流程的研究極為透澈，庫寧強調以積極的預防化解學生問題行為於無形，一位有效能的教師必須在教學能力多下功夫。

第二節 學生不當行為的管理

為創造一個有效率的學習環境，營造良好學習氣氛，促進有效教學與學習，教師需要具備六項班級經營的策略：1. 安排教室環境策略；2. 建立和諧溝通策略；3. 監督學生活動策略；4. 建立教室規則策略；5. 善用獎懲增強策略；6. 處理不良行為策略（陳木金，2009）。由庫寧的教學管理理論，教師可以學到許多實用的技能來中止學生的不當行為，但這個模式的缺失則有以下幾點：1. 對於培養學生的責任感較少談論；2. 忽略教師人格特質的功能；3. 對於較嚴重的偏差行為沒有提到要如何處理（郭明德，2001）。為彌補庫寧理論之不足，本節將著重在學生不當行為的處理方式。

 壹 不當行為的定義和類型

所謂不當行為（misbehavior）係指在某一特定時刻，學生行為表現妨礙學習活動之進行。學生的不當行為會打斷班級活動之流暢性、破壞教室

活動的進行，但並非每種違規行為均為不當行為，應考量行為活動時的情境脈絡。此外行為並非完全由內在或外在因素單獨引起，而是個體與環境因素交互作用結果（Burden, 1995）。例如學生的行為干擾到教學，干擾到其他人學習的權力，破壞別人的財物即稱為不當行為。另有一名詞「不認真行為」（off-task behavior），是指學生行動不集中在教學活動，包括白日夢、傳紙條、亂畫、不注意等行為，尚不被視為破壞或不當行為。學生的不認真行為要與故意的不當行為有所區別，不當行為是要干涉及制止，不認真行為則需要視情境而定（Levin & Nolan, 1991）。

　　不當行為是「情境脈絡中的行為」（action in context），有些學生行為是明顯的不當行為需要干涉，但很多情境不是這麼簡單，有些學生的行為也是不當行為，但教師的反應卻不同，因為是不同學生、不同情境及不同時間的表現，這種情況稱之為差別對待（differential treatment），教師要依據學生行為的情境而做不同的反應。例如上課時間只剩幾分鐘，學生的不注意行為都會得到容忍；反之，開始的前幾分鐘會受到老師制止（Burden, 1995）。筆者將不認真行為歸屬於不當行為之內，因為這種行為會妨礙到學習的成效，教師有必要予以制止。了解不當行為的主要目的，在知道學生於班級結構的情境下哪些行為是不被允許的，這部分與教師如何進行教學活動和如何使用維持秩序的策略有關。

　　至於不當行為的類型，則可分為以下幾類（Weishew & Speng, 1993）：

　　1. 偏差行為：遲到、缺席、破壞公物、偷竊、肢體衝突、罵老師。2. 暴力行為：帶刀槍、打老師。3. 物品濫用：喝酒、藥物濫用。4. 教室用品的準備：上課是否準備書本、作業、紙筆。5. 教室行為：不注意、異常地退縮或互動。

　　上述不當行為又可分成學校和教室兩個層面，學校範圍內的行為問題除了教師在教室中遇到的各種問題外，還包括校園暴力、犯罪等更嚴重的問題。而本節主要關注的是教師在教室教學時所要面對的各種影響教學活動和學習活動的不當行為問題。這些行為包括以下幾項：1. 上課交談；2. 干擾教學，例如傳紙條、丟東西、推拉、打架等干擾其他的同學；3. 個

人需求，例如削鉛筆、上廁所、喝飲料、拿東西等；4. 不參與，例如做與教學無關的事，但不干擾別人；5. 上課睡覺（Myers & Myers, 1995）。

 ## 貳　不當行為的預防與處理原則

　　教室內不當行為的發生與教學有密切的關係，如果教學能夠生動活潑，讓學生專心學習，則不當行為產生的次數會明顯減少。如果能再輔以班級經營策略，則對營造良好的班級氣氛、師生關係會有更大的助益。有效的班級經營策略包含教室規章的訂定、教室環境的布置、學生不當行為的預防，以及不當行為的制止等。以下列出幾項班級經營的策略，對不當行為的預防會有所幫助（張新仁，2008）：

　　一、能積極而有效地進行教學，來防止學生不當行為的產生，包括有組織的呈現、解說教材，有效地監督學生各項練習、背誦活動，以及限制座位上習作的時間。在各項教學活動進行過程中，經常眼神掃描全班，走動巡視行間，隨時監督留意學生的反應和行為。並且，不因處理個別學生，而置其他多數學生於不顧。

　　二、教學有效的教師通常「善於組織」（well-organized）；也就是說，能在開學之初，便定出明確的班級規定，作為全班學生行為的指引，並寫下來且貼在教室內，由教師以舉例、示範方式說明其意義與作法。剛開始施行期間，應留意學生遵守的情形，隨時給予回饋，如有必要，可再次向全班解說。班規的制定能適度保持彈性。

　　三、能準時上課，教學活動間的轉換有條不紊。

　　四、有效處理例行性事務，如請學生協助收發作業等，避免中斷和排擠教學活動時間。

　　五、教室桌椅的安排，能考慮學生能否易於起身，便於取得其他學習資源，而不致干擾其他學生或教學的進行。此外，學生座位安排以看得見黑板，在教師視線監督範圍之內為宜。

　　六、當察覺班上學生行為即將形成干擾、滋生問題時，有效教學的教師會適時而巧妙地以低度干擾的策略制止，其方式包括眼神接觸，或是其

他暗示性手勢和行為。

　　七、能以各種獎勵方式，對遵循班規的學生提供正向的增強。

　　八、學生不當行為發生時，立即採取有效反應，而非姑息漠視。

　　九、在制止學生不當行為時，會指明違規的學生，而非泛指全班同學。能明確指出違反的規定或不當的具體行為，而不只是抽象的要求守秩序。

　　十、對違反班規的處理，執行寬嚴尺度一致，且持之以恆。

 ## 不同學派的紀律模式

　　教師針對教室中的紀律問題所採取的措施，可分為預防性措施和反應性措施兩類。預防性措施以庫寧所提出的教學管理理論為代表；教師有效的教學管理能夠在相當程度上減少學生注意力不集中等問題，但並不能完全杜絕課堂紀律問題的發生。因此，在不當行為出現時，教師能夠做出準確的因應和控制是必要的，這些措拖稱之為反應性措施（王桂平等，2005）。以下就肯特的果斷訓練模式、瓊斯的正向紀律模式，以及德瑞克斯的社會紀律模式作一探討（周新富，2006；郭明德等譯，2003；林進材，2012；單文經譯，2004；金樹人，2000；Hardin, 2012; Henley, 2010）：

一、肯特的果斷訓練模式

　　肯特夫婦（Lee Canter & Marlene Canter）他們研究教室控制良好班級的教師特質，從中得到原則和方法，而提出班級經營的果斷訓練模式，這個模式或稱之為「果斷紀律」（assertive discipline）。以它在班級經營中的用途而言，是屬於行為改變策略之一，但與之又有差異，其基本原則是：教師有權利教學（a right to teach），同時學生也有權利學習（a right to learn）。以下就肯特的班級經營策略作一說明：

㈠建立明確的行為規範或期望

在學生常規管理中，教師應使用果斷明確的反應以清晰而有力的方式，說明其對學生的期望，並以行動驗證表示，要言行一。常規管理內涵是：1. 學生必須隨時遵守規定；2. 積極肯定學生會遵守規定；3. 當學生違反規定時，必須負起其行為的後果。

㈡學生正向行為的增強

教師應把焦點放在學生的正向行為上，學生一有正向行為，教師應立即獎賞，其方式包括讚美、以寫有積極激勵的紙條通知父母或學生，或賦予學生特殊活動與權限。肯特提出一種記下學生優良表現的方法：利用一個空瓶子和小石子，當教師認為學生表現良好時便向玻璃瓶中放下一顆石子，若學生表現不佳時，在瓶中的小石子便被取出。承諾學生在瓶子裝滿的時候將給予他們獎賞。獎賞的方式可以是教師個人的特別關注、實質的獎品、給予學生特別的權利做他們想做的事、團體獎賞，更可以是教師打電話跟家長告知學生的優良表現，且與家長商量給予在家獎賞等。這些方式都可以給予學生較懲罰更有力的動機，去表現自己優秀的一面。

㈢建立不當行為的處理計畫

學生不當行為發生時，教師要作有系統的處理，除了讓學生知道違反規範的後果外，教師還要嚴格執行規範，不能有例外，常用在肯定訓練中的負向懲罰方式有以下幾項：1. 隔離（time-out）；2. 剝奪某項權利（withdrawing a privilege）；3. 留校察看（detention）；4. 請求家長的協助；5. 將吵鬧的學生送到其他班級；6. 錄音或錄影記錄學生不良的行為；7. 將違規學生送到校長室。違規處置的實例如下：學生第一次違反規定，警告學生即可；第二次再犯時，剝奪學生下課的權利，讓他慢 5 分鐘下課；第三次違反時，再剝奪學生更多權利，除上廁所外不准下課；第四次違反時，教師應通知父母協助處理；第五次違反時，送至校長室。如果學生不當行為嚴重，則某些步驟可省略，可將學生直接送至校長室處理。這就是肯特所稱的「紀律階層」，用這個方式告知學生行為的後果及實施的次序。

㈣ 爭取學校行政人員及家長的支持

教師的果斷訓練模式，需尋求校長、學校行政人員或家長的協助，才有更大的效果，其作法為開學初將計畫向行政人員說明，並將獎懲辦法及家長配合事項由學生帶回給家長簽章。教師可以利用召開家長座談會的機會與家長做好溝通，讓家長實質上參與孩子班級的一些運作活動，並請求家長在訓練的過程中給予最大的配合與支援。

二、瓊斯的正向紀律模式

瓊斯（Fredric Jones）的班級經營模式依據他對成千位中小學教師教學的觀察所得到的結論，他在學校的時間進行研究，指出典型的教室有50% 的上課時間是浪費掉的，因為學生不認真學習，但是某些教師怕學生會公開反抗、敵對和使用暴力，所以不敢要求學生。瓊斯發現 99% 的不認真行為是以下幾種形式：上課說話、開玩笑、胡思亂想、未得允許任意走動，而反社會行為、危險行為所占的比例很小，不到所有浪費時間的 1 分鐘。正向紀律模式的班級經營策略如下：

㈠ 適當地營造班級氣氛

瓊斯認為教師在建構班級組織時，應考量相關規定、作息方式、座位安排、師生關係等因素。教師要教導學生知悉規定、實施步驟、作息方式及教師本身所設定的標準與期望。此外，妥善安排班級教具設備，可提升教師的機動性及增加與學生親近的機會；在座位安排上，教師可以使用指定座位的方式，將學生的死黨打散，同時也要將好學生打散於品行不良的學生之中。

㈡ 使用設定限制來掌握學生

在班級經營中，教師如果無法掌控學生，會花太多時間於每位學生身上。瓊斯認為設立班規對學生行為有很大的約束力，學生由班規可以明確地了解教師對他們行為的期望，教師必須教導班規、解釋班規，讓學生樂於接受班規。

㈢ 以平靜、情緒和諧的態度來處理學生問題

在處理學生行為問題時，瓊斯建議教師應該保持微笑，以「既非甜言蜜語也非尖酸刻薄」的語氣對學生說話，不要提高音量，要運用適當的臉部表情和肢體動作，來向學生傳達訊息。教師可使用讚美、激勵與空餘時間，來處理班級常規管理。首先教師讚美學生正確做了什麼，其次告訴學生下一步正確的作法，並鼓勵他們盡力完成；最後讓學生採取必要的行動，使他們也有空幫助其他學生。

㈣ 善用肢體語言傳達意圖

肢體語言的使用是正向紀律模式的重點，瓊斯教我們使用肢體語言來傳達意圖，當學生表現與工作活動無關的行為時，可採取的策略就是以身體語言讓學生知道其不當行為已在教師掌控中。瓊斯主張教師的肢體語言包含以下數項：

1. 目光凝視

目視是非常有效的教室管理辦法，也是營造良好教室氣氛的方法。善用「眼神的接觸」，才能掌握教室的氣氛。這個動作經由練習，不但能預防學生不良行為的發生，而且能使學生有種被重視的感覺，並能藉此表示對學生行為的贊同或反對。一個有經驗的教師，一定能適時地將目光掃視教室的每一個角落。教師的目光能由學生臉上得到回饋的答案，並能給表現優良的學生予以褒揚；更重要的是，它能掌控教室狀況，尤其能對行為失序的學生給予適時的警告。學生通常會對教師警示的目光起收斂作用，一個在課堂上行為失當的學生，通常會以低頭移開自己的眼光作為回應，這種回應的結果，當然會使有的失序行為隨之停止；得到這樣的結果，無疑是教師的勝利，因為教師可因此而保持良好上課效率及教室氣氛。

2. 身體靠近

上課行為失序的學生，多數都是距離教師較遠位置的一群，通常距離教師上課位置較近的學生，鮮有失序作怪的。瓊斯研究發現，當教師走近行為失序的學生身旁時，多數的學生都能迅速回歸正道，縱使教師是一言不發地走近。瓊斯認為身體的接近有即時的效果，而將之納入肢體語言的

技巧。

　　當然，「走近學生」也需要有技巧，當教師迅速走向行為失序學生時，那種「御駕親征」的效應，可從學生匆忙的直接回應，得到效果的證明；如果教師是輕移地接近，那種效果當然是大打折扣了。教師親身走近學生，除了可以及時阻止並改正學生不當行為之外，也可以提供學生適時的幫助與解答，因此這種方法不失為一種糾正學生不當行為的良方。

3. 身體姿態

　　瓊斯認為身體姿態是身體語言最外顯的表徵，學生可以很快地由教師的身體姿態解讀教師的情緒與權威。這種教師的身體姿態表現於教書時，主要由聲量的強弱與語調的高低可以得知：一個有宏亮聲音的教師，終究是強勢領導的象徵。教室氣氛被部分頑劣學生橫向干擾的機會將相對地降低；而一個聲音有氣無力的教師，通常是行為失當學生干擾的絕佳對象。另外，一個教師站立或走動的狀態，通常是其身體盈虛的最佳詮釋，亦值得注意。不過，教師身體若偶而生病，有時反會使學生轉為支持與關心，因而可能是有利於塑造一個良好教室氣氛的契機。

4. 臉部表情

　　教師的臉部表情，正如同身體姿態，是顯示資訊給學生的直接表徵；教師的臉部表情能夠顯示許多訊息給學生：獎賞、同意、反對、甚至實權等，都可以由此管道輸送給學生。因此，教師臉部表情，無疑的是一種重要的肢體語言表徵。以下舉例幾則教室中常用到的臉部表情，以及運用時的注意要點如下：

　　(1)輕輕搖頭：能事先制止不良行為的發生。

　　(2)皺眉頭：表示「疑惑」、「不贊成」。

　　(3)緊閉嘴脣成一直線：指出老師的忍耐已到了限度。

　　(4)時時表現出「親切」、「溫暖」，讓學生感到老師的「平易近人」，具「親和力」，而非「莫測高深」、「太冷漠」。

　　(5)當老師發現學生對於顯露的訊息感到茫然時，應立即輔以其他方式，如口頭說明、手勢等來更正，以免刺激不良行為發生。

5. 手勢示意

多樣化的手勢，正是一個有經驗教師重要的法寶。教師常藉著適當的手勢，以吸引學生的傾聽，並藉以掌控適切的教室氣氛。有經驗的老師都會使用許多不同的手部動作來獎勵或制止行為。若在老師與學生有相當的默契時，成效更大，如伸出食指放在嘴巴上，表示「安靜」，全班同學立刻明白而安靜，這都比口頭上的責罵來得有效。

㈤ 以獎勵制度建立合作型態

瓊斯認為內在的激勵才能促使學生獲得特定信念與展現合作行為，此種內在的激勵系統稱之為「喜好活動的時間」（preferred activity time, PAT），PAT 就是指不同的活動或殊榮，如學生出現不當行為時，教師可用碼錶或計時器記錄學生違規時間，以扣除學生所獲得之獎勵時間；另一方面，如學生迅速將教室打掃乾淨，按時回到座位或表現老師許可的行為，學生們可獲得特殊的獎勵。所以老師要建立一套獎勵制度，在學生從事他們該做的事後，獲得他們所喜愛的東西或增強物。

㈥ 要培養多套的處理技巧以管理學生的不當行為

多套處理技巧是指教師對不同程度問題的處罰方式，也就是瓊斯所說的「支援系統」，這是採用以暴制暴的方式來處理學生的行為問題，所以學生的犯行愈嚴重，其所陷入的泥淖就愈深，也愈難逃離。一套有效的支援系統包含一系列明確的作業流程或回應步驟，詳細設計以促進班級常規。這三種層次的支援系統如下：

1. 輕微處罰

班級策略是教師防衛的第一道防線，行動可能是私下的或公開的，其目的是處理立即性的問題，以及其所產生的後果，例如困窘、憤恨及報復，所用技巧包含口頭警告、記下學生姓名、地址及電話號碼，然後寫信通知學生父母（但在通知父母之前，要讓學生有更改機會）。

2. 中度處罰

第二個層次是學校的策略，紀律問題的處理必須是由教師和學校管理人通力合作，共同協商解決問題，這種策略一般被稱為「校規」。若是學

生違反了校規，可以下列方式來處分：警告、與學生討論、暫停學生上課權（送到辦公室）、剝奪學生某些權利（在校停學）、召開父母親會議、停止到校上學一至三天、開除學籍或特別處置等。

3. 嚴厲處罰

第三個層次是依法送交警察機關或是司法機關，因為教育人員面臨日益增加的暴力威脅。有時候，社區會在學校系統和司法單位之間，設立一個緩衝區，通常稱之為家庭法庭，負責處理少年違規事件。

三、德瑞克斯的社會紀律模式

提倡民主取向班級經營模式的學者以德瑞克斯（1897-1972）最為著名，他應用奧地利心理學家阿德勒（Alfred Adler）的個別心理學系統到實用的層面，以理解兒童應受到斥責行為的目的，並主張不使用處罰或者獎勵來引發兒童的合作行為。德瑞克斯的社會紀律模式又稱為民主式的班級經營，其信念與教育學家杜威極為相似，他以民主的信念來貫串整個教學理論與班級經營模式，以下就針對德瑞克斯的班級經營策略作一敘述。

㈠了解不當行為的類型與輔導

德瑞克斯將學生的不當行為分為四種，不同的類型要用不同的方式來輔導：

1. 引起注意的行為

這是教室內最普通的形式，表現滑稽動作，受到同儕的歡迎，因為他們提供同學從單調生活中解悶。例如某一學生在回答問題時，大華揮手說：「我知道，我知道。」教師通常使用處罰方式削減這種行為，如口頭訓誡、喪失特權，以處罰減少這種行為的產生，讓學生引發「三思而行」的想法。教師也要鼓勵學生在團體中貢獻力量，幫助他發展社會興趣，而不只是特別注意或處罰他，讓他們知道他的壞行為不會受到讚許，並幫助他以良好行為去贏得注意。

2. 尋求權力的行為

上課時老師要同學拿出書本開始上課，俊明拒絕拿出書本，兩眼直視

著老師，問老師一些無法回答的問題，或指出作業不合理的地方。大部分
學生這種行為是想引起注意，教師被視為滿足學生需求的障礙，而不是重
要的資源，學生因嫉妒教師的名氣或權威而表現出這種行為，這類行為說
明他們可以為所欲為，進而威脅教師在教室中的領導地位。面對這類學生
教師必須拒絕衝突，尋求增進合作的方法，試著收回憤怒，與學生展開對
話，聽學生的問題和建議，重視師生正向的人際關係，理性地解決不要情
緒化，並進一步請他去幫助其他的學生，讓他感覺到自己具有威望。

3. 尋求報復的行為

教師贏得權力鬥爭，導致學生引發報復行為。學生不只證明他們會
增加老師的麻煩，且不信任教師、甚至傷害老師，不管是否會付出很大代
價，老師則試著以牙還牙，但較成熟的教師會拒絕表現報復行為，因為過
度地處罰和心理的傷害、打擊學生自尊，會使學生採用消極或積極的報復
行為。這類的學生通常幼年時曾受過極大傷害，他們的行為常常不能讓其
他人接受，然而他們需要的正是老師與同學的親近、了解、接納與關懷，
教師要提供他有機會展現他的特殊才能，並使他相信自己有能力讓同學樂
於接近他。

4. 能力不足的表現行為

沒有精神的學生，雖然每天身體出現在學校，但缺乏精神，會正面的
反抗以表達不滿、不平，這類學生知道教師無法強迫他們學習，知道自己
學習失敗，但不會干擾教學。這類學生讓人覺得他已無可救藥，但這樣的
學生問題最為嚴重，教師必須給予大量的鼓勵，設定可達到的目標，讓他
多少能感到成功的喜悅，再逐步加深難度，誠摯的認為學生是有希望的，
絕不會放棄他。

㈡ 對學生錯誤信念的處理

他認為學生的不當行為是來自錯誤的信念，例如獲得團體認同，前文
提到四種型態的錯誤信念為獲得注意、尋求權力、尋求報復、能力不足的
表現，是導致不當行為的原因。當學生以認真學習行為得不到認同，以不
專心行為得到教師及同學的認同，教師要注意這樣的學生是否受到忽略，

這類學生不需批評、處罰，當他們表現認眞行爲時給予注意即可。對尋求權力的學生，教師要避免與之正面對抗，當別人展現的權力超過他時，他們會有受傷害的感覺，因而產生尋求報復的念頭。當以上三種方式都無法達到目的，學生可能會變得心灰意冷、放棄學習，顯示出能力不足的表現行爲。尋求報復、能力不足的表現，這兩種行爲的處理最爲困難。

㈢ 使用邏輯後果代替處罰

德瑞克斯主張邏輯後果代替處罰，邏輯後果包含三項要素：相關的、尊敬的、合理的，如果缺少一項就不是德瑞克斯的邏輯後果。邏輯後果不同於人爲的行爲後果（contrived consequences），而是教師所安排的事物需直接且必然的與學生行爲有關，強調要讓學生經驗其不當行爲的必然後果，例如學生亂丟紙張，則學生必須撿拾這些紙張；學生未經舉手就講話，教師應忽略其行爲，而改叫其他舉手同學；學生在桌上亂塗鴉，就必須自行清洗乾淨。而人爲行爲後果則是一種不合理的行爲後果，例如學生考試成績不及格，老師罰他跑操場五圈，這種方式稱之爲處罰，所以邏輯後果與處罰有很明顯的差異，處罰會導致學生的怨恨、報復或退縮，不是一種處理不當行爲的好方法。德瑞克斯認爲邏輯後果模式使用，本質上是一種民主方式，由師生一起決定規則和活動的必然結果，師生需共同負起責任，以建立積極正向的班級氣氛，進而促發學生有更多的成長機會（Burden, 1995）。

㈣ 以鼓勵取代稱讚

根據德瑞克斯的模式，教師應該使用更多的鼓勵（encouragement）來提升學生的信心和自尊，而要少用稱讚，因爲學生會對稱讚產生依賴，一旦稱讚減少了，學生自我價值感也滑落了。鼓勵的本質是增加兒童對自己的自信，表達兒童可以表現得更好的訊息，可以讓兒童保持認眞學習的狀態。德瑞克斯在書中再三強調鼓勵與讚美是有差異的，教師要以鼓勵代替稱讚，他認爲鼓勵學生的方式包括言語和行動兩種，鼓勵學生是要正向導引學生，肯定學生的能力表現，教師應認同學生工作表現，增加學生信心。而稱讚是學生達成某些任務後一種被認同的經驗行爲，讚美使人喜

悅，典型描述詞如「我很高興你在方案規劃中，獲得班上最高的成績」，而鼓勵話語則是「要做好方案規劃，其創造力是不同於組織能力的。」

㈤ **民主的教室**

假如教師期望學生在教室內能與教師合作，教師必須不能專制和縱容學生，強制控制學生行為的教師會帶來不愉快的結果，如憤怒、權力的鬥爭；縱容的教師沒有建立和執行規則，導致學生缺乏教導。民主教室對學生的好處有二：1.決定規則時可以發言討論；2.學生的不當行為會得到邏輯後果，不受教師隨意處罰。

自我評量

一、選擇題

(　) 1. 班級常規輔導有消極與積極的目的，下列何者不是積極的目的？
(A) 養成民主精神　(B) 培養學生自治的能力　(C) 養成良好習慣
(D) 維持學習場所的秩序

(　) 2. 周老師先分析學生的先前經驗及背景後，再設定班規，而後制定適當的獎懲標準。周老師的班級經營屬於哪一取向的作法？　(A) 行為主義　(B) 心理分析　(C) 人本主義　(D) 現實治療

(　) 3. 小明上課時喜歡交頭接耳，老師對他生氣地大聲責罵，暫時鎮壓他上課愛講話的行為。老師所採取的是下列何者？　(A) 消弱　(B) 負增強　(C) 剝奪式懲罰　(D) 施予式懲罰

(　) 4. 楊老師使用微笑、輕拍學生肩膀或眼神接觸，以增強學生的良好行為。楊老師使用下列哪一種增強方式？　(A) 實物性增強　(B) 活動性增強　(C) 符號性增強　(D) 社會性增強

(　) 5. 在班級經營時，教師不宜運用下列哪一種肢體語言？　(A) 經常觸及學生身體以表示親切　(B) 運用身體姿勢以傳達教師的情緒　(C) 運用眼神接觸，提醒聊天的學生停止說話　(D) 走近不專心的學生，讓其注意力集中於課業

(　) 6. 黃老師對班級經營的理念為：「教師應發展出明確的行為規則，執行獎懲時態度必須堅定，且能夠貫徹始終。」黃老師的想法較符合下列何者？　(A) 教師效能訓練　(B) 操作制約模式　(C) 自主選擇模式　(D) 果斷紀律模式

(　) 7. 下列哪一項屬於無效的稱讚？　(A) 你代表班上同學比賽得到佳作，我們與有榮焉　(B) 你有今天的好表現，那是因為你能一直超越自我　(C) 這次本班成績進步，是因為命題老師多半是本班的任課老師　(D) 這次班級獲得團體總錦標，那是各位用汗水所編織出來的結果

(　) 8. 林老師強調：獎懲對學生是有效的，為營造一個理想的學習環境，要讓學生清楚知道老師的期望，且要貫徹執行。此一觀點符合下列

哪一種班級經營的理念？　(A) 目標導向　(B) 果斷紀律　(C) 和諧溝通　(D) 權變理論

(　) 9. 學生為了引起教師的注意，頻頻出現「不舉手就講話」的行為。教師較不宜採取下列何種處理方式？　(A) 即刻予以制止　(B) 予以懲戒處分　(C) 予以漠視不加理會　(D) 提醒尊重他人發言權

(　) 10. 小平上課時對老師講話不禮貌，老師很生氣地斥責他，並批評他沒有家教。班上其他同學聽了以後，對老師心生反感，很同情小平的境遇。下列何者最能描述此一現象？　(A) 漣漪效應　(B) 團體後效　(C) 比馬龍效應　(D) 普墨克原則

(　) 11. 王老師一開學就與學生討論班規並公告，她一再重複且明確地指導學生正確的行為，例如：「小強，你必須先舉手，才能發言喔！」語氣堅定、沒有敵意。這是應用哪一種理論的班級經營？　(A) 社會學習　(B) 多元智慧　(C) 人本主義　(D) 果斷紀律

(　) 12. 上課時，黃老師發現大明為了引起她的注意，常會出現怪聲或做出奇特舉動，黃老師卻刻意不加理會；不久之後，大明自覺無趣，便不再出現前述行為。黃老師所採的策略屬於下列何者？　(A) 隔離　(B) 消弱　(C) 正增強　(D) 負增強

(　) 13. 楊老師在廁所發現正在抽菸的學生，要學生把菸交出來，學生嗆老師多管閒事，老師一氣之下，打了學生一個耳光。隔天該生家長到校長室，告老師體罰學生。經正當程序後，楊老師被記一個大過，才平息這件事。下列敘述何者較為正確？　(A) 學生不該抽菸，被抓後態度又差，老師的體罰是可被接受的　(B) 家長應該告誡孩子，因犯錯被體罰是應該的，不可責怪老師　(C) 學校的處分太過不近人情，楊老師負起管教責任應該被肯定　(D) 老師應以說理方式輔導學生，而不應採取體罰方式加以處理

(　) 14. 九年三班的葉大雄上學經常遲到，但是今天卻準時到校。身為該班導師的你，採取下列何種反應最適宜？　(A) 立即以口頭讚賞葉大雄的準時上學　(B) 交付葉大雄每日早自習點名的責任　(C) 給葉大雄記個優點，予以特別獎勵　(D) 哇！今天變天了，葉大雄準時上學了

( ) 15. 維持上課秩序，以利教學進行，是教師做好班級經營的要務。下列
哪一種方式較不適當？ (A) 教師要建立個人的權威 (B) 教師善
用輔導與管教辦法 (C) 儘量讓教學變得生動有趣 (D) 教師事先
與學生約定獎懲方式

( ) 16. 謝老師上課時運用點名提問，使學生投入學習活動與維持注意力。
這符合庫寧（J. Kounin）教學管理模式中的何種技巧？ (A) 團體
警覺 (B) 進度管理 (C) 過度飽和 (D) 背後長眼睛

( ) 17. 當根據德瑞克斯（Rudolf Dreikurs）的目標導向模式，無論學生展
現何種目標導向，在避免增強錯誤目標之後，老師都需要想辦法：
(A) 獎勵學生 (B) 認可學生 (C) 處罰學生 (D) 讚美學生

( ) 18. 學生一旦出現紀律的問題，下列哪一項不是班級經營確定紀律
（positive discipline）模式作法？ (A) 移動身體 (B) 用口語回應
(C) 用目光回應 (D) 手勢回應

( ) 19. 當教師糾正學生的不良行為時，常會影響鄰近學生的行為，此即所
謂： (A) 巴南效應 (B) 連漪效應 (C) 霍桑效應 (D) 月暈效應

( ) 20. 德瑞克斯（Dreikurs）認為學生不當行為的目的可歸納為哪幾方面？
(A) 獲得注意、爭取權力 (B) 爭取權力、尋求報復 (C) 獲得注
意、爭取權力、希望肯定、尋求報復 (D) 獲得注意、爭取權力、
尋求報復、表現無能

( ) 21. 有關班級經營的敘述，以下何者較為適當？ (A) 有關班級經營的
決定應全交由教師做決定 (B) 班級經營重要功能應包括營造良好
的學習環境 (C) 學生表現優良時，教師以口頭稱許，這是屬於物
質性增強 (D) 為了公平性，教師在班級經營時，宜以相同策略，
對待全班學生

( ) 22. 老師轉身寫黑板，蔡一林就開始和同學聊天。此時，不見老師轉過
身來，老師一邊抄黑板，一邊說著：「蔡一林趕緊抄聯絡簿，不要
再聊天了！」請問老師所展現的班級經營技巧為何？ (A) 引導想
像 (B) 後設分析 (C) 公平公正 (D) 全面掌控

( ) 23. 吳老師上英語課時，教導「附屬子句」（subordinate clauses）的用
法，學生精熟後，距下課還剩約 15 分鐘。為了運用剩餘時間，吳

老師繼續講解這項主題，但學生卻顯得興趣缺缺，並開始交頭接耳。請問，根據庫寧（J. Kounin）的觀點，這位老師的教學，發生下列何種現象？　(A) 全面掌控　(B) 搖擺不定　(C) 支離破碎　(D) 過度飽足

(　) 24. 李老師在進行班級經營時，當學生出現教師期望的良好行為，即給予記點加分，以兌換其喜歡的增強物。請問，教師的這種作法，比較接近下列哪一種的獎賞類型？　(A) 社會性的獎賞　(B) 活動性的獎賞　(C) 代幣式的獎賞　(D) 物質性的獎賞

(　) 25. 教師在處理班級問題行為時，下列何者是合理的？　(A) 覺察→診斷→處方→輔導→評量→追蹤　(B) 覺察→診斷→追蹤→輔導→處方→評量　(C) 覺察→診斷→輔導→評量→處方→追蹤　(D) 覺察→診斷→處方→追蹤→輔導→評量

參考答案

1.(D)　2.(A)　3.(D)　4.(D)　5.(A)　6.(A)　7.(C)　8.(B)　9.(A)　10.(A)
11.(D)　12.(B)　13.(D)　14.(A)　15.(A)　16.(A)　17.(B)　18.(B)　19.(B)　20.(D)
21.(B)　22.(D)　23.(D)　24.(C)　25.(A)

二、問答題

1. 小華上課時喜歡跟老師唱反調。老師說坐下，他就是要站起來；老師說故事時，他就不斷喊：「不好聽！不好聽！」為了避免產生漣漪效應，教師應如何有效處理？試至少列舉四種策略。

2. 傅同學因段考作弊，被記大過乙次，其家長向導師抗議，認為校方小題大作。請說明可供該班導師參考的五項處理方式。

3. 國中（小）最常見的不當行為有哪些？依德瑞克斯的看法，不當行為發生的可能原因是什麼？

4. 上課時，陸老師大聲喝止鐵雄拿紙團丟同學的行為。鐵雄因此惱羞成怒，大罵老師，並用書本擲向老師。若依德瑞克斯（R. Dreikurs）班級經營的看法，鐵雄的行為符合哪一種錯誤信念（錯誤目標）？面對鐵雄錯誤信念（錯誤目標）的行為，陸老師應如何處理？（至少寫出四項）

5. 何謂讚美？何謂鼓勵？試比較兩者之異同。

6.請解釋何謂果斷紀律模式，並請說明其處理不當行為之策略。

7.教師和學生共同訂定班級常規時，應把握哪些原則？試根據前述原則列出五條班規。

8.若您是一位新老師，正好擔任國中（或高中職）一年級新生的導師，您將如何帶領這個班級，讓學生遵守班級規範？

第十二章

直接教學法

　　如果將教學法分成兩類，一類是以學生爲本位的教學法（learner-centered instruction），例如討論教學、合作學習等；另一類爲教師爲本位的教學法（teacher-centered instruction），最常用的是講述教學法及直接教學法（direct instruction）。以教師爲本位的教學法在教育史中已經有一段很長的歷史，從它被廣泛運用在許多教學情境，就可以推論這是一種有效的教學法，這種教學法是以教師爲教學的主要核心，教師將知識以非常明確的方式直接地表達出來（丘立崗等譯，2006）。另一種分類是將教學法分爲直接教學模式（direct instruction model）及間接教學模式（indirect instruction model），這兩大類型是依據學習結果而分，即教師依據學習結果的差異而採用不同的教學策略。學習結果可分爲兩種類型，一是事實、原理原則及行動步驟，二是概念、思維模式（patterns）和抽象觀念（abstractions）。前者代表複雜性較低的層次，在認知領域是知識、理解、應用層級，情意領域是知覺、反應和價值層級，動作技能領域是模仿、操作和精確層級。後者代表較高層次的學習，例如認知領域的分析、綜合和評鑑，情意領域的組織和形成品格層級，心理動作領域則是連結（articulation）和自然化（naturalization）層級（即適應及創新層級）。第一種類型可經由觀察、機械式地重複和練習來學習，即使用「知識獲得」的策略，例如學生藉記憶和練習學得正確答案。第二種類型就很難以記憶來學習，需要以強調探索和問題解決的策略來教學。類型一需要使用直接教學策略進行教學，類型二則需使用非直接教學策略進行教學（Borich, 1996）。教師需具備使用這兩類教學法的能力，知道什麼情境需使用哪種類型的教學法。本章即針對直接教學法之理論基礎、教學流程及優缺點作一探討。

第一節　直接教學法的概述

 ## 壹　直接教學的意義

　　「直接教學法」此一名詞基本上是對照「非直接」教學法而來，屬於「教師中心」的教學模式，也稱爲明確教學（explicit instruction）、

教導教學（didactic teaching）、主動教學（active teaching）（Kyriacou, 1995）。直接教學法就是上課時，教師以直接的方式呈現資訊、技能或概念給學生，由教師組織上課時間，以達成所列的教學目標。這種教學法是由教師主導整個教學歷程，有明確的教學目標，有一定順序及高度結構性的教學步驟，可以持續評量學生的學習結果，並立即提供回饋與修正的教學法（Slavin, 1997）。通常是用來協助學生精熟學業、社交技能和獲得結構的事實性知識。當教學內容有以下特質時，即適合使用直接教學法：1. 教學內容具體詳細，而且定義明確；2. 教師期望每位學生都能熟習教學內容；3. 學生很難靠自己的能力習得教學內容的知識和技能（丘立崗等譯，2006）。國內教師經常使用的「講述教學法」與這種教學法極為接近，但教師講述只是直接教學法中的一種策略，教師除了講述教科書的內容外，可以搭配視聽媒體如投影片、錄音（影）機進行教學，也可以進行討論教學。教師在教學中要提出問題發問，讓學生有練習的機會，教師再給予學生適度的回饋，其目的在提高學生的學習動機與學習成效（王財印等，2012）。

 ## 貳　直接教學法的發展

　　有關直接教學法的發展過程存在一些不同的說法，一說發源於 1960 年代中期，由貝瑞特（Carl A. Bereiter）和英格曼（Siegfried Engelmann）在伊利諾大學成立一個為 5 歲幼兒而設的附設幼兒園，名為貝瑞特—英格曼幼兒學校（Bereiter-Engelmann Preschool）；每天 2 小時直接教文化不利小孩讀、算、語言課程。1967 年貝瑞特離開，貝克（Wesley C. Becker）加入，改名為英格曼—貝克直接教學模式（Engelmann-Becker Direct Instruction Model，簡稱 B-E 模式），他們還發展出一個「Distar 方案」，屬於早期的直接教學法，其教學過程與教師效能研究及認知策略研究相一致。1981 年起，這個模式被改稱為直接教學課程模式（Direct Instruction Model，簡稱 DI 模式）（簡楚瑛，2005；Rosenshine, 2008）。後來教育學者杭特（Hunter, 1982）提出了精熟教學七步驟，並由羅森許（Rosenshine,

1979）將之應用在閱讀教學，之後直接教學法於 1980-1990 年代大受歡迎。直接教學法與布魯姆（Bloom）於 1971 年提出的精熟學習理念也有密切的關係（Arends & Kilcher, 2010）。

因爲這種教學模式由教師主導整個教學歷程，由教師提供主要的資訊供學生學習，所以又被稱爲被動學習的教學法。二十世紀初進步主義的學者批評此教學法太過強調教師主導，也提供了太多的結構性活動。1950-1960 年代課程改革者強調探索和發現學習的重要性，但到了 1970-1980 年代強調結構取向的教學又回來了，這是因爲「過程—結果」的研究支持這種教學法可提升學生某種類型的學習成果。建構主義學者亦批評這種教學法，認爲其所依據的行爲主義學習理論是錯誤的，而且是過時的，行爲主義的學習策略不適合用來教導二十一世紀的學生，教師不能僅依賴直接教學法。平心而論，直接教學法在某些內容的教學是有價值的，例如程序性知識、社交禮儀等；對於初學某種知識的學生，可用這種教學法讓學生具備先備知識後，再進行發現和問題中心取向的學習（Arends & Kilcher, 2010）。

第二節　直接教學法理論基礎

直接教學法是教師中心的教學模式，視教師爲知識和資訊的主要來源，該模式的理論依據主要與行爲主義學習理論、社會學習論、訊息處理理論、奧蘇貝爾（David Ausubel）的認知理論及有教師效能的研究有密切關係，行爲論強調教師角色的重要性，教師安排情境及控制獎懲引發學習，這方面的理論大家比較熟悉，所以本節重點在介紹與直接教學法有關的學習理論（丘立崗等，2006；林進材，2006；沈翠蓮，2002；王財印等，2012；Arends & Kilcher, 2010; Slavin, 1997; Rosenshine, 2008）：

行爲主義理論

直接教學法的理論基礎之一是行爲主義的學習理論，行爲主義強調

訓練的重要性，在學習上主張運用客觀的行為目標、「工作界定」（task definition）和工作分析從事教學設計，教學時強調師生的互動、示範、增強、連續漸進及經常給予學習者回饋，並且經由評量和練習促進學習達到精熟程度。以下針對行為主義的重要學習理論作說明。

一、確定學生起點行為與終點行為

起點行為如前所述，是在確定學生既有的先備知識與技能，終點行為是指經過學習後預期學生能學到什麼，這也就是教學目標。教學時，教師要能以呈現具體而明確的行為目標來引導學生學習。

二、行為塑造與工作分析

史金納（Skinner）的操作制約學習理論提出連續漸進法（successive approximation）來塑造行為，此法的程序是先把要求個體學習的目標行為列出來，再以分解動作、逐步漸進的方式，將多個反應連貫在一起形成複雜行為。這個理論應用在教學上則是使用工作分析，教師對於學生所要完成的學習結果，要細分成幾個步驟，使學生能循序漸進地熟練每個步驟。

教學之前，教師先要對學習內容的範圍與深度及教學順序的安排進行工作分析，這種分析是將一項知識或技能加以分解，使成為幾個次級成分（subcomponent），然後依這些次級成分發展訓練活動，最後再安排整體性的學習情境，確保學習的遷移與整合。針對教學內容，行為主義提出編序教學（programmed instruction）的主張，即將整個教學單元細分成很多小單元，並按各小單元的邏輯順序依次編列，形成由易而難的很多層次，每一個層次代表一個概念或問題。在傳遞教材的技巧上，短時間內教導學生大量新的材料，學生獲得有限，必須一次教一種概念或技巧，使學生一次僅學習一種技巧或概念。

三、練習理論

直接教學法的心臟是練習活動，整個教學模式中有三個階段與練習有關，所運用的理論是行為塑造（shaping），所有的練習其目的是要使學生

達到精熟學習，即學生能獨自而無誤地表現技能，在練習過程中，教師使用不同的協助方式促使學習的進步。行為主義的練習原則是強調分散練習在學習過程中的重要性，認為時間短、密集、高動機的練習比次數少、時間長的練習來得有成效。例如針對兒童及青少年而言，5-10 分鐘的練習比 30-40 分鐘較有效率，一節課中至少要有三次練習，即教學時範例的練習、座位上的指導練習，最後是獨立練習（例如家庭作業或學習單）。以後對於舊教材仍然要定期複習，如此在四至五個月之內都可記住所學的教材。在教室的練習時間中，教師要監控學生表現，適時給予協助。

四、回饋與增強

回饋是針對學生表現正確或錯誤的處理。在最初階段的練習，教師要給予正確的回饋，避免錯誤的步驟留在記憶裡，立即而正確的回饋會改變錯誤概念；除發現學生的錯誤之外，對於學生的正確表現也要予以增強，教師可以口頭讚美及分數進行增強。教學過程中，監控和回饋是用來控制教學品質，對於學習失敗的學生，教師要檢討教學過程，而不是責怪學生，因為教學順序才是掌握學習的因素。

 貳　認知主義學習理論

一般將班度拉、維高斯基、布魯納、奧蘇貝爾、蓋聶等人的理論稱為認知學習論，認知學習論在教學上的主張大多偏向建構主義教學模式，但是部分理論被應用到直接教學法。對此教學法影響較大的是奧蘇貝爾及蓋聶的認知理論，茲將其理論摘述於下。

一、奧蘇貝爾的學習理論

奧蘇貝爾（Ausubel, 1968）在其所著的《教育心理學：認知取向》（*Educational psychology: A cognitive view*）一書闡述意義學習理論，茲將其理論重點分述於下：

㈠強調有意義的學習

奧蘇貝爾認為學生獲得學科的知識，主要是透過適當教學設計及解釋教學材料，而進行有意義的接受式學習（reception learning）。何謂接受式學習？接受式學習是指學習內容經由教師邏輯組織後，以有系統的方式提供給學習者學習，這是目前學校教學的主要形式。如果教師能把學習內容統整成一個學生可以接受的學習材料，學生即能產生有意義的學習（meaningful learning）。

㈡現在的學習建立在先前學習之上

認知取向的行為強調學習者先前知識和技能的重要性，學習者通常因為經驗的差異而引發不同的意義，學習者不同動機、背景和特性，在學習時會發現和建構出不同的學習結果。

㈢學習者能主動處理資訊

學習者是個資訊處理者，不只是一個資訊接受者，在接受學習的情境中，學生的求知心理活動仍然是主動的。在學習一種知識時，學生在教師提供的引導下，嘗試運用既有的先備知識，從不同的角度去吸收新知識，最後納入他的認知結構，成為自己的知識。學生並非全是主動學習，這時要靠教師的教學技巧來引導。

㈣教學強調關係和策略

有意義的學習不是機械式的刺激反應學習，它重視學生能主動探索教材內容的關係，讓新舊教材能相連接；以教師為中心的學習方式，因為有組織結構的教材與策略，較容易在師生互動中引發舊基模和新基模的銜接，而獲取新知。

㈤善用前導組體

奧蘇貝爾認為教材組織必須先有意義，然後才能產生有意義的學習，要使教材組織有意義，必須善用前導組體（advance organizer）。前導組體對於未來學習內容的認知關係較密切，可以協助教師說明新概念和已學過相關概念的異同。在第二章教學理論中，有提到概念圖和內容架構圖，這

些揭示教材內容大綱的圖表即屬於前導組體的一種。

二、班度拉的社會學習理論

　　班度拉社會學習理論的觀察學習，說明人們經由觀察、模仿他人的動作而學得新的態度、技能和行為。示範（modeling）是觀察學習中很重要的一環，是指人們經由觀察而學習他人的行為。學生們會模仿教師的行為，教師的寬容、尊重他人的行為成為一種示範，以供學生模仿。教師也能向學生示範複雜的技能，如寫作、解答代數。研究指出，利用對教師的模仿是教導學生學習態度和技能最強而有力的方法。

三、維高斯基的社會建構主義

　　維高斯基的鷹架（scaffolding）及最近發展區（ZPD）的概念，亦是直接教學法的理論依據之一。鷹架是學生在學習技能時由教師提供的教學協助，教師在教學中提供鷹架的方法很多，包括把複雜的技能分解成更細的技能來教導、提出問題，並引導學生面對困難、舉例、示範解題過程及解決方法等。最近發展區是學生無法自己解決問題或展現學得的技能，但經由教師的協助就可以成功達成的學習情況。在 ZPD 之內，教師的協助對學生的學習顯然是有效的，而在 ZPD 之外，學生已經學會新技能而不需要教師的協助，或者是學生根本缺乏學習新知識的背景知識。

四、蓋聶的資訊處理理論

　　蓋聶依資訊處理理論提出的教學事件（events of instruction），就是結合資訊處理理論的直接教學法。依據蓋聶的學習八階段所提出的八項教學策略，透過這一系列的教學事件可達成有效的教學。依據訊息處理理論所擬定的直接教學法步驟有以下七項：

　　㈠敘述學習目標：告訴學生要學什麼及期望學生表現什麼。

　　㈡複習必備知識：複習今天上課所需要的技能和概念。

　　㈢呈現新教材：開始教學，教師呈現資訊、舉例、說明概念等。

㈣執行學習的提問（probes）：提出問題評估理解情況和改正錯誤概念。

㈤提供獨立練習：提供學到的新知識和技能練習的機會。

㈥評估表現和提供回饋：複習、獨立練習或考試，再給予正確答案的回饋，必要時重教一遍。

㈦提供指定的練習和複習：指派家庭作業提供新教材的練習，要求學生複習教材，藉由練習和複習來增加記憶。

此外，訊息處理理論的短期運作記憶的概念，說明複雜的技能需分成幾項次級技能，以較小的、有意義的意元集組（chunks）來呈現和解釋。陳述性知識（declarative knowledge）的概念也說明學生背景知識和先備知識或技能在學習的重要性，學生不能精熟學習，是因為缺乏足夠的先備知識或技能。

 參　教師效能的研究

有效教學有關教師特質、過程─結果（process-product）研究發現高期望、好的教室組織、於教學時主動呈現教學內容，並且在過程中隨時給予個別協助，學生的學習成果都比讓學生從事個別或團體學習來得高。而這些運用直接教學法的教師具有以下的教學特色：1.在班級常規的控制上特別有效；2.教師可集中教學焦點，並且有效地利用教學時間引導學生的學習活動；3.教師可經由選擇教學活動，明確地呈現教學主題和解題策略來確保學生達到良好的學習成效。

第三節　直接教學法實施流程

直接教學法需遵循嚴謹的教學程序來運作，教師必須熟練其實施的程序，在教師精密的控制之下進行教學活動，學生才能獲得最佳的學習效果。直接教學法最極端的例子是講述法，由教師直接呈現知識、理解、技

能和態度等學習結果，雖然學者對直接教學步驟的看法不盡相同，但都同意「練習」在模式中居於重要的地位（王財印等，2012）。本節針對直接教學模式的流程及教學技術作一探討。

 ## 壹　直接教學步驟

　　筆者依據相關研究，將直接教學法的實施程序統整成以下七個步驟（沈翠蓮，2002；王財印等，2012；Muijs & Reynolds, 2005; Joyce, Weil, & Calhoun, 2004; Arends & Kilcher, 2010; Burden & Byrd, 2010）：

一、複習和檢討先前的教學內容

　　複習和檢討在強調學生要記住先前的知識和了解其與新知識的關係，這個步驟告訴學生今天課程需要哪些先備知識，藉由複習機會也提供學生知識的整體感和連續性，了解學生是否具備與上課內容有關的知識。如果沒有這些知識，教師可能要對遺忘的部分重新教學。經由複習先前知識和檢查作業的歷程，可以協助教師對於教學進度和個別差異學生做更多回饋。但這個步驟不能占去一節課的太多時間，大約以 5 分鐘為限。

二、解釋教學目標

　　教師呈現新的教材之前，先要敘述這堂課的教學目標，陳述教學目標的用意，是要簡單、明確地告訴學習者這次課程的教學重點，以及教師對具體成果的期望，這些教學目標應和先前所學相連貫，同時是在所有學生的能力範圍內所能達成的。有些老師甚至寫出 TLW（the learner will）（學習者要學會什麼）的敘述句在黑板上，明確地說出學生在一節課之中要達成的表現目標。但要注意的是，教師的用字要淺顯易懂，要讓學生能明白教學目標的涵義。

三、呈現知識和技能

　　第三個步驟是要逐步呈現新教材，在呈現新教材時，教師要提供豐富

的實例，通常教師在教學時會有一個缺失，即提供太多教材給學生。好教師的特徵是要對教材作詳細的解說，而重複解釋和多舉實例是具體作法，解說清楚的教師會使用不同的解釋方式及許多的實例來確保學生的理解。有效能的教師在呈現新內容時，是花很多時間在準備教學內容和思考教學程序的，呈現新內容應注意到部分與整體關係、連續性關係、連結性和比較性關係，這樣對學生從一般到特殊、簡單到複雜、具體到抽象的學習才有意義。以下是幾項呈現教材的原則：

㈠ 先整體介紹單元主題

開始進行新教材講述時，先要整體介紹這個單元的主題，很多教師使用前導組體來呈現教材的整體架構。前導組體主要是以概念為中心，使學生理解該單元所要介紹的主題有哪些，每次上課時可讓學生明白新教材在此單元所處的位置及其與舊教材的關係。通常教師使用三種形式的圖像的前導組體（如樹形圖、魚骨圖等）來呈現新知識，其方式如下：

1. 解說（expository）

用在垂直概念的組織，教師在黑板寫出概念的結構，然後細分成一些不同層級的概念，教師進一步區別概念與概念間的差異及解釋概念更多的細節。例如在「動物」這個單元，教師將動物所包含的類別細分成哺乳類、兩棲類、爬蟲類、鳥類、魚類、無脊椎動物等六類，再逐項說明各概念特徵。

2. 比較

同一層級的概念學會之後要進行比較，這是設計來區別與舊概念的差別，以免混淆其意義。例如「工業革命」這個單元，教師要從討論「革命」的意義開始，比較與其他流血、戰爭的革命有何異同。

3. 連續（sequential）

用來告訴學生行為表現的步驟，特別用在數學解題、運算及動作技能性質的學習。

㈡ 有組織地呈現教材

學生所要學習的內容必須依據學習者的需求加以選擇和分析，太難

的教材或一次教太多內容會妨礙學習成效，所以在呈現新的內容時要以細部的方式呈現，教材要拆解成數個小部分，即將大單元分割成較多的小單元，以邏輯性的次序、較快速度來進行教學。通常教師在呈現該主題的前導組體時，一般性的概念在圖表的最上層，細節在每部分底下，教師依次序教導新技能，並且依學生的年齡和能力決定要教多少內容。

四、指導學生練習

所謂「練習促使完美」（practice makes perfect），就算不會促使完美也會加深記憶，所以直接教學法的第四步驟是教師提供學生指導式的練習（guided practice），即教師要讓學生練習他們所學的知識和技能。指導式的練習是學生在教師的指導和協助下進行練習，練習的目的是要促使新知識成為長期記憶，以及學習如何將新學到的知識或技能遷移到另一個主題或實際生活中。練習時，教師對於錯誤的答案則要予以糾正，如果不會的學生太多，可以對新教材進行重新教學。教師在這個階段主要任務是監督學生的練習、提供校正的回饋。教師可使用以下方式來指導學生練習：

(一) 發問

剛開始問問題時先採用自由參與，對於沒有舉手的學生則採指定回答方式，這個步驟是老師監控學生是否了解教材的好方法。不管是用什麼策略發問（例如要求學生總結要點、舉手發言、對教師的問題表現同意或不同意），最重要的一件事是錯誤的答案一定不能放過，要設法使學生得到正確答案，未說出正確答案前不要叫別的學生回答，而要學生重新思考，必要時老師給予提示。教師所問的問題不要只有回憶教材內容，也要求學生思考為什麼，必要時也可提出一個錯誤答案，讓學生更正。除個別回答的方式之外，另一方式是學生共同回答，其用意在鼓勵學生參與活動。

(二) 示範

某些學科使用口頭解釋對學習者幫助不大，例如數學解題、體育、家政等藝能學科，這時教師要示範（modeling）來呈現動作或操作技能，讓學生透過視覺看事情是如何完成的，從中直接模仿楷模者的表現。

㈢練習操作

技能性的學科要以分組或個別方式練習新技能，教師要預估多少時間的練習才適當，時間不要太長。剛開始練習時教師要嚴格監督，提供回饋和校正，給予學生適度的壓力是提高成效所需要的。

五、回饋和校正

指導練習時，教師要對學生的反應提供回饋和校正（feedback and correctives），特別是答案正確但猶豫時的處理。教師熟練回饋技巧是直接教學法的重點，可依據學生在回答問題的實際表現，給予分數、稱讚或鼓勵來加強和建立學生的信心，儘量不要予以責備或批評；所問的問題要反應出教學的重點，且能讓學生得到 60% 的正確答案，最好是 75% 的學生能主動舉手回答問題。對於技能性的練習，教師則要巡視行間，仔細觀察學生行為表現，當發現學生的錯誤時要立即糾正，並告訴正確的表現方式，例如坐姿不良、握筆不對、方法不妥等問題。教師要在學生未形成習慣之前予以糾正，使其一開始就能學到正確的方法或過程。

六、獨立練習

直接教學法最容易出問題的步驟在獨立練習，特別是在學生不了解技能或概念時，獨立練習要想成功，教師需要多花時間在指導練習階段，確定學生能了解正在練習的知識或技能。獨立練習的目的不是只在記憶或背誦單元內容，也要讓學生能使用所學的知識，最重要的是在發展學生自動化的反應，這裡的自動化是指學生能連結所有單元到一個單一和諧的行動順序，亦即學生的學習能應用自如。獨立練習通常可使用兩種方式：每位學生坐在自己的座位獨自練習（seatwork）及家庭作業（homework）。

㈠獨自練習

獨自練習（seatwork）有別於小組練習，是指學生在座位上自行練習。教師指導練習結束後，教師要分配課堂作業，讓學生練習剛剛所學到的知識或技能。教師可使用教科書所附的習作來練習，在一段時間後共同訂

正答案的對錯。動作技能方面的練習，在教師講解剛才練習時所見到的錯誤後，再讓學生分組或自行練習。為避免學生感到無聊，教師可使用不同的情境引發練習，例如個人或分組的競賽。教師也可使用學習單（worksheets）來做獨自練習，這些學習單應該在指導練習階段時介紹給學生知道，當教師示範過程時，學生們就一起完成第一項問題了。接下來整個過程解釋完後，下一項問題就要學生個別去完成，然後全體一起檢驗這個問題與它的解答。如果有必要，在學生想獨自練習前，讓他們分小組或 2 人一組來完成一些問題，這是在獨立練習時用的學習單。運用學習單時，應注意避免讓學生感到學習單是填補時間或增加額外負擔的感受；同時也要確保成功率在 60-80%。

㈡家庭作業

分配學生回家完成的工作稱為家庭作業，家庭作業的目的在讓學生完全了解教師所教的教材內容，而不是要讓學生忙碌，也不是指定較多的家庭作業，學生的表現就會特別好。要使家庭作業發揮成效，教師應該細心地設計，例如不能只有抄抄寫寫，而是要讓學生思考在課堂中所學習到的概念如何應用，進而提升其認知層級。當學生的學習尚未達到自動化的階段，家庭作業是最有效的練習方式，因為它是獨立學習最常使用的形式，但家庭作業應避免被濫用，學生往往練習著他們尚未理解的內容，結果愈學愈沒信心或愈不懂。另外，宜避免在課堂上沒有經過多次的指導練習就指派家庭作業，這樣往往容易帶給學生許多的挫折感。

㈢評量

為評估學生的進步情況，教師可以每次上課均實施評量，或上兩三節後再進行，評量的方式除考試外，也可使用學習單、作業、現場操作等方式。評量可提供教師及學生回饋的訊息，了解學生的學習是否達到預期的結果，以決定後續的教學。

七、每週和每月的複習

定期複習是在確保教學的成功，根據研究顯示，獨立練習和家庭作業

可提高學習正確率至 60-80%，定期的複習則使正確率提高到 95%；如果學生的表現水準低於這項指標，那就表示教學進度太快，需要重新教學。定期複習的方式有以下幾項：1. 學生在寒暑假經常會忘記學過的技能和知識，新學期開始時先實施考試，讓學生加強舊知識的複習；2. 指派家庭作業；3. 實施定期的評量。

 ## 呈現教材的技術

直接教學法是一個十分明確、嚴謹的教學方法，除了教學設計流程應妥善規劃，教學技術的運用也是非常重要的。在教學過程中，教師是扮演一個訊息的傳遞者，而學生的角色則是被動的接受者。教師講課的技巧、步調、校正學生的錯誤並給予立即的回饋，都是影響學生學習成效的重要因素（林進材，2006）。其中呈現教材的技術更是直接教學法成敗的關鍵，以下就此一部分加以探討（王財印等，2012；林進材，2006；高佩蓉，200；沈翠蓮，2002）：

一、詳細而充分的解釋與說明

呈現新教材時，教師最常使用講述法（lecture），講述是與學生溝通概念的好方法，好的講述能夠明確描述事件的順序，也能吸引學生的注意，使學生經由主動的聆聽課程而獲得良好的學習效果。所以教師在講述教材時，必須讓學生能清楚地了解教材，呈現教材時也要注意到教材的結構性，將主要的理念和概念組合成有意義的部分。但講述也有一些缺點，例如有些學生不能安靜聆聽，甚至會產生干擾行為。為使教學達到預期成效，教師在進行講述和解釋時要掌握以下原則：

㈠時間的長短

講述的時間不宜太長，對國小學生不超過 10 分鐘、國中生不超過 20 分鐘，年紀較大的學生講述時間可以延長；至於整節課的講述方式是否適用，則要視學生的注意力、興趣和動機而定；同時，講述時也不適合自由

討論學生感興趣的問題。

㈡ 快速的節拍

教學速度應確實掌握，先慢後快，以避免教學速度太慢，學生感到枯燥乏味，或太快的教學節奏學生跟不上進度，造成學習的挫折感。

㈢ 維持學生的注意力

在講述時要設法維持學生的注意力，教師避免使用太過複雜的語言或名詞，說話音調要有變化，要妥善運用肢體語言，例如與學生眼神的接觸、豐富的肢體動作傳達興趣與熱忱。

㈣ 多舉實例

解釋教材要多列舉生活中的實例，有一種「規則—實例—規則」（rulc-cxamplc-rulc）的呈現次序可供參考。教師最先呈現規則，再列舉實例，然後要求學生將規則寫在黑板上或由學生口頭說出規則。

㈤ 檢查理解

當教師注意到課程中注意力缺乏的訊息，例如學生表情迷惘、竊竊私語，這時教師要提出問題來確知學生是否理解，同時提醒學生要注意聽課。

㈥ 要求學生作筆記

講述時教師可要求學生作筆記，記下講述的重點。要使學生能有效記錄，教學者需要放慢講述速度或經常中止講述，對沒有經驗的學生要多給予時間，並且經常回饋和鼓勵。

二、善用教學媒體

所謂「一張圖片勝過千言萬語」，直接教學法在呈現教材階段中，強調以視覺表徵的形式來呈現是特別具有效果的。教師需經常藉由展現圖片、當場示範和配合圖表加強解說，提供學習者對新訊息的記憶連結。示範是一種教學活動，包括向學習者展示老師要學習者去做（行動順序的形

式）、去說（在事實和概念間的形式）或去想（問題解決或學習策略的形式）的事。在呈現教材內容時，最好將內容圖表化，使用單槍投影機、傳統投影機或壁報方式呈現出來。教師可使用教學圖表或概念圖來呈現整體單元知識架構，如圖 12-1 所示，這四種圖形組體（graphic organizers）是較為常用的教學圖表。一般多從大觀念到特殊觀念來編制，同時也應該注意圖表和實例的選擇是否足以說明教材內容的各個重點。

1. 維思圖（Venn diagram）
用在比較和相反的概念

2. T 表（T-chart）
列出因果、問題解決

3. KWL 表（KWL chart）
記錄資訊、先備知識、學習目標

知道 什麼	想知道 什麼	學到 什麼

4. 網狀圖
腦力激盪、產生和連結概念

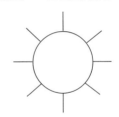

圖 12-1　四種最常用的圖形組體

引自 Burden & Byrd（2010, p. 125）

三、講述教學的注意事項

　　講述教學的缺點為教師是一個獨白者，學生只能聽，如果學生的注意力無法集中，就會開始覺得很無聊。為維持學生的注意力可以使用以下的技巧：

　　㈠ 以發問問題來確知學生是否理解，同時要注意上課中注意力缺乏的訊息。

㊁當教師問學生問題時，讓所有的學生一起作答，提高學生的參與感與注意力，可增加學生活動的機會，且可避免學習反應較慢學生因反應不及而跟不上教學活動的步調，這稱之為同聲反應（union responding）。

㊂透過每堂課的隨堂練習或學習單來了解學生的學習情況，以即時發現學生的學習問題，及早進行補救。

㊃學習成就較低、較易分心的學習者以安排坐在中間的位置為主，以避免分心，也方便老師指導。

㊄講述結束時，要記得總結講述要點，並將這些要點與下一單元內容或下一個活動相連接。

第四節　直接教學法的應用與評論

研究證據支持直接教學法是有效的，這些研究大多是以國小或有關數學、英語拼字、寫作、語言、閱讀等基本技能學習的學生為對象，在基礎教育階段為學得基本技能，直接教學法是特別有效的（王財印等，2012）。但這種教學法也有其局限性，本節再就直接教學法的應用時機與優缺點作一闡述。

壹　直接教學法的應用

直接教學法具有以下特性：1.全班教學；2.圍繞著問題組織學習；3.提供詳細而眾多的練習；4.主動提供教材使學生精熟事實、規則和步驟；5.教室的活動安排要使背誦和練習得到最大成效（Borich, 1996）。所以這種教學法適合應用在教學內容結構嚴謹的學科，例如數學、語言、閱讀；也適合應用在有明確步驟的技能教學，像是急救訓練。如果學生缺乏先備知識和技能時，也可以這種方式進行教學，最常見的是對低成就學生的補救教學。教師要依據學科性質和教學目標，決定是否使用這項教學模式。當在進行直接教學法的計畫時，教師也可試著朝以下方向來思考：

一、與其他教學策略相結合

為避免講述法過於呆板，為避免練習時間過於冗長，直接教學法可應用多種教學策略，例如與精熟學習、討論教學、合作學習等模式相結合。

㈠ 與精熟教學模式相結合

精熟教學模式的基本理念是：每個人的學習速度快慢不同。教學時只要列出要求學生精熟的標準，並給予學生足夠的學習時間，則幾乎所有智力正常的學生，都能精熟大部分學習的內容。

精熟教學模式適用於中、小學團體教學的情境，適用的教材性質兼及認知和動作技能兩種，但涉及的認知層次偏在記憶與理解，可運用在補救教學方面，對低成就學生有很大的幫助。其教學流程如下（張新仁，2001）：

1. 引導階段：告訴學生精熟教學的實施方法和成績的評定方式。
2. 正式教學階段：(1) 進行班級教學；(2) 分組練習；(3) 實施第一次測驗；(4) 未達精熟標準者參加補救教學，由通過者教導未通過者；(5) 全班通過後繼續下一單元的教學。

㈡ 與討論法相結合

有研究發現教師指導的討論教學成效比同儕討論來的好，因而提出小組討論與直接教學法相結合的模式，該模式先進行教師主導的全班教學，然後再進入學生主導的小組討論，但是重點還是放在強調學生主動學習的小組活動（Muijs & Reynolds, 2005）。其教學流程如表 12-1 所示，教師可視上課時間長短自行調整。教師在黑板前講述後轉換成小組工作，各組都預留一個位置給教師，教師可以輪流參與各小組的討論。

表 12-1　講述與討論結合的教學流程

時間	教學活動	控制來源
10 分	課程簡介、探究或增強概念 · 探索新概念和技能 · 提供問題情境和策略模式 · 指導有意義的討論 · 分配工作 · 說明預期的結果	教師
5-10 分	小組工作 1：探究、增強或擴展概念的使用 · 探索 · 調查 · 應用 · 增強	小組
5 分	評估過程和澄清 · 師生問答互動 · 討論問題情境 · 討論策略、過程或發現 · 提供新的發展 · 提供新工作	教師
10-15 分	小組工作 2	小組
5 分	評估過程和澄清	教師
10-15 分	小組工作 3	小組
5 分	複習或總結活動 · 簡要地複習目標 · 工作複習 · 結果複習 · 與未來或過去的課程相結合	教師

取自 Muijs & Reynolds（2005, p. 58）

二、視情況修改教學步驟

　　教學步驟不是固定的，教師可依需要調整教學步驟，例如為增加學生練習的時間，將直接教學修改為以下步驟：1. 敘述行為目標；2. 複習知識、技能；3. 呈現新教材；4. 提出問題發問；5. 獨立練習；6. 評估表現和給予回饋；7. 提供分布練習（distributed practice）和複習（Swanson,

2001）。或者是在每節課結束前 5-10 分鐘，增加評量項目。如果教師能將直接教學法的精神融入傳統講述教學法中，則學生能經由教師細心地教導、學生充分地練習，而提升學習成效。以下簡述美國密蘇里（Mis-souri）數學有效教學方案所發展出來的「主動教學模式」（active teaching model）的教學流程，該結構式教學適用在小學階段（Muijs & Reynolds, 2005）：

㈠ 每天複習（約8分鐘，星期一除外）
1. 複習昨天的概念和技能（與家庭作業結合）。
2. 蒐集和處理家庭作業。
3. 問幾題心算的練習。

㈡ 發展（約20分鐘，講述新概念，發展理解）
1. 簡述先備技能和概念。
2. 以生動的解釋、示範等方式促進學生的理解。
3. 以發問和練習評估學生的能力。
4. 重述重點。

㈢ 座位練習（約15分鐘）
1. 提供不受干擾的練習。
2. 讓每位學生參與練習。
3. 讓學生知道練習結束前要檢查學生的練習成效。
4. 檢查學生的練習。

㈣ 分派家庭作業
1. 除週五外，每天分派數學作業。
2. 完成作業時間約為 15 分鐘。
3. 作業內容有 1-2 題為當天所教的題目。

㈤ 特別的複習
1. 每週的複習：週一上課的前 20 分鐘進行上週教學重點的複習。
2. 每月的複習：每月的第四週複習這個月所教的技能或概念。

直接教學法實例設計

以下以地理科教學為例，說明直接教學法的實施流程，教師可依據學生屬性與需求，彈性運用教學流程（周啟葶，2005）：

一、科目：地理

二、單元主題：火山的形成

三、複習與教學前活動

㈠複習地球板塊運動的擴張與隱沒。
㈡放映有關火山爆發影片。

四、說明教學目標

㈠學生能了解火山形成。
㈡學生能說出火山的種類與構造。

五、呈現新的學習內容

㈠講述火山形成的必要條件。
㈡講述火山的種類與差異。
㈢講述火山的構造。

六、指導學生練習

學生拿出習作簿，各組合作完成習作簿上的問題，教師從旁監控及協助。

七、回饋與校正

教師逐題說明正確答案，並請同學交換習作相互批改。

八、獨立練習

　　教師發放學習單，每位學生獨立完成，不得與同學討論。如果時間不允許，則將學習單當作家庭作業，帶回家練習。

九、教學完成活動

　　㈠ 總結這節課的授課重點。
　　㈡ 交待作業及預告下次課程主題。

 參　**直接教學法的評論**

　　直接教學法採用教師效能及認知學習的研究成果，並組織成結構性很強的教學模式，對考試成績的提升、技能領域的練習有很大的幫助，但是對高層次認知能力的提升助益不大。以下綜合學者的看法，分別說明直接教學法的優缺點（王財印等，2012；Muijs & Reynolds, 2005; Rosenshine, 2008）：

一、直接教學法的優點

　　直接教學法強調學習效果的立即呈現，希望學生能達成學習遷移的成效，因此該教學法具有以下幾項優點：
　　㈠ 直接教學法結合明確學習目標，緊密控制上課結構、明確傳遞上課內容和實施必要的練習，能達成預期的學習結果。
　　㈡ 直接教學法是一項有系統的教學設計，對教導新資訊、基本技能和程序很有成效，使之可應用到不同的情境。
　　㈢ 使用直接教學法可促使學生主動參與學習活動。
　　㈣ 講述的形式讓教師有機會分享與學生生活有關聯的知識內容。
　　㈤ 講述時教師示範出教學的熱忱，對學生學習態度有正向影響。
　　㈥ 講述及結構化的呈現教材方式，可充實學生學習。
　　㈦ 教師使用一系列的監控方式，可促使教學更有成效。

(八) 有效的解釋可協助學生獲得正確的概念和資訊。

(九) 提供充分的練習時間，讓學生精熟教學內容。

二、缺點

直接教學法受到的評批也不少，甚至有學者將直接教學法視為「貧窮的教學法」，這些評批共有以下幾項：

(一) 太過重視教師角色和權威，學生只是被動地吸收事實和獲得技能，太少有機會讓學生主動發現知識，難以培養學生自主學習的習慣。

(二) 教師的教學行動只是提供資料和問問題，教學方法應能依據學生期望及能力而作調整。

(三) 對學習遲緩或跟不上進度的學生，會產生無聊感和無助感。

(四) 僅適合低層次的教學目標，不適用於創作、解決複雜問題之類的教學目標。

(五) 缺乏同儕間的互動。

(六) 偏重知識的灌輸。

(七) 不易長久維持學生注意力。

自我練習

一、選擇題

(　　) 1. 「直接教學法」中有關教師角色的敘述，下列何者是錯誤的？　(A) 教師是指導者　(B) 教師是治療師　(C) 教師是設計者　(D) 教師是教學的中心

(　　) 2. 下列有關直接教學法的敘述，何者正確？　(A) 學生自己掌控學習速度　(B) 以建構主義學習理論為依據　(C) 安排教學情境使學生發現教材的結構　(D) 透過行為塑造讓學生循序漸進地學習

(　　) 3. 陳老師在上課時，會隨時因應學生的學習速度、提供多樣性的教材內容、調整評量的內容，也會調整教師的角色與任務。陳老師是採用下列何種教學策略？　(A) 個別化教學策略　(B) 團體化教學策略　(C) 擬人化教學策略　(D) 目標化教學策略

(　　) 4. 當教師必須於短時間內，將大量的資訊傳給學生，而學生又無法自行組織這些內容時，宜採取下列何種教學法？　(A) 直接教學法　(B) 間接教學法　(C) 實作取向教學法　(D) 思考啟發取向教學法

(　　) 5. 李老師想要在一群個別差異很大的學生之間，達成一致性的教學目標，他應使用以下哪一種方式較合適？　(A) 直接式教學　(B) 間接式教學　(C) 適應式教學　(D) 交互式教學

(　　) 6. 採行直接教學法時，以「前導組織」（advance organizer）呈現整體內容，最適用於哪一步驟？　(A) 指導練習　(B) 複習與檢討　(C) 呈現新教材　(D) 敘述教學目標

(　　) 7. 下列何者屬於教師中心的課程設計？　(A) 師生一起討論數學的解題過程　(B) 教師說明各種造字原理及字形的演變　(C) 學生飼養昆蟲，觀察、拍攝其生長過程，並在網路上分享　(D) 學生蒐集地球暖化造成人類生存危機的資料，並在課堂上報告

(　　) 8. 黃老師所設計的學習單，旨在透過問題的呈現，使學生在找答案的過程中，能進一步蒐集課外的資訊，以豐富學習內容。黃老師此種設計最能凸顯下列哪一種功能？　(A) 補充教材　(B) 學習評量　(C) 延伸探索　(D) 活動指引

（　　）9. 王老師規定學生在數學平時評量時需達到 80 分，否則要利用課後
　　　　時間到教師辦公室接受補救教學，直到獲得 80 分為止。王老師的
　　　　教學較符合下列哪一種方法？　(A) 編序教學法　(B) 分組教學法
　　　　(C) 練習教學法　(D) 精熟學習法

（　　）10. 下列何者非行為學派的教學方法？　(A) 凱勒計畫　(B) 直接教學
　　　　法　(C) 編序教學　(D) 精熟學習

（　　）11. 下列有關「直接教學法」的敘述，何者較不正確？　(A) 以學生為
　　　　中心　(B) 強調練習與實作　(C) 採取即時回應策略　(D) 行為分析
　　　　理論為其主要依據

12-13 為題組，閱讀下文後回答。

張老師上課時先解釋什麼是經、緯線，向學生指出地球儀上的國際換日線、赤
道的位置。之後以「倫敦」為例，讓全班同學練習找出其經、緯度，並請一位
同學回答，以確認學生是否了解。接著張老師再以「臺北」為例，請學生找
出經、緯度，然後給予回饋。最後，老師發下學習單，上面列有許多組經、緯
度，請學生找出對應各組經、緯度的城市，規定在下課前完成。

（　　）12. 下列何者不是張老師教學時所重視的事項？　(A) 力求講解的清晰
　　　　(B) 吸引學生的注意力　(C) 促進學生之間的對話　(D) 以具體的例
　　　　子輔助說明

（　　）13. 張老師在課堂上請學生找出「倫敦」、「臺北」的經、緯度，再給
　　　　予回饋，其主要用意為何？　(A) 引導學生進行練習　(B) 促使學
　　　　生腦力激盪　(C) 強化學生學習統整　(D) 比較兩個城市的位置

（　　）14. 曾老師將「二元一次聯立方程式」單元設計成一連串的小單元，再
　　　　據以編制測驗題目。實施時，學生各自作答後，立即檢核對錯，以
　　　　逐步完成全部教材的學習。曾老師的教學法較接近下列何者？
　　　　(A) 微型教學　(B) 編序教學　(C) 闡釋型教學　(D) 建構式教學

（　　）15. 在教導新概念或新技能時，強調以教師為中心，並藉由教師解釋與
　　　　示範，以及學生練習的教學方法，稱為：　(A) 直接教學法　(B)
　　　　精熟學習法　(C) 有效教學法　(D) 啟發教學法

（　　）16. 李老師在上數學時，先複習、再呈現新的題型，然後講解新題型的
　　　　解題方法。最後，再出題目讓學生練習解題。李老師運用下列何種

教學方法？　(A) 直接教學　(B) 定錨教學　(C) 啟發式教學　(D) 問題導向學習

( )　17. 陳老師教數學時，最常採用的教學步驟是：一點點的講解說明→老師示範→學生共作→學生自己做。請問，陳老師採用的教學法是以下哪一種方法？　(A) 講述法　(B) 建構式教學法　(C) 直接教學法　(D) 實作教學法

( )　18. 直接教學法受限於以下哪一個過程？　(A) 需要延伸的推理或提問　(B) 較不以教師為中心　(C) 學習單元的材料易被記憶　(D) 很少有一個唯一的最好的答案

( )　19. 陳老師在每學期初都會先查看學生上學期的成績表現，評估學生的認知發展水準，調整教學策略以協助學生準備新學期的學習活動，請問他採取何種教學原則？　(A) 先備條件　(B) 開放溝通　(C) 教學輔具　(D) 持續練習

( )　20. 有效率的教師在面對學習者的個別差異性時，最重要的教師態度是下列哪一項？　(A) 檢驗前一單元課程涵蓋的資訊，活化學習者的背景知識　(B) 幫助學習者判斷他們已經知道什麼，並為新知提供基礎　(C) 讓每位學生感受到在校各種學習參與上是受到接納的　(D) 運用感官特性，吸引與維持學生在整個學習過程的持續注意力

( )　21. 在常見的教學模式中，其中適用於教導學生記憶事實，學習動作技能，以及簡單的讀、寫、算技能的教學方法是什麼？　(A) 直接教學模式　(B) 探究教學模式　(C) 精熟教學模式　(D) 概念獲得模式

( )　22. 以 (1) 引起動機；(2) 呈現教學目標；(3) 喚起先備知能；(4) 呈現內容及舉例；(5) 練習及回饋；(6) 檢核學習結果；(7) 加深加廣或補救教學；(8) 總結等八項教學活動的教學方法，應該是哪一種教學法的步驟？　(A) 直接教學法　(B) 合作學習法　(C) 視聽教學法　(D) 編序教學法

( )　23. 下列何種教學法較重視學生的練習？　(A) 合作學習法　(B) 探究教學法　(C) 直接教學法　(D) 協同教學法

( )　24. 下列哪一種教學法是由教師直接將教學目標清楚陳述後，依照所劃分為部分相關聯的教學內容，透過訂正性的回饋伴隨練習，以達到

精熟學習？　(A) 合作學習教學法　(B) 直接教學法　(C) 概念獲得教學法　(D) 討論教學法

(　　) 25. 技能領域的教學採用哪一種教學法最適當？　(A) 欣賞教學法　(B) 概念獲得教學法　(C) 探究教學法　(D) 直接教學法

(　　) 26. 下列有關直接教學法（direct instruction）的敘述，何者為非？　(A) 為教師中心的教學　(B) 強調師生的共同學習　(C) 認為教學是可以複製的　(D) 主張學習者的行為可以預期

參考答案

1.(B)　2.(D)　3.(A)　4.(A)　5.(C)　6.(C)　7.(B)　8.(C)　9.(D)　10.(B)

11.(A)　12.(C)　13.(A)　14.(B)　15.(A)　16.(A)　17.(C)　18.(C)　19.(A)　20.(C)

21.(A)　22.(A)　23.(C)　24.(B)　25.(D)　26.(B)

二、問答題

1. 試說明「直接教學法」（direct instruction）的意義，以及其優點與限制。

2. 以籃球教學為例，說明直接教學法與間接教學法實施方式的不同。

3. 請以直接教學法設計一份教案，主題任選。

4. 直接教學法適合應用在何種情況的教學？

5. 直接教學法相當重視練習，請問要如何實施才能發揮成效？

6. 直接教學法所依據的理論基礎有哪些？

7. 請比較直接教學法與精熟學習法有何異同？

第十三章

概念與探究教學法

　　十二年國教課程總綱提出「以學生爲本位」、「素養學習」、「終身學習」、「適性揚才」等教育理念作爲核心目標，並指引各領域綱要依此研修發展。社會領綱對各教育階段課程，都設計了形式多元的探究學習，普通型高級中等學校「自然科學探究與實作」屬於新設必修領域課程 4 學分。當代的探究式學習的原型，起源於實驗科學，強調動手、動腦，著重於以物質變化爲中心的實證研究與因果分析。歷史科的探究稱爲「歷史考察」，地理科則是「田野觀察」、「田野訪查」，公民與社會則是以對話、價值釐清爲主的課堂實作。自然及社會領綱均規劃了較多探究學習、探究實作，以培養學生主動建構知識體系的能力（黃茂在，2019）。本章針對資訊處理模式（information processing model）中的概念獲得（concept attainment）、概念構圖及以探究爲主要策略的教學模式詳加探討，說明這幾種教學模式在教學上的應用。資訊處理模式注重說明學習者獲取資訊，並發展學習者獲取資訊、處理資訊、觀察問題和解決問題的能力。不同的模式有不同的教學重點，概念獲得教學法主要是說明學習者如何有效地學習概念、探索特定的思考和推理過程。探究教學法主要在於培養學習者探究的技能，讓學生能發展理解世界運作的方法，這方面的技能一直是傳統學校教育忽略的一環（Arends & Kilcher, 2010）。

第一節　概念教學法

　　概念教學法有著極其深厚的歷史與哲學淵源，早在兩千多年以前，古希臘哲學家亞里斯多德就注意到，人們在認識周圍世界時，爲了應對環境的高度複雜性，就開始對感知到的事物進行分類。在二十世紀，美國著名心理學家布魯納及其同事則將有關概念的研究推向一個新的階段（Lasley & Matczynski, 1997）。進入二十一世紀後，概念獲得教學法成爲現代教育中的一個重要的教學模式。概念教學法的研究可分爲概念形成、概念改變兩大取向，本章著重在概念形成取向的介紹。本節共包含四部分，首先針對概念的理論作一闡述，然後分別探討概念獲得教學法、概念構圖教學法及 MAPS 教學法。

概念的基本理論

　　雖然外在事物變化莫測且蕪亂龐雜，人們的心理表徵與語言表達能力有限，但幸運地，人們可以藉著概念的學習，將訊息以某種方式分類儲存、處理，減少「訊息超載」（information overload）以進行推理、批判、問題解決等思考活動。因此，「概念」在學習歷程中所扮演的角色相當重要（何俊青，2003）。

一、概念的定義與分類

　　概念是一種心理表徵，是人類思考和了解的工具，亦是學習的基本單位（何俊青，2003）。溝通若產生阻礙，是因為概念無法與人分享。概念也是一群人、事、物、行動或想法的共同特徵、名稱或標記，在知識層次有承上啟下的功用，使知識層次的底層事實（facts）具有意義，而且是建立高層次通則（generalization）、理論（theory）所必備（李宗薇，1994）。所以概念是知識（knowledge）與認知（cognition）學習的基石。

　　心理學者從四種不同角度對概念進行了分類，維高斯基根據概念學習的方式將概念分為日常概念和科學概念，日常概念也叫前科學概念，指沒經過專門的教學，由個體在日常生活中透過辨別學習、積累經驗而掌握的概念。科學概念則是指在教學過程中，透過揭示概念的內涵而形成的概念。奧蘇貝爾依概念的複雜程度分為初級概念和二級概念；蓋聶則提出具體概念和定義概念，具體概念是指可以透過觀察直接獲得的概念，定義概念則是指只能透過下定義的方式來界定的概念。針對概念所呈現的重要屬性則可分為具體概念（concrete concept）與抽象概念（abstract concept），具體概念是按事物的指認屬性形成的概念，是一種能被證實的實體，例如車、馬等；抽象概念是按事物的內在、本質屬性形成的概念，包含複雜的理念，且不能以單一或幾個屬性來定義，例如民主。布魯納對概念的分類是根據概念的重要屬性與概念定義之間的關係，區分了三種類型的概念：連言概念、選言概念和關係概念（曾琦等，2006；Lasley & Matczynski, 1997）。

二、概念的要素

任何概念都具有五種要素，即名稱（name）、範例（examples）、屬性（attributes）、屬性價值（degree）和規則（principle）。名稱是賦予一類事物的術語，或者說是給一類事物確定的稱呼，如水果、動物、植物、房子、汽車、交通工具。具有相同名稱的事物就有共同的特徵。範例指反映某一概念特徵的例子，有正例和反例之分，正例是具有概念本質特徵的範例，反例是指不具備概念本質特徵的範例。屬性指某一類事物的共同的、本質的特徵，例如哺乳動物的屬性也就是本質特徵是母親用乳汁餵養子女。屬性價值指屬性的取值範圍，例如蘋果的顏色是蘋果的一種屬性，紅、黃、綠都屬於取值範圍，但黑色就超出了取值範圍。規則是對概念的基本屬性的定義或說明。一個概念不同於另一個概念，是由於各種屬性的組合的不同（荊建華等，2002；Bruner et al., 1959）。

三、概念的特性

概念的學習就是學習對事物的歸類，人們將各種事物透過分門別類方式形成概念，然後能辨別出同一類中的事物，因而所形成的概念具有下列特性（張新仁，2012；Arends, 2004）：

㈠概念本身能夠被歸類

概念就像其他事物和理念一樣可以分類，了解概念的不同類型是很重要的，因為不同類型的概念要用不同的策略來教。通常將概念分為三類：1.連言性概念（conjunctive concept），是指所有重要屬性同時成立，缺一不可，例如三角形的重要屬性為封閉平面圖形，且由三條邊和三個角所構成。2.選言性概念（disjunctive concept），是指屬性的組合可以部分成立，不必同時呈現。例如棒球中的好球可以是通過本壘板、打者的肩膀之下、膝蓋之上，或是揮棒落空，或是打出界外等三項中的一項。3.關係性概念（relationship concept），是指屬性間存在某一種相對的關係，例如大小、遠近、長短。像姨媽這個概念就是描述同胞姐妹與她們的後代之間的關係。

㈡概念是透過範例和非範例來學習

學習特定的概念需識別概念的範例和非範例，例如牛是哺乳動物的一個範例，但卻是爬行動物的非範例；棉花和絲綢是紡織物的範例，而皮革和鋼鐵則是紡織物的非範例。運用範例和非範例，在概念學習中很重要。

㈢概念受到社會情境的影響

連言性概念如等邊三角形的屬性，在任何社會情境中都是具相同屬性；然而選言性概念和關係概念則是隨著社會情境的變化而變化。例如美國的「貧窮」與非洲國家的貧窮的涵義就有很大的不同；生活在北半球的兒童，會學到愈往南走天氣愈熱的概念，但對於阿根廷的兒童來說，這個概念卻是不真實的。

㈣概念本身有其名稱和定義

任何概念都有名稱和定義，有了名稱和定義，人們可以使用這個概念來相互理解、相互交流。例如四周被水環繞的一小塊陸地被稱為「島嶼」。名稱和定義是學習概念的先決條件，但是了解名稱並不一定理解概念。

㈤概念具有重要的屬性

概念具有可以用來描述和定義自己的屬性，某些屬性是重要屬性（critical attributes），是構成此概念不可或缺的要素或特徵。例如等邊三角形是指有相等的三條邊的三角形，其重要屬性必須是三角形，且三條邊相等。如果這概念是大概念的子概念，它就必須具有這個大概念的重要屬性，例如等邊三角形必須具備三角形的所有重要屬性。

㈥概念具有非重要屬性（noncritical attributes）

某些屬性可能只出現在同類的部分成員而非全部成員身上，這些屬性可以稱為非重要屬性。例如鳥類的代表屬性是飛翔，但不是所有的鳥都會飛，像企鵝、駝鳥不會飛，但牠們仍然是鳥類，所以飛翔是鳥類的非重要屬性。

㈦ 概念具有階層性

概念系統最典型的等級表現是具有三個等級層次，處於第一個層次上的概念最具概括性，被稱為上位概念（superordinate concept）；處於第二個層次上的概念具中等程度的概括性，被稱為基本概念（basic concept）；處於第三個層次上的概念則具有最具體的特點，被稱為下位概念（subordinate concept），例如「鳥類」為基本概念時，其上位概念是「動物」，下位概念就是「鳥類，具有羽毛的兩腳動物」（Braund, 1991）。一般認為基本概念既具體又有一定代表性，因此學生最先掌握的也就是這些基本概念。

四、概念教學重要性

布魯納在研究人們獲得概念的過程中，發現人們是透過對眾多事物的分類來識別各類事物，透過將具有共同特徵的事物歸為一類，以便形成概念。例如汽車有大小的不同、顏色與形狀的差異，但人們還是能將它與其他的車（如大卡車、公共汽車等）區別開來。因此布魯納認為類別分類活動是由兩部分構成：一是概念形成（concept formation），一是概念獲得（concept attainment）。概念形成是概念獲得的第一步，兩者的共同之處，在於它們都是幫助學生理解概念本質的媒介，但它們之間又有區別。概念形成是指學生知道某些東西屬於哪一類別，概念獲得則是指學生能夠發現可用來區別某一類別的成員與非同一類別的事物的各種屬性。當學生精確地了解某一類別的事物與非同一類別的事物的區別時，才能說是獲得了這一概念。當然，布魯納相信學校學習不只是形成概念，而且是使學生獲得概念（楊思賢，2001）。歸納布魯納之所以重視獲得概念的教學，其主要的理由如下（施良方，1996）：

㈠ 布魯納認為基本概念和原理是學科結構最基本的要素，所以要掌握基本概念和原理。

㈡ 布魯納認為教材的結構是由概念和原理組成的，但各個概念和原理不是彼此割裂的，而是相互關聯的，所以主張要掌握學科知識重要概念

的內在聯繫。

㈢概念教學不只著重讓學生在課堂上有意義地學習概念，而且要透過對概念的學習，培養學生歸納推理的思維能力。

　　美國學者艾力克森（Erickson, 2002）受到塔芭（H. Taba）、布魯納的啟發，提出「概念為本的課程與教學」（concept-based curriculum and instruction, CBCI），將課程視為內容，教學則視為過程。內容的部分主要採概念為主的知識體系，認為概念代表知識中較高的層次者，是廣泛且抽象的類目，可將許多性質相似的事實（facts）加以歸類，概念具有普遍性（universal）、無時間性（timeless）、抽象性及廣博性（abstract and broad）。老師運用概念的教學能使學生從孤立的事實記憶，邁向高層次的思考技能。艾力克森將此模式的教學步驟規劃如下：1. 選擇一個重要的課題；2. 界定普遍性的概念；3. 繪製概念網狀圖；4. 運用腦力激盪發展重要的通則，引導學習；5. 寫出引導性的問題；6. 列出複雜的學習表現與重要技能；7. 發展單元的學習成果、成果發表活動；8. 規劃日常的活動，將學習結果與單元的內容及通則相聯繫（徐綺惠，2005）。

 貳　概念獲得教學法

　　概念的教學設計，主要可分為兩種模式：一是教師為中心的演繹式概念教學法，一是學生為中心的歸納式概念教學法。演繹式概念教學法屬直接教學模式，其步驟如下：1. 教師介紹概念的定義；2. 確定概念的重要屬性或特徵；3. 教師提出正例與反例；4. 教師提出其他例子，由學生加以歸類為正例或反例；5. 由學生自行發展出另外的正例與反例（王雅觀，2005）。歸納式概念教學法屬於探究式教學法，又稱為「概念獲得教學法」。所謂概念獲得（concept attainment），就是透過對範例進行觀察，從中區分出肯定和否定範例，並根據肯定範例判斷出某一事物的本質特徵的過程。這種教學主張利用了「歸納法」（inductive approach）的原理，讓學生先行認識某種觀念的實例或特性，然後自行去下定義，從而發現

某種概念的意義（曾琦等，2006）。這正是回應布魯納認為教學情境的安排，是要能夠使學生自己去發現各種「教材結構」的看法。同樣地，此策略強調教材的結構必須與學生的認知發展結構相配合，而教師在教學時必須了解學生的認知結構。因此，這種教學法的特點，是鼓勵學生主動思考和參與發現某種概念的過程（李進成，2005）。也就是說，教師並不把概念直接傳授給學生，而是提供一組正反例證，讓學生自己透過比較、對照、分析正反例證的屬性，提出假設、驗證假設，並最終對概念命名（荊建華等，2002）。概念獲得教學法通常由以下幾個階段組成：概念的確認、範例的確認、假設的提出與驗證、概念的命名、概念的應用與省思（林進材，2006；沈翠蓮，2002；胡秀威，1999；Arends, 2004; Lasley & Matczynski, 1997）：

一、概念的確認（concept identification）

概念是知識組織的基本單元，並不是所有的概念都必須運用概念獲得法進行教學的，運用概念獲得教學法進行教學的應該是比較重要的概念，而且該概念應該具有比較清晰的屬性。所選的概念必須具有與其相似的概念相區別的明顯特徵，而且所選的概念必須是可教的（teachable），教師所選擇的概念必須有一個令人滿意的、學生可以理解的定義，而這個定義不是來自於教科書。教師在選擇概念時，同時要選擇一些和概念相關的範例。例如地理課教師選擇島嶼、湖、半島、內灣等概念進行教學，其正反例及屬性請見表 13-1。

表 13-1　地理概念的分析

概念	描述	正例	反例	主要屬性
島	一個陸塊，但不像大陸那麼大，周圍被水環繞	夏威夷、古巴、格陵蘭、臺灣	佛羅里達州、伊利湖、澳洲	1. 陸塊（不是大陸） 2. 水 3. 陸塊被水環繞
湖	被陸地包圍的一大片水域	休倫湖、大鹽湖、洞庭湖	密西西比河、夏威夷、大西洋	1. 一大片的水域 2. 陸地 3. 水域被陸地包圍

表 13-1（續）

概念	描述	正例	反例	主要屬性
半島	一塊陸地幾乎全部被水包圍，但有一部分陸地和大陸相連	佛羅里達州、義大利、馬來西亞	古巴、哈德遜灣、洞庭湖	1. 陸地和大陸相連 2. 水 3. 幾乎全部被水包圍的陸地
內灣	部分被陸地包圍的水域，但是有一個寬的出路到海洋	哈德遜灣、波斯灣、墨西哥灣	佛羅里達州、洞庭湖、義大利	1. 以寬大出口和海洋相連的水域 2. 陸地 3. 部分被陸地包圍的水域

取自林進材（2006，頁 316）

二、範例的確認（exemplar identification）

　　概念獲得教學法的核心是向學生提供概念的範例，範例包括正例（positive examples）和反例（negative examples）。正例要包含概念所有必備的重要屬性，反例則不必包含必備的重要屬性。在教學中，教師以不同的方式呈現正、反例，有意識地引導學生去發現概念的一些重要屬性。教師提出的第一批正例應該相對詳細和明確，其目的不在於迷惑學生，而應該有助於學生對概念基本屬性的確認。在範例確認階段應考慮以下問題：1. 教師選擇使用哪些例證？2. 正例是否有助於該概念的建立？3. 正例要提出三個以上，反例要有五個以上，教師所提出的數量是否足夠？例如「島嶼」這個概念的正例有夏威夷、古巴、格陵蘭，反例有佛羅里達、澳洲、義大利，再呈現島嶼的主要屬性爲陸塊、水、陸地被水環繞。

三、假設的提出與驗證

　　在概念獲得教學法中，學生必須在教師的幫助下，自己建構對概念的理解，並確認概念的一般屬性及正確的概念名稱。例證的確認與假設的提出是循環的過程，它包括學生對例證的觀察、分析、比較和對照，然後提出假設並加以驗證。教師可以額外提供正反例，讓學生繼續形成假設，

以幫助學生在分析足夠數量的範例後,能識別出概念的所有重要屬性,並排除先前建立的錯誤假設。這個階段的循環過程包含以下的步驟:1. 教師提出範例;2. 學生分析範例和產生假設;3. 教師提供額外的範例;4. 學生建立新假設,減少錯誤的假設;5. 教師和學生確認正確的假設。當假設被證實時,教師還需對概念的特徵進行分析,目的是說明學生真正地掌握概念,避免學生能將範例分類,但不能說明分類的依據,同時也是為了使所有的學生掌握概念,避免有部分學生沒能掌握概念。

　　下列為「根莖蔬菜」概念範例的呈現形式:教師提出的正例為胡蘿蔔,反例為玉米;學生的假設為橙色蔬菜、可生吃的蔬菜、根莖類蔬菜,學生列舉出以下的範例:白蘿蔔、馬鈴薯。教師再向學生提供一組範例,由學生判斷出正向和反向範例,如果判斷與前面的假設一致,那麼所獲得的概念將是準確的。

四、概念的命名

　　經過了上述循環過程後,教師在課堂上應留出一點時間對所有保留下來的假設及範例進行複習,並幫助學生對概念命名。在有關概念命名的討論中,如果學生沒有給出正確的概念名稱的話,教師可以告訴學生,這種情況通常發生在低年級學生的教學中。

五、概念的應用與省思

　　在概念的應用階段,可以讓學生有機會充分表達他們對概念的理解,可以透過自己提出的範例,或教師要求學生對概念的基本屬性的正反例加以描述,以了解學生對於概念的重要屬性的理解程度。

　　概念獲得教學法的五個階段,也可以修改成以下八個實施步驟(楊思賢,2001):1. 選擇擬教的概念,寫下該概念的定義;2. 記下該概念的一些「屬性」;3. 找一些與該概念有關的「正」及「反」例子;4. 向學生介紹他們學習該概念的「過程」;5. 向學生展示有關概念的「正」及「反」例子,以便他們自行發現該概念的「屬性」;6. 請每位學生為該概念寫下

自己認爲正確的定義；7. 教師提供更多的例子，讓學生把「正」、「反」例子辨別出來；8. 教師帶領學生討論該概念獲得的學習過程。或是再簡化成以下五個步驟：1. 教師提供概念的正例與反例；2. 教師經由提問協助學生分析例子中概念的屬性與特徵；3. 學生發展概念的定義；4. 教師提供其他例子供作比較及分析；5. 精緻化概念定義（王雅觀，2005）。

 ## 概念構圖教學法

　　概念構圖是美國康乃爾（Cornell）大學學者諾瓦克（Novak, 1990）和其同僚於 1972 年左右爲了驗證奧蘇貝爾（Ausubel）的「有意義的學習」（meaning learning）理論，乃研究出「概念構圖」（concept mapping）的方式來表徵所欲學習的概念間有意義的關係，作爲教學、學習、研究及評量的方法使用，概念構圖是由學習者或教學者將所學習的教材或文章中的概念，以一個個概念節點（concept node）及概念與概念之間的關係連結（relation link）用圖示的方式表現出來（何俊青，2003；Novak, 1990）。讓學生從建構概念圖過程中，將定義、例子、概念的特性及與其他概念的關係組織起來，以釐清概念的架構（徐綺穗，2005）。

一、概念構圖的功能

　　概念構圖嘗試以具體的圖像來說明，在某一特定的學習範疇中包含哪些概念，以及這些概念之間彼此的關係。概念構圖主要可以幫助學習者加強統整、重組資訊的能力，讓學習者將所閱讀的知識與過去已有的相關知識重新做連結，使學習者對於相關知識產生全面性的了解。視覺化的學習是現今人類學習知識及獲得知識的重要途徑和方法之一，而概念構圖是一種具有視覺化的認知結構表示法，便是在此思維下發展出的一種圖解組體，因此概念構圖具有以下三種功能（范芸葳，2013）：

　　㈠概念構圖可以使教師及學習者能針對特定命題連結的有效性，彼此交換意見看法或可以找出概念之間錯誤的連結，能更釐清學習重點爲何。

　　㈡概念構圖能提供學習者視覺的路徑圖（visual road map），學習者可以使用這些路徑將概念連結爲有意義的命題。

　　㈢在學習告一段落後，可以利用概念構圖將學習內容做成摘要，有助於探討概念的意義。

二、概念構圖的型式

　　概念構圖是人類將思維過程或結果的知識圖形化表徵的呈現方式，所呈現的是概念及其節點、鏈結（連接各節點的連線）和表達節點之間關聯的文字標注所構成，節點由幾何圖形或圖案表示。依據知識概念圖呈現格式的不同，可分成蜘蛛網狀式概念圖（spider concept map）、階層式概念圖（hierarchy concept map）、流程圖式概念圖（flowchart concept map）和系統式概念圖（system concept map）（陳俊宏、朱耀明，2006）。以下就概念構圖主要型式說明之（陳冠貝、張雅淳，2010；曹惠菁、徐偉民，2012）：

　　㈠**蛛網圖**

　　以一個概念或主題爲中心，由內而外，逐漸擴散，連結相關概念的圖示，如圖 13-1。

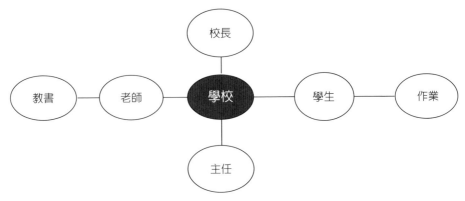

圖 13-1　蛛網圖

取自陳冠貝、張雅淳（2010，頁 39）

⼆ **鎖鏈圖**

最適合用來分析事件的前因、後果或發生順序，也適合用於問題解決的思考流程，如圖 13-2。

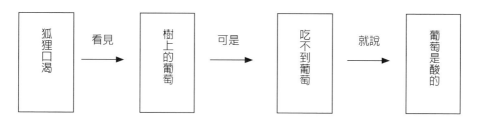

圖 13-2　鎖鏈圖

取自陳冠貝、張雅淳（2010，頁 39）

⼆ **階層圖**

根據主題或概念，將相關概念由上而下逐漸演繹，將一般性、抽象性的概念排在上層，較特定、具體的概念排在下層，如圖 13-3。

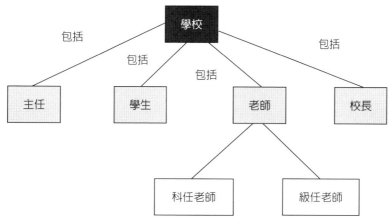

圖 13-3　階層圖

取自陳冠貝、張雅淳（2010，頁 40）

㈣ 複雜化的蛛網圖

有些教材的概念比較複雜，因此適用圖 13-4 這種複雜化的蛛網圖。其特徵是將中心概念放至中間，再將與中心概念相關的子概念放置周邊，並以連接線連接，針對所聯想到的子概念，嘗試以舉例或文字說明的方式，讓子概念能更清楚、明確的呈現。

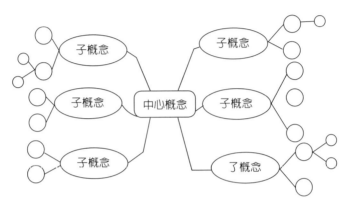

圖 13-4　複雜化的蛛網圖
取自曹惠菁、徐偉民（2012，頁 58）

三、教學步驟

根據研究顯示，教師對概念構圖教學法是否充分了解並正確的實施教學，是影響教學法能否順利進行的一大關鍵。因此，教師在實施概念構圖教學之前，務必要充分熟悉此教學法，才能達到理想的教學效果（孫郁純，2006）。以下就教導學生繪製概念構圖的前置教學及實際教學時的實施步驟兩部分來進行說明：

㈠ 前置教學

為了使實際進行概念構圖教學時，學生能了解不同概念構圖圖示的運用時機與繪圖步驟，更快進入學習狀況，因此在實際教學之前先進行概念構圖前置教學，其步驟如下：1. 提供範例；2. 示範構圖；3. 提供程序性知識；4. 輔助教練，先全班共同進行構圖，之後再以小組的方式進行第一次

的構圖；5. 進行個別練習；6. 反省與討論（范芸葳，2013）。

(二)實際教學

構念構圖在教學上的步驟是選擇主要概念，依此主要概念再延伸出子概念，相關概念之間要連結線連結起來，概念圖完成之後要經過檢視與修正的過程（陳冠貝、張雅淳，2010）。以概念構圖訓練課程在引導學生繪製概念圖時，將採用以下幾個步驟（蔡雅泰，2005）：

1. 閱讀：學生先個別閱讀教師欲教學單元，並找出重要概念。

2. 提問：師生共同討論文章中的問題。

3. 選擇：列出概念，並以分組方式共同討論，確定主要概念與次要概念。

4. 歸類與排序：透過團體或小組討論，將概念依屬性分類，並加以排序。將屬性相似的概念歸類，並將概括性的概念排在上層，至最後排列特殊化的概念為止。

5. 連結及連結語：師生共同將相關聯的任何兩個概念間，用一直線來連結，以形成一道有意義的命題，再加上適當的連結語以說明這兩概念的關係及意義。

6. 交叉連結（cross linking）：師生共同找出不同核心概念群間具有相關連結者，並以連結線將其連結，再標示適當的連結語，以顯示不同概念群集間的關係，讓不同群集建立交叉連結。

7. 舉例（exampling）：最後請學生將文章中所舉的例子，列於相關概念之下。

8. 檢視與修訂：概念圖初步完成後，學生就自己或別人的概念圖有疑惑的部分共同檢討與修正。

 ### 肆　MAPS教學法

王政忠（2015）設計了以學生為中心的 MAPS 教學法，M 是心智繪圖、A 是提問策略、P 是口說發表、S 是同儕學習。這個教學法適合運用

在國文科及社會領域的教學，數理學科的教學成效有待驗證。剛開始實施 MAPS，教師需要運用多一點時間慢慢引導，帶領學生習慣參與課堂共學與自學的各項學習活動，一邊實施 MAPS、一邊進行班級經營，等學生精熟學習活動之後，學習速度、廣度與深度自然會提升許多。該模式包含四個核心元素及四個學習進程（process），逐步引導學生由 P1 共學階段進入 P4 自學階段。以下分別說明之（王政忠，2015、2016）：

一、核心教學元素

心智繪圖（mind mapping）、提問策略（asking questions）、口說發表（presentation）、同儕學習（scaffolding instruction）是這個教學法的核心元素。透過不同功能取向的提問設計，引導學生於課堂上小組共學及課堂外自學，完成完整心智繪圖；學生必須進行口說發表及評論，以驗證並精熟閱讀理解程度，同時透過異質性分組的合作學習策略設計，促進同儕搭建學習鷹架，以確保各種程度學生都能有效學習與提升學習動機。

㈠ 心智繪圖

MAPS 教學中的心智繪圖，是協助學生建構讀者觀點的重要工具。這個工具的雛形雖然來自於心智圖概念，為了更適切於閱讀教學，經過大幅度調整與補足，心智繪圖已經不同於用來協助記憶或者擴散思考的心智圖像，而是經過設計轉變成為可以脈絡化作者觀點（擷取／理解訊息）、結構化讀者觀點（解釋／思辨訊息）、文字化抽象思考（仿寫／短文寫作），並允許以線條或箭頭連結形式，將段落架構在互相呼應之下，逐一獨立分隔出來。

㈡ 提問策略

提問策略是由教師根據文章，設計有層次的問題，透過課堂提問與解答的過程，協助學生擷取並理解文章中的訊息，用以解讀作者觀點。同時協助學生建構不同策略，以擷取與理解訊息。最終希望學生能夠運用擷取與理解的「訊息」和建構的「能力」，在處理更高層次問題的過程中，逐步形成讀者觀點，藉此薰陶與涵養學生解釋和思辨的閱讀「素養」。教師

的問題包括三項：1. 暖身題，其目的在於促進及培養學生課前自學及預習的習慣，題目內容係針對課本內容設計而成。2. 基礎題，這是根據教師對於文本結構及脈絡的理解設計而成，目的是爲了引導學生繪製心智繪圖的「我見」（I see）部分。3. 挑戰題，這是根據下列兩個部分設計：(1) 課本內容作爲搶答或小組討論；(2) 文意深究或情意延伸等深入理解，屬於開放題型，除在課堂操作外，部分會交由學生課後自學，完成心智繪圖的「我想」（I feel/I think）部分。

㈢ 口說發表

口說發表是透過各組學生上臺發表心智繪圖，讓教師明白不同程度的學生是否眞的學會，特別用來驗證被指導的學生是否眞的學會。發表過程中，臺下的學生爲了提升評論能力，亦被要求學習聆聽，以利進入合作學習後期的「學生提問學生模式」。同時，隨著合作學習進入中期的抽離自學，課堂內呈現共學與自學並存的差異化教學，口說發表的要求也會跟著出現學習任務的差異。

㈣ 同儕學習

目前中小學常態班級內，個別學生學習起點及動機高低落差極大，爲處理這樣的現況，同儕學習採異質性分組的合作學習模式。在初期會透過提問題型的設計及代幣制度的增強系統，讓中低學習成就學生獲得組內中高學習成就學生的及時協助，同時促進中高成就學生以教會他人的學習模式進行更高效能的學習。組內成員有四個角色：教練、明星球員、球隊老闆、黑馬，分別代表 ABCD 咖，各有不同的紅利倍數。

二、教學進程

MAPS 教學法有四個進程，各進程的學習任務請見表 12-2。P1 及 P2 的進程包含教學流程如下：前測暖身、小組共讀、基礎提問、心智繪圖、口說發表、挑戰提問、PISA 後測、自學作業、總結後測。P3 的第四步驟改爲「自學共學」，其餘相同；P4 的第二及第四步驟分別改爲「自學課文」及「自學繪圖」。

表 13-2   MAPS 教學法進程簡介

進程	定義	簡介
P1	探索階段	1. 一組 2-3 個基礎題就引導學生完成一部分的心智繪圖。 2. 引導學生依序完成自然段的事實摘要，以及意義段的主題統整後，再進行心智繪圖。
P2	躍進階段	1. 完成所有基礎題後，放手讓學生進行心智繪圖。 2. 不再需要先產生結構表。
P3	差異階段	1. A 咖抽離自學，依序是 B 咖及 C 咖。 2. 自學的部分在於獨立完成心智繪圖及口說報告。
P4	自學階段	1. 至少 ABC 咖都獨立自學。 2. D 咖可以合併共學。

取自：王政忠（2015，頁 57）

第二節 探究教學法

　　探究的根源可追溯到古希臘時代蘇格拉底的產婆法，他先問學生一些有引導性的問題，經過層層詰問，使其無法回答之後，學生不得不再仔細的考慮其觀念。到了二十世紀，美國教育家杜威提出問題解決的步驟，分別是問題的確定與定義、假設的建立、資料的蒐集與分析、結論的陳述、假設的驗證，探究教學法可以說是將這些步驟應用在教學中（李明堂、郭明堂，1995）。到了 1950、1960 年代的課程改革運動，布魯納提出的發現學習理論是為了改進中、小學教育，他建議在教育上不僅傳授知識，應讓學生自己探索、推理思考、解決問題、發現事實或法則。在科學探究與發展思考技能相結合的情況下，探究教學法因此特別重視使用資料驗證假設和進行推論（Arends & Kilcher, 2010）。十二年國教課綱強調培養學生科學素養所需的探究能力，從探究教學的過程中，可以從小學開始培養探究的技能。

 壹   探究教學法的意義

　　探究（inquiry）是尋找問題和解決問題的過程，它是一種人類思考的

方式，也是一種找資料、了解事物的過程，在探究的過程中可以發現問題，同時也可以尋找解決問題的方法（王美芬、熊召弟，2000）。探究同時也是一種多方面的活動，包括觀察、提出問題、從書籍和其他各種途徑中尋找證據、用工具去蒐集、分析及解釋資料、解答問題、說明及預測並與別人交流結果、對假設進行驗證、運用批判和邏輯思維進行解釋等（National Research Council, 1996）。

　　如何讓學習者在學習過程中，主動地蒐集所需的資料或事實，並且利用資料以達成結論，一直是教學研究者們關切的問題，因此在教學中，兒童的角色不應只是知識的接受者，而應該是主動的探究者（葉蓉樺，2009）。探究教學法即在此種思維情況下產生。當學生在學習概念和原理時，教師只是給他們一些事例和問題，讓學生自己透過閱讀、觀察、實驗、思考、討論、聽講等途徑去獨立探究，自行發現並獲得結論的教學法即稱為探究教學法（Lasley & Matczynski, 1997）。廣義的探究教學法包括歸納探究（inductive inquiry）、問題解決（problem-solving）、發現學習法（discovery learning）、蘇克曼探究模式（the Suchman inquiry model），這類的教學法是以學生為主體，讓學生主動地進行探索，進而認識解決問題的方法和步驟（沈翠蓮，2002）。雖然探究教學法源自於自然科學，但社會科學及人文學的教學領域也適合應用此教學法，而適用對象不是只有資優生，各個年級的每一位學生均適用（Joyce, Weil, & Calhoun, 2004）。

 ## 探究教學法的特徵

　　有效的探究教學法應能培養學生科學探究、問題解決、高層次的思考和推理過程等能力，其中科學探究能力包含界定問題的能力（包含發現問題、提出問題、定義問題）、設計規劃的能力（包含蒐集資料、設計實驗）、實作驗證的能力（包含進行實驗、觀察、操作、紀錄）、分析解釋的能力（包含分析資料、歸納及解釋實驗結果）與溝通辯證的能力（包含溝通與批判能力）（洪文東，2007）。因此，探究教學法需具有以下的特徵（essential features）才能成為有效的探究教學法（謝州恩、吳心楷，

2005；鐘建坪，2010）：

一、學習者提出或討論科學取向的問題

　　學生有機會提出有興趣的、可被回答的研究問題，並試著透過觀察、實驗、蒐集及使用資料等方法，來解釋科學現象。

二、學習者能根據問題廣泛地蒐集證據

　　科學和其他方法所不同的是能提供許多實證的證據，作爲解釋自然世界的基礎。精確的證據蒐集是經由檢視儀器、重複觀測，或蒐集相同現象中的不同資料。

三、學習者從證據中形成解釋來回答問題

　　科學解釋是基於推理而來，科學解釋要提供原因給結果，並建立證據和邏輯論證的關係。

四、學習者能評鑑自己和他人的解釋

　　學生在解釋過程中應評鑑解釋，並可能會排除另有解釋、修正解釋。

五、學習者能溝通與辯護所提出的解釋

　　學生在溝通解釋的過程中，需要清楚的描述問題、程式、證據、提出解釋，並檢視其他可能的解釋。分享解釋能使學生彼此發問，並幫助學生利用證據來強化論點，建立科學知識與解釋之間的關聯。

　　總之，探究教學法的特徵也就是教學過程要讓學生有探索（exploration）、解釋（explanation）與交流（communication）的經歷，讓學生獲得觀察、質疑、假設、預測、操作、提出問題、追尋答案等經驗（洪振方，2003）。因此，也發展出如 5E 探究、POEC（預測、觀察、解釋、比較）等教學法。

探究教學法

　　探究教學法可依據學生在科學學習的自主性或教學者介入的程度，可區分為四種類型：驗證性的探究（confirmation inquiry）、結構化的探究（structured inquiry）、引導性的探究（guided inquiry），以及開放性的探究（open inquiry）。驗證性的探究是教師將問題、操作方法及步驟、答案都提供給學生，學生只需依步驟進行操作，驗證原本就「已知」的結果。結構化探究是教師提供問題、操作方法及步驟給學生，學生依步驟進行操作，來學得原本「未知」的答案。引導性的探究是教師提出的問題，學生必須自己分析、理解問題，藉此設計出實驗的方法、步驟來解決問題，以獲得其中的相關知識。開放性探究是學生自行探索與主題相關的問題，而不論問題的形成或解決的步驟與方法皆由學生自己設計或選擇（Bell, Smetana, & Binns, 2005）。以下就較為常用的教學模式介紹其教學流程。

一、科學探究模式

　　在布魯納之後，另一位提倡探究教學法的教育學者是施瓦布（J. J. Schwab），他鼓勵教師教學使用「探究過程」，即以開放式的實驗研究進行教學，稱之為「探究如何探究」。他鼓勵學生多發問、多觀察、記錄、轉換資料，並應發展出一個暫時性的結論。施瓦布對於「生物科學課程研究」（biological sciences curriculum study, BSCS）有極大的貢獻，他提倡的教學法被後來的課程發展者及教科書作者所仿效（洪振方，2003）。學生應用科學家探討科學的方法來學習自然科學的教學型式，即稱之為科學探究教學模式（scientific inquiry model）。施瓦布（Schwab, 1962）在發展BSCS時，設計了「探究的邀請」（invitations to inquiry）一系列的活動單元，每單元都含有一個主要概念和一個過程主題（即科學方法），順序的安排由易至難。每一單元所設計的探討實例，分為四個階段（Joyce, Weil, & Calhoun, 2004）：

　　㈠教師提出探究範圍及提示探究方法。

　　㈡學生組織問題。

㈢ 學生確認探究的問題。

㈣ 學生提出解決問題的方法。

科學探究模式屬引導性的探究（guided inquiry），由教師帶領學生一步一步地探討問題，教師使用發問引導學生依據事實找出問題，經蒐集資料及驗證假設之後，再針對問題提出數據加以解釋並得到結論（李明堂、郭明堂，1995）。

二、5E探究教學模式

5E 探究教學模式（5E instructional model）是將施瓦布發展出的科學探究模式加以改良而成，其教學歷程分成五個階段，分別是參與（engagement）、探索（exploration）、解釋（explanation）、精緻化（elaboration）、評鑑（evaluation）。這種教學模式是以學生為主體，教師是引導協助者的角色，強調知識的主動建構，各階段的教學重點如下（黃欣玲，2008；Bybee et al., 2006）：

㈠ 參與

教師利用提出問題來誘發學生對問題的反應，以引發興趣和好奇。藉由事先設計的教學活動引發學生的學習興趣，使學生能夠主動參與教學活動。此活動主要利用提問、定義問題與呈現矛盾的結果等方式，引出探討主題的方向，並且將其過去的經驗與課程內容相連接，著重學生在學習過程中思考的歷程。

㈡ 探索

教師需給予學生充分的時間進行活動探索，經由動手操作，建構共同且具體的經驗。鼓勵學生以小組合作，並以問題引導探索，而不給直接的指導。過程中應觀察並留意學生的反應，若有必要則再問一些刺探性的問題；協助學生解決問題時亦不要直接給答案，而是扮演引導者或諮商者的角色。

㈢ 解釋

此階段讓學生針對欲探究的科學觀點進行解釋並說明理由，教師則適時引導學生討論澄清錯誤觀念並簡要介紹科學理論。教師先鼓勵學生解釋概念或用自己的話作定義，並要求學生提供證據及做更深入的說明。當學生有不清楚的概念時，教師以學生過去的經驗為基礎，適時引進科學概念，引導學生進入下一階段的活動，目的是讓學生發表對概念的了解或操作過程。

㈣ 精緻化

透過質疑、複習，促使學生使用正式的定義、解釋和新名詞，並能應用、延伸概念及技能於新的情境。重視學生之間的互動，教師需營造一個學習環境，能使學生小組討論及相互合作，能夠彼此分享想法，並適時給予回饋，以建構學生的理解，且重視學生是否能對概念的理解應用於新的情境或問題中。

㈤ 評鑑

鼓勵學生評估自己的理解力和能力，教師運用正式和非正式的評量程序來評估學生達成教育目標的情形，學生也有機會檢驗其在新情境下學習的遷移能力。在學生進行探索與解釋後，給予回饋是很重要的，因此教師在每個階段的活動中，都要進行形成性評量，以評估學生對新概念和技能的學習及應用情形。

三、探究訓練模式

探究訓練模式（inquiry training model）是由美國教育學家蘇克曼（J. R. Suchmann）所提倡的，其模式是透過觀察、分析物理學家的創造性探索活動之後，與教學因素結合而成的教學法，遵循「問題—假設、驗證—結論」這樣的程序，在課堂上展開討論和對話，透過對話對學生進行探究方法和思維方式的訓練（Suchmann, 1962）。因這種教學模式屬於高結構性的教學，大部分活動由教師所控制，愈是困擾或迷惑學生的問題，教師只要引導得當，學生就能學得很好，接著再鼓勵學生提出具體的問題，並協

助其分析問題，尋求資料以了解問題的本質，再提出假設，最後依據資料驗證假設是否成立（Joyce, Weil, & Calhoun, 2004）。以下就探究訓練模式的五個階段分別說明如下（Arends & Kilcher, 2010; Joyce, Weil, & Calhoun, 2004）：

㈠挑戰問題（confrontation with the problem）

第一個階段是向學生說明探究過程及呈現探究問題和矛盾事件（present inquiry problem and discrepant event），這是利用某種矛盾現象或事件來引起學生探究動機的一種方式。由於某種矛盾的事件會使得觀察者產生疑惑，進而想去探求事件的真相。除矛盾事件外，使學生困惑、神祕的、非預期的、未知的、與學生生活有關的問題或事件，都適合成為探究的問題。例如動物如何溝通？鯨魚如何溝通？

㈡蒐集資料─驗證（data gathering-verification）

第二個階段是協助學生認識問題和產生假設，並蒐集與問題有關的資料進行驗證。學生第一個需學習的探究技巧就是問問題，因此在此階段，可以鼓勵學生踴躍提問，但學生提出的問題必須能用「是」或「不是」來回答，不能要求教師對問題作太多的解釋，如此一來學生可以對假設提出初步性的解釋。

㈢蒐集資料─實驗（data gathering- experimentation）

第三個階段是持續蒐集資料和執行實驗以考驗假設是否成立，所以此階段要建立解決問題的假設。通常實驗有探索和直接驗證兩個功能。所謂探索是改變某些事項看看會發生什麼事，不一定要依照理論或假設的引導，但理論可能引發一些想法，例如選擇新資料、組織現有的資料而以新的方法，以探索變項之間的因果關係。而直接驗證則是蒐集多種資料驗證假設或理念是否成立，接受假設則進行下一個步驟，拒絕假設則再回到蒐集資料階段，直到全班接受假設為止。

㈣組織及形成解釋（organizing, formulating an explanation）

如果學生有足夠的時間蒐集資料和做實驗，則可將資訊加以組織並

形成解釋，進一步能發展成通則。建構清楚的解釋並不是每位學生皆可做到，教師需加以適度協助及引導。

(五) 分析探究過程（analysis of the inquiry process）

教師要求學生分析探究的過程中有哪些地方可以改善，例如發問是否有效？資料是否不足？哪些類型的資料需要增加？在教師的引導下，鼓勵學生自由地交換意見。

楊秀停和王國華（2007）為培養學生的探究能力，針對國小自然科設計植物、小水滴的旅行、水溶液的性質等三個單元，進行引導式探究教學。第一單元強調學生到校園中觀察記錄植物的根、莖、葉及花、果實、種子等各部位。第二單元探討為何水倒在地上後，過了一陣子會乾掉。教師引導學生發展問題並評估、協助學生設計解決方案、反省、發表、應用等。由於第一個單元植物中，教師逐步引導學生思考實驗設計；因此在第二單元中，教師希望學生進一步嘗試自己設計一個小實驗證明水蒸氣變成小水滴的實驗，所以過程中不斷地以問題提示學生，並從學生的回答中進一步導引學生思考；而第三個單元，則由學生自行設計酸鹼指示劑以檢驗溶液的酸鹼性。當學生在探究過程中遭遇困難，教師不直接給予答案，而是提供學生思考的線索及可能的情形，讓學生從討論與反思中學習。該實驗教學每個單元實施約一個月的教學，以情境探究為起始，緊接著安排實驗發現和查資料活動，並以小組合作與競賽的方式進行問題探究及作品實作。

 ## 肆　探究教學法實例

陳均伊、張惠博（2007）以國中生為研究對象，進行自然領域「摩擦力」單元的探究導向教學，採用 5E 教學模式與小組合作學習的策略，以營造能協助學生主動探索的學習環境，讓學生透過教師教學演示的觀察，提出可能影響摩擦力大小的因素，再據此自行設計實驗加以驗證。茲節錄

其教學流程如下：

一、參與

㈠ 教師演示

1. 先將兩本課本開口互相面對，使頁與頁交叉重疊後，從左、右兩邊用力拉。然後，用橡皮筋由前至後綑綁一圈，再次從左、右兩邊用力拉。2. 將一塑膠罐平放於桌面上，用粗橡皮筋彈射使其滾動。然後，在桌面上平鋪一條毛巾，並將橡皮筋拉開至與前面相同之長度，請學生預測其是否能滾動？3. 教師提問：從上述活動中，你可以想到什麼？

㈡ 學生活動

觀察教師示範後，兩位學生一組，自由改變課本頁面的重疊方式，並感受拉開課本所需力量的差異。

二、探索

㈠ 教師活動

透過參與階段的學生體驗活動，引導學生探討影響物體啟動難易的因素，並進行實驗設計，以驗證其想法。教師提供事先準備器材，供學生自由選用，亦鼓勵學生就地取材或提出需支援的器材。

㈡ 學生活動

各組學生針對影響物體啟動難易的因素進行討論，並形成假設。接著著手進行實驗設計與操作，以及記錄小組實作的成果，並製作投影片，以準備在解釋階段中進行實驗結果發表。

三、解釋

㈠ 教師活動

請各小組學生上臺報告他們的實驗結果與解釋，並引導學生進行概念澄清。之後教師介紹靜摩擦、最大靜摩擦、動摩擦等名詞之定義。

㈡**學生活動**

學生進行實驗結果報告，以及聆聽同儕及教師的解釋，遇問題提出質疑。

四、精緻化

㈠**教師活動**

針對現有的資料與數據，問學生：你已經知道什麼？你想如何改良先前的設計？教師並說明課後個人報告書寫格式及評分標準。

㈡**學生活動**

綜合各組同學的資料，提出不同的想法，並說明改良實驗的可能方式。學生於課後撰寫個人報告。

五、評量

㈠**教師活動**

批閱學生所撰寫的課後報告，並從中尋找學生改變其想法或行為的證據。

㈡**學生活動**

經由課後報告具體呈現自己對於概念與技能的理解，並以實例說明自己的成長與進步。

自我練習 ....

一、選擇題

(　) 1. 丁老師應用概念獲得教學模式指導學生進行白雪公主和小紅帽兩個
人的個性比較，以了解人性本質的概念。下列哪一個對實施此項教
學模式的敘述是正確的？　(A) 可以藉由正例及負例的區分培養資
優學生的分析能力　(B) 適用於年紀小的資優學生學習複雜的概念
(C) 可以透過實際驗證的方式讓資優學生了解新概念　(D) 可以同
時介紹不同的定義激發資優學生的評鑑能力

(　) 2. 下列何者與奧蘇貝爾（Ausubel）的有意義學習主張不同？　(A) 講
解式教學　(B) 學生主動的學習　(C) 先教下位概念，再教上位概
念　(D) 提供前導組織，有利於學生建構意義

(　) 3. 探究教學的過程主要包括四步驟，分別是：甲、歸納通則；乙、價
值澄清和行動；丙、證明及應用；丁、引出動機及概念分析。試排
出正確的教學步驟：　(A) 丁甲丙乙　(B) 丁乙丙甲　(C) 丁丙甲乙
(D) 丁丙乙甲

(　) 4. 下列何者是概念獲得教學法的重點？　(A) 學生能區分正、反例和
屬性　(B) 師生間、學生間的觀念互換　(C) 啟發學生探索事物、
真理的歷程　(D) 鼓勵學生去調查一個範圍的主題

(　) 5. 某一教學法的過程為：引起動機→歸納通則→驗證及應用→價值澄
清與行動，請問這是何種教學法？　(A) 創造思考教學　(B) 解決
問題教學　(C) 探究教學法　(D) 討論教學法

(　) 6. 在奧蘇貝爾（D. P. Ausubel）的意義學習論中，算術四則運算的
程序概念是屬於下列何種概念？　(A) 連言概念（conjunctive concept）　(B) 關聯概念（relational concept）　(C) 附屬概念（subordinate concept）　(D) 要領概念（superordinate concept）

(　) 7. 提倡螺旋式課程（spiral curriculum）將學習內容主題發展為不同層
次，學生學習依次漸進，由簡而繁逐漸學習的教育心理家是誰？
(A) 皮亞傑（J. Piaget）　(B) 布魯納（J. Bruner）　(C) 奧蘇貝爾（D.
P. Ausubel）　(D) 蘇克曼（J. R. Suchmann）

（　　） 8. 下列何種教學法受到「產婆法」（maieutics）的影響？　(A) 編序教學法　(B) 探究式教學法　(C) 精熟教學法　(D) 練習教學法

（　　） 9. 古時有名的「詰問法」屬於下列哪一種教學法？　(A) 認知教學法　(B) 探究教學法　(C) 創意教學法　(D) 情意教學法

（　　）10. 教師運用「探究教學法」時，以下哪一情境較適用？　(A) 欲解決多種答案問題時　(B) 欲培養民主參與精神時　(C) 欲綜合應用多種思考技巧時　(D) 欲實施補救教學時

（　　）11. 在臺灣自然環境的單元中，丘老師將有惡地地形的縣市作為正例，將沒有該地形的某些縣市作為反例，讓學生找出正例自然環境的共同特徵。丘老師所採行的是哪一種教學方法？　(A) 交互教學法　(B) 概念獲得法　(C) 創造思考教學法　(D) 問題解決教學法

（　　）12. 探究教學法、創造思考教學法等屬於哪一種教學法？　(A) 問題教學法　(B) 啟發教學法　(C) 自學輔導法　(D) 討論教學法

（　　）13. 古代希臘哲學家蘇格拉底善用「產婆術」激發內在的想法，此屬下列何種教學法？　(A) 問答教學法　(B) 講述教學法　(C) 案例教學法　(D) 發現教學法

（　　）14. 在教學中，以日常生活勢力作為切入的問題，來進行探討科學概念的活動。請問這樣的教學過程符合下列哪一種原則？　(A) 由難至易　(B) 由繁入簡　(C) 由抽象到具體　(D) 由經驗到知識

（　　）15. 下列哪種教學法是教師能定義一個概念，選擇概念所包含的屬性特徵，準備正反例和學生一起討論，促使學生能夠詳細定義概念辨別屬性差異？　(A) 直接教學法　(B) 合作學習教學法　(C) 概念獲得教學法　(D) 協同教學法

（　　）16. 探究教學法主要是依據什麼邏輯，來進行課程設計？　(A) 歸納法　(B) 序位法　(C) 演繹法　(D) 階層法

（　　）17. 探究教學法可以讓學生了解學習價值，以及體認到參與認知和思考的過程，探究的基本模式可分為a. 發展暫時性的結論；b. 蒐集資料；c. 確認問題；d. 解釋資料；e. 複製；f. 準備陳述研究目標，何者排列順序是正確的？　(A)cfbdae　(B)daecbf　(C)bdafec　(D)afedbc

(　) 18. 何者為探究教學法之教學方式？　(A) 要求學生解決閱讀時所遇到的困難，使他們能了解文章的意思　(B) 要求學生用自己的話表達所理解的內容的要點，從中反思能否理解文章的要點　(C) 教師講述、師生共同討論、學生運用推理方法進行發展其概念形成　(D) 要求學生就文章中重要的概念提出問題，自我檢視能否掌握文章的內容重點

(　) 19. 概念構圖是圖形評量的一種策略，學生能突破同一集群內關係進行思考的原因為何？　(A) 舉例　(B) 選擇　(C) 交叉連結　(D) 歸類排序

(　) 20. 以「概念構圖」的方式來幫助學生了解知識的結構，符合以下哪一個學習觀點？　(A) 精熟學習　(B) 有意義的學習　(C) 體驗學習　(D) 情境學習

(　) 21. 陳老師擬培養學生的科學探究能力，使其能在學習過程中，運用自己的觀念進行分析、歸納和創造。下列何種作法較不適宜？　(A) 引導學生針對主題提出問題　(B) 安排課堂內的科學討論活動　(C) 鼓勵學生能反省自己的經驗　(D) 明白指出所期望的探究結果

(　) 22. 教師布置問題式的教學情境，強調引起學生學習動機，進而主動形成解決問題策略，是以下何者教學方法？　(A) 啟發式教學法　(B) 概念獲得教學法　(C) 探究教學法　(D) 創造思考教學法

(　) 23. 戴老師繪製概念構圖（concept mapping）時，他應該告訴學生注意下列哪些繪圖特徵？1. 概念；2. 比較；3. 交叉連結；4. 命題；5. 對照；6. 層級結構　(A)1234　(B)1346　(C)2345　(D)2346

(　) 24. 王老師在自然與生活科技的課堂上，要求學生先揣測將乒乓球用線垂掛置於水龍頭的水流附近，思考其所可能產生的結果，再指導學生進行實驗，結果產生乒乓球被水流吸引過去的現象。王老師是應用探究發現教學中的哪一項策略？　(A) 歸納法　(B) 演繹法　(C) 解決問題法　(D) 矛盾事件法

(　) 25. 自然科教師在教導新的主題時，常常會發現學生有「迷思概念」（misconception）。下列哪一種教學是可能無法有效地破除學生迷思概念的方法？　(A) 讓學生親自動手做實驗　(B) 要求學生「預

測」問題或假設的結果，並和真實情境對照　(C) 在教學前提供迷思概念與符合科學理論的概念，讓學生對照、討論　(D) 教學前提供學生許多具體的例子，直接告知正確的概念

(　) 26. 下列何者有關教育見解的敘述，何者與布魯納（J. S. Bruner）無關？
(A) 發現式學習　(B) 啟發式學習　(C) 螺旋式學習　(D) 對話式互動

(　) 27. 老師上課開始時告訴同學：我們今天上課的重點，是氣溫愈高，海水蒸發的速度愈快。這種提示是運用何種教學策略？　(A) 建構主義教學　(B) 發現探究教學　(C) 前導組織教學　(D) 概念獲得教學

(　) 28. 教導學生正方形概念時，教師以三角形為例，說明這不是正方形。用三角形為例，在概念獲得教學法中稱為下列何者？　(A) 定義
(B) 特徵　(C) 屬性　(D) 反例

(　) 29. 關於指導式探究教學，下列敘述何者正確？　(A) 學生才是教學活動真正的領導者，教師處於被動角色　(B) 當學生的年級愈低時，教師所需提供的指導就愈多　(C) 學生需自行探究，教師不鼓勵學生之間相互溝通　(D) 教師必須在學生探究之後，才給予指示和引導

(　) 30. 以主概念為中心，其他次要概念環繞在旁成為一個網狀概念圖，是指哪一種教學內容的分析策略？　(A) 蜘蛛網式構圖分析　(B) 鎖鏈式構圖分析　(C) 階層構圖分析　(D) 圖表構圖分析

(　) 31. 楊老師運用概念獲得教學法教導一年級學生認識「長方形」。下列為教學步驟順序，何者正確？甲、要求學生提出屬性，為長方形下定義；乙、引導學生選擇適當的長方形特徵，並刪除不適當者；丙、拿出長方形圖形，鼓勵學生說出看到的特徵；丁、給予其他圖形請學生判斷是否為長方形，並進行討論　(A) 甲丁丙乙　(B) 甲丙乙丁　(C) 丙乙甲丁　(D) 丙丁乙甲

(　) 32. 下列何者為合理的探究式教學步驟？甲、提出可探究問題；乙、反思並發現新問題；丙、設計並執行探究活動；丁、分析數據並形成解釋　(A) 甲－丁－丙－乙　(B) 甲－丙－丁－乙　(C) 乙－丁－丙－甲　(D) 丁－丙－乙－甲

參考答案

1.(A)	2.(C)	3.(A)	4.(A)	5.(C)	6.(D)	7.(B)	8.(B)	9.(B)	10.(C)
11.(B)	12.(B)	13.(A)	14.(D)	15.(C)	16.(C)	17.(A)	18.(C)	19.(C)	20.(B)
21.(D)	22.(C)	23.(B)	24.(D)	25.(D)	26.(D)	27.(C)	28.(D)	29.(B)	30.(A)
31.(C)	32.(B)								

二、問答題

1.何謂概念獲得教學？有效的概念獲得教學應包含哪些教學步驟？

2.演繹式的概念教學法與歸納式的概念教學法有何差異？

3.探究教學法是依據哪些學者的學術主張而形成的？

4.請說明與舉例在進行探究教學過程中，教師的角色與教學方法？

5.探究式教學在國中小自然科非常重要，請比較科學探究、探究訓練及 5E 探究式教學法的差異和適用的教學模式。

6.概念構圖（concept mapping）的教學策略是 1972 年由 Novak 根據美國當代認知心理學家 Ausubel 的有意義學習理論，所發展出來的教學方法，請以你任教的學科為例，說明如何進行此項教學策略。

第十四章

合作學習法

　　合作學習（cooperative learning）是一種以小組形式進行的教學策略，組員藉著互相幫助去提升大家的學習成效。合作學習的發展是從 1970 年代初期開始，美國有一些教育學者不約而同的針對當時教育環境過分注重競爭的學習情境問題展開探討，而揭開了合作學習研究的序幕。其中較著名的學者有明尼蘇達大學的強森兄弟（Johnson & Johnson）、約翰霍普斯大學的史拉文（Slavin）、以色列特拉維夫大學的沙朗（Sharan）、加州大學河邊分校的卡根（Kagan）等人。他們所發展出來的合作學習方法因不同的理論背景而有極大的差異，但其中最相似的，是他們都認定學生在小組中與同儕互動對學生的學習動機與學習成就都有積極正面的影響（陳彥廷、姚如芬，2004）。目前已有很多研究證實合作學習比競爭式（competitive）學習或個別式（individualistic）學習，更能提升學生的學習動機、學習成就及合作技巧的表現，它是一項值得教師在教學中採用的教學策略（簡妙娟，2000）。基本上，合作學習是一種涵蓋許多教學策略的教學設計，也是一種有結構、有系統的教學設計，期望藉由班級組織型態的改良，採用小組學習的方式，並透過各種策略來積極促進同儕互動，營造組內相互依賴與幫助的學習情境，以提升自己與他人的學習成果（林達森，2002）。本章分別從合作學習的理論基礎、合作學習的特徵與運用、合作學習的模式等三部分，來探討如何將合作學習應用於教學實務。

第一節 合作學習的理論基礎

　　合作學習是一種教學模式或策略，其特徵是藉由合作的工作、目標和獎賞結構，要求學生主動參與討論、辯論、家教或小組工作。其目標具有認知性和社會性，在小組中的學習不僅可以獲得及精熟新學到的知識，也能夠學到社交性的技能，並能學到對多元性的接受及對差異性的容忍。強森兄弟（Johnson & Johnson, 1994）指出合作學習是透過學生分工合作以共同達成學習目標的一種方式，在小組的合作學習中，學習者能夠達到更好的學習成效、提高創造力、學習的責任感、增進後設認知策略的應用，以及學生社會技巧、溝通技能的增強。合作學習並非源自單一理論，而是採

納許多教學理論，建構其理論基礎，以下分別闡述其重要的理論依據。

 ## 壹　杜威的民主教室

　　二十世紀初，杜威寫了一本《民主主義與教育》，認為教室應該反映大社會，應該是現實生活學習的實驗室。根據杜威的教學觀，教師應鼓勵學童在團體中一起學習，透過社會性的發展，以理解民主的歷程及習得參與民主歷程的技能。此一看法反映出從事小組教學的重要目的：促進學生認知的發展、社會及民主素養的發展，以及道德的發展（簡妙娟，2003）。杜威與後來的追隨者提出了具體的教學方法，強調畫分小組讓學生自己探究答案、解決問題的重要性，並讓學生透過每天的互動學習民主的原則。數十年後，西倫（H. Thelen）於 1954 年提出了更精確的方法，認為為了解決社會問題及人際關係問題，教室應成為實驗室或微型民主社會，他強調小組探究應具組織性，為當代合作學習的發展提供了理論基礎（Arends, 2004）。

 ## 貳　接受和容忍差異

　　美國於 1954 年廢除公立學校「分離但平等」的政策，要求各級學校實施消除歧視的計畫，但只靠法律無法減少種族間的偏見，無法促進更多的理解和包容。以色列的學者沙朗（Sharan）於 1980 年時致力於改善以色列境內複雜的族群關係，他推動合作學習希望能減少族群內部的偏見，促進不同團體的整合與相互接受。強森兄弟推展合作學習亦在促進特殊需求的學生能有更好的學習，讓不同族群或種族的學生能提升相互之間的合作行為（Arends & Kilcher, 2010）。

 ## 參　體驗學習（experiential learning）

　　經驗占了人們學習的大部分，例如大部分人透過身體力行來學習騎

車，人們從經驗中增長見聞、提高理解、學到技巧，而這是難以向沒有類似經驗的人描述的。體驗學習是基於三個假設：1.當你親身參與到學習之中，學習的效果最好；2.你需要自己發現知識，這些知識對你才有意義，才能改進你的行為；3.能自主地設定目標，再積極地去實現目標，這樣才會投入學習（Arends, 2004）。

 認知發展論

認知發展理論的基本假設是當學生以適當的作業進行互動時，便能精熟重要的學習概念。其主要代表人物是皮亞傑（J. Piaget）和維高斯基（L. S. Vygotsky），皮亞傑認為人類的認知發展，是個體經由與環境主動的不斷互動而逐漸發展的一種過程，強調個體認知發展的主動性和自我調節功能。維高斯基認為個人認知結構是外在社會活動逐漸內化的結果，並提出「最近發展區」，指出「真正發展層次」和「潛在發展層次」間的差距。認為學生間的合作學習可以促進成長，因為年齡相近的孩童的基本發展區運作類似，所以合作的團體學習，較個別學習的表現好。維高斯基認為知識具有社會性，經由合作學習、理解和解決問題而建構起來，團體成員藉由資訊和見解的交換，發現彼此推理上的弱點而相互矯正，因而促進自己的理解（沈翠蓮，2003）。

 動機理論

傳統的教學中，獲得酬賞的方法來自於競爭，別人的成功將導致自己的失敗，造成競爭的目標結構。在這樣的學習環境中，中下程度的學生極少獲得酬賞，不容易產生學習興趣。在合作學習中，獲得酬賞的條件包括了個人績效責任的展現及團體學習目標的達成，學生為達成團體學習目標，不只需要自己努力，還要幫助團體中其他人，在這樣的酬賞結構下，學習過程自然會形成合作的目標結構。合作學習之所以能增進學生的學習動機，可由獎勵與目標結構兩方面來提升小組成員的外在動機；同時，合

作學習的小組成員對學習材料的討論、質疑、辯證，亦能有效提高學習的內在動機（黃政傑、林佩璇，1996）。

 **陸　小團體理論**

小團體理論亦可稱爲社會凝聚理論（social cohesion theory），合作學習營造一種合作的情境，當個人因團體的成功而得到獎賞，這時小組內部將產生三種關係：1. 互賴關係，因合作受到獎賞，導致有強烈的動機要完成共同的工作；2. 團體成員會產生深厚的友誼；3. 合作會發展出有效的溝通過程，促進彼此理念的交流與影響（Arends, 2004）。

 柒　認知的精緻化

認知精緻化理論是指當學習者要將剛學到的資訊在記憶中作保留，並與舊經驗結合，就必須用一些學習策略對這個資訊作認知的重整與精熟，例如做摘要、重述等。史拉文（Slavin）認爲，將習得的資訊對他人作解說，是精緻化的好方法；將學得的資訊對他人作解說時，因爲解說者必須針對要表達的資訊作整理、詮釋，所以進行解說的同時，促進解說者本身認知精緻化，也進一步促進合作學習的成效（黃政傑、林佩璇，1996；Slavin, 2010）。

根據上述理論，史拉文（Slavin, 2010）以圖來說明合作學習如何促進學習，互賴關係一開始即受到小組成員所形成的團體目標之影響，進一步影響個人的學習動機、鼓勵和協助他人的動機，後兩項可稱爲合作行爲，其實還包含工作動機及組內互動的動機，這些動機都會對學習產生影響。追求成功的動機會直接影響學習，也會促成團體的凝聚力，這些動機會引發以下的團體互動形式：同儕示範、平衡（equilibration）、認知精緻化，進而對學習及學業成就產生增進。

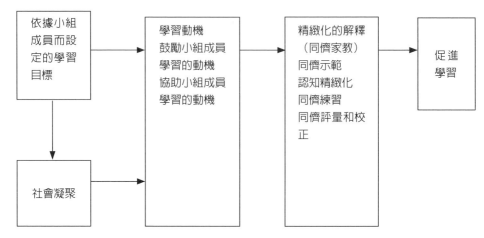

圖 14-1 合作學習如何促進學習

取自 Slavin（2010, p. 170）

合作學習的特徵與運用

合作學習與一般的分組學習的最大差異，在於合作學習重視學生的合作能力及社交技巧的訓練，教師要將這項能力列為重要的教學目標，引導學生學習及改進，因此教師在規劃合作學習的教學計畫時，務必掌握合作學習的精神與特徵。

壹 合作學習的特徵

傳統的合作學習大都包含積極互賴、面對面的互動、個人學習績效、人際及小組技巧、小組反思等五項要素（Johnson & Johnson, 1994）；卡根（Kagan）的結構取向則提出積極互賴、個人學習績效、等量參與、同時交流等四大元素，綜合兩位學者的論述，歸納出合作學習的六項特徵如下（黃政傑、林佩璇，1996；吳俊憲、黃政傑，2006；Johnson & Johnson, 1999）：

一、積極互賴

傳統教室強調競爭，學生學到負面的互賴（negative interdependence），例如鼓勵學生與別人競爭教育資源及學業成就，但競爭只有鼓勵好學生囤積知識及慶祝自己的成功。在合作學習的教室，學生在一起工作而且確保每位學生的學習皆能成功，所以學生之間是「積極互賴」（positive interdependence）的關係，小組內每一個成員都應該共同努力，以完成任務，自己的成功有賴於整個小組獲得成功，小組若失敗，自己也就失敗了。

二、面對面的互動

在合作學習的情境中，同學之間為協助其他人的學習任務及促進成功而互動，合作學習的分組活動允許成員之間直接在一起工作，分享理念、意見及促進理解，透過組內成員的鼓勵及協助，各小組得以努力完成任務、達成共同目標。

三、個人學習績效責任

合作學習的情境中，小組的成功是界定在組內每一個人的成功，而不是以小組某一個成員的成功來代表小組。由於小組的成績是各組員所獲進步分數的平均值，故每個成員都要盡己之責任去學習，並且互相幫助以促使成員都能精熟學習材料，以提高小組的成績。有的合作學習除了強調小組的整體表現外，同時也強調個人的績效，將個人對小組的貢獻情況列入評比，如此個人和小組的學習績效都會有所提升。卡根（Kagan, 1994）建議使用以下六項方法來增進個人績效（individual accountability）：1. 每一個成員都必須接受個別測驗；2. 每一個成員都能對整個班級解釋小組的工作；3. 學生相互檢查或是提醒彼此的工作；4. 每一個成員都必須相互教導、解釋，甚至貢獻自己的想法與資訊；5. 每一個成員都能從事自己的角色並擔負責任；6. 小組人數儘量減少，大約 2-4 人。

四、人際與小團體技巧

　　合作學習小組的每一個成員必須進行兩方面的學習，其一為學業有關的任務工作（task work），其二為參與小組學習必備的人際技巧和小團體技巧（interpersonal and small group skills），此種能力稱為社交技巧（或譯為社會技巧）（social skills），成員若有良好的社交技巧，則將會有高品質、高效率的學習效果。這些常用的社交技巧包括清晰地溝通、輕聲說話、積極聆聽、作決定、讚美他人、互相鼓勵、客觀批評和化解衝突等。但是這些技巧不是天生的，而是要經過教師提供的練習才能習得，教師必須主動教導這些社交技巧，並且監控學生是否應用在小組學習之中。

五、團體歷程

　　所謂團體歷程（group processing）是指藉由反省思考，了解小組運作上所產生的問題，共同思考解決的方案，提升小組團隊合作能力的歷程。學生團體需要評估及討論以下問題：要達成目標該如何做？什麼行動對團體有所幫助？怎樣的行動會對團體造成傷害？透過反省思考找出成員有哪些行為是有用或無用的，並決定如何繼續或作什麼改變，目的是要改善成員的合作效率，以利小組目標的達成。在整個班級的團體歷程中，教師應有系統地觀察每一小組的合作情形，最好事前能準備觀察紀錄表，以了解每一組的情形並給予建議。

六、平等且成功的學習機會

　　合作學習提供了一個機會給不同背景及成長環境的學生，在相同的功課或作業上一起努力，透過合作回報機制學習到互相欣賞。所以合作學習可使不同族群、文化、社群及能力的學習者，培養包容、尊重及接納的胸襟。

貳　合作學習的設計

在實施合作學習之前，教師要花大量的時間在準備工作、蒐集教材和營造合作學習環境，以下提出幾項因素供教師設計合作學習計畫時參考（林進才，2006；Arends & Kilcher, 2010）：

一、選擇一種模式

決定使用哪種合作學習的模式，卡根（Kagan）的結構模式較易使用，可以和任何學科相結合，拼圖法（jigsaw）和學生小組成就區分法（STAD）需要事前的計畫和組織，團體探究法最為複雜。

二、選擇教學目標和內容

學科的內容和社交技巧要同時教導，所選的教材要適合學生程度且要有挑戰性、社交技巧要適合學生的年齡和發展層級，合作學習與其他分組教學最大的差別在於是否教導社交技巧。教師在剛開始實施合作學習之前必須花相當多的時間教導社交技巧，可利用每學期的頭兩週時間訓練學生的合作技巧，在熟悉合作技巧的運用後才開始實施合作學習。

三、學生分組

分組的方式有同質、異質、隨機或依學生興趣，研究發現異質性分組得到最正向的學業和合作結果。這種異質性分組要包括不同種族、文化背景、性別及學業成就，例如每一組學生都包括高、中、低學業成就，如此可以引導學生進行同儕學習輔導。合作學習與傳統分組學習的差別如表14-1所示。假如學生不習慣合作的工作，開始時可以2人、3人簡單的分組，從中得到一起工作的經驗。最好的型式是4-6人一組，人數過多會造成有些人不參與，也可以分成2人或3人一組，需要整合時再成為一組，這些成員要固定相處一段時間。小組成員則需分配工作並賦予責任，這些工作有1.組長：負責讓每位成員都知道他們各自的責任與維持組內的合作和溝通；2.計時員：負責看時間限制；3.記錄；4.發言人：負責和教師

保持溝通與報告小組的成果。

表 14-1　合作學習與傳統分組學習之差別

傳統分組學習	合作學習
低度依賴，成員只為自己的學習負責，焦點僅在個人表現。	高度積極互賴，成員負責自己和他人的學習，焦點在於聯合表現。
只重視個別責任。	同時重視團體與個人責任，成員對自己及他人的學習均負有責任。
作業的討論很少顧及他人學習。	成員彼此相互促進學習；真正一起工作、彼此支持和協助。
忽視小組工作技巧，領導者是被指派的，而其角色是指揮成員的參與。	重視小組工作技巧；成員會被教導及被期望使用社會技巧；所有成員分擔領導責任。
不安排團體歷程反省工作的品質；獎勵個人成就。	運用團體歷程反省工作品質與小組效能；強調持續的改進。

取自林進材（2006，頁351）

四、蒐集和組織教材

合作學習需要事前詳細地計畫，學生才能在團體中研讀教材和完成教學目標，有些模式要將教材分成三至四個部分，分配給組內的成員學習，每位學生要盡到學習的責任，除學會自己的教材外，也要教會其他成員。

五、組織學習環境

合作學習的實施需要注意教室空間的規劃與運用，例如座位的調整、桌椅的移動，桌椅的安排要能讓同一小組成員相互討論、交流。如果採用團體探究模式，則需確認圖書館是否有足夠的圖書、學校是否有穩定的網路，必要時也要取得社區的支持。

六、規劃評量方式

教師在設計合作學習計畫時，要妥善規劃學生的評量方式。合作學習要同時評量學生的學業成就及社交技巧，因此在教學過程中通常會使用

自我評量、同儕評量和教師評量等方式，提供學生不斷進行回饋的機會。合作學習所使用的評量方式包括紙筆測驗、觀察、檢核表及評量準則（rubric）。紙筆測驗用來評量學生的學業成就，拼圖法和學生小組成就區分法在教學結束要進行小考，團體探究法要評量學生的計畫、表現和口語報告的成績，所以適合使用「評量準則」評分。學生社交技巧的評分則可能用觀察法和檢核表來進行，了解學生合作技能的發展情形。這些評量方式可以得到學生的三項成績：

㈠學業進步分數

為鼓勵學生個人和小組可以不斷追求進步，史拉文提出進步分數（improvement scores）的概念，先建立過去每週小考的平均分數，稱之為基準分數，以後統計每週的小考平均成績進步了多少分，如果小組退步了 10 分以上，則得到 0 分（point），退步 1-9 分可獲得 10 分，進步 10 分之內得 20 分，進步 10 分以上可得 30 分，小組有完美的表現可以得到 30 分（與基準分無關）。依據進步分數產生小組分數，每週表揚得分最高的小組，其方式如公布在班刊、公布欄、給予特權或其他獎賞。

㈡社交技巧

小組工作及合作也是評量的重點，可以自我評量的方式評估個人和集體的合作技能是否進步。

㈢個人的成績

個人的成績單上面的成績要根據個人的績效及表現來決定，與小組的成績無關，小組進步分數和社交技巧的分數只用在鼓勵和表揚小組的工作表現。

 參　教師的角色

教師在合作學習的環境中，主要的責任有二：1. 建立合作學習的環境和結構；2. 提供教材。只有在小組需要協助時教師才進行干預，通常

以協助學生學習社交技巧及解決學生之間的衝突爲主（Arends & Kilcher, 2010）。在整個學習過程中，教師則扮演觀察者的角色，藉由巡視各組的情形，了解各組的需要、學習進程及學習困難；同時教師必須以顧問的角色，針對各組的問題，與各組進行個別的互動，提供必要的協助與引導，但教師也不能介入太多，以免學生過於依賴老師；當學生的學習因衝突或意見分歧而導致停滯時，教師必須扮演促進者（facilitator）的角色，協助學生突破困境，使學習活動繼續進行。最後，教師也是評鑑者，必須對學生的學習成果給予適當的回饋，當一個活動、任務完成之後，每個小組都要評鑑結果，教師必須協助學生省思過程中的每個策略的得失利弊，以及可以改進的方法，並提醒學生從錯誤中學習（劉智雄、曾秋華，2005）。

第三節　合作學習的模式

　　自 1970 年代始，合作學習備受矚目，而發展出許多方法，如學生小組成就區分法（student teams achievement division，簡稱 STAD）、小組遊戲競賽法（team games-tournament，簡稱 TGT）、拼圖法（jigsaw I, jigsaw II）、團體探究法（group investigation，簡稱 G-I）、協同合作法（Co-op）、合作統整閱讀寫作法（cooperative integrated reading and composition，簡稱 CIRC）、共同學習法（learning together，簡稱 LT）。然而各種方法均有其適用的範圍及特點，教師亦可根據教材、年級或特殊需要採取不同的設計（黃政傑、林佩璇，1996）。本節僅就共同學習法、卡根（Kagan）結構取向、學生小組成就區分法、拼圖法第二代及團體探究法等五種合作學習模式做一探討。

壹　共同學習法

　　共同學習法是強生兄弟（Johnson & Johnson, 1975）所發展出來的合作學習策略，是最簡單的合作學習法，應用上相當普遍。他們比較不同的工作和酬賞結構對學生學習的影響，也分析相關文獻對於合作性、個別性或

競爭性取向的正負面影響，因而提分階段、分步驟的合作學習模式，稱之為共同學習法。此方法是使學生在 4-5 人的異質性小組中，根據教師分派的工作單一起學習，例如繪製概念圖、解題、撰寫段落大綱等學習任務，而後每小組繳交一份代表成員努力的成果，以此作為小組獎勵的依據。這個模式特別重視合作活動的互動模式，同時也主張與個別性活動和競爭性活動取得平衡；易言之，教師要將三種活動整合在一起，教師要教導不同模式之下所需具備的技巧。強生兄弟也認為合作學習需具備五種基本要素（basic elements）：積極互賴、個人績效責任、面對面的互動、合作技巧及團體歷程（黃政傑、林佩璇，1996；Johnson & Johnson, 2004）。共同學習法主要教學步驟為：教師說明學習任務、學生共同學習、教師巡視及介入、評量及反思，教師在進行教學設計時，可以分別從四大階段、十八個步驟來構思，但在實際應用時，教師可依所面對的教學情境與需要，調整或選擇合宜的步驟與策略。各步驟內涵詳如以下說明（王金國，2003；Johnson & Johnson, 1999）：

一、教學前的決定

此階段屬於教學前的準備，教師先要依異質性分組的原則準備好學生的分組名單，以下為教學前構思事項：

㈠教師先界定教學目標

在教學前，教師必須擬定教學目標，以利後續教學設計的安排，目標可包括學術目標及社會技巧目標兩大類。

㈡決定小組人數

沒有一個所謂最理想的小組人數，小組人數需視學生的合作技巧、教學目標、班上學生總人數、教室空間及教學資源等因素而定。

㈢進行分組

決定小組人數之後，接著就要將學生分派至各組，分組的方式採用異質性分組。

㈣ 分派組員角色

為讓小組有效運作，教師可安排小組內組員的角色，常見的小組角色包括主持者、記錄者、小組音量監控者（避免音量過大）、發言次序輪流者（確保所有組員輪流參與）及鼓勵參與者等。

㈤ 安排活動空間

儘量讓組員彼此能面對面，因為眼睛彼此接觸將有助於互動，組與組的間隔要適當，以免彼此相互干擾。

㈥ 安排所需材料

教師需事先安排教學過程中所需的材料及分配的方式，例如小組學習單、合作學習記錄單等。

二、合作學習前的說明

當學生已分組完畢，教師即可交付學習任務，在分組學習前，教師要向學生說明以下事項：

㈠ 解釋作業的內容與方式

教師必須讓學生清楚整個作業的目標、活動方式、程序及時間規定等，可透過活動流程圖等輔助教具來協助解釋作業內容。

㈡ 解釋成功的標準

成功標準應配合學生的背景，難易適中，且內容應具體，方能讓學生理解。其評量方式通常採標準參照評量，凡小組達到此標準者，即算成功。

㈢ 建構積極互賴的情境

在說明成功標準後，教師必須再一次強調除非所有小組成員均成功，否則個人就不算成功的相互關係，藉以增加小組成員的積極互賴感。

㈣ 建構個人責任

教師可採取的具體作法包括小組人數不要太多、課後對每位學生進

行個別測驗、隨機抽點學生做口頭測驗、觀察學生在合作學習中的參與情形，以及請他們使用已學到的概念來解決不同的問題等。

(五) 建構組間合作

教師可以將合作的概念擴展到全班，例如當一個小組完成作業後，教師可以鼓勵該組組員去協助尚未完成的組別，或到已完成作業的小組進行答案與解決策略的比較。

(六) 說明教師期望的行為

在小組進行學習前，教師應明確地告訴學生所期望的行為，讓學生能適切地表現出這些行為。例如專心參與合作學習，不做自己的事情等。

三、學生進行合作學習時

學生開始進行合作學習之後，教師要巡視行間並給予學生以下的協助：

(一) 觀察學生表現

教師必須至各組觀察學生互動的情形，了解學生在合作學習活動中的表現，以作為提供作業上的協助及指導合作技巧的依據。

(二) 教師介入提供作業上的協助

若發現學生在完成作業上有困難，則可適時協助，其方式包括給予指導語、重述重要步驟或策略等。

(三) 教師介入教導合作技巧

當教師發現學生在小組互動過程有不當行為時，也可介入指導合作技巧，讓學生學習較佳的處理方式或技巧。

四、合作學習後的評量與反省

學生完成所交付的任務之後，教師於綜合活動階段要進行下列事項：

(一)總結活動

教師可請學生回憶並摘述他們在本節課學到了什麼，它除了可爲合作學習活動做一個統整，亦可讓學生練習摘述要點。

(二)評量學習活動的質與量

活動結束時，教師要評量學生在合作學習過程中的表現，評量的方式可以是小組書面報告、小組結論、小考或達到成功標準的總人數。

(三)反省檢討

在學習活動後，教師要安排反省與檢討活動，請小組針對該次小組運作過程進行檢討，以作爲後續改善的基礎。此階段可由四個部分組成，分別是教師給予回饋、學生進行反省（reflection）、學生擬定改進目標，以及表揚成功的小組與努力的個人。

貳 結構取向

卡根（Kagan, 1994）提出結構取向（structural approach）的合作學習，他區別合作活動和合作結構的差異。合作活動是在建立團體的社交技巧，例如拔河比賽，而合作結構則是運用在一項有組織的架構，以促進學生的互動。卡根認爲合作結構可以重複應用在任何學科、任何年級及不同的教學時間點，活動有終點，但結構可以不斷地使用，結構就如同教學的工具，可以讓學生參與學習活動。教學能力佳的教師，懂得在教學時如何選用好的結構，以達成學習成效，所以教師在進行教學計畫時，就要規劃哪一個時間點要應用哪項合作結構。他提出以下十項合作結構（Arends & Kilcher, 2010; Kagan & Kagan, 1998）：

一、顧問線（consultant line）

各組學生排成兩行，彼此面對面。每位學生先想一個要請教的問題，配對的同學相互提出問題及回答，幾分鐘後一行的學生向前移動，另一行在原地，如此組成新的諮詢配對持續問答，每位學生可與 3-4 位同學請

益。成員再想新的問題，繼續討論或分享觀點。

二、四個角落（four corners）

　　教師在教室四個角落貼上主題或句子，學生移到不同的角落，代表他們的意見或感興趣的主題，一到角落學生相互討論或解釋他們的選擇。例如六年級的國語課，教師在角落貼上自傳、小說、詩和短篇小說，請學生選擇自己喜愛的文學作品，在每個角落，學生 2 人一組，互相說出喜歡的原因，討論完後再找另一個同學繼續互相分享，教師可以選出幾位學生分享他的同件所提的分享。

三、塗鴉（graffiti）

　　塗鴉是合作學習的一種策略，學生被要求以寫作的方式回應教師所提出的問題。教師提供各組大張的壁報紙及麥克筆，再給小組一個主題或問題，請小組進行腦力激盪後將討論的理念或評論寫在紙上（約 30 分鐘），也可以畫圖或符號的方式來呈現。各組可以交換問題繼續討論，除可看到各組討論的記錄外，也可以另外加上其他的想法。最後的步驟是各組向全班分享或將壁報張貼在教室。

四、互相核對（pairs check）

　　各組分成 A、B 兩半，2 人一組完成學習單。同組的一人先做學習單的上半部，另一人則核對他的答案。然後 2 人交換角色，一人繼續完成學習單的下半部，另一人則核對他的答案。完成後 A、B 兩小組互相比較答案，最後教師和全班一起核對答案。

五、配對（pairs）

　　各組分成兩半，一半的學生給一套教材，另一半學生給不同的教材，拿到相同教材的學生經由互相幫助學會教材，然後再去找不同教材的同學，經互相教導後學會教材。這項策略類似拼圖法。

六、三步訪談（three-step interview）

　　各組 4 人一組，先是兩兩相互訪談（A 對 B、C 對 D、B 對 A、D 對 C），然後每位學生介紹訪談的同學給全組認識，例如 A 介紹 B、B 介紹 A、C 介紹 D、D 介紹 C；也可應用在討論問題、複習舊教材等方面。

七、思—寫—討—享（think-write-pair-compare）

　　4 人一組，各人獨自思考教師提出的問題，並把答案寫出來；接著 4 人分成 A、B 兩組，每組 2 人，一起討論答案，討論完成，4 人組內的 A 組與 B 組互相比較答案。

八、拋繡球（turn toss）

　　開始時由一個成員選擇組內任何一個成員把小球拋給他，並問他一個問題，例如：你叫什麼名字？被選中的成員回答了問題後，便選另一個成員繼續這遊戲，直至組內成員都曾參與提問和回答一次；接著成員利用拋小球去互相表達開心的感受及互相訪問。

九、發言卡（talking chips）

　　進行討論時，每位組員均發相同數量的卡片。當一位組員想發表意見時，需先將其卡片放於桌上，卡片用完則不可再發言；當各人所有發言卡用完後，每位組員再發相同數量卡片，組員可繼續將卡片放於桌上，然後發表意見。

十、圓桌（round table）技術

　　學生每 3 人一組，一人為訪談人，一人為受訪者，另一人為記錄者，每組完成三輪，讓每人都扮演過不同角色。用在討論上可以各組先發給幾個問題，第一個成員寫下他的答案，再傳給另一成員寫他的答案，直到 3 人都寫完才換下一個問題。也可該第一個組員寫下他從課程記得的重點，寫完了之後傳給左邊的同學繼續寫第一位沒想到的重點，直到小組所有學

生都輪到。

　　卡根結構取向策略尚包括「數字頭」（或譯為號碼配對法）（numbered heads together）、思考—配對—分享（think-pair-share），數字頭於「發問技巧」第八章中提及，「思考—配對—分享」在討論法一章有提到，故在此未詳加探討。有一種簡單的合作學習策略稱為「配對學習法」，採用「思考—配對」的策略，2 人一組相互討論，不必調整桌椅。

 ## 學生小組成就區分法

　　學生小組成就區分法是由史拉文（R. E. Slavin）在 1978 年所發展出來的，它是最容易實施的一種方法，因為它所使用的內容、標準及評鑑皆與傳統方法的設計沒有太大的差異，它適用於任何學科，但最適合教導目標明確的教材，像數學計算題及應用題、地理作圖技巧及科學概念等（Slavin, 1995）。其主要的理念是激勵學生、鼓勵與協助別人精熟教材內容，除進行個別測驗外，亦使用進步轉換分數，強調均等的成功機會。它最適合初次採合作學習的教師使用，也是目前所有合作學習法中最常被研究的合作學習法，且多數研究證實它比個別式學習或競爭式學習，更能促進學生的學習成就（王金國、張新仁，2003）。STAD 主要包含教師授課、分組學習及小考三項活動，以下說明此模式之教學流程（王金國、張新仁，2003；趙沐深；2007；Slavin, 1995）：

一、全班授課

　　全班授課（class presentations）即在每個單元教學時，教師先以講解、討論、圖片或播放錄影帶的方式，呈現單元內容，向學生介紹教材重點和學習目標。

二、分組學習

　　教師依學生的能力水準、性別或其社會背景、心理等特質，將學生分成 4 人的異質性小組。全班授課後進行分組（teams）學習，教師提供作

業單或學習材料，小組以共同討論的方式研究作業單或其他教材，並且當成員發生錯誤時互相訂正錯誤，以建立正確的觀念。小組成員必須一起學習以精熟單元教材，共同完成學習目標。

三、小考

在單元學習結束後，每個學生需要進行簡單的個別測驗，評量的內容包含學習過程中個人合作表現及學習結果兩方面。另有一種合作學習模式「小組遊戲競賽法」（TGT），不採用考試方式進行評量，而是以小組遊戲競賽的方式來評量。

四、個人進步分數

個別測驗之後便進行成績計算，算出個人的進步分數（individual improvement scores），評分方式是以學生過去的成績紀錄作為基本分數，每個人能為小組爭取多少積分（points），視其進步的分數而定，小組分數即是每位成員進步分數的平均數。此外，亦可將各組最好的和其他組別最好的比較，次好的與次好的比較，構成幾個區分，每區分組的第一名為小組得 8 分，次高的 6 分，依此類推。

五、小組表揚

教師每週要將個人進步的成績轉化成小組的表現分數，對於表現優異的個人與小組予以表揚。教師可利用班級公布欄、週刊形式或其他社會認可的方式，表彰那些表現優異者或高積分的小組。

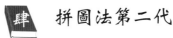

肆　拼圖法第二代

拼圖法最早是由艾洛森（Elliot Aronson）於 1978 年發展出來的，目的在增加學生的獨立性，其基本原理是藉由賦予每個學生需教導某些教材給同組組員的責任，以達到合作學習的效果（Slavin, 1994）。因此在實施前，應先教導學生具備基本的合作和溝通等技巧，才能有效達成預定之教

學效果。隨著拼圖法之逐漸盛行，便開始有學者根據其相關研究結果，針對拼圖法第一代設計上的不足進行改良，史拉文（Slavin, 1994）便將STAD 的「小組表揚」和「進步分數」等要素融入，而成為拼圖法第二代（jigsaw II）。在拼圖法第二代中，學生先分為 3-6 人的異質小組，而學習材料也分成幾個部分。每個小組成員先閱讀主題資料，然後各小組負責同一部分的學生，集合在專家小組（expert group）中去討論各自負責的主題，熟練之後回到原來的小組，教導其他成員精熟教材。這種教學法適合應用在社會科及其他學科教材比較淺顯易懂者，教師可以不直接講述（賴慧玲譯，2004；Slavin, 2010）。拼圖法第二代其教學流程如下（黃政傑、林佩璇，1996；賴慧玲譯，2004；Slavin, 2010）：

一、準備活動

第一次實施拼圖法教學，應先向學生介紹拼圖法的實施方式，然後組成異質性小組，每次上課前要先準備以下的教材或資料：

㈠主題單（topic sheet）
選擇單元、故事等，編成專家小組，並編擬專家主題教材。教師要依據各組人數的多寡將教材分拆成幾個部分，如每組 3 人，則將教材分拆成三部分。

㈡討論題綱
引導學生深入探討專家主題。

㈢測驗試題
這些試題要涵蓋所有主題，以了解每位學生是否精熟其他專家主題。

㈣小組總分單
記錄個人進步分數和小組得分。

㈤觀察表
供小組活動時觀察社會技巧用。

二、教學流程

拼圖法第一代只有全班授課、閱讀教材、組成專家小組、回小組報告，第二代拼圖法再加入評量及表揚，以下分別說明拼圖法第二代的教學流程：

㈠ 全班授課及閱讀

全班授課可分爲教師教學與閱讀專家主題教材兩重點，教師教學在指導學生學習要點及說明學習目標。依據專家主題單，分配小組中每位學生一個專家主題，然後學生閱讀相關內容教材。

㈡ 組成專家小組研究教材

在閱讀完教材後，每組分配到相同主題的學生，自成一組討論教材內容，並將討論結果加以整理記錄，以便回原小組中做報告。

㈢ 專家回原小組報告

當學生熟悉自己的專家主題後，學生由專家小組回到原來的小組向同組同學報告專家主題的教材內容，小組報告時每個學生都應扮演老師及聽眾兩種角色。報告者有責任指導小組其他同學，使他們也能精熟教材。

㈣ 學習評量及表揚

教師發給每位同學一份測驗題，由學生獨力完成小考的試題，以了解學生學習狀況。在開始進行拼圖法之前，教師會先實施測驗，以決定學生的基準分數，小考後將考試得分轉換成進步分數及小組總分，其方式如同STAD，對於優秀之小組與表現優異的學生予以表揚。

 伍　團體探究法

團體探究法是由沙朗（Sharan & Sharan, 1992）發展出來的合作學習法。它主要依據杜威（Dewey）「學生爲中心」的教育理念，提供學生廣泛而多樣的學習經驗。團體探究法的班級教學結構有四個主要特性：1. 將

學生依其興趣編組成「研究小組」，讓各個小組選擇不同的研究主題。
2. 使用多樣的學習作業，由學生分工合作探究，增進小組成員的相互依
賴。3. 學生間進行主動、多項的溝通，除蒐集資料外，學習尚需運用主動
學習技巧，與小組同學共同進行計畫、協調、評鑑、分析與統整活動。
4. 教師必須採用間接的班級領導方式，與小組溝通並輔導小組探究（簡
妙娟，2003）。團體探究法逐漸發展成問題導向學習模式（problem-based
learning model），團體探究法適用於蒐集、分析、綜合資料以解決相關的
學習問題，例如：環境保護的探討，小組成員必須分工從事資料的蒐集、
分析、歸納，並參與討論、交換意見。團體探究法的教學過程可分成六個
階段說明如下（簡妙娟，2000；黃政傑、林佩璇，1996；Slavin, 1995）：

一、確定主題並組織研究小組

　　先由教師說明主題，再由全班討論決定次主題（subtopics），學生根
據自己興趣選擇次主題形成探究小組，每一小組盡可能安排成包括不同能
力的異質小組。

二、計畫小組探究活動

　　在教師指導下，由各小組成員預先計畫其學習目標、步驟、採用的方
法及工作分配等。各組列出小組工作單，包括研究主題、小組名單、工作
分配及所需要的資源。

三、進行探究

　　小組成員蒐集、分析及組織資料後進行討論，形成暫時性的結論。

四、準備報告

　　各小組成員統整所獲得的資料，並準備呈現學習結果。每一小組派一
名代表組成班級指導委員會，審議各組發表的內容是否確實有意義，並協
調發表時間。

五、呈現報告

　　各組將探究成果向全班發表，可採用各種不同的創意方式，如短劇、辯論、角色扮演、口頭報告等方式。

六、學習評鑑

　　重視高層次的學習結果，例如應用、分析、推理能力的表現，以及情意經驗（例如動機和投入的程度）的表現。評鑑的方式由師生共同編擬，教師可根據學生在全部探究活動中使用的探究及合作技巧進行個別評鑑。

自我練習 ....

一、選擇題

(　　) 1. 進行永續發展課程，教師引導學生分組進行環境議題的主題探究，資料蒐集並進行小組的學習成果報告與評鑑，這樣的歷程比較符合合作學習法中的哪一種類型？　(A) 思考分組分享法（TPS）　(B) 小組遊戲競賽法（TGT）　(C) 團體調查法（GI）　(D) 小組成就區分法（STAD）

(　　) 2. 有關「合作學習」的敘述，下列何者正確？　(A)「合作學習」就是結合「分組學習」與「小老師制」的一種教學法　(B) 合作學習教學法已發展出許多方法，其中包括「小組遊戲競賽法」、「拼圖法」、「學生小組成就區分法」等　(C) 教師依據學生的合作技巧，採取同質性分組，分派學生至各小組　(D) 教師評鑑學生的學習結果，係採取個人表揚方式

(　　) 3. 下列哪一種合作學習，適用於引導性發現式學習（guided discovery learning）？　(A) 拼圖法第二代（Jigsaw II）　(B) 學生小組成就區分法（STAD）　(C) 小組遊戲競賽法（TGT）　(D) 小組輔助個別化教學法（TAI）

(　　) 4. 何老師採用合作學習教學法以提高學習成效，將教材分成幾個不同的學習重點後，先讓學生進行「專家小組」學習，再回原組進行「異質小組」學習。此一作法屬於下列何種教學法？　(A) 拼圖法 II　(B) 團體探究法　(C) 小組遊戲競賽法　(D) 學生小組成就區分法

(　　) 5. 下列何者並非「拼圖法」合作學習的特徵？　(A) 將學習單元分成多個不同的主題　(B) 同一個小組中每一位成員都是專家　(C) 每一個單元完成後，均舉行小組成就測驗競賽　(D) 重視小組的異質分組

(　　) 6. 張老師採合作學習教學法以提高學習成效。在分組與成績評比上，決定以個人的「進步分數」作為團隊成績評量的依據。此一作法屬於下列哪一種合作學習教學法？　(A) 拼圖法　(B) 團體探究法

(C) 小組遊戲競賽法　　(D) 學生小組成就區分法

(　　) 7. 「合作學習」是近年頗受重視的教學法，對於「合作學習」的內涵說明，何者較為正確？　(A) 教師對全班進行直接教學，完全由教師來教導所有課程　(B) 教師依據學生的特性和能力差異，分派不同的學習任務　(C) 教師在教材內容與教學法的選用，需考慮學生能否適應　(D) 教師先進行教學並交代學習任務，讓學生在小組中討論

(　　) 8. 文老師本學期想嘗試用合作學習法進行教學，請問他採取的正確步驟依序為何？（甲）針對該單元進行全班測驗；（乙）計算個人及團體進步分數，進行小組表揚；（丙）依上學期成績，將學生做異質分組；（丁）進行全班授課及小組討論　(A) 丁→丙→甲→乙　(B) 丙→丁→甲→乙　(C) 甲→丙→丁→乙　(D) 丙→甲→丁→乙

(　　) 9. 老師讓學生先進行全班閱讀→專家小組討論→回原小組報告→測驗→小組表揚。這是哪一種合作學習的實施步驟？　(A) 學生小組成就區分法（STAD）　(B) 拼圖法第二代（jigsaw II）　(C) 小組探究法（group investigation）　(D) 學習圈（circles of learning）

(　　) 10. 王老師教「認識社區」單元時，把學生 5 人編成一組，將教材內容分成休閒、文化、商業、機構、人口五個主題。各組分配到相同主題的同學組成專家小組，一起進行資料的蒐集與研讀。之後，學生再回到原來的小組，輪流報告自己所負責的主題，以協助組內同學了解所居住的社區。此屬於下列哪一種合作學習策略？　(A) 拼圖法第二代　(B) 小組協力教學法　(C) 學生小組成就區分法　(D) 合作統整閱讀寫作法

(　　) 11. 下列哪些是設計資優學生合作學習課程應強調的要項？甲、面對面的互動；乙、強調個別績效；丙、訓練人際技巧；丁、培養問題解決能力　(A) 甲乙丙　(B) 乙丙丁　(C) 甲乙丁　(D) 甲丙丁

(　　) 12. 下列何種教學法注重個人績效對團體的貢獻？　(A) 欣賞教學法　(B) 討論教學法　(C) 合作學習法　(D) 協同教學法

(　　) 13. 教師在進行班級內部學生分組時，下列哪一項意見是教師可以參考的？　(A) 各小組的人數一定要一樣，以達公平　(B) 分組教學

可以免除對學習困難學生之額外指導　(C) 為避免貼標籤效應的影響，不同科目宜有不同的分組　(D) 分組之後，就可以完全放手讓學生自行學習

(　　) 14. 下列作法，何者最符合合作學習教學法的「學生小組成就區分法」？　(A) 將學生同質分組後，進行小組討論。於討論後，表揚各小組表現最佳的學生　(B) 將學生異質分組後，每位小組成員各自研究一個主題，學會後，組內的成員再互相教導　(C) 將學生異質分組後，進行小組討論。於討論後，讓學生進行遊戲競賽，再加總遊戲競賽的成績，以評定各小組的表現　(D) 將學生異質分組後，進行小組討論。於討論後，對學生進行個別測驗，再加總個別的進步成績，以評定各小組的表現

(　　) 15. 合作學習法的優點不包括下列哪一項？　(A) 培養正向的種族關係　(B) 發展學生社會技巧　(C) 增進學生自尊　(D) 增進自信心與競爭力

(　　) 16. 李老師想採用合作學習法進行高年級社會科的教學，如果她希望透過增加同儕互動提升學童自主學習的能力，下列哪一種是比較合適的合作學習法？　(A)STAD　(B)TGT　(C)GI　(D)Jigsaw II

(　　) 17. 有關「合作學習」小組效能無法發揮的陳述，以下哪一陳述「不正確」？　(A) 小組成員一起工作時間太長　(B) 小組成員同質性太高　(C) 小組成員缺乏工作技巧　(D) 小組成員對自己能力過度自信

(　　) 18. 合作學習教學法希望學生透過合作學習來提升學習效果，並增加學生人際互動機會與社交能力。下列何者不屬於合作學習的特性？　(A) 異質分組　(B) 同等成功機會　(C) 小組酬賞　(D) 不相依賴

(　　) 19. 運用異質分組、社會互動、彼此討論來引導學生學習知識是基於哪一種理論的應用？　(A) 理性主義　(B) 建構主義　(C) 實驗主義　(D) 經驗主義

(　　) 20. 以下何者最接近「合作學習」的作法？　(A) 學生應明白小組中個人的責任與整組的目標　(B) 教師不宜主動教導學生溝通和解決衝突的技巧　(C) 教師不宜評估個人表現，只能評估小組的整體表現　(D) 學生們應獨立完成作業，以確切了解每位學生的能力

（　）21. 以下何者不是合作學習的基本要素？　(A) 目標相互依賴　(B) 強調團體績效責任　(C) 社會技巧　(D) 積極互動

（　）22. 譚老師採取「全班授課、分組學習、實施小考、計算個別進步分數、小組表揚」的方式教學，這是應用以下何種合作學習法？　(A) 拼圖式學習法　(B) 學生小組成就區分法　(C) 團體探究法　(D) 小組遊戲競賽法

（　）23. 如果想要比較合作學習與個別化學習的教學成效，採用下列哪一種研究法較適合？　(A) 實驗研究法　(B) 個案研究法　(C) 觀察研究法　(D) 問卷調查法

（　）24. 李老師採用異質分組進行合作學習，透過同組能力較好的同學協助大雄，大雄終能解答自己無法解出的數學題。下列哪一項最能解釋李老師的作法？　(A) 迦納（H. Gardner）的人際智力　(B) 皮亞傑（J. Piaget）的認知平衡　(C) 維高斯基（L. S. Vygotsky）的鷹架作用　(D) 史坦柏格（R. Sternberg）的情境適應能力

（　）25. 吳老師在段考後想運用合作學習以提升學生學習成效，則吳老師應採取的正確步驟依序為何？（甲）評鑑學習結果；（乙）進行學習表揚；（丙）進行學生分組；（丁）進行全班授課及小組討論；（戊）反省團體歷程　(A) 丁丙甲戊乙　(B) 丙丁甲乙戊　(C) 甲丙丁乙戊　(D) 丙甲丁戊乙

（　）26. 李老師希望透過合作學習讓學生熟悉課文內容，同時培養其社會技巧與態度，於是在國文課進行課文內容講解後，給小組 8 分鐘，進行討論完成學習單以精熟課文內容，接著舉行隨堂小考以檢核學習成效。李老師在統計小組每位學生的進步分數後，結算小組總分，最後表揚表現較佳的小組。李老師的作法符合下列哪一種合作學習方法？　(A) 拼圖法　(B) 共同學習法　(C) 問題本位學習　(D) 學生小組成就區分法

（　）27. 教師將學生分組，各組各給一份資料，學生為獲得課程所需的全部資料，必須將其個別資料組合與分享，方能完成。請問教師是使用哪一種教學方法？　(A) 學生小組成就區分法（students teams achievement division）　(B) 拼圖法（jigsaw）　(C) 協同合作法

（Co-op）　(D) 共同學習法（learning together）

(　　) 28. 文老師本學期想嘗試運用合作學習法進行閱讀教學，下列步驟順序
何者最適切？甲、針對閱讀文章進行全班的測驗；乙、依上學期語
文成績，將學生做異質分組；丙、引導學生閱讀文章，並進行閱讀
策略教學；丁、學生分組討論，摘要寫出文章的主旨與大意　　(A)
甲丙丁乙　　(B) 乙丙丁甲　　(C) 丙丁乙甲　　(D) 丁丙甲乙

(　　) 29. 洪老師上地理課時，將教材分為六部分，並將班上分為六組。每組
各派一位代表一起學習其中的某一部分。各代表學會後，回到自己
的小組教導其他同學。洪老師的合作學習屬於下列哪一種？　　(A)
拼圖法　　(B) 配對學習　　(C) 小組探究　　(D) 小組成就區分法

(　　) 30. 下列有關教學法的敘述，何者有誤？　　(A) 討論教學法可培養學生
的思考與溝通能力　　(B) 創造思考教學不強調標準答案，因此無法
進行評量　　(C) 講述教學法的優點之一是能在短時間內有系統地傳
授知識　　(D) 合作學習法可幫助學生發展社會技巧，也重視個人績
效責任

參考答案

1.(C)　2.(B)　3.(A)　4.(A)　5.(C)　6.(D)　7.(D)　8.(B)　9.(B)　10.(A)
11.(A)　12.(C)　13.(C)　14.(D)　15.(D)　16.(C)　17.(A)　18.(C)　19.(B)　20.(A)
21.(B)　22.(B)　23.(A)　24.(C)　25.(B)　26.(D)　27.(B)　28.(B)　29.(A)　30.(B)

二、問答題

1. 合作學習法有哪些理論的基礎？

2. 在實施合作學習時，要掌握哪些基本精神或特徵？

3. 當前教育界倡導的合作學習之基本概念為何？並請列舉一種類型說明之。

4. 請說出卡根（Kagan, 1994）所提出的結構取向（structural approach）合作學習
有哪些教學策略？

5. 何謂共同學習法？其實施流程為何？

6. 合作學習法有多種教學類型，請問你最喜歡哪一種？為什麼？

7. 在設計合作學習的教學計畫要考慮哪些教學因素？

8. 林老師採用 4 人一組的異質能力分組，讓學生玩林老師設計的數學桌遊。遊
戲中小組的每個人依序輪流進行活動，累積個人分數，小組總分達 250 分就

算闖關成功。小組成員在遊戲中可以互助合作，但輪到的人必須自己進行遊戲的動作，其他成員只能提供口頭意見。在過程中，老師發現高能力的學生會找到很多得分的方法，其他組員很快地也會使用同樣的方法；但老師會懲罰取巧的學生，使其他組員不敢再用。最後全部小組都闖關成功，總分最高的小組可以得到獎品。

(1) 試在上述學習活動中，找出兩個吻合行為主義學習理論的元素。

(2) 試在上述學習活動中，找出兩個吻合社會學習理論的元素。

(3) 林老師的設計運用了「合作學習」的哪些原理原則？試舉出兩項。

第十五章

建構主義與適應個別
差異的教學法

　　前幾章所提到合作學習、問題導向學習、探究教學法等，均與建構主義的理論有關，本章係針對與建構主義、適應個別差異的教學相關的教學法。建構主義提供了一種與傳統的客觀主義不同的學習觀點，認為學習過程不是學習者被動地接受知識，而是積極地建構知識的過程。由於建構主義學習活動是以學習者為中心，而且是真實的，因而學習者就更具有興趣和動機，能夠鼓勵學習者進行批判性思考，能夠更易於提供個體的學習風格。因而，建構主義在教學中的應用會帶來一場教學或學習的革命（毛新勇，2006）。在建構主義學習理論影響下教學法相當多，本章所介紹的教學法包括情境學習、認知學徒制、錨式教學法、鷹架支撐的教學。學生的學習存在著個別差異，為因應個別差異的現象，在第四章曾提到「差異化教學」，行為主義提出的個別化教學亦是解決個別差異的方法之一，除了精熟學習之外，適性教學（adaptive instruction）的作法亦是本章所要探討的主題。除此之外，為了因應學習者的文化差異，本章亦探討多元文化教育及文化因應教學。

第一節　建構主義的教學法

　　傳統的教學因為多由教師以講述的方式單向傳授，學生亦以聽講的方式單向學習，因而造成學生雖能在學習評量上獲得高分，但在實際遇到問題時，卻往往無法運用所習得的知識去解決問題；因為其所學到的僅是「僵化的知識」（inert knowledge），並不知如何把在學校所學知識應用在日常生活中或問題解決上。有鑑於此，從 1980 年代開始，陸續有許多研究者針對學校的教學內容及方法提出批評和看法，「情境學習」之觀點即是針對此僵化知識現象所提出非常重要的學習觀念（陳國泰，2008）。情境認知學習理論本身並未論述教學觀點，然而一些學者根據此學習理論發展出適用的教學法，其中最著名的是「認知學徒制」（cognitive apprenticeship）和「錨式教學法」（anchored instruction）（張新仁，2002）。本節分別就情境學習理論、認知學徒制、錨式教學法、鷹架支撐的教學作一闡述。

情境學習理論

　　情境學習（situated learning）的概念最早由布朗等人（Brown, Collins, & Duguid, 1989）所提出，此概念是根據近代認知心理學理論所發展出的一種學習理論，其基本假設是為了讓學生直接在真實情境下，或是模擬真實的情境下學習。也就是在課堂教學中模擬現實環境，以便達到讓學生能融入教學情境中，能更有效率的去學習。例如：在自然科教學時，可以帶學生到操場去觀察影子，強調學習不能只限制在相同單一的環境，還要能類化到其他新的環境（張憲庭，2009）。所以情境學習是指個人在與情境互動之下，主動探索、建構知識的歷程，學習者唯有在真實情境中進行學習，才能真正理解知識的意義和價值，當學習者透過與實際情境的互動，即能主動建構知識與技能，如此方能獲得活化的知識，並將知識加以靈活運用（方吉正，1998）。情境認知或情境學習強調的是學習是處於被建構的情境脈絡之中，也就是說學習者並非被排除於學習的情境脈絡之外，知識是學習者與情境互動的產物（Brown et al., 1989）。依據此觀點所發展出的情境認知學習理論共有以下的要點（陳國泰，2008；張新仁，2002；Brown et al., 1989）：

一、學習的目的

　　學習的目的在於使個人有能力處理未來生活中面臨的複雜工作，因此應在真實情境中進行學習，不能與情境脈絡分離，才具有意義與應用價值。

二、學習活動的真實性

　　學習活動的真實性可區分成兩類，一類是「物理真實性」（physical fidelity），是指在實際的情境當中學習，例如在醫院實習、去商店購物、實際丈量校園跑道來學習長度單位。另一類是「認知真實性」（cognitive fidelity），強調專家從事其專業活動的實際認知過程，例如數學家的解題思考過程、作家的寫作思考過程、閱讀專家的閱讀歷程等。

三、學習是濡化的過程

　　所謂「濡化」即藉學習經驗獲得對文化的適應能力，透過濡化過程，學生逐漸習得一些專業技能並表現出應有的行為舉止。情境學習從近代人類學家（Schön, 1987; Lave & Wenger, 1991）對學習行為的研究發現人們在特定的情境中，透過與實際情境不斷地互動，以發現有效的策略，並解決情境中的問題。因而認為在各個專業實務社群（community of practice）的環境中，學習者個人是從「合法周邊參與」（legitimate peripheral partici-pation）逐漸朝向「完全參與」（full participation）；在此過程中，新成員向社群中的所有成員學習該行業的術語、模仿行業的行為舉止與文化規範，從而增加對該行業的認同感與責任感，整個情境學習是一種「濡化」（enculturation）的學習過程。

四、情境學習的迷思

　　由於情境學習理論應用於教學環境中常提到要具有「真實性」的學習情境，因此常常被誤認為情境學習一定要在「真實的」環境中學習這樣的迷思。然而情境式的學習不一定都需要將學生置身在真實的環境中進行，只要給予的情境相對地足夠真實，一樣可以達到情境學習的目標。例如定錨式的教學，引導學生與真實環境的人、事、物互動，亦是一種情境式的學習。

　　情境學習理論強調學習情境的真實性，學習的主動性，重視濡化的過程，所以情境學習理論具有以下的特點：1. 強調學習活動的真實性；2. 強調主動探索與操作；3. 重視情境中的示範、解說、提示與備詢等方式；4. 重視從邊際參與到核心參與的學習過程；5. 小組學習與知識分享（鍾邦友，2000）。

 認知學徒制

　　認知學徒制是由柯林斯、布朗和紐曼（Collins, Brown, & Newman,

1989）基於情境學習與情境認知而提出的教學模式，是一種整合學校教育與傳統學徒制的教學模式。柯林斯等人認為所有的學習皆可在社會情境下發生，但不是所有的學習皆可以科學的研究來驗證，例如為何有些人能在每天的生活情境中學得很好，但在學校情境中的學習卻是失敗？他們提出這樣的問題：學校要怎麼改變才能與學校外的自然學習特性相符合？於是發展出使用社會情境學習來改進教育實務的認知學徒制。

一、認知學徒制的意義

上世紀的工業國家開始以正式教育來教育年輕人，在學校出現之前，學徒制是最普遍的學習方式，由專家來傳遞知識，例如畫圖、雕刻、醫學、法律等領域，在非正式學習情境中有顯著的學習成效，這種生產知識技能的形式在現代學校是受到忽略的（Mayer, 2008）。所謂「認知學徒制」，就是將傳統學徒制應用至學校學科的教學，這個方法主要著重在以專家處理複雜知識、技能的過程來教導學生，此種學習方法同時強調專家過程與情境學習的重要性。認知學徒制和傳統學徒制的共同點是兩者皆依賴指導練習作為有效的教學方法，但在兩方面是有差別的：1. 認知學徒制是發生在正式的教學情境，例如學校、訓練方案，而傳統學徒制則發生在日常生活的工作情境。2. 認知學徒制強調學習認知技能，而傳統學徒制強調動作技能（Collins, Brown, & Newman, 1987）。所以認知學徒制指的是在一個真實的社會情境脈絡下，讓具有實務經驗的專家引導學生學習，經由專家示範和講解，幫助學生主動學習與觀察，透過彼此的互動，使學生主動建構知識的過程。其目的是強調知識的情境脈絡化，並幫助學生在學習過程中加強對整體學習內容與方法的了解（吳清山、林天祐，2002）。

二、認知學徒制的教學程序

因柯林斯等人並未提出具體的認知學徒制教學流程，僅從內容、方法、順序及學習環境的面向，提出建構學習環境時的考慮事項，而其核心的教學方法則是示範、指導和提供鷹架並逐漸撤除。學者對認知學徒制教學步驟的看法頗不一致，以下綜合幾位學者（方吉正，1999；涂金堂，

1999；田耐青，1996；Collins et al., 1989）的意見，來陳述認知學徒制的教學程序：

㈠選擇問題情境

在教學之前先在眞實世界中選擇一個能夠幫助學生學到知識或能力的問題情境，而此情境需具有下列特性：1. 能夠激發學生興趣；2. 學生生活上可能遇到的難題；3. 可能造成嚴重後果。

㈡安排專家

專家是認知學徒制中攸關教學成敗的靈魂人物，透過專家精確的示範與講解，提供學生鷹架與適時適度的支援，學生才有可能在學習過程中主動建構知識。好的專家必須具備以下特質：1. 專業知識；2. 分析能力；3. 溝通能力；4. 指導能力。

㈢專家教學

柯林斯等人所提認知學徒制的六種教學方法大致可區分爲三類：第一類乃示範、指導與提供鷹架並逐漸撤除等三種，這是認知學徒制學習環境的核心，主要是透過觀察及指導性和支持性的練習，協助學生獲得統整性的認知與後設認知的技能；第二類爲闡明和反省兩種，主要是協助學生對於專家解題的觀察，並得以清楚地控制自己的解題策略；第三類爲探究方法，主要是鼓勵學生在執行專家解題過程方面，以及在界定和系統陳述要解決的問題方面，能夠擁有更多的自主性。專家教學的方法如下：

1. 示範解說（modeling）

示範是指專家執行一項工作時，使得學生能夠觀察並建立概念的認知過程，例如閱讀理解策略的示範，教師可能以口語表達思考過程的方式來進行示範。因此需要將原本內隱的過程外顯出來，特別是專家在利用基本的概念性與程序性知識時，所採用的捷思策略與控制過程。此外認知學徒制中的示範，重點在於將自己的思考歷程敘述出來，而不在於一些外顯性知識的示範操作。另外，認知學徒制也強調觀察專家如何處理棘手的問題，這對於發展學生自我潛在能力的信念是非常地重要。以數學爲例，在

一般的課堂中往往只說明了成功的解題方法，而沒有包含在困境中嘗試解題的過程，這樣的解題既無法顯示出搜尋好方法的探究過程，也無從得知這個探究過程當中所必須進行的評估工作。

2. 實作指導（coaching）

是指教師在學生執行工作時觀察學生，並提供暗示、鷹架、回饋、示範、提醒、解說及新的工作，使得學生的表現能夠逐漸拉近於專家的表現。例如教師觀察學生在學習中的操作行為，在學生的操作之中如果出現了問題，教師則會像球隊中的教練一般，主動或被動地給予學生修正或指導，以使學生能順利地將整個操作過程全部操作一遍以上。指導是透過彼此的互動、情境回饋與建議，在易於了解的目標下引導學生去注意到一些先前沒有注意到的問題，也可能是提醒學生一些已知但暫時忽略的問題。例如教導閱讀理解策略時，提醒學生以一至兩個句子來做摘要，並要將整個故事加以統整。

3. 提供鷹架並逐漸撤除（scaffolding and fading）

是指教師能提供學生所需的支持以協助學生執行工作，並在學生逐漸獨立的過程中逐漸減少這些支持。當學生已具備解決整個操作過程每一基本步驟的能力時，教師在學生每一次的操作中可以漸漸減少介入的時間。在學生的操作中出現瓶頸的時刻，則適時給予學生一些提示的資訊，以幫助學生突破目前的困境，而能夠完成整個操作的步驟。教師在提供鷹架時，必須去診斷出學生目前的技能層次或困難，針對學生尚無法執行的部分代為執行，這是一種師生合作學習的形式，目的是要學生能夠儘快獨立執行工作。教師要能診斷學生是否需要支持，知道何時需逐漸移去支持。

4. 闡明（articulation）

是指教師透過各種方式，讓學生能夠明白的表達某一領域知識、推理或者解題過程，也就是希望將學生內隱的知識外顯出來。例如學生在操作前及完成操作後的適當時機，讓學生說出他對某些操作程序的想法，這個方法可以幫助學生釐清個人的思路。

5. 反省思考（reflection）

讓學生將其操作方法與專家或同儕的操作方法做比較，這樣可以從別

人的作法當中，了解到自己作法當中的優、缺點，以協助自己提升操作的水準。

6. 探究（exploration）

探究是一種支持的淡出，不僅在解題中也要從問題環境中淡出。在學生已經學會所要學習的全部知識與技能之後，教師讓學生自己去獨力完成另一個題目的操作過程。在整個過程之中，教師會全部讓學生自己去利用所學過的知識和技術來對這個題目進行探索與操作，而完全不介入學生的操作過程之中。這樣做的目的是要讓學生在這種探索的過程之中，自己來建構對所學知識與技能的了解。

㈣ 評量

教學的最後一個步驟為評量，此評量應為「教什麼考什麼」；易言之，專家應設定一個問題情境讓學生獨立解決，宜避免過於簡單或以記憶、計算為主的題目。

三、學習環境的安排

以認知學徒理論發展課程方案，著重在發揮學習經驗豐富的專家知識（expert knowledge），作為學生學習標的知識，並藉此啟發學生的學習方向與學習策略，透過教師的示範、教練、監控、診斷、訂正、補救，以及學生的模仿、融會貫通（articulation）、反省與試探（exploration）等技巧與策略的交互作用，設計學習的程序，循序漸進，由簡單到複雜、由特殊到普遍、由容易而困難，逐漸增加複雜性、普遍性與變異性；在透過變異問題情境中與社會文化網絡的支持下，發展學生的認知方法與技巧，藉此達到觸類旁通，有效適應環境，並達到專業化。柯林斯等人（Collins et al., 1989）提出在進行認知學徒制時，尚需要塑造有利學習的環境，這些學習環境要具有五項特徵：

㈠ 情境學習

學習的活動應儘量設計成與實際的生活相關，期使學習者在學習之後，有能力透過思考的過程，將所學到的知識或技能實際應用在現實的生

活情境當中。

(二) 專家實務的文化（culture of expert proactive）

　　是指建立一個能讓參與者主動共享和從事專門技術的環境，而專家實務的文化以下列幾種方式來輔助情境式與支持性的學習。首先是提供學習者現成而實用的專門技術模式，來協助學習者建立執行工作的概念並加以精緻化；然而若學習者僅止於觀看專家解題和執行工作的學習環境，是無法提供有效的學習模式，尤其是在認知領域方面，因此，如果專家的示範必須要能夠將其解題時的認知過程辨明與表徵出來，才能有效的協助學生內化成有用的概念模式，所以此文化主要是要教學生如何「思考的像專家」，也因此專家實務文化的建立應著重在專家與學習者之間的互動。

(三) 培養內在動機

　　「示範—指導—將鷹架逐漸撤除」的教學方法是在整體連貫的目標之下，能促進統整能力的獲得而有助於內在動機的培養。教學的設計者應建立一個能夠誘發學習者自我學習動機，並能主動設立自我學習目標的教與學的環境。

(四) 合作學習

　　讓學習者在學習的時候，能夠與同儕進行相互的溝通與合作，以幫助學習者的學習。例如以合作解題的方式讓學生共同工作，合作解題使學生能彼此分享知識與技能，給予額外的機會來獲取整體過程相關的概念，並有助於以情境的方式將過程和概念闡明清楚，因此可協助學生接觸和控制認知與後設認知。

(五) 善用競爭

　　是指透過讓學生執行相同的工作，然後去比較彼此工作、生產的過程，此策略的重點之一是要讓學生了解到其優缺點為何，以作為努力改進的方向。但競爭有可能無法激發學生的學習動機，反而會帶給學生挫折與沮喪，因此為了要降低競爭所帶來的負面影響，可行的解決方式是結合合作與競爭，例如採取組內合作組間競爭的方式，讓學生可由同組的組員中

獲得鷹架的支持並增進其表現。

 錨式教學法

　　錨式教學法（anchored instruction）又稱「定錨教學」或「錨式情境教學法」，要求建立在有感染力的眞實事件或眞實問題的基礎上，這類眞實事件或問題被比喻爲「定錨」，因爲一旦這類事件或問題被確定了，整個教學內容和教學歷程也就被確定了，就像輪船被錨固定一樣。建構主義認爲，學習者要想完成對所學知識的意義建構，最好的辦法是讓學習者到眞實環境中去感受、去體驗，而不是僅僅聆聽別人經驗的介紹和講解（楊龍立，2001）。美國范登保大學的認知科技小組（Cognition and Technology Group at Vanderbilt, CTGV）將錨式教學解釋爲影碟本位的錨式教學（anchored in videodisc-based），提供一個問題解決情境供師生探索，其目的在培養學生問題解決能力和獨立思考（CTGV, 1990）。科技界正在研發的AR、VR 技術，或有適當的教學影片，即可應用到教室的教學之中。以下就其設計理念、原則及教學流程說明之。

一、設計理念

　　CTGV 的錨式教學法是以「情境學習」的理論爲基礎，結合電腦科技及多媒體的運用而發展出的教學法。其產生的背景是有鑑於以往國小學童解數學應用問題時，大多使用機械的解題方式，與眞實生活無關。於是他們開始研究如何設計生活化的故事情境，將解題所需要的相關資料隱藏在故事情境中，讓學生自行發現要解決的問題並擬定解題計畫。其故事情境採用影碟的方式呈現，透過電腦多媒體使其動態畫面具有眞實感，一方面有助於激發學生的學習動機，另方面用以訓練學生的解題能力（洪志成，2009）。CTGV（1990）的錨式教學法是以互動式影碟系統爲媒介，發展了一系列（六張影碟片）教材，每一張影碟以一個生活化故事爲中心，由主角 Jasper Woodbury 貫穿其中，讓五或六年級的學童以形成問題，解決問題的方式來學習數學上的一些觀念（如小數點、分數、幾何、代數、容

積量的計算）。

二、教學設計原則

　　錨式教學法希望能借重科技及多媒體呈現問題情境，除了幫助啟發學生的「問題解決能力」外，更強調透過學生親自操作的方式，讓學生結合知識中所蘊含的實際意義，使學生的知識能在類似的問題情境中派上用場，達到舉一反三、學以致用的目標（林和秀，2006）。其教學設計原則有以下七點（陳國泰，2008）：

㈠以影片方式呈現教材

　　利用影片的方式呈現教材，主要是希望能提供學習者較擬真、有趣的畫面，藉此刺激其學習，並傳達出較連貫性的問題，以幫助學習者充分理解問題內容。

㈡以眞實性問題爲主的敘述

　　錨式教學法採用敘述故事的方式呈現眞實性問題，以貼近學習者的生活經驗，且藉以協助學習者建立解決類似問題情境的心智模式，並有助於讓學習者更聚焦於問題解決的內涵上，而非僅關注於表面上的數學計算問題。

㈢以開放性的解題模式進行

　　錨式教學法的故事是開放性的，所以學習者必須考量各方面不同的因素，因而形成許多不同的答案。此外，不同於傳統依據文字來解題的方式，錨式情境教學法會讓學習者透過小組合作或實際操作的方式進行學習。

㈣以隱藏的資料與訊息進行設計

　　所謂的隱喻資料是指所有與解題相關或不相關的資料，均被夾雜在影片當中，而教導者亦不會直接指示出這些資料的用途，學習者必須從中學習，試著擷取有助於解題的線索與訊息，以順利解出題目。

㈤ 以複雜性的問題呈現

錨式教學法中所呈現出來的問題，並非只套用公式或模式即可解答出來，而是需要抽絲剝繭，並縝密分析、計畫和決策，才能解決的高複雜性問題。

㈥ 以富吸引力的故事做連結

錨式教學法強調應以連續性且緊湊的故事情節為教材，以充分誘發出學習者的學習動機。故事之間若彼此有關聯性，更可提供學習者重複演練與學習的機會，加深其所學得的知識技能。

㈦ 以跨學習領域進行設計

錨式教學法強調應提供學習者跨學習領域的學習環境，而並非如傳統教學般把所有學科都各自區分開來，因此，在發展教材時，應融合多樣學科領域的概念進行設計，以達到整合知識的目的。

三、錨式教學法流程

錨式教學法包含以下主要流程：1. 以影片本位的宏觀情境為錨。2. 就影片中的問題情境進行探索，鼓勵學生以自主學習與合作學習方式提出解決問題方法。3. 解決新情境的問題，即提出新的類似問題，發展學生的知識遷移能力。4. 成效評量，包含解決複雜問題的能力、與他人合作和自我反思的能力（高文，2002；CTGV, 1990）。與定錨教學有關的學習方法有案例教學、問題導向學習，以及專案本位（project-based）學習等，但定錨教學對學生學習結果的設限較多，要求學生獨立探究的程度不及問題導向學習等模式。

 ## 肆　鷹架支撐的教學

社會建構論（social constructivism）重視情境因素對於個體學習的影響，這個取向主要以維高斯基（Vygotsky, 1978）的理論為基礎。維高斯基認為在文化背景、社會支持下，透過教師、同儕的鷹架支援，學生會漸漸

有能力建構知識。第二章提到維高斯基的「最近發展區」概念，此概念與鷹架概念是相互結合的，教師及同學即是學習過程的鷹架支撐作用，使學生的認知能力能不斷地朝最近發展區前進。教學就是要引導學生的能力提升到另一個更高的水準。依此理論而發展出的教學法有交互教學法及同儕教學法，以下分別探討這兩種教學法的流程。

一、交互教學法

交互教學法（reciprocal teaching）又稱互惠教學法，是帕利沙及布朗（Palincsar & Brown, 1984）根據建構主義而發展出來的閱讀教學方法。目的是透過師生及同儕的對話和討論，訓練學生四項閱讀策略，以提高學生自我監控和理解文意的能力。這種教學法採用小組合作學習策略，每組4-6 人，可由學生輪流充當小老師。

㈠主要教學策略

交互教學法在教學時，經常使用以下四項策略（Palincsar & Brown, 1984）：

1. 預測（predict）：要求學生就已有知識及所知道的部分內容，確認「線索」，推測下一段的內容。例如看標題預測文章內容。

2. 提問（question）：閱讀後，教師或帶領者就文章內容提出問題（5W1H），讓組員回答，檢視是否能掌握文章的內容重點。

3. 摘要（summarize）：要求學生用自己的話，表達所理解的內容要點，從中反思能否理解文章的要點。

4. 澄清（clarify）：要求學生解決閱讀時所遇到的困難或有疑惑時，隨時提出問題進行討論，以澄清疑慮。

㈡教學步驟

開始進行此種教學法之前，要先讓學生了解四種閱讀理解策略的意義、重要性，教師也要示範如何運用上述的四種策略來進行閱讀理解。等到學生能靈活運用四種閱讀策略時，策略的教學則可省略。往後閱讀理解的責任，便完全移轉成學生獨立進行，彼此提出問題互相質問，教師僅

在旁提供回饋及協助（Palincsar & Brown, 1984）。交互教學法的實施過程一般包含以下步驟（林清山，1996；張文哲譯，2009；Palincsar & Brown, 1984）：

1. 教學的第一個步驟是分發當天所要閱讀的文章，請學生先看文章標題，然後教師鼓勵學生利用背景知識來預測這篇文章的內容。

2. 教師視學生的情形決定默讀或朗讀第一段文章。

3. 默讀結束，師生共同運用四種策略為架構進行對話，學生依據文章內容作評論。如：「有更重要的訊息嗎？」、「有其他不了解的地方嗎？」、「有其他重要的問題嗎？」、「對於我的預測，有沒有人要補充？」。

4. 默讀下一段文章，並安排一位學生當「小老師」，針對此段文章的內容摘錄重點、提出問題、澄清不了解之處，再針對接下來的文章內容進行預測，教師在旁給予提示與指導。

二、同儕教學法

同儕教學（peer tutoring）被視為合作學習、同儕學習的形式之一，年齡接近兒童可能因彼此潛能發展區近似緣故，利用同儕互動學習方式會比以成人教導兒童的方式更容易得到認知成長（陳嘉彌，2003）。通常同儕教學採用一對一的形式，但也有一對二，甚至有一位家教者對 3 人以上，然而被教導者太多，教學成效則會較差。這種教學形式適合應用在各種學科，例如閱讀、數學、科學、資訊科技、運動技能及文化活動（Topping & Hill, 1995）。這種教學模式也被視為個別化教學的一種形式，能顧及個別學生的特殊需求，所以常被用在補救教學。因教導者的不同而衍生出跨年齡的教導（cross-age tutoring）及成人家教（adult tutoring），前者是指教導者是較高年級的學生，後者是由大學生或家長志工進行教學。同儕教學法的實施歷程共包含以下五步驟（王財印等，2019）：

㈠訂定教學目標

在實施之前，教師先要思考這種教學模式是要達成哪些教學目標或解

決什麼問題？是爲補救教學還是要提供充實活動？

(二)決定實施方式

實施這種教學法要考慮以下因素：

1. 實施時段及時間：通常同儕教學可用的時間有早自習、上課時間、下課或午休時間、放學後、週末或假日，教師要決定實施的時段；同時，教師也要決定每次實施時間是多少分鐘、一週實施幾次等問題。

2. 實施地點：通常實施地點都是在教室居多，但教師辦公室、資源教室、餐廳等休閒場所、被教導者家中或社區圖書館，也可列爲實施地點。

3. 上課教材：教師要思考上課所用的教材是原來教科書？還是以編序教材來教學？是否需要其他補充教材？

(三)教導者的訓練

在實施這種教學模式之前，教師先要對教導者實施職前訓練，教導簡單的教學技巧、人際互動技巧，讓教導者知道何時開始教學、如何掌握單元重點、如何給予增強、如何記錄學習狀況；同時，要告訴教導者不可替被教導者寫作業、不可批評或責備被教導者。

(四)開始教學

前幾次的教學要在教師的監督下進行，教師要隨時解決各配對的狀況，等教導者熟悉教學流程及要領後，則可適度放手。在實施過程中，教師要對教導者給予關懷、獎勵，使其永遠保持高度熱忱。

(五)評估實施成效

當實施到一個階段，教師要針對實施成效及方式加以評估，決定是否繼續或調整實施方式。

第二節　適應個別差異的教學法

十二年國教強調注重學生的多元智能及因材施教，國民中學的教育採用常態編班而非能力編班，班級內各種程度不一的學生都在一起，教師

在教學方面很難顧及學生的個別差異。若教授內容太深，對於程度較差的學生難以理解；若教授內容太淺，對於程度較好的學生無法滿足其學習動機。因此如何在常態分班的班級中，進行差異化的教學，顧及程度不同學生的需求，成為授課教師必須要注意的課題（王為國，2012）。為改善這種現象，行為主義提出個別化教學，但未能普遍應用在班級教學之中，後來有學者提出差異化教學（詳見第四章）。若能運用資訊科技產品來協助教學，似乎對於個別差異的改善會有顯著地提升。以下針對班級教學的情境下如何實施適性化教學作一闡述。

 # 壹　適性化教學的意義

「適性化教學」是適性教育（adaptive education）的一種措施，其基本的涵義是指應用不同的教學措施以配合一個群體中個別學習者的能力、需要或興趣。其源頭可追溯二十世紀初葉的文納特卡制（Winnetka plan）、道爾頓制（the Dalton plan）等。自 1960 至 1990 年之間，由於教學心理學的興起，非常重視適性化教學的研究，如性向處理互動模式（aptitude-treatment interaction model, ATI）、精熟學習（mastery learning）都是其中較著名的教學模式（李咏吟、單文經，1998）。適性化學習（adaptive learning）的「適性」強調依學生特質，調整教學內容或方式。為了因應學生個別差異，在設計適性化學習系統時，必須考慮許多可以描述個人特質的變項，例如學生的能力、性向、習慣、興趣或學習困難等。適性化學習的目的，就是要達到真正的因材施教的效果，讓程度好的學生，獲得進階的學習內容；程度不足的學生，提供基本的內容；對於有特殊學習傾向的學生，則考慮以對其最有利的資料呈現方式。這樣的適性化或個人化的協助，可促進學習者獲得知識效率的最大化（黃國禎、蘇俊銘、陳年興，2015）。數位學習的興起，可以提供適合個別學生的學習活動、內容，對落實適性教育的理念有極大助益。

貳　適性化教學的類型

適性化教學的發展主要以學習者為中心，讓學習者在教學歷程中，能夠依據自己學習的需求完成學習的目標。瓦爾柏格（Walberg）將適性化教學的類型分成三種基本形式：選擇（selection）、充實（enrichment）和加速（acceleraction）。選擇制是以學生的天資或表現作為篩選的依據；充實制是在固定的學習時間內，設法增加學習的內涵以達到不同的學習目標；加速制是以相同的學習目標，觀察學生完成目標所需要的時間，此與精熟學習的原理相同（林進材，2004）。蓋聶和布里格斯（Gagné & Briggs）以學習者在教學目標、教材設計方式、時間期限、評量等變項上的不同決定程度，作為個別化教學類型的分野，給予學習者最多決定比重的教學方式為學習者決定教學（learner-determined instruction）和學習者中心計畫（learner-centered programs）兩種。在教師同意下，由學習者擬定學習目標和更自由的學習模式進行獨立學習計畫或自我指導計畫。另一種方式為由教師決定學習目標，但由學習者依自己的速度進行學習的模式稱為個別進度式（self-pacing）（李咏吟、單文經，1998）。適性化教學需要搭配幾種不同的教學模式，以因應學生學習的速度，以下介紹幾種常用的教學模式：

一、自學輔導法

這是一種學生在教師指導之下進行自學的一種方式，教師依據學生不同的學習進度進行教學，以適應學生的個別差異。教師所扮演的角色是激發學生學習興趣、指定學習的作業、指示自學的方法及提供各種相關教材資料。其教學步驟如下：1. 引起動機；2. 指定作業；3. 指導自學；4. 評鑑成績（林進材，2004）。這種教學法可以適用在加深加廣及補救教學，亦可與數位學習相結合。

二、數位學習

隨著翻轉教學的興盛，教師拍攝教學影片或使用數位教材進行教學，

這些方式皆可達成適性化教學的目標。以教育部所建置的輔助平臺「因材網」爲例，可以協助教師進行差異化教學，達成「因材施教」。教師透過此輔助平臺，可適時掌握學生的學習需求，進而改變教學策略或教學方法，以增加個別學生的學習效果。因材網目前涵蓋領域爲數學、自然、國語文與英語文，適用對象爲一到九年級學生，目前正製作高中的教材。經由因材網輔助平臺，能自動化提供學生「個別化學習路徑」，輔助教師調整教學方式及策略，提升教師教學效能（教育部，2016）。

三、補救教學

補救教學（remedial instruction）是一種權宜的教學型態，旨在對中低成就學生，依其個別需求，施予適當的課業輔導，提供更多的學習機會，以彌補正規教學之不足。補救教學是一種診療教學模式（clinical teaching），此一教學模式的重點，在於了解學生的學習困難後，精心設計課程內容與慎選教學模式，俾能契合學生的個別需求（李咏吟，1997）。至於補救教學的模式可視情況採用以下形式：

㈠直接教學法

這種教學策略適用於教導學生記憶事實、學習動作技能，以及簡單的讀、寫、算技能，教師主要負起組織教材和呈現教材的責任，學生主要的任務是在接受學習。

㈡精熟學習模式

這種模式的基本理念是學習者的學習能力、學習速度不同，學習成效低落的原因是學生缺乏足夠的練習機會，只要給予足夠的學習時間，學生就可以精熟大部分的學習內容。

㈢個別化教學模式（individualized instruction）

此教學模式考慮到學生的個別差異與需要，使學生能依其能力來決定學習的進度。教師採取小組或個別教學的方式，提供合適教材，做最有效的學習。

㈣同儕教導

同儕教導是由學生擔任「小老師」，去教導與其同齡或不同年齡的學生，以增進學習、人格或生活的適應。

因應文化差異的教學

文化差異所展現出來的不僅僅是種族方面的問題，同時是社會階級、語言、信仰、社區文化等方面的問題。來自於不同文化族群的學習者，因成長環境的關係，或許受到早年生活經驗與文化背景的影響，在學習性向與學習動機方面也會有所差異。多元文化教育的發展，即針對個體在文化差異上所提出的教育遠景，學校必須針對文化差異的現象，設計各種多元、多樣的教育方案，以消除性別、種族、族群、宗教、社會階級等存在的偏見與歧視（林進材，2004）。以下提出兩項因應文化差異的教學策略：

一、多元文化教育

多元文化教育是一場精心設計的社會改革運動，其目的是改變教育的環境，以便讓那些來自於不同種族、族群、性別與階層的學生，在學校獲得平等受教育的權利。其運作方式為學校透過系統化的多元文化課程，提供學生各種學習機會，讓學生了解各種不同族群文化內涵，培養學生欣賞其他族群文化的積極態度，避免種族的衝突與對立。所以多元文化教育不但是一種理念、理想，也是一種持續不斷的課程改革和教育改革（周新富，2018）。班克斯（Banks, 2007）指出多元文化教育包含五個向度：

㈠內容的統整（content integration）
內容的統整指教師使用來自不同文化的教學內容和實例。

㈡知識的建構（knowledge construction）
指教師幫助學生了解、探索和決定某一領域隱含的文化假設、內在參考架構、觀點及偏見是如何地影響知識建構。

㈢ 公平的教學法（an equity pedagogy）

教師修正教學法，以幫助及催化來自不同文化、種族、性別及社經地位的學生的學業成就。

㈣ 偏見的減少（prejudice reduction）

指教師藉由教學法及教學內容，修正學生的種族、性別態度和其他偏見。

㈤ 賦權的學校文化（an empowering school）

指檢驗學校內各種社團運作、師生關係及學業成就，創造一種賦權給不同種族、性別和團體的學校文化。

史麗特和葛蘭特（Sleeter & Grant, 2007）提出另外一個思考多元文化教育的方式，將多元文化教育的課程與教學分為以下五種模式：

㈠ 教導特殊與文化差異（teaching the exceptional and culturally different），即教導不同族群的差異文化。

㈡ 人類關係（human relation），以合作學習等方法促進學生相互接納與和諧相處。

㈢ 單一團體研究（single-group studies），以促進學生對某一特定文化團體，如勞工、婦女、身心障礙者等團體的了解、尊重與接納。

㈣ 多元文化教育（multicultural education），統整不同團體的觀點與貢獻至課程內容，強調批判思考與分析不同觀點的能力。

㈤ 多元文化社會正義教育（multicultural social justice education），其課程內容是圍繞各種偏見的社會議題，運用學生的經驗來分析社會的壓迫。

二、文化回應教學

蓋伊（Gay, 2000）任教於華盛頓大學西雅圖校區，她的主要研究領域為多元文化教育的課程設計及族群文化教學等議題。在教學方面，她提出「文化回應教學」（culturally responsive pedagogy）這項理念，並在教學場

域中加以實踐。所謂文化回應教學是在尊重學生文化，避免用主流文化的標準來評斷學生的學習行為，並且要運用學生文化知識經驗、先前經驗、知識架構和表現風格來設計教學活動，促使學生的學習更具效率。這項教育理念具有以下的特色（周新富，2018）：

(一) 承認不同種族或族群文化遺產的合法性。

(二) 針對學生不同的學習型態，使用多樣化的教學策略。

(三) 教導學生要了解和頌揚自己及他人的文化傳統。

(四) 將多元文化知識、資料和素材，整合在學校日常教學科目裡。

(五) 教師應避免採取直接教學法來傳授單一主流的價值觀，要在課堂引導學生檢驗一些視為理所當然的意識型態。

自我練習 ....

一、選擇題

(　) 1. 交互教學（reciprocal teaching）是由帕利沙（A. Palincsar）和布朗（A. Brown）提出，其目的在促進學生的閱讀理解能力。下列何者不屬於這種教學方法所教的閱讀理解策略？　(A) 摘要（summarizing）　(B) 澄清（clarifying）　(C) 瀏覽（reviewing）　(D) 提問（questioning）

(　) 2. 黃老師應用「互惠教學法」（reciprocal teaching）增進學生國文閱讀理解能力，以下何種是互惠教學法常採用的閱讀策略？1. 自問自答；2. 合作閱讀；3. 摘錄重點；4. 澄清疑慮；5. 建構知識　(A)124　(B)134　(C)235　(D)14

(　) 3. 教導學生閱讀時，帶領學生對話，是哪一種教學法的特色？　(A) 直接教學法　(B) 同儕教學　(C) 鷹架教學　(D) 互惠教學法

(　) 4. 張老師在教導學生學習策略時，運用「示範、說明、同儕與教師支持中練習、回饋、學生獨立練習、回饋」的教學作法，請問這是哪一種教學策略？　(A) 定錨教學（anchored instruction）　(B) 認知學徒制（cognitive apprenticeship）　(C) 編序教學法（programed instruction）　(D) 專題導向教學（project-based learning）

(　) 5. 下列哪一種教學方法不符合建構主義的精神？　(A) 編序教學法　(B) 認知學徒制　(C) 合作學習法　(D) 交互教學法

(　) 6. 下列哪一項想法誤解了「認知學徒制」（cognitive apprenticeship）的意義？　(A) 學生在學習新事物之初，教師應側重行為的示範，讓學生模仿　(B) 學生在學習的過程中，教師應予適當的協助　(C) 當學生逐漸精熟之後，教師應減少支持　(D) 認知學徒制的最終目的是要讓學生獨自完成學習

(　) 7. 下列有關「認知學徒制」的敘述，何者有誤？　(A) 認知學徒制運用鷹架的概念　(B) 認知學徒制是教導專家的認知過程　(C) 認知學徒制的理想學習環境不包括社會層面　(D) 認知學徒制先教整體的技能，再教局部的技能

(　) 8. 在相同的課程內，進行不同類型的學習；採用不同教學方法、不同

的學習活動，接受不同的學習成果。也就是在情境中，以同一教學主題，達成學生個別間不同的目標。此種教學法為何？　(A) 多層次教學法　(B) 隨機教學法　(C) 同儕教導　(D) 系統教學法

(　) 9. 錨式教學法（anchored instruction）屬於情境認知學習理論。以下有關此種教學法的描述，何者錯誤？　(A) 事先告知學生情境中的問題所在　(B) 學生必須運用所學，設法解決問題　(C) 學生會經驗到實際問題的解決方法有多種　(D) 所設計的問題情境通常是複雜且實際會發生的

(　) 10. 王老師想在班上實施「交互式同儕教導」（reciprocal peer tutoring），下列何者較適當？　(A)輪流指派別班學生至本班擔任小老師　(B) 指派一位學生擔任某一組的小老師　(C) 配對兩位學生使彼此輪流擔任小老師和被教者　(D) 選取兩位輕度障礙學生輪流上臺扮演老師

(　) 11. 如把教學目標訂在認知彈性，則其學習條件宜為：　(A) 社會性協商　(B) 多元觀點與多種學習方式　(C) 學習自主權　(D) 自我覺察

(　) 12. 錨式教學法（anchored instruction）主要是以下列何種理論作為發展基礎？　(A) 賽局理論　(B) 利基理論　(C) 紮根理論　(D) 情境認知理論

(　) 13. 下列哪一個教學法強調結合資訊科技及多媒體的運用，呈現真實情境問題，讓學生討論問題解決方法，而方法可能不只一種？　(A) 精熟學習法　(B) 討論教學　(C) 直接教學法　(D) 錨式教學法

(　) 14.「真正認同多元文化教育的教師，必須要有能力在教學之中融入多元文化的精神」，請問下列哪一項不屬於文化回應教學（culturally responsive teaching）的特色？　(A) 為學生建立支持學習的社群　(B) 以教師的母文化作為學習橋梁　(C) 重視差異性與共同性　(D) 營造社會正義及民主公平的教室氣氛

(　) 15. 王老師自稱是建構主義取向的教師，下列哪一種教學方法應該不是她會採用的教學方法？　(A) 交互教學法　(B) 認知學徒制　(C) 合作學習法　(D) 編序教學法

(　) 16. 教師教學過程中，給予學生充分的支持與協助，以促進學生的學習
興趣與內在動機，但會隨著學生的程度逐漸提升，降低對於學生的
協助，最終希望能讓學生單獨完成其學習任務。請問此教師採用的
是何種教學？　(A) 鷹架教學　(B) 錨式教學　(C) 概念改變教學
(D) 創造力教學

(　) 17. 下列哪些教學設計符合「適性教學」的主要精神？(1) 探究教學；
(2) 精熟學習；(3) 凱勒計畫；(4) 發現教學　(A)12　(B)23　(C)13
(D)34

(　) 18. 下列何者是以情境認知學習理論為基礎而發展出來的？　(A) 認知
學徒制　(B) 後設認知教學法　(C) 同儕導生教學制　(D) 價值澄清
教學法

(　) 19. 李老師採用異質分組進行合作學習，透過同組能力較好的同學協助
大雄，大雄終能解答自己無法解出的數學題。下列哪一項最能解釋
李老師的作法？　(A) 迦納（H. Gardner）的人際智力　(B) 皮亞傑
（J. Piaget）的認知平衡　(C) 維高斯基（L. S. Vygotsky）的鷹架作
用　(D) 史坦柏格（R. Sternberg）的情境適應能力

(　) 20. 一位技巧較熟練的人面對初學者調整其引導層次以接近初學者能力
的極限，使初學者更能從中學習。此種作用稱為：　(A) 脈絡獨立
的學習　(B) 鷹架作用　(C) 認知的自我引導系統　(D) 延宕模仿

(　) 21. 瓦爾貝針對適性教學的類型，分類為三種型式，請問下列何者不屬
於此三種類型？　(A) 充實制　(B) 精熟式　(C) 選擇制　(D) 加速
制

(　) 22. 下列何者不屬於適性教學的策略？　(A) 提供多樣性的教材內容
(B) 調整評量的標準　(C) 將學習時間安排好，以免學生無所事事
(D) 調整學生的學習速度

(　) 23. 下列何種作法較符合情境教學的應用？　(A) 期望學生在畢業前單
車環島一周　(B) 規定學生每週閱讀一篇名人傳記　(C) 鼓勵全校
師生每逢週一用英語交談　(D) 要求全校學生在早自習默寫英文單
字

(　) 24. 曾老師應用建構式教學法教數學，以下何種是建構式教學法的特

色？1. 以問題為中心；2. 小組合作解題；3. 確保學生精熟學習；4. 教師扮演指導者角色；5. 學生自行建構知識　(A)124　(B)135　(C)234　(D)125

(　　) 25. 下列何者不是認知和建構取向的教學設計下，教學活動呈現之特性？　(A) 動態的爭議對答　(B) 不可預測性　(C) 學徒式單向活動　(D) 師生共創活動

(　　) 26. 文老師在數學課採用建構式的教學，下列何者是他教學時最可能採取的作法？　(A) 教師提供各種解題方法，讓學生作比較　(B) 提供能與學生現實世界連結的生活化題目　(C) 不斷提供習題練習，以提升計算能力　(D) 先提供數學公式以便計算出答案

(　　) 27. 吳老師採取建構論取向的教學，下列何者是他在課堂上最少運用的方法？　(A) 小組實作　(B) 團體討論　(C) 聚斂式問答　(D) 發現式教學

(　　) 28. 教師在教學時必須對學生的背景持有敏感度，並謹慎應對，以協助學生獲得成功的學習經驗，這是哪一種教學方法的中心理念？　(A) 直接教學法　(B) 對話式教學法　(C) 連結式教學法　(D) 文化回應教學法

(　　) 29. 張老師為強化學生的閱讀理解，先示範如何從課文提出字義性、預測性和推論性的問題，再由學生模仿他的提問方式，培養學生閱讀時能獨立提問並參與小組討論。張老師採行的是哪一種教學法？　(A) 概念獲得法　(B) 交互教學法　(C) 精熟教學法　(D) 發表教學法

(　　) 30. 班克斯（J. Banks）多元文化課程的取向有：A. 貢獻取向、B. 附加取向、C. 轉化取向、D. 行動取向。下列三位老師的作法符合班克斯哪種取向？甲、在既有的課程中，加入特定族群相關的議題或概念；乙、改變既有課程，從不同文化及族群的觀點來重新建構課程；丙、在特殊的節日或慶典中，表揚特定族群中對社會有貢獻的人物或事蹟　(A) 甲–A，乙–C，丙–B　(B) 甲–A，乙–D，丙–C　(C) 甲–B，乙–C，丙–A　(D) 甲–B，乙–A，丙–D

參考答案

1.(C)　2.(B)　3.(D)　4.(B)　5.(A)　6.(A)　7.(C)　8.(A)　9.(A)　10.(C)
11.(B)　12.(D)　13.(D)　14.(B)　15.(D)　16.(A)　17.(B)　18.(A)　19.(C)　20.(B)
21.(B)　22.(C)　23.(C)　24.(D)　25.(C)　26.(B)　27.(C)　28.(B)　29.(B)　30.(C)

二、問答題

1.何謂認知學徒制（cognitive apprenticeship）？其與傳統的學徒制之不同點為何？

2.何謂錨式教學法（anchored instruction）？請試舉一教學實例，說明如何應用錨式教學。

3.請說明情境學習論（situated learning）對於學習的主張和教學的基本作法。

4.認知學徒制其學習之核心要素（特徵）是什麼？請說明在教學方法中，哪些屬於認知學徒制之應用？

5.教育學者指出：情境學習（situated learning）和概念改變理論（conceptual change theory）能有效引導資深教師學習革新式教學。請說明何謂情境學習和概念改變理論，並表達你對教師學習革新式教學的看法。

6.請解釋何謂適性化教學？適性化教學如何應用至班級教學情境，請具體說明之。

7.何謂文化回應教學（culturally responsive teaching）？文化回應教學可促進少數族群學生的學業成就嗎？為什麼？

8.請說明史麗特（Sleeter）和葛蘭特（Grant）所提出的五種多元文化教育模式內涵為何？

問題導向學習與案例教學法

　　本章將探討問題導向學習（problem-based learning, PBL）、專題本位學習（project-based learning）及案例教學法三種教學法，因其性質相近，故在同一章中探討。問題導向學習與案例教學法有不少的共同點，因為兩者皆源自醫學教育，均強調以學習者為中心的合作學習，也是一種跨學科領域的學習模式，皆著重在培養學生高層次的思考能力、問題解決的能力。兩種教學模式另一共同點是在教學活動中，教師是引導者、協助者，而學生是學習的主導者。傳統教學模式偏重知識的習得與熟練，對於反思、批判思考、科學探究及問題解決能力則是付之闕如，問題導向學習及案例教學法正好可以彌補學習上的不足。然而這兩種教學模式所付出的成本比較高，教學前要花比較多的時間做準備，導致中小學教師比較少使用，而高等教育領域則比較重視這兩種教學模式。而儘管問題導向學習與專題本位學習這兩種教學法皆以 PBL 指稱，雖有許多共同處，但是各自有其優勢和特定操作方式。兩者的共同點在於都是以問題引導學生，激發學生主動學習的動機，以團隊合作方式形成問題的解決策略；相異點在於前者比較強調學生主動搜尋吸取知識；後者則重視知識的整合運用和產生具體作品（楊淳皓，2017）。本章主要在探討問題導向學習及案例教學法，專題本位學習則限於篇幅，只作重點式的介紹。

第一節　問題導向學習

　　問題導向學習（或譯為問題本位學習）源自於醫學教育，由巴洛斯（H. S. Barrows）於 1969 年在加拿大 McMaster 大學首創，曾將其應用在醫學院的學生訓練方面，對於培養學生實際問題解決能力，效果相當顯著（吳清山、林天祐，2005），後來國外的高等教育的醫學教育和機械工程、商業會計、律師等領域相繼採用此種教學法。國內自 1992 年起由各醫學院系開始實施，現已陸續擴及一般大學各科系與中小學（楊坤原、張賴妙理，2005）。

壹 問題導向學習的意義與特徵

問題導向學習是一種解決問題的學習方式，但又不同於傳統的問題解決教學。傳統的教學是給學生一組問題，找到答案後再帶回教室討論，而問題導向學習是結合多種教學策略發展而成。

一、問題導向學習的意義

問題導向學習為一種教學形式，其特徵是透過真實生活形成的問題，在班級內進行小組教學及促進學習者之自我導向學習，在此一學習過程中，教師居於催化、引導之角色（Tam, 2001）。問題導向學習植基於建構主義的觀點（constructivist view），認為學習是在社會環境中建構知識的過程，所以在教學過程中，學生不只是獲取知識，而是以解決實際問題為核心，鼓勵學生進行小組討論，以培養學生主動學習、批判思考和問題解決能力（吳清山、林天祐，2005）。問題導向學習的課程與教學設計圍繞著「不良結構性」（ill-structured）和真實性的問題情境，再與合作學習的方式相結合，讓小組成員在學習中分享責任（Arends & Kilcher, 2010）。所謂不良結構性問題是指複雜、開放，沒有固定的解法和標準答案，能引發創造、批判等高層次思考，且與學生的經驗、先備知識相結合（楊坤原、張賴妙理，2005）。所以問題導向學習的教學目的在培養以下技能：探究和問題解決、自我指導學習、合作、方案管理等（Arends & Kilcher, 2010）。詳細的教學目標，請參見表 16-1。

二、問題導向學習的特徵

雖然問題導向學習常被視為一種教學方法，但這種教學並非為一種固定流程的教學法，其教學設計會因教師之專長而有差異，但是真正的問題導向學習一定要具有以下的特徵（李坤崇，2012；計惠卿，2005；Arends, 2004; Arends & Kilcher, 2010）：

表 16-1　問題導向學習教學目標

內容目標	課程標準 特定內容概念 問題情境內的相關理念
過程目標	
探究和問題解決技能	問題的確認 問題的探究 另一解決方案的分析 以證據作決定
自我指導學習技能	認識學習主題和問題 資訊的發現和評鑑 資訊的組織和綜合 提供學習的證據
合作技能	傾聽 問題解決 差異和衝突的管理 鼓勵、感謝和支持
方案管理技能	設定目標 確認學習策略 分派工作 進度的管理

取自 Arends & Kilcher（2010, p. 330）

(一) 以問題激發學習

　　問題導向學習是圍繞那些既有社會意義及對學生個人有意義的問題來組織教學，而不是圍繞具體學科知識和技能來組織教學。而問題必須是眞實的生活情境、富有價值意義的，可以引發學習者的學習動機，讓學習者針對問題加以辯論、爭論、討論、懷疑、舉證等，從各種不同的觀點來弄懂知識、理解知識、堅固知識且活用知識。

(二) 跨學科的觀點

　　儘管問題導向的學習內容可以集中在一個特定的學科領域，但因為所選擇的問題是眞實性的問題，而要解決這些問題學生需要採用跨學科的觀點（interdisciplines perspectives），也就是統整運用多種學科的知識。

㈢ 真實性的探究

問題導向學習不可避免地要求學生進行真實性的探究，尋求解決實際問題的真正方法，他們必須分析、界定問題、提出假設、做出預測、蒐集資訊、分析資訊、做實驗、進行推論、得出結論，當然所採用的具體探究方法視主題的性質而定。

㈣ 重視自我導向學習

學生在 PBL 課程中，擁有學習的自主權、主控權，除知覺自己是學習的主體外，更要為自己的學習及小組其他人的學習負責。學生要自行確認自己與小組的學習議題、蒐集與整理資料，要決定學習優先順序與學習目標，更要分享自己所知的知識、經驗及所統整過的資料。可見這種教學模式重視學生自我導向學習（self-directed learning），強調學生學而非教師教。

㈤ 產品、作品、展示和呈現

問題導向學習要求學生做產品（products）、作品（artifacts）及進行展示（exhibitions），以這種形式來呈現學習成果。各組解釋及敘述他們提出的解決問題方法，這樣的成果可以是一場模擬辯論，也可以是一場報告或一個電腦程式等，學生設計產品、作品和展示是為了向他人說明自己學了什麼，也方便教師、同儕進行實作評量。

㈥ 小組合作

問題導向學習是以學生之間的合作學習為特徵，小組成員數目大約是4-6 人。合作學習為學生持續投入學習任務提供動力，除增加共同參與探究及對話交流的機會，也增加了發展社會技能的機會。問題導向學習重視主動建構與分享的學習歷程，學習者可從學習活動中組織出概念與原則，最後並經由共同分享與推論，獲致問題的解決方案與相關的認知理解。

㈦ 教師扮演學習歷程之促進者（mentor）

在問題導向學習中，教師只擔任學習協助者或教練的角色，提供必須的學習指引與資源提示，但是不會給予講課或直接知識的傳遞，也沒有課

後複習與習作，乃是協助學習者從自我探索和解決問題的過程中，逐漸累積豐富的知識。

 問題導向學習的理論

　　問題導向學習的理論可以追溯到杜威（Dewey）的問題導向教學活動，但最主要的影響是來自認知心理學及建構主義的學習理論，以下就分別敘述之（楊坤原，2008；Arends, 2004; Cheong, 2008）。

一、認知心理學的學習理論

　　認知心理學派的訊息處理理論、發現學習理論及後設認知理論均對問題導向學習的理論建構產生影響，發現學習理論已於探究教學法一章中有所探討，以下僅就訊息處理理論及後設認知理論作一探討。

㈠訊息處理理論

　　根據訊息處理理論，訊息自外在環境透過接受器（receptors）後，在感覺記錄器稍作停留後形成短期記憶。經過編碼過程後，短期記憶中的訊息會轉變成適當的形式，送到長期記憶中做永久的儲存。長期記憶中所儲存的訊息是日後學習的基礎，外在環境所提供的線索有助於長期記憶中的知識檢索，活化存於長期記憶中的相關訊息，可促進新舊知識的連結，使之能遷移至相似的情境。在進行問題導向學習的歷程時，學生需先討論問題，其目的即在幫助學生活化先前知識，促進知識的精緻化（elaboration），甚而導致知識的調整與重建。

㈡後設認知理論

　　後設認知意謂一個人對自我的認知過程、結果的覺知、自我調整（self-regulation）及自我監控（self-monitoring）等技能，涵蓋認知的知識（knowledge about cognition）與認知的調整（regulation of cognition）兩部分。葛拉瑟（Glaser, 1991）認為學習是建構而不是接受的過程，後設認知影響到知識的使用，而社會和情境因素也會影響到學習，學生可以使用後

設認知的技能來調整和監控各項學習的活動。在問題導向學習的情境中，學生可藉由學習議題的選定、行動策略的規劃和對學習成果的評鑑等方式，來發展自己的後設認知技能。此外，教師於教學過程中，透過適時的發問引導學生反省學習歷程表現，亦有助於提升後設認知的表現。

二、建構主義的學習理論

皮亞傑、維高斯基均發展了建構主義的概念，而當中的許多理論也成為問題導向學習的理論依據，例如主動探索、鷹架作用、最近發展區等。其中社會建構理論提出的情境學習（situated learning）認為，知識不能孤立於情境脈絡之外，知識存在社會情境、文化脈絡中，所以教學者應儘量提供一個學習者真實的情境，以利學習者進行學習。例如認知學徒制、錨式情境教學等模式，均強調教學要發生在真實世界的問題情境或專業實務之中。

 ## 問題導向學習的教學流程

真實生活世界中的問題通常都不是結構良好（well-structured）的問題，因此傳統中以學校為主所發展的問題解決技巧，通常不足以因應真實世界所需，學生需要超越教室之牆（beyond classroom walls），與真實世界互動。因此學生更需要練習解決結構不良的問題，而這種技巧正是教師在設計問題導向學習所必須關注的（許淑玫，2005）。以下分為教學前的準備、執行問題導向學習的教學兩部分來闡述教學流程。

一、教學前的準備

問題導向學習最基本特徵就是兩個學生或一個小組一起調查不良結構的現實生活問題，由於這種教學具有高度的互動性，因此有人認為詳細備課沒有必要，也根本不可能做到。然而這種想法完全不對，問題導向的學習與其他互動性教學和以學生為中心的教學方法一樣，要求教師在備課上要多花點時間。在教學準備階段，教師要先將學生進行分組、構思如何

評量學生表現之外，還要準備以下三件事（林進材，2006；洪志成、洪慧眞，2012；叢立新等，2007；Arends, 2004）：

(一) 確定教學目標

確立具體的教學目標是問題導向學習的三個重要備課任務之一，問題導向學習的教學目標如前所述，包含了教材目標及過程目標，通常無法每次上課都能兼顧到這些目標，因此只能強調其中一、二項目標。例如一位教師設計了一堂以環境問題爲主題的課程，但是教師的目標並不是要尋求解決環境問題的方法，而是要求學生在網路上搜尋與主題相關的資料，以發展學生透過網路檢索的技能。無論一堂課是強調一個單一的目標，還是強調一系列目標，提前確立教學目標是非常重要的。

(二) 設計適當的問題情境

問題導向學習的基本假設如下：令人困惑、不良結構的問題情境會激發學生的好奇心，能促使學生參與探究。因此對於教師來說，設計適當的問題情境是一個很重要的任務。一個好的問題情境至少滿足五項重要標準：1. 問題應該是眞實的，問題應該與學生現實世界的經驗緊密聯繫在一起，而不是與具體的學科原理相聯繫。2. 問題應該比較模糊，且能造成一種神祕或使人困惑的感覺，模糊的問題就不會只有一個簡單的答案，它通常要求學生提出多個可供選擇的解決方案，且每個方案都有自己的優勢和劣勢。3. 問題對學生來說應該有意義，應該適合學生的智力發展水平。4. 問題範圍應該足夠廣泛，以允許教師完成教學目標，但是也要有必要的限制，促使課程在規定的時間、空間和有限的資源內是切實可行的。5. 一個好的問題應該能使學生從團體的努力中獲益，而不是受到團體的阻礙。國內 PBL 的實施最早起於醫護教育，雖後來也延伸至中小學，但醫護領域和中小學的實施模式有明顯的差異，中小學教師的課程設計往往直接呈現問題如：「土石流」、「教師遊行」、「高麗菜過剩」、「班級環境整潔」、「地球能源的問題」，再讓學生學習如何解決問題，學生以一般基礎知識作爲解決問題的依據，且問題多不必經驗證。但是，醫護領域之 PBL 必須有專業學理知識做背景，且多數案例只提供情境脈絡，而不直接

給予問題，學生必須由情境中的線索發掘出可能的問題，才能進一步對問題提出解決方案。

(三) 組織資源做好後勤工作

問題導向學習鼓勵學生使用多種資源和工具進行學習，其中一些在教室內學習，另外一些學生在圖書館或電腦教室內學習，還有一些可能在校外學習。提供組織好的資料，爲學生的探究做好後勤工作，這是問題導向學習教師的主要備課任務。

二、執行問題導向學習的教學

問題導向學習的實施模式有很多種，但一般不外分爲以下五階段：1. 問題分析階段（problem analysis stage）；2. 資料蒐集階段（information gathering stage）；3. 綜合階段（synthesis stage）；4. 摘要階段（abstraction stage）；5. 反思階段（reflection stage）（Barrow, 1985）。其歷程大致如下：詮釋問題→蒐集其他相關資訊→創造可能的解決方案→評估、選擇並發現最佳解決方案→呈現結論（許淑玫，2005）。以下爲問題導向學習的教學流程簡述（楊坤原，2008；Arends & Kilcher, 2010; Cheong, 2008）：

(一) 呈現問題

教師需先向全班介紹課程目標與教學步驟，接著教師將一個定義模糊、能引起興趣與好奇的問題呈現給學生。在此階段，教師可以先讓學生就他們對問題的認知作一討論，以產生一系列問題，或是記下對問題的最初想法及假設。此步驟可全班一起討論，或是採用分組討論皆可。

(二) 小組進行探究的計畫

學生經過討論之後對於問題有了初步的認知，接著要求學生提出探究計畫及決定所要蒐集的資料類型。有時教師可以提供標準或檢核表引導學生探究，例如使用一個如表 16-2 包含「想法」（ideas）、「事實」（facts）、「學習議題」和「行動計畫」（action plan）四個欄位的討論框架表，協助小組中的學生列出對問題已知的事實、有待探究的未知部分和

提出各種關於問題的想法，進而確定供作自我指引研究的學習議題與行動計畫。每個小組在此階段要完成整體的計畫，計畫內容要包含工作分配、所需資源、預定完成時間。

表 16-2　PBL 討論框架

想法（有什麼想法、點子）	事實（已知已有的問題與條件）	學習議題（還需要知道什麼）	行動計畫（我們要做些什麼？）
問題應該怎麼解決？	從問題陳述知道什麼？	要解決問題還要知道什麼？	如何找到解決問題的資料和方法？
此欄要學習者討論對於問題可能解決方案的任何想法。	此欄要學習者討論問題陳述中的事實或討論出來的已知事實。	此欄要學習者討論必須要知道什麼，才能解決問題，包括需要再推敲、定義、查證和研究的疑問，或是需要更進一步了解的議題。	此欄要學習者討論如何研究上述的學習議題，包括可以諮詢的人員、書籍、電子資料、網際網路等。

取自：張德銳、林縵君（2016，頁5）

(三) 執行探究

每位學生在選定各自負責的任務後，便開始從網際網路、光碟、教科書、論文、教師和學者專家等學習資源蒐集訊息以進行自我探究。有時一個問題情境可以一節課完成，但通常問題導向學習的探究都要好幾天，甚至好幾週才能完成。大部分的情況是學生需將其所蒐集到的文獻或資料加以整理後，再次回到小組與其他成員分享。教學者於此階段要控制探究的進度，亦可視情況需要，提供引導性的發問或介紹基本的資料分析方法，以幫助學生分析和整理資料。

(四) 展現學習結果

當學生蒐集了充分的資料，經過探究之後進行解釋，並提出解決方案，接著各小組透過口頭報告、書面報告、視聽媒體展現、召開會議或論壇、戲劇等方式，將所決定之結果或解答展現給全體師生。在展現的內容中，學生需將整個執行過程、內容、發現的結果與方法，以及所得的結論等，作一清楚地說明和溝通。最後的呈現可以只在小組內部，但大部分都

會安排小組對全班同學呈現探究結果，也會邀請聽眾對其成品給予回饋。

㈤ 小組省思和檢討

小組省思和檢討（reflecting and debriefing）是問題導向學習的統整部分，學生要反省自己在學習過程中學到的知識和技能有哪些？使用了哪些學習策略？和對學習小組有何貢獻？小組成員也要檢討在探索過程所遭遇到的問題及如何改進，以增進其方案管理的技能。

肆　教學實例

以下列舉兩個問題導向學習的教學實例，以加深對此一教學模式的了解。

一、在國小自然科的應用

陳淑齡等（2010）以網路學習為主的「問題導向學習」設計「植物的繁殖」此一教學單元，教學時間為每週 3 節，每節 40 分鐘，共進行 6 節課。問題導向學習的教學流程，共分為五個階段：

㈠ 問題分析階段

透過「種子的果實和種子」動畫，引出待解決之問題：你要用什麼方法去延續植物族群？使學生透過討論澄清並確認學習議題。接著，藉由學生種植植物之舊經驗分享，引導學生預測植物延續族群的各種可能策略。

㈡ 資料蒐集階段

讓學生依據學校資源（圖書資源、網路資源）與家庭資源，討論自己小組可以蒐集資料的方法與策略；引導學生依據討論的結果，執行資料的蒐集。

㈢ 綜合階段

每位學生將所蒐集到的資料帶到課堂中與同組同儕討論，對所獲得的資訊做出摘錄與評斷，並以海報方式呈現。

㈣摘要階段

藉由讓學生上臺與同儕分享的活動，引導學生對任務達成後，所學內容做出總結與摘要的報告。

㈤反思階段

在學生上臺與同儕分享的活動後，每組針對自己組的學習過程做反思，提出自己的優缺點或改進策略，例如再做一次會做哪些修改？同儕針對分享內容給予評鑑並提出建議。

二、國小五年級「為什麼我們不能玩」

德利爾（Delisle, 1997）將問題導向學習的教學步驟分為六階段：1. 連結問題（connecting with the problem）；2. 建立學習結構（setting up the structure）；3. 面對問題（visiting the problem）；4. 再度面對問題（revisiting the problem）；5. 呈現成果或表現（producing a product or performance）；6. 評鑑成果與問題（evaluating performance and the problem）。他提出「學習結構表」的構想，其內容包含想法、事實、學習議題及行動計畫四部分。當學習者面對問題時，開始閱讀與思考問題的陳述，檢視小組成員們的想法，並探究相關事實狀態，據此討論及選定學習議題後，開始擬定行動計畫（周天賜譯，2003）。

德利爾以「年幼學生抱怨年長學生不讓他們玩籃球，我們應如何解決這個問題，讓每個人都能玩籃球？」作為問題情境，將小組的探究計畫繪製如表16-3的學習結構表。由表中可以發現當面臨「年幼學生無法使用籃球場」此一問題時，首先即開始激盪小組成員們的想法，學生們提出各種不同的看法以作為問題解決之可能方向。其次，開始從事實狀態的了解、檢視與分析，企圖對與問題密切關聯之周遭現實進行較佳的理解。接著，小組成員們再根據上述之初步想法與事實狀態，討論出欲探究用以解決問題之學習議題；最後再以這些議題為基礎，研擬可行之行動計畫（許淑玫，2005）。

表 16-3　「為什麼我們不能玩？」問題導向學習結構表

想法	事實	學習議題	行動計畫
一天年長孩子玩，一天年幼孩子玩。 建造另一座籃球場。 告訴年長孩子讓年幼孩子一起玩。 規劃不同的午餐時間。	年長孩子不想讓年幼孩子玩。 年幼孩子想要在籃球場玩。 籃球場非常大。 有很多孩子在籃球場玩。 有時候會有打架的情形。 必須做建議。	我們可以改變午餐時間嗎？ 籃球場有多大？ 我們可以有另一座籃球場嗎？ 能指派一個教師在籃球場看年長的孩子玩嗎？ 為什麼年長孩子不讓年幼孩子玩？ 一籃籃球要多少錢？	詢問籃球場的老師，一簍籃球值多少錢。 詢問年幼孩子他們想要玩多久。 訪談年長孩子為什麼不讓年幼孩子玩。 測量籃球場的大小。 詢問管理員籃球場的尺寸。 詢問校長有關於改變午餐時間的問題。 詢問校長有關於指派教師去籃球場視察的問題。

取自許淑玫（2005，頁 70）

伍　專題本位學習

　　問題導向學習經常會與專題本位學習混爲一談，兩者雖然強調的方法與精神有許多相似之處，但畢竟是有所差異。專題本位學習即我們常聽到的「專題研究」，理科教師常要指導學生作科展，也就是要指導學生作專題。以往的科展或專題研究大多針對資優生所安排的課程規劃，現在用在普通班，以合作學習的方式來實施，即可稱爲「專題本位學習」，適合應用在各學科或領域的教學。

一、專題本位學習的意義

　　問題導向學習已經是臻於成熟的教學法，而專題本位學習在班級教學的應用還不夠普遍。專題本位學習的觀念，源自克柏屈（Kilpatrick）的專題教學方法（project method），強調讓學生採取一連串的行動，去解決各種問題（賴慶三、郭榮得，2005）。因此專題本位學習是一種讓學習者探究（investigate）或回應眞實，並具複雜性的問題或挑戰，以讓學生獲

得知識及技能的教學方法，它強調以學習者爲中心，讓學生藉由小組合作共同針對一個議題進行探索（王金國，2018）。這個教學法有兩個基本成分：有一個問題以驅動所有的學習活動，而且學生的學習活動必須在學期末產生一個具體成品來回應學期初的驅動問題（driving question）（楊淳皓，2017）。專題本位學習可以培養學生以下五項關鍵能力：溝通協調能力、團隊合作能力、複雜問題解決能力、獨立思辨能力、創造力（王金國，2018）。

二、專題本位學習的實施步驟

專題本位學習聚焦於「從事某些事物」（doing about something）來取代單純地「學習某些事物」（learning about something），此與「做中學」的思維有異曲同工之趣。然此並非意指專題本位學習僅在於動手操作，而是指學習者藉由動手操作的過程中來主動建構所需的知識。專題本位學習起始於一個「驅動問題」，驅動問題扮演組織並引導學習者進行研究活動的角色。驅動問題的來源可來自於教師，以及學生的經驗、生活現象或當下社會所重視的議題。一個驅動問題的範例可能是「我們要如何建構出一臺太陽能車？」學生必須經由參與研究的過程來回答問題（陳毓凱、洪振方，2007）。因此有學者提出專題本位學習必須符合八個標準：1. 關鍵知識技能；2. 具有挑戰性的問題或難題；3. 持續的探究；4. 眞實問題情境；5. 尊重學生的選擇和意見；6. 反思；7. 批判和修正；8. 公開發表作品（楊淳皓，2017）。一般的專題本位學習可以視爲進行研究的歷程，其過程包括學習者發問與重新定義問題、蒐集及分析資料、設計並進行實驗或調查、進行解釋、形成結論、闡述發現等（陳毓凱、洪振方，2007）。

三、教學實例

許慧貞（2003）在《專題研究動手做：如何指導小學生做研究》一書中，提出以專題研究進行教學的實例，其教學步驟包括：1. 構思研究主題；2. 擬定研究計畫；3. 整合所蒐集到的資料，也就是開始動手寫作；4. 研

究報告的寫作與整合。書中呈現一組所作的研究報告，其主題爲「墨西哥美食饗宴」，報告內容包括研究動機、研究目的、研究方法、研究內容、參考資料、作者簡介，其中研究內容包括：1.墨西哥主食；2.墨西哥用餐禮儀；3.墨西哥獨特醬料；4.墨西哥注重口味；5.臺北市墨西哥餐廳分布；6.問卷調查整理；7.問卷樣本。

　　賴慶三、高汶旭（2004）以國小四年級學生爲對象，以專題本位學習的教學模式探討學生在「光」此一單元的學習表現。其實施歷程包含四個步驟，分別是：1.預備階段：學生提出引導問題；2.規劃階段：計畫一個「光」的專題；3.實作階段：完成「光」的專題作業；4.評鑑與回饋階段：「光」的專題作業評鑑與分享。學生在教學後，透過實際動手設計，均完成萬花筒和潛望鏡兩項光學作品。然後藉由光學專題作品發表與成果海報展示，進行專題作品特色之說明，藉以相互觀摩優秀作品，提供學生鑑賞評鑑與回饋的機會。

　　研究者認爲每一學期選定一個單元實施專題本位學習最爲合適，如果每個單元都實施，教學時間必然不足，且對教師教學負荷過重，可能影響教學成效。

第二節　案例教學法

　　案例教學法（case-based teaching）亦稱個案教學法（case method），是一種由美國哈佛大學法學院院長藍德爾（C. C. Langdell）大力提倡的教學法，1911 年哈佛商學院院長蓋依（D. E. Gay）亦推展案例教學法於商業教育。隨著上述兩個專業領域成功地推廣後，案例教學法開始受到不同學科領域廣泛的應用，包括醫學教育、師資培育、科學教育、公共行政、社會工作、臨床心理學、建築、政治、新聞、藝術、工程、農業等（張民杰，2008b）。近來案例教學法廣泛地應用在 K-12 及高等教育，針對年紀較小的學生則要適度修改教學流程。本節僅就案例教學法的意義與特徵、案例的撰寫原則及案例教學法的流程作一探討。

　案例教學法的意義與特徵

　　案例教學法是一種利用案例（case）作爲教學工具的教育方法（the methods of pedagogy），也是理論與實務間的橋梁，即教學者利用案例作爲講課的題材，以案例教材的具體事實與經驗作爲討論的依據，經由師生的互動來探討案例事件的行爲與原由，發掘潛在性的問題，強調學生的主動積極參與學習過程，教學者僅扮演從旁引導的角色，引導學習者去探討案例中複雜深層意義及爭議性的問題，協助學習者進行問題回答、傾聽、回應挑戰、鼓勵學生發言、問題解決的引導、預定假設狀況，最後並能歸納與總結，是個多重角色扮演者（蔡宜君、高熏芳，1999）。因此經由案例教學法可以達成以下的教學目標：1. 發展確認和分析複雜的、眞實生活情境的技能；2. 發展確認倫理和道德兩難的能力；3. 發展與不同觀點的人進行對話和解決衝突的能力；4. 發展尊重不同觀點的特質（Arends & Kilcher, 2010）。

　　由以上的定義可以得知案例教學法，具有以下的特徵（張民杰，2001；馮丰儀，2012）：

　　一、強調藉由案例作爲教學材料，一方面結合課程目標與教學主題，一方面則作爲討論等師生互動的核心。

　　二、案例係具體事實與經驗事件，可能爲自身的經驗或他人的經驗，符合有意義之學習始自個人經驗的原則，經由不同的案例，個人可以獲得一些替代性的經驗。

　　三、案例教學法呈現眞實事件，與學習者之實務經驗相關，而經由對案例原由、處理方式及相關理論原理原則應用之探討，將有助學習者理論與實務加以連結。

　　四、案例教學法提供學生如何對問題進行專業思考的示範，使學生學習到如專家般的思考，具有問題敏感度。

　　五、案例教學法強調由學習者主動確認、分析、解決問題的能力，重視學習者主動積極的參與學習，而教師則扮演協助引導者的角色。

　　六、案例教學法係鼓勵學習者提出自己的想法，強調對不同意見之接

納與尊重。

 案例教學法的計畫

　　使用案例教學法有兩項基本的任務要做好規劃，一是發現或尋找適合學生發展程度及學習主題的案例，一是決定如何教學，特別是有關討論的方式及問題，所以案例與討論可以說明案例教學法的核心要素。案例教學法比較適合應用在國小高年級以上的學生，教師所用的案例要讓學生思考社會、倫理或公共政策的議題，這類議題通常隱含著價值的衝突，需要學生以不同於探究教學法的方式來進行討論（Arends & Kilcher, 2010）。以下即針對案例的選擇及撰寫原則作一探討。

一、案例的選擇

　　案例可分為三種：真實的案例（true cases）、隱匿的案例（disguised cases），以及虛構的案例（fictitious cases）。在案例教學法的使用中，真實案例的外在效度較高，可以反應真實的問題與過程，而且學生可以知道該案例來自何處，而可以利用它們對這個案例的了解來進行問題的討論與分析（王麗雲，1999；張民杰，2001）。案例的選擇就是要選擇出好的案例，以供教學使用。不少學者對好案例的特徵提出判斷的標準，例如馮丰儀（2012）認為好的案例要有三個特點：1. 要能夠引起參與者思考與反思的機會；2. 要能夠呈現真實生活情境，有些複雜、模糊，並包含未知的元素；3. 要能夠產生討論的有用結構。史崔克（Strike）指出良好的案例需具有：1. 趣味性，使得學習者能感到有趣及逼真；2. 良好的案例係被建構或者選擇來印證特定道德原則，教師應該使用具備特定原則或者議題的案例；3. 良好的案例會將所有與教師欲教授的原則或討論的議題中相關的重要事實作清楚陳述，使人能對應用其中的道德原則作良好的討論（張民杰，2008b）。

　　張民杰（2001）歸納學者的意見，整理出好的案例應有以下五項特徵：1. 案例要貼切課程與教學的需求；2. 案例敘述品質要佳；3. 案例可讀

性要高；4.案例要能觸動情感；5.案例要能製造困境。其各項特徵的具體指標請參見表16-4。教師可以從課程及教學指引、報紙及電視新聞、或是網際網路上發現適合教學的故事，即可作為案例教學的案例，這是選擇案例最方便的方式。但是好的案例不容易發現，通常教師還是要將這些故事加以改寫，做成一個好的案例。

表16-4　選擇案例的原則和具體指標

好案例的特徵	具體指標
1.案例要貼切課程與教學的需求	(1) 案例要能包含課程目標 (2) 案例包含於學科主題或內容 (3) 案例能夠配合教學時間及教學環境等
2.案例敘述品質要佳	(1) 案例的敘述完整而不瑣碎、連貫而不含糊 (2) 案例的敘述要以真實事件為根據
3.案例可讀性要高	(1) 案例要能符合學習者閱讀和理解的能力 (2) 案例要能給予學習者智慧上的挑戰
4.案例要能觸動情感	(1) 案例要有生動、有趣的人物 (2) 案例要有動人、懸疑的情節 (3) 案例具有戲劇的張力和寫實感 (4) 案例要做客觀中立的描述
5.案例要能製造困境	(1) 案例應具有複雜、衝突的元素 (2) 案例的問題不是只有一個答案

取自張民杰（2001，頁99）

二、案例的撰寫

　　如果教師無法找到適合教學的案例，那就要自行撰寫。很多教師喜歡用新聞故事作為撰寫的基礎，這種案例比較有及時性，能吸引學生的興趣。對於國小及中學生來說，兩難案例（dilemma case）及評價案例（appraisal case）這兩類型會比較適合。兩難案例通常有故事主軸，有主要人物，會遭遇到複雜的決定及兩難的困境。評價案例則缺乏主要人物，這類案例著重在分析而不是決定，讓學生試著分析接下來會怎樣？以及分析不同行動的可能結果會怎樣？分析的案例最常用在自然和社會，例如美麗的

夏威夷海灘受到原油的汙染、使用特別的藥物治療關節炎的正負向效應等（Arends & Kilcher, 2010）。

　　案例的撰寫過程通常包括擬定撰寫計畫、蒐集資料、選擇資料、草擬案例、試用並修正後定稿等五個階段。案例的撰寫也有一些技巧，包括先研究其他案例，撰寫過程時文字要儘量簡潔，草擬完成後最好徵求其他人的意見，並以學習者的角度重新思考撰寫的內容等。至於選用案例的素材，從傳記書籍、新聞事件、名人日記、小說、漫畫都可以，視教學目標、教學主題、學生程度及教學時間而定（曾欽德，2007）。案例的本文內容要包括主要觀念、故事情節、人物及困境，在撰寫時要注意以下原則（張民杰，2001）：

㈠主要觀念

　　主要觀念就是案例議題的核心，也就是案例選定的焦點。主要觀念提出了教學者想要的方向，以便學生依此方向研讀，知悉和理解案例內容，並讓學生有足夠的時間思考重要核心議題，例如隱私權、課業壓力、校園危機等，每則案例最好為單一事件或主要觀念，以利學生討論和學習。

㈡故事情節

　　案例的情節是吸引讀者興趣、觸動讀者情感的重要關鍵，因此在撰寫案例時必須思考配合主要觀念寫出故事情節，故事包含個人經驗及生活周遭所發生的事，是真實生活經驗的呈現，且具有複雜性及爭議性，如此可增加學習者的閱讀興趣。

㈢人物

　　案例的人物必須是真實的，在案例中要對人物有深刻的描述或對話，但是也要避免在案例中有太多的人物，以免學習分不清楚哪些是主要人物，哪些是附帶人物。由於事件是真實的，因此事件的人名應予以匿名或修改。

㈣困境

　　案例應包括複雜、衝突的元素，提供意外或變化，讓案例的主要人

物面對困境，以產生有待解決的議題，驅動學習者討論案例。當困境是眞實的，而學習者也感受到其眞實性時，學習者會將自己投射到案例的情境中，思考如何解決這些困境。

 ## 案例教學法的流程

　　案例教學法的實施過程不外分爲案例教學法實施課前的設計及準備工作、案例教學法的實施過程和討論方式、案例教學法實施後的評量回饋等三個階段。第一個階段是實施前準備的階段，包括教學者及學習者的準備工作。第二個階段是實施過程和方式的階段，可分爲小組分組案例討論、書面案例報告撰寫及全班案例討論三部分。第三階段是實施後的相關活動，包括後續活動、案例心得報告和教學評量等（曾欽德，2007）。本節針對案例教學法的步驟及教學後的活動兩部分做一敘述。

一、教學步驟

　　案例教學法的步驟可以細分爲以下五個階段（蔡宜君、高熏芳，1999；Arends & Kilcher, 2010; Joyce, Weil, & Calhoun, 2008）：

(一) 發給學生案例並要求閱讀
　　上課時教師將案例發給學生，要求每位學生詳細閱讀，也可於前一次課就發給學生，請他們先行閱讀，於上課時發表或討論，藉由討論釐清案例各項觀點。
　　1. 教師於上課前一週發下案例給每位學生，要求其澈底閱讀。
　　2. 課程初期教師可以針對每個案例給予一些引導問題，以便學生個別閱讀時有方向可循。到了課程進行一半之後，教師逐漸減少引導問題，讓學生自己形成問題。

(二) 協助學生確認案例的議題和事實
　　閱讀案例的方式可以全班閱讀或小組閱讀，教師要引導學生掌握案例的關鍵議題和事實，包括案例的人物是誰？何時發生？何處發生？發生什

麼？此階段在進行案例癥結的討論。

㈢引導學生思考案例的價值或案例中的人物

第三、四階段是案例教學法的核心，教師要協助學生確認和思考不同的價值觀點，確認自己是否具有對立的價值觀。角色扮演的教學法可以應用在這個階段，協助學生認識案例中的多元價值和觀點。

㈣學生參與分析和討論，以及設計將要採取的行動

很多教師在第三、四階段喜歡用全班討論，以蘇格拉底的詰問法引導學生進行分析和討論，這些教師採用指導者的立場，拋出很多問題讓學生回答。教師也可採用非指導者的角色，鼓勵學生分析和表達自己的理念。教師引導學生從各種角度來討論案例，包括以下可能的問題：1. 此案例涉及了哪些脈絡因素？2. 此案例中的主角有何動機？3. 案例中相關人物的決策與後果是什麼？4. 如果你是案例中的某人，你可能採取什麼不同的行動或做什麼不一樣的考慮？5. 此案例對一般性的生活實務經驗有何啟示？

㈤結束討論，討論正負向的行動後果和口頭報告

最後階段包含對主要行動做摘要、思考行動的後果，以及做整體的口頭報告。此階段的目的在讓學生確認行動的正負向後果及價值的差異性，讓學生了解有些行為有人支持，但也有人反對。這個階段包含讓學生報告及分析自己上課時的參與情形，教師可提出下列問題引導學生自我省思：1. 今天小組運作的情形如何？2. 我們的討論是否有達成暫時性的結論？3. 對你今天的參與討論情形是否滿意？要如何改進呢？4. 對於改善下一次的討論情況有什麼建議嗎？

二、教學後的活動

教師在案例教學之後，可要求小組撰寫書面案例報告，作為教學評量的依據。書面報告的格式內容包含案例癥結、問題鑑定、行動方案、原則歸納（心得和感想），教師可依學生的程度減少案例報告的內容。在案例教學之後，教師可自行設計相關的後續活動，來幫助學生作更進一步的學

習（張民杰，2001）。

 ## 肆　案例教學法的應用與限制

在實務應用上，問題導向學習可與案例教學法相結合，將「呈現問題」改成「呈現案例」，然後以 PBL 討論框架供學生討論，針對各項子問題分別提出行動策略。上課時間如果比較長，則採用問題導向學習，想要在一節或兩節課中完成討論，則以比較簡短的案例進行教學。徐靜嫻（2013）以師資生爲對象所進行的 PBL 教學，即採用案例問題的探究來進行，其設計的案例問題如下（含教學實錄與書面教案）：這是一個實習老師（柯老師）的教學實錄（DVD），你如何評估這名實習老師的教學表現？請提出一份教學的具體評估報告，供這名教師參考。這樣的課程設計可以實施 3-5 週的教學。但在中小學無法於課堂上進行長時間的教學，至多可以實施 30-50 分鐘的案例教學。

雖然案例教學法能實現相當多的功能，例如理論結合實務、增加對實際情境的感受、引起學習動機和興趣、養成批判反省的思考、有利於學習者主動建構知識、培養接納不同意見和觀點的態度、培養問題解決和做決定的能力、增進學習者語文表達能力、促進師生關係和互動。但是案例教學法亦存在不少的限制，讓教師望而卻步，這些限制如下：1. 案例與實際情境仍有差距，不及實際親身經歷；2. 成效可能因學生背景和學科而異；3. 案例撰寫困難且取得不易；4. 案例發展及案例教學皆需投入大量的時間和精力（張民杰，2008a；蔡天助，2008）。

自我練習 ·····························

一、選擇題

(　　) 1. 有關問題導向學習（problem-based learning）的敘述，下列何者最不適切？　(A) 學習者必須負起學習的責任　(B) 重視原理原則的講述與練習　(C) 重視小組團隊合作以解決問題　(D) 教學過程強調問題的引導與解決

(　　) 2. 對於問題導向學習的敘述，下列何者錯誤？　(A) 可作為課程統整的方法　(B) 醫學院運用的教學方法之一　(C) 主要步驟以教師的講述為主　(D) 以問題陳述作為討論的題材

(　　) 3. 教師運用案例教學法進行教學時，下列教學行為何者正確？　(A) 保持中立　(B) 常問「為什麼」的問題　(C) 多用「命令」的口氣　(D) 固著於低層次的問題

(　　) 4. 李老師使用問題導向學習模式，帶領學生探討單一選區兩票制是否會讓立法院更有效率的運作，而讓學生分組探究其感興趣的子題。在此模式下，教師較不宜採取下列何者行為？　(A) 將學生引導到問題情境　(B) 指定閱讀資料和確定研究細節　(C) 協助學生思考假設和資料蒐集　(D) 以實作評量方式評量學生的學習成效

(　　) 5. 下列有關案例教學法的敘述，何者錯誤？　(A) 是奠基於情境學習的一種教學法　(B) 以情境中的實例作為教學素材　(C)「以學生為主體，生活經驗為中心」理念之落實　(D) 此種教學著重於固定解決方式的學習

(　　) 6.「案例教學法」是藉由具有多元表徵之潛在價值的案例，導引學習者進入探索和反思的學習歷程。下列對案例教學法實施之敘述，何者正確？　(A) 案例在最後皆應提供標準答案　(B) 學習者不需要主動參與探索歷程　(C) 教學者應在一開始即提供價值判斷的準則　(D) 案例內容應呈現在真實情境中，所面臨的困境和決定

(　　) 7. 楊老師以「問題導向學習」設計教學活動時，就問題的情境設計而言，下列何者不恰當？　(A) 問題的範圍無需設限　(B) 問題為可能發生的現象　(C) 問題對學生是有意義的　(D) 問題能衍生出多種解決方案

(　　) 8. 林老師這學期以專題探究方式帶領學生探討「營養」的主題。他希望可以透過核心問題來激發學生持續進行思考、探究，並激盪出更多的問題與討論。下列何者較適合作為核心問題？　(A) 我們應該吃些什麼才算營養？　(B) 你吃的東西可以避免肥胖嗎？　(C) 五大類食物群包含哪些營養素？　(D) 聯合國的均衡飲食標準是什麼？

(　　) 9. 在問題導向學習法中，下列哪一個問題最不適用？　(A) 學習英文文法的問題　(B) 學習動機低落的問題　(C) 國內升學主義的問題　(D) 垃圾掩埋場所產生的問題

(　　) 10. 黃老師在教導環境生態變遷與物種發展的關係時，先引導學生觀察不同時期家鄉環境的照片，接著讓同學分組討論，歸納現在與過去的差異及其衍生的課題，並上臺分享。之後，再請各小組提出保護本土的生態計畫。黃老師的教學較符合下列何者？　(A) 概念教學法　(B) 直接教學法　(C) 差異化教學　(D) 問題導向教學

(　　) 11. 教師在教學計畫中，訂定了「能夠獨立地評論媒體訊息的可信度」的目標。下列何者比較能夠達成此目標？　(A) 閱讀一篇媒體報導，並撰寫心得　(B) 閱讀兩個廣告，並比較兩個廣告手法的差異　(C) 閱讀一個廣告，並與同學討論廣告表達的意涵　(D) 閱讀一篇新聞報導，並找出報導者未言明的前提

(　　) 12. 當教師的教學要著重於增進學生設身處地洞察人際關係，嘗試不同情境的行為模式，進而增進其適應未來生活的能力，較適合採用下列哪一種教學方法？　(A) 問題解決教學法　(B) 練習教學法　(C) 探究教學法　(D) 角色扮演法

(　　) 13. 何種教學法是透過故事或問題情境的設計，讓學生設身處地，扮演故事中的人物，經由團體討論後，再扮演技巧的運用？　(A) 討論教學法　(B) 練習教學法　(C) 角色扮演法　(D) 發表教學法

(　　) 14. 就教學適用情境而言，以下哪一陳述較正確？　(A) 欣賞教學適用於補救教學　(B) 練習教學適用於啟發研究興趣　(C) 探究教學適用於培養批判思考　(D) 講述教學適用於研討爭議性問題

(　　) 15. 對於道德兩難問題的教學，比較不適合使用哪種教學法？　(A) 問題導向學習　(B) 案例教學法　(C) 價值澄清法　(D) 概念獲得教學法

(　) 16. 何種教學法與布魯納的發現學習理論的關聯性較小？　(A) 問題導向學習　(B) 直接教學法　(C) 案例教學法　(D) 探究教學法

(　) 17. 下列何種敘述，不屬於問題導向學習的教學設計？　(A) 以真實世界的非結構化問題為學習目標　(B) 以問題解決歷程統整多元智能學習　(C) 聽從教師指導來練習操作步驟　(D) 以社群互動凝聚學校與社區共識

(　) 18. 下述何者無法正確描述「問題導向學習」的概念？　(A) 顛倒教學的順序　(B) 屬於後設認知的歷程　(C) 以獲得知識為學習主軸　(D) 學習過程蘊藏創造成分

(　) 19. 在採用問題本位學習模式的資優課程中，下列哪些方式較適合用來評量資優學生的學習過程？甲、解題日誌；乙、診斷測驗；丙、實作評量；丁、檔案評量　(A) 甲丙丁　(B) 乙丙丁　(C) 甲乙丁　(D) 甲乙丙

(　) 20. 關於常能協助教師在課堂發現潛在資賦優異學生的問題本位學習法，以下敘述何者是正確的？甲、老師通常會提供學生一個缺乏結構的問題；乙、協助學生能從處理問題中獲益；丙、教師扮演資訊的提供者；丁、教師為促進學生後設認知的引導者　(A) 甲乙丙　(B) 甲乙丁　(C) 甲丙丁　(D) 乙丙丁

(　) 21. 運用問題本位學習模式引導學生進行以「水庫與水資源」為主題之探究學習，在呈現問題情境時，下列何者最為適切？　(A) 分析與比較興建水庫對水源水質保護區的利弊　(B) 興建水庫對水源水質保護區的自然生態可能造成哪些影響　(C) 設想自己是世代定居在美濃的居民，面對興建美濃水庫的計畫該如何因應　(D) 在水庫興建的議題上，經濟發展和生態保育兩者之間的利弊得失如何權衡

(　) 22. 請將下列問題本位學習的歷程排序：甲、問題登入評估；乙、製作引導計畫；丙、選擇問題；丁、每日活動架構；戊、問題的流程　(A) 乙、甲、丙、丁、戊　(B) 乙、丙、甲、丁、戊　(C) 丙、乙、戊、丁、甲　(D) 丙、戊、乙、丁、甲

(　) 23. 下列何者不屬於「問題本位學習」課程設計的特質？　(A) 以問題進入專業領域的探究　(B) 以問題情境統整多元向度的學習　(C)

　　　　　　學生要花時間設計問題並自我引導　　(D) 以真實世界的弱結構問題
　　　　　　提供師生平行的學習機會

(　　) 24. 當學生遇到結構不佳的問題時，利用教師作為後設認知的教練來解
　　　　　　決問題，他們正在進行：　　(A) 問題解決　　(B) 問題本位學習　　(C)
　　　　　　發現問題　　(D) 腦力激盪

(　　) 25. 王老師以紫蝶為主題，讓學生到花田觀察並探究紫蝶的生態。請同
　　　　　　學自行提出假設，並加以驗證，最後撰寫其發現。此屬於下列何種
　　　　　　教學法？　　(A) 案例教學法　　(B) 概念獲得教學法　　(C) 專題導向教
　　　　　　學法　　(D) 問題解決教學法

(　　) 26. 王老師進行自然與生活科技教學時，想要運用問題導向的教學策
　　　　　　略，以提高學生的學習動機和學習成效。下列何者並非該教學策略
　　　　　　應有的作法？　　(A) 要解決的問題應有固定的答案　　(B) 要解決的
　　　　　　問題最好是真實的問題　　(C) 學習型態以小組學習的方式較適宜
　　　　　　(D) 教師的角色較偏「催化者」或「引導者」

參考答案

1.(B)　　2.(C)　　3.(A)　　4.(B)　　5.(D)　　6.(D)　　7.(A)　　8.(A)　　9.(A)　　10.(D)
11.(D)　12.(D)　13.(C)　14.(C)　15.(D)　16.(B)　17.(C)　18.(C)　19.(A)　20.(B)
21.(C)　22.(C)　23.(C)　24.(B)　25.(C)　26.(A)

二、問答題

1.近年來有不少學者推崇「問題導向學習」的優點，試說明何謂問題導向學習？
　以及從後設認知與建構理論的角度闡述如何應用於教學活動中。

2.問題導向學習所依據的理論為何？該教學法有何重要特徵？

3.請寫出問題導向學習的教學歷程。

4.假如在實施問題導向學習的分組討論時，學生不是沉默不語就是發言冷清，
　請問這種情況教學要如何引導或介入？

5.何謂案例教學法？為什麼要使用案例教學法？

6.案例教學法的案例要如何取得？如果沒有現成的案例可用，教師要自行撰寫
　案例，請問案例要如何撰寫？

7.如何實施案例教學法？這種教學法有何局限性？

參考文獻

一、中文部分

孔企平（1999）。對西方學者課程目標模式討論的述評。**當代華人教育學報，2**(1)，2014 年 1 月 26 日取自 http://www.fed.cuhk.edu.hk/~hkier/jecc/jecc9911/jecc991106.htm

方吉正（1998）。情境學習理論之主要觀點剖析。**教育資料文摘，42**(4)，185-192。

方吉正（1999）。**認知學徒制在國小數學解題教學成效之研究**。國立高雄師範大學博士論文，未出版，高雄市。

方炳林（1996）。**教學原理**。臺北市：教育文物。

方德隆（2000）。教學的意義。載於洪志成（主編），**教學原理**（頁1-46）。臺北市：麗文。

方德隆（2001）。**課程理論與實務**。高雄市：復文。

方德隆譯（2004a）。**課程發展與設計**。臺北市：高等教育。（A. C. Ornstein & F. P. Hunkins, 2004）

方德隆譯（2004b）。**課程基礎理論**。臺北市：高等教育。（A. C. Ornstein & F. P. Hunkins, 2004）

毛新勇（2006）。建構主義學習理論在教學中的應用（下）。**課程教材教法**。2014 年 3 月 16 日檢索自 http://cs.gzedu.com/jiaoshijixu/chuzhongyu-wenkebiao/ziliao/zikuang06/ziliao06-07.htm

王文科（1994）。**課程與教學論**。臺北市：五南。

王文科（2006）。**課程與教學論**。臺北市：五南。

王世英（2005）。**國民中小學教學媒體設施與應用調查研究報告**。臺北市：國立教育資料館。

王全世（2000）。資訊科技融入教學之意義與內涵。**資訊與教育，80**，23-

31。

王金國（2000）。簡介小組討論教學法。**教育研究，8**，137-147。

王金國（2005）。共同學習法之教學設計及其在國小國語科之應用。**屏東師院學報，22**，103-130。

王金國（2018）。以專題式學習法培養國民核心素養。**臺灣教育評論月刊，7**(2)，107-111。

王金國、張新仁（2003）。國小六年級教師實施國語科合作學習之研究。**教育學刊，21**，53-79。

王政忠（2015）。MAPS 教學法。**中等教育，66**(2)，44-68。

王政忠（2016）。**我的草根翻轉：MAPS 教學法**。臺北市：親子天下。

王爲國（2012）。促進適性教學之方法。**臺灣教育評論月刊，1**(5)，79-80。

王美芬、熊召弟（2000）。**國民小學自然科教材教法**。臺北市：心理。

王桂平、史曉燕、郭瑞芳、呂豔（2005）。國外關於課堂紀律問題的研究述評。**外國教育研究，180**，77-80。

王財印、吳百祿、周新富（2012）。**教學原理**。臺北市：心理。

王財印、吳百祿、周新富（2019）。**教學原理**（第三版）。臺北市：心理。

王麗雲（1999）。個案教學法之理論與實務。**課程與教學季刊，2**(3)，117-134。

丘立崗等譯（2009）。**教學原理：學習與教學**。臺北市：學富文化。（D. Kauchak & P. D. Eggen, 2003）

史美瑤（2018）。八個帶領課堂討論的方式。**評鑑雙月刊，72**。2020 年 5 月 23 日檢索自 http://epaper.heeact.edu.tw/archive/2018/03/01/6932.aspx

司曉宏、張立昌（2011）。**教育學教程**。北京市：高等教育。

田耐青（1996）。認知學徒制及對成人教育教學設計之啟示。**臺北師院學報，9**，1-18。

伍振鷟、林逢祺、黃坤錦、蘇永明（2010）。**教育哲學**。臺北市：五南。

朱敬先（1995）。**教學心理學**。臺北市：五南。

朱蕙君（2016）。翻轉教室應用於高中歷史課程的教學模式。載於黃國禎（主編），**翻轉教室理論、策略與實務**（頁 169-178）。臺北市：高等

教育。

朱蕙君、楊國禎（2016）。自律學習機制的導入。載於黃國禎（主編），**翻轉教室理論、策略與實務**（頁 95-116）。臺北市：高等教育。

何俊青（2003）。建構式概念教學在國小社會科之實驗研究。**臺東師院學報，14**(1)，111-138。

余民寧（2002）。**教育測驗與評量：成就測驗與教學評量**。臺北市：心理。

余民寧（2003）。多元智力理論教學評量的省思。**教育研究月刊，110**，57-67。

吳文雄、郭峰淵（2000）。以社會認知理論探討學習者自律之實證研究——電腦技能訓練的應用。**資訊管理學報，6**(2)，143-165。

吳秀碧（2000）。角色的意義與重要性。載於吳秀碧（主編），**角色扮演在輔導上的應用**（頁 5-14）。臺北市：教育部。

吳明隆（2000）。**班級經營與教學新趨勢**。臺北市：五南。

吳俊憲、黃政傑（2006）。合作學習的發展與前瞻。載於吳俊憲、黃政傑（主編），**合作學習發展與實踐**（頁 3-55）。臺北市：五南。

吳清山、林天祐（2005）。**教育新辭書**。臺北市：高等教育。

吳清山、林天祐（2002）。認知學徒制。**教育研究月刊，99**，148。

李平譯（1997）。**經營多元智慧**。臺北市：遠流。（Thomas Armstorng, 1994）

李咏吟、單文經（1997）。**教學原理**。臺北市：遠流。

李坤崇（2006）。**教學評量**。臺北市：心理。

李坤崇（2008）。情意教學目標分類及其評量。**教育研究月刊，170**，114-119。

李坤崇（2012）。問題導向學習的特色與模式。**教育研究月刊，220**，104-114。

李宗薇（1993）。**教學媒體與教育工學**。臺北市：師大書苑。

李宗薇（1994）。教師與教學設計。**教學科技與媒體，18**，13-17。

李宗薇（1997）。教學設計。載於黃政傑（主編），**教學原理**（頁 67-116）。臺北市：師大書苑。

李宜玫、王逸慧、林世華（2004）。社會學習領域分段能力指標之解讀——由 Bloom 教育目標分類系統（修訂版）析之。**國立臺北師範學院學報：教育類，17**(2)，1-34。

李怡慧（2018）。生死的抉擇：道德兩難教學之設計。**臺灣教育評論月刊，7**(4)，164-167。

李明堂、郭明堂（1995）。國小自然學科——探究教學模式的析論。**國教天地，109**，56-63。

李春芳（1988）。發問的技巧。載於黃光雄（主編），**教學原理**（頁 296-312）。臺北市：師大書苑。

李春芳（2001）。教學技術。載於黃正傑（主編），**教學原理**（頁 185-254）。臺北市：師大書苑。

李堅萍（2001）。Simpson、Harrow 與 Goldberger 技能領域教育目標分類之比較研究。**屏東師院學報，40**，675-710。

李琪明（2013）。《道德教育期刊》創刊 40 年之研究趨勢及其對我國教育啟示。**教育研究集刊，59**(1)，35-72。

李進成（2005）。**國小社會學習領域的核心課程設計之行動研究：以差異概念爲例**。國立臺東大學社會科教學碩士，未出版，臺東市。

杜振亞、郭聰貴、鄭麗娟、林麗娟、吳佳蕙譯（2007）。**學習導向的教學設計與原理**。高雄市：麗文。（R. M. Gagné et al., 2005）

沈翠蓮（2003）。**教學原理與設計**。臺北市：五南。

卓芮綺（2014）。翻轉教育的迷思與教學應用。2020 年 4 月 29 日檢索自 http://tep.thu.edu.tw/G03570007/Homework/102-2 專討期末報告.pdf

周天賜譯（2003）。**問題引導學習 PBL**。臺北市：心理。（R. Delisle, 1997）

周甘逢、劉冠麟譯（2003）。**教育心理學**。臺北市：華騰。（R. J. Sternberg & W. M. Williams, 2002）

周杏樺（2006）。資訊科技融入教學之相關問題探討。**高雄市中正高中學報，7**，165-174。

周啟葶（2005）。直接教學的設計原理。載於李咏吟（主編），**多元教學設計：課程改革的實踐**（頁 19-40）。臺北市：高等教育。

周淑卿、吳璧純、林永豐、張景媛、陳美如（2018）。**素養導向教學設計參考手冊**。教育部國民及學前教育署。

周新富（2006）。**班級經營**。臺北市：華騰。

周新富（2009）。**學習檔案**。臺北市：五南。

周新富（2011）。**幼兒班級經營**。臺北市：華騰。

周新富（2013）。**教育社會學**。臺北市：五南。

周新富（2018）。**教育社會學**（第二版）。臺北市：五南。

周曉虹譯（1995）。**社會學習理論**。臺北市：桂冠。（A. Bandura, 1977）

林弘昌（2008）。錨式情境教學法的靜像式情境教材設計。**生活科技教育月刊**，**41**(5)，2-11。

林生傳（1992）。**新教學理論與策略**。臺北市：五南。

林生傳（1996）。教改聲中談中、小學教學革新的主要趨勢。載於國立高雄師範大學教育系（主編），**中小學教學革新研討會大會手冊**（頁7-15）。高雄市：高師大。

林吉基（2011）。道德教育與道德教學。**中等教育**，**62**(3)，38-51。

林和秀（2006）。**悅數，躍數——應用錨式教學法在國小數學障礙學童之個案研究**。國立臺南大學特殊教育學系碩士班碩士論文，未出版，臺南市。

林思伶（1993年）。激發學生學習動機的教學策略——約翰‧凱勒（John M.Keller）ARCS模式的應用。**視聽教育雙月刊**，**34**(5)，105-120。

林美玲（2002）。**教學原理**。高雄市：復文。

林清山（1996）。**教育心理學：教學取向**。臺北市：東華。

林惠娟（1996）。幼兒園裡的真實評量：資料袋蒐集。**幼教資訊**，**68**，40-43。

林惠娟（1999）。有意義的評量活動：談幼兒真實評量。**教育實習季刊**，**5**(1)，37-43。

林朝鳳（1996）。啟發式教學法。載於黃光雄（主編），**教學原理**（頁136-153）。臺北市：師大書苑。

林菁（2010）。應用辯論於國小六年級社會學習領域教學：為提升學生的資訊素養。**教育資料與圖書館學**，**47**(4)，499-530。

林進材（1998）。教學研究發展及其對師資培育的啟示。**國立臺南師範學院初等教育學報，11**，121-146。

林進材（1999）。**教學理論與方法**。臺北市：五南。

林進材（2002）。**有效教學：理論與策略**。臺北市：五南。

林進材（2004）。**教學原理**。臺北市：五南。

林進材（2005）。**班級經營**。臺北市：五南。

林進材（2006）。**教學論**。臺北市：五南。

林進材（2008）。小組討論教學在大學課程的應用──以「兩性教育」為例。載於鄭博真主編，**大學卓越教學法：原理、方法與實例**（頁 31-50）。臺南市：中華醫事科技大學。

林進材（2011）。臺灣地區教學研究發展趨勢。**中國社會科學報，247**，取自 http://www.csstoday.net/xuekepindao/jiaoyuxue/8933.html

林進材（2012）。**班級經營**。臺北市：五南。

林達森（2002）。合作學習在九年一貫課程的應用。**教育研究資訊，10(2)**，87-103。

林璟禧（2008）。**認知學徒制融入國小六年級數學合作學習之行動研究**。中原大學教育研究所碩士論文，未出版，桃園縣。

林寶山（1998）。**教學原理與技巧**。臺北市：五南。

邱淵等譯（1989）。**教學評量**。臺北市：五南。（Benjamin S. Bloom, George F. Madaus, J. Thomas Hastings, 1981）

邵瑞珍譯（1995）。**教育的歷程**。臺北市：五南。（J. S. Bruner, 1960）

金樹人（1996）。角色扮演。載於黃光雄（主編），**教學原理**（頁 216-228）。臺北市：師大書苑。

金樹人編譯（2000）。**教室裡的春天**。臺北市：張老師文化。

姜建文（2009）。高中化學新課程教學設計的幾個基本問題──教學評價設計。檢索日期 2014 年 2 月 1 日，取自 http://blog.sina.com.cn/s/blog_5dd7b1b40100em9x.html

施良方（1996）。**學習理論**。高雄市：麗文。

施淑慎（2004）。成就目標、自我效能、以及策略使用在考試焦慮上所扮演

之角色。國立臺北師範學院學報，**17**(1)，355-378。

洪子晴（2004）。**討論法教學策略運用在國小高年級藝術批評課程之教學研究**。國立新竹教育大學美勞教育學系碩士班碩士論文，未出版，新竹市。

洪文東（2007）。探究式化學單元教學活動設計與評估：以「水溶液的性質」為例。美和技術學院學報，**26**(1)，15-42。

洪志成（2009）。中小學課程之教學基礎與理論趨向之研究與分析。**國家教育研究院 2009 年研究成果報告**。2014 年 3 月 14 日檢索自 http://www.mtedu.tmue.edu.tw/leeys_teaching/

洪志成、洪慧真（2012）。精進教學實務之自我研究：教師 PBL 教學經驗的學習。屏東教育大學學報——**教育類**，**93**，75-106。

洪振方（2003）。探究式教學的歷史回顧與創造性探究模式之初探。**高雄師大學報**，**15**，641-662。

洪詠善（2018）。素養導向教學的界定、轉化與實踐。載於蔡清華（主編）**課程協作與實踐第二輯**（頁 59-74）。臺北市：教育部。

紀夙芬（2012）。淺談教師使用教學媒體。幼教新知電子報，**87**，2014 年 3 月 24 日檢索自 http://atecce.org/paper/E87/1210.pdf

胡秀威（1999）。一種資訊處理的教學模式研究：概念獲得模式。**教育探索**，**1**，2014 年 4 月 15 日檢索自 http://cnki.yctc.edu.cn/edu/2/article/Article3524.htm

范芸薇（2013）。概念構圖在社會學習領域上的運用。**新北市教育電子報**，**118**，2014 年 4 月 16 日檢索自 http://epaper.ntpc.edu.tw/index/EpaSubShow.aspx?

范信賢（2016）。國民基本教育課程綱要：導讀《國民核心素養：十二年國教課程改革的 DNA》。**國家教育研究院教育脈動電子期刊**，**5**，1-6。檢索自 http://pulse.naer.edu.tw/content.aspx?type=H&sid=198

計惠卿（2005）。臺灣數位學習專案之教學設計實務模式研究。**教育資訊傳播與科技國際學術研討會論文集**，2005 年 12 月，臺灣教育傳播暨科技學會。

孫郁純（2006）。**概念構圖在國小六年級社會領域教學應用之行動研究**。花蓮縣：國立花蓮教育大學國民教育研究所碩士論文，未出版，花蓮市。

徐偉民（2003）。**情境導向的數學教學設計與模式──融合建構取向和情境認知的數學教學設計**。2014 年 3 月 13 日檢索自 http://www.nani.com.tw/teacher_share/article/D_5_10_1_180.htm

徐新逸（1995）。「錨式情境教學法」教材設計、發展與應用。**視聽教育雙月刊**，**37**(1)，14-24。

徐新逸、吳佩謹（2002）。資訊融入教學的現代意義與具體作為。**教學科技與媒體**，**59**，63-73。

徐照麗（2003）。**教學媒體：系統化的設計、製作與運用**。臺北市：五南。

徐綺穗（2005）。建構概念本位統整教學模式之研究。**當代教育研究季刊**，**13**(1)，69-102。

徐靜嫻（2013）。PBL 融入師資培育教學實習課程之個案研究。**教育科學研究期刊**，**58**(2)，91-121。

涂金堂（2009）。**教育測驗與評量**。臺北市：三民。

荊建華等譯（2002）。**教學模式**。北京市：中國輕工業。（B. Joyce, M. Weil, & E. Calhoun, 2000）

郝永崴、鄭佳君、何美慧等譯（2007）。**有效教學法**。臺北市：五南。（G. D. Borich, 2004）

高文（2002）。**教學模式論**。上海市：上海教育。

高佩蓉（2005）。**直接教學模式與建構式教學法於數學困難學生二位數進位加法、退位減法教學成效之比較**。國立臺南教育大學特殊教育學系碩士論文，未出版，臺南市。

高熏芳（2003）。**激發學習動機的教學策略**。2014 年 3 月 2 日檢索自 http://ms1.hles.ylc.edu.tw/~tcj/andyou

高廣孚（1988）。**教學原理**。臺北市：五南。

國立臺灣師範大學教育研究與評鑑中心（2013）。差異化教學。取自 http://www.mtjh.tn.edu.tw/mtjh26/PExiang/03_publish/03_chang_PE/ 補充－差異化教學的定義與原則 01.pdf

國家教育研究院（2015）。**十二年國民基本教育領域課程綱要核心素養發展手冊**。臺北市：國家教育研究院。

張文哲譯（2009）。**教育心理學**。臺北市：學富。（R. E. Slavin, 2005）

張民杰（2001）。**案例教學法：理論與實務**。臺北市：五南。

張民杰（2008a）。以案例教學法增進實習教師班級經營知能之研究。**國民教育研究學報，20**，147-176。

張民杰（2008b）。案例教學在大學課程的應用：以「班級經營」為例，載於鄭博真主編，**大學卓越教學法——原理、方法與實例**（頁95-116）。臺南市：中華醫事科技大學教學卓越中心。

張玉成（1991）。**教師發問技巧**（四版）。臺北：心理。

張玉成（1993）。**思考技巧與教學**。臺北市：心理。

張春興（2008）。**教育心理學：三化取向的理論與實踐**。臺北市：東華。

張春興（2013）。**教育心理學：三化取向的理論與實踐**（第二版）。臺北市：東華。

張祖忻、朱純、胡頌華（2000）。**教學設計——基本原理與方法**。臺北市：五南。

張素貞、顏寶月（2004）。九年一貫課程之學校「課程計畫」備查實務探究與分析。**研習資訊，21**(1)，35-44。

張國恩（2002）。從學習科技的發展看資訊融入教學的內涵。**北縣教育，41**，16-25。

張淑萍、張瀞文（2018）。磨課師課程與教材——設計、發展與實施策略。**科學發展月刊，549**，19-26。

張新仁（1999）。討論技術。載於黃光雄（主編），**教學原理**（頁313-326）。臺北市：師大書苑。

張新仁（2001）。實施補教教學之課程與教學設計。**教育學刊，17**，85-105。

張新仁（2002）。當代教學統整新趨勢：建構多元而適配的整體學習環境。**教育學刊，18**，43-64。

張新仁（2008）。從有效教學談中小學教師專業發展評鑑。發表於國立

臺北教育大學 2008.11.15 舉辦「改寫教師專業發展評鑑的文化故事系列研討會手冊」。取自 http://researcher.nsc.gov.tw/public/8507269/Data/01181129771.pdf

張新仁（2012）。**概念教學模式**。2014 年 4 月 15 日檢索自 http://terms.naer.edu.tw/detail/1312235/

張德銳、林縵君（2016）。PBL 在教學實習上的應用成效與困境之研究。**師資培育與教師專業發展期刊，9**(2)，1-26。

張輝誠（2015）。翻轉教學新浪潮：學思達法紹。**T&D 飛訊，207**，1-21。

張輝誠（2016）。翻轉教學：學思達的自學能力培養與圖書館新教養。**國立成功大學圖書館館刊，25**，1-7。

張輝誠（2018）。**學思達增能**。臺北市：親子天下。

張霄亭、朱則剛（2008）。**教學媒體**。臺北市：五南。

張霄亭等著（2000）。**教學原理**。臺北縣：空中大學。

張霄亭等譯（2002）。**教學媒體與學習科技**。臺北市：雙葉書廊。（R. Heinich, M. Molenda, J. D. Russell, & S. E. Smaldino, 2002）

張憲庭（2009）。學校實施情境教學的有效策略。**北縣教育，96**，21-25。

張麗麗（2002）。檔案評量信度與效度的分析——以國小寫作檔案為例。**教育與心理研究，25**，1-34。

教育部（2012）。97 年國民中小學九年一貫課程綱要。2014 年 1 月 22 日取自 http://www.tpde.edu.tw/ap/sid17_law.aspx

教育部（2014）。**十二年國民基本教育課程綱要總綱**。教育部。

教育部（2016）。因材網。2020 年 6 月 20 日檢索自 https://adl.edu.tw/

梁宗賀等（2007）。以互動式電子白板為基礎之 ICT 教學環境建置。載於**2007 年臺灣數位學習發展研討會論文手冊**，2007 年 5 月 18-19 日。台中市：亞洲大學

盛群力、李志強（2003）。**現代教學設計論**。臺北市：五南。

莊育琇（2011）。澳洲差異教學對臺灣國中小教育之啟示——以墨爾本 Parkmore 小學為例。**彰化縣九年一貫電子報，366**，取自 http://enews.trsc.chc.edu.tw/100Web/Other/3660402.pdf.

莊明貞（1997）。**道德教學與評量：多元文化教育觀點**。臺北市：師大書苑。

莊明貞（1998）。真實性評量在教育改革中的相關論題：一個多元文化教育
觀點的思考。**教育資料與研究，20**，19-23。

許淑玫（2005）。國小問題導向式課程發展與實踐之研究。**臺北市立教育大
學學報，36**(2)，63-92。

許慧貞（2003）。**專題研究動手做：如何指導小學生做研究**。臺北市：天衛
文化。

郭生玉（1993）。**心理與教育測驗**。臺北市：精華。

郭秀緞（2011）。教師提問策略教學對國小高年級學生閱讀理解影響之研
究～以說明文爲例。載於 2011 **南臺灣教育學術研討會論文集**（頁 125-
154）。高雄市：教育局國民教育輔導團。

郭明德（1999）。**國小教師自我效能、班級經營策略與班級經營成效關係之
研究**。國立高雄師範大學教育系博士論文，未出版，高雄市。

郭明德（2001）。**班級經營理論、實務、策略與研究**。臺北市：五南。

郭明德等譯（2003）。**班級經營理論與實務**。臺北市：華騰。

郭俊賢、陳淑惠譯（1999）。**多元智慧的教與學**。臺北市：遠流。

郭俊賢、陳淑惠譯（2000）。**落實多元智慧教學評量**。臺北市：遠流。

郭實渝（2008）。教學建構主義的哲學基礎。**臺東大學教育學報，19**(2)，
119-142。

郭靜姿、何榮桂（2014）。翻轉吧教學。**臺灣教育，686**，9-15。

陳木金（2009）。從班級經營策略對教學效能影響看師資培育的實務取向。
教育研究與發展期刊，2(1)，33-62。

陳正昌等譯（1996）。**教學設計原理**。臺北市：五南。（R. M. Gagné, L. J.
Briggs, & W. W. Wager, 1992）

陳均伊、張惠博（2007）。探究導向教學的理論與實務——以「摩擦力」單
元爲例。**物理教育學刊，8**(1)，77-90。

陳志恆（2009）。自我調整學習理論對學生課業學習外部干擾的處理與啟
示。**臺灣心理諮商季刊，1**(4)，1-13。

陳俊宏、朱耀明（2006）。概念構圖應用於國中生活科技教學成效之研

究。**2006 年國際科技教育課程改革與發展學術研討會論文集**（頁 300-305）。高雄市：國立高雄師範大學。

陳冠貝、張雅淳（2010）。閱讀策略連結國語課文、閱讀與寫作：以概念構圖為例。載於臺北市第 11 屆中小學暨幼稚園教育專業創新與行動研究論文集（上）（頁 37-62）。2014 年 4 月 15 日檢索自 http://www.dfps.tp.edu.tw/plan99/I-02.pdf

陳彥廷、姚如芬（2004）。合作學習模式中學生學習表現之探討。**臺東大學教育學報，15**(1)，127-166。

陳國泰（2008）。情境學習在大學課程的應用：以「邏輯思辨課程」為例。載於鄭博真（主編），**大學卓越教學法**（頁 197-228）。臺南市：中華醫事科技大學。

陳密桃（1999）。認知取向的學習。載於林生傳（主編），**教育心理學**（頁 134-137）。臺北市：五南。

陳淑齡等（2010）。「問題導向學習」教學模式對國小五年級學童問題解決能力之影響——以「植物繁殖」為例。**屏東教大科學教育，31**，82-94。

陳毓凱、洪振方（2007）。兩種探究取向教學模式之分析與比較。**科學教育月刊，305**，4-19。

陳萩卿（2004）。國小學生批判思考傾向與其偏好的教學取向及學習方式間的關係研究。**國立臺北師範學院學報，17**(1)，251-270。

陳嘉彌（2003）。**同儕師徒制對兒童學習之探析**。論文發表於 2003 年 11 月 29-30 日，澳門大學舉辦「教與學的改革和創新」學術研討會。中國：澳門。

陳蓉倩、楊錦心、蘇照雅（2007）。角色扮演教學法在網路同步教學環境下實施之探究。**生活科技教育月刊，40**(5)，3-14。

陳龍安（1997）。**創造思考教學**。臺北市：師大書苑。

陳龍安（2005）。創造思考的策略與技法。**教育資料集刊，30**，201-221。

陳龍安（2006）。**創造思考教學的理論與實際**（第六版）。臺北市：心理。

陳龍安（2014）。創造思考的策略與技法。**教育資料集刊，30**，201-266。

陳豐祥（2009）。新修訂布魯姆認知領域目標的理論內涵及其在歷史教學上

的應用。**歷史教育**，**15**，1-54。

曹惠菁、徐偉民（2012）。運用 Ausubel 學習理論協助四年級學生代數學習之行動研究。**屏東教大科學教育**，**35**，49-84。

單文經（1996）。道德討論教學法。載於黃光雄（主編），**教學原理**（頁183-198）。臺北市：師大書苑。

單文經（1997）。教學媒體的選擇。**臺灣教育**，**560**，8-11。

單文經（1998）。**班級經營策略研究**。臺北市：師大書苑。

單文經（2001）。**教學引論**。臺北市：學富。

單文經等譯（1999）。**教學原理**。臺北市：學富。（S. L. Yelon, 1999）

單文經譯（2001）。**教學原理**。臺北市：學富。

單文經譯（2004）。**班級經營的理論與實務**。臺北市：學富。

曾欽德（2007）。案例教學法於健康體育領域之應用。**國教之友**，**58**(4)，57-74。

曾琦、蘇紀玲、章學雲、江昕（2006）。概念學習的心理學研究成果及新進展。**教育科學研究**，**4**，2014 年 4 月 14 日檢索自 http://chem.cersp.com/HXJX/KXXX/200707/3657_3.html

曾憲政、張新仁、張德銳、許玉齡、馮莉雅、陳順和、劉秀慧（2007）。**中小學教師專業發展評鑑規準之研究**。教育部教育研究委員會委託專案研究成果報告。新竹市：國立新竹教育大學。

辜輝趁（2017）。翻轉教室教學模式情境下學生的學習成果暨學習成果與滿意因素互動之研究。**龍華科技大學學報**，**38**，47-62。

馮丰儀（2012）。案例教學法在大學專業倫理課程應用之探討──以教育行政倫理課程為例。**慈濟大學教育研究學刊**，**8**，1-30。

黃光雄（1985）。**教學目標與評鑑**。高雄市：復文。

黃光雄（1999）。教學的一般模式。載於黃光雄（主編），**教學原理**（頁71-81）。臺北：師大書苑。

黃光雄、蔡清田（2012）。**課程發展與設計**。臺北市：五南。

黃光雄譯（1983）。**認知領域目標分類**。高雄市：復文。

黃欣玲（2008）。5E 探究式教學對國中學生電學學習情境及學習成就之研

究。國立彰化師範大學物理教學碩士班碩士論文，未出版，彰化市。

黃政傑（1991）。**課程設計**。臺北市：東華。

黃政傑（2014）。翻轉教室的理念、問題與展望。**臺灣教育評論月刊，3**(12)，161-186。

黃政傑、林佩璇（1996）。**合作學習**。臺北市：五南。

黃炳煌（2002）。**社會學習領域課程設計與教學策略**。臺北市：師大書苑。

黃茂在（2019）。從領綱研修理念談自然科學探究與實作課程設計。**國教課綱向前行電子報，第 23 期**。2020 年 6 月 1 日檢索自 https://newsletter.edu.tw/2017/12/08/ 從領綱研修理念談自然科學探究與實作課程設計

黃國禎（2016）。翻轉教室的定義、目的及發展。載於黃國禎（主編），**翻轉教室理論、策略與實務**（頁 1-21）。臺北市：高等教育。

黃國禎、蘇俊銘、陳年興（2015）。**數位學習導論與實務**（第二版）。臺北市：博碩。

黃瑋琳譯（2016）。**翻轉教室：激發學生有效學習的行動方案**。臺北市：聯經。（J. Bergmann & A. Sams, 2012）

黃鳳俞（2009）。情境學習理論在教學上的啟示。**北縣教育，96**，60-63。

楊文輝、吳致維（2010）。**培養合作能力的教學模式**。2014 年 3 月 10 日檢索自 http://www.nhu.edu.tw/~society/e-j/88/88-33.htm

楊秀停、王國華（2007）。實施引導式探究教學對於國小學童學習成效之影響。**科學教育學刊，15**(4)，439-459。

楊坤原（2008）。問題導向學習在大學課程的應用——以「自然科學概論」為例。載於鄭博眞（主編），**大學卓越教學法：原理、方法與實例**（頁 121-148）。臺南：中華醫事科技大學教學卓越中心。

楊坤原、張賴妙理（2005）。問題本位學習的理論基礎與教學歷程。**中原學報，33**(2)，215-235。

楊思賢（2001）。應用布魯納教學論於中文教學。**優質學校教育學報，1**，2014 年 4 月 14 日檢索自 http://www.ied.edu.hk/cric/jqse/chi/content/8.pdf

楊家興（2009）。線上教材的製作：以國立空中大學爲情境的規劃。**管理與資訊學報，14**，93-130。

楊淳皓（2017）。促進學生主動學習通識課程的教學策略：問題本位學習、
　　專題式學習法與翻轉教室的整合。**通識學刊，5**(2)，1-40。

楊順南（2002）。實在與建構：一個發展心理學觀點的分析。載於詹志禹（主
　　編），**建構論：理論基礎與教育應用**（頁 78-114）。臺北市：正中。

楊龍立（2001）。建構主義的批判。**臺北市立師範學院學報，32**，67-80。

葉丙成（2015）。**為未來而教**。臺北市：親子天下。

葉蓉樺（2009）。以探究式學習觀點促進教師在科學博物館進行教學之研
　　究。**科學教育研究與發展季刊，53**，1-23。

詹瑜、王富平、李存生（2012）。**教育學**。北京市：中國人民大學。

鄒慧英譯（2003）。**測驗與評量：在教學上的應用**。臺北市：洪葉文化。

廖羽晨（2009）。批判思考教學法的歷史課程設計。**歷史教育，15**，97-113。

廖佩莉（2010）。加入戲劇元素：角色扮演在小學中國語文科的應用。**香港
　　教師中心學報，9**，79-88。

趙沐深（2007）。合作學習 STAD 教學策略對電路學課程學習成效影響之研
　　究。**中州學報，25**，17-36。

趙偉順、張玉山（2011）。經驗學習理論在生活科技課程的教學應用──以
　　「扭轉乾坤」曲柄玩具單元為例。**生活科技教育月刊，44**(6)，1-15。

劉眞（2000）。**教育大辭書**。臺北市：文景。

劉智雄、曾秋華（2005）。運用「合作學習」於國小英語混合能力教學之研
　　究。臺北市：教師研習中心。

劉豫鳳、吳青蓉、陳儒晰、陳彥玲譯（2008）。**教學原理與應用**。臺北市：
　　華騰。

劉麗琴、呂錘卿、李坤霖（2008）。國小自然與生活科技領域之精熟學習研
　　究。**教育理論與實踐學刊，18**，97-120。

歐用生（1996）。價值澄清法。載於黃光雄（主編），**教學原理**（頁 199-
　　215）。臺北市：師大書苑。

歐用生、林瑞欽譯（1991）。**價值澄清法**。高雄市：復文。

歐滄和（2002）。**教育測驗與評量**。臺北市：心理。

蔡天助（2008）。案例教學法在通識法律課程的應用初探。**高雄師大學報，**

25，69-89。

蔡宜君、高熏芳（1999）。案例教學法在中小學統整課程教學之應用。發表於新世紀中小學課程改革與創新教學學術研討會論文集（頁 335-345）。高雄市：國立高雄師範大學。

蔡雅泰（2005）。**概念構圖融入國語教學對國小五年級學童閱讀理解、大意摘要能力與語文學習態度影響之研究**。高雄師範大學教育學系碩士論文，未出版，高雄市。

鄧進權（2017）。數位時代的學習資源與策略。**公共圖書館研究，5**，13-15。

鄭晉昌（2002）。建構主義與電腦支援合作學習環境的設計與發展。載於詹志禹（主編），**建構論：理論基礎與教育應用**（頁 168-184）。臺北市：正中。

鄭蕙如、林世華（2004）。Bloom 認知領域教育目標分類修訂版理論與實務之探討——以九年一貫課程數學領域分段能力指標爲例。**臺東大學教育學報，15**(2)，247-274。

盧柄君（2011）。**國中資優班數學教師在師徒制模式下之專業成長**。國立彰化師範大學資賦優異研究所碩士論文，未出版，彰化市。

賴英娟、巫博瀚（2007）。人類動力的基礎——自我效能兼論自我效能對學習者自我調整學習行爲與成就表現之影響。**研習資訊，24**(3)，49-56。

賴翠媛（2009）。區分性課程，取自 http://www.tiec.tp.edu.tw/lt/gallery/71/71-16394.pdf.

賴慧玲譯（2004）。**教學模式**。臺北市：五南。

賴慶三、郭榮得（2005）。國小四年級學生光的專題本位科學學習之研究。**臺北市立師範學院學報，36**(1)，183-208。

謝州恩、吳心楷（2005）。探究情境中國小學童科學解釋能力成長之研究。**師大學報：科學教育類，50**(2)，55-84。

鍾邦友（2000）。以情境學習爲觀點的統整課程設計。**北縣教育，30**，32-37。

叢立新等譯（2007）。**學會教學**。上海市：華東師大。（R. I. Arends, 2004）

簡妙娟（2000）。**高中公民科合作學習教學實驗之研究**。國立高雄師範大學教育研究所博士論文，未出版，高雄市。

簡妙娟（2003）。合作學習理論與教學應用。載於張新仁（主編），**學習與教學新趨勢**（頁 403-463）。臺北市：心理。

簡紅珠（1992）。**教學研究的主要派典及其啟示之探析**。高雄市：復文。

簡茂發（1999）。評量。載於黃政傑（主編），**教學評量**（頁 125-140）。臺北市：師大師苑。

簡楚瑛（2005）。**幼教課程模式**。臺北市：心理。

簡慶哲（2004）。團體探究法——在兩性教育議題上的設計。載於林生傳（主編），**教學新世紀理論與實務**（頁 89-110）。臺北市：心理。

魏金財（2004）。**認知活性理論介紹**。2014 年 3 月 16 日檢索自 http://residence.educities.edu.tw/wei3128/submenuframe/cognitiveflexible.htm

羅良慧（2018）。從未來關鍵能力培養淺談資通訊科技融入教學的影響。2020 年 4 月 28 日檢索自 https://portal.stpi.narl.org.tw/index/article/10444

羅耀珍（2004）。運用課程調適照顧學生的個別差異：從教師的觀點分析。**教育曙光，49**，122-129。2014 年 2 月 16 日檢索自 http://www.ln.edu.hk/osl/newhorizon/abstract/v49/11.pdf

蘇子仁（2004）。**國民小學教學資源服務發展之研究——以臺北市資訊種子學校為例**。淡江大學教育科技學系碩士論文，未出版，新北市。

鐘建坪（2010）。引導式建模探究教學架構初探。**科學教育月刊，328**，2-19。

鐘淑芬（2005）。**教師計畫因應教學兩難困境之行動研究——以國小六年級社會學習領域教師為例**。國立中正大學教育研究所碩士論文，未出版，嘉義縣。

二、英文部分

Anderson, L. W., & Krathwohl, P. W. (2001). The revised taxonomy structure: The taxonomy table. In L. W. Anderson, D. R. Krathwohl, P. W. Airasian, K. A. Cruikshank, R. E. Mayer, P. R. Pintrich, J. Raths, & M. C. Wittrock (Eds.), *A taxonomy for learning, teaching, and assessing: A revision of Bloom's educational objectives* (pp. 27-37). NY: Longamn.

Anderson, L. W., Krathwohl, D. R., Airasian, P. W., Cruikshank, K. A., Mayer, R. E., Pintrich, P. R., Raths, J., & Wittrock, M. C. (2001). *A taxonomy for learning, teaching and assessing: A revision of Bloom's taxonomy of educational objectives*. NY: Longman.

Archer, A. L., & Hughes, C. A. (2011). *Explicit instruction: Effective and efficient teaching*. New York: Guilford.

Arends, R. I. (2004). *Learning to teach*. New York: McGraw-Hill.

Arends, R. I. (2009). *Learning to teach*. New York : McGraw-Hill.

Arends, R. L., & Kilcher, A. (2010). *Teaching for student learning: Becoming an accomplished teacher*. New York: Routledge.

Atkinson, J. (1964). *An introduction to motivation*. Princeton, NJ: Van Nostrand.

Ausubel, D. P. (1968). *Educational psychology: A cognitive view*. New York: Holt, Rinehart & Winston.

Bandura, A. (1977). Self-efficacy: Toward a unifying theory of behavioral change. *Psychological Review*, *84*(2), 191-215.

Bandura, A. (1986). *Social foundations of thought and action*. Englewood Cliffs, NJ: Prentice Hall.

Bandura, A. (2000). Exercise of human agency through collective efficacy. *Current Directions in Psychological Science*, *9*, 75-78.

Bandura, A. (2001). Social cognitive theory: An agentic perspective. *Annual Review of Psychology*, *52*, 1-26.

Banks, J. (2007). Multicultural education: Characteristics and goals. In J. A. Banks & C. A. M. Banks (Eds.), *Multicultural education issues and perspectives* (6th ed.) (pp. 3-30). NJ: John Wiley and Sons.

Bell, L. R., Smetana, L., & Binns, I. (2005). Simplifying inquiry instruction: Assessing the inquiry level of classroom activities. *The Science Teacher*, *72*(7), 30-33.

Benjamin, A. (2005). *Differentiated instruction using technology: A guide for middle and high school teachers*. Larchmont, NY: Eye on Education.

Bergmann, J., & Sams, A. A. (2014). *Flipped Learning: Gateway to Student Engagement*. N.Y.: ISTE/ASCD.

Biggs, J. B. (2003). *Teaching for quality learning at university: What the student does*. Maidenhead: McGraw-Hill.

Bloom, B., Englehart, M., Furst, E., Hill, W., & Krathwohl, D. (1956). *Taxonomy of educational objectives: The classification of educational goals. Handbook I: Cognitive domain*. New York: Longmans.

Borich, G. D. (1996). *Effective teaching methods*. New Jersey: Prentice-Hall.

Borich, G. D. (2004). *Effective teaching methods* (5th ed.). Upper Saddle River, NJ: Prentice Hall.

Brandt, R. S., & Tyler, R. W. (2007). Goals and objectives. In A. C. Ornstein, E. F. Pajak, & S. B. Ornstein (Eds.). *Contemporary issues in curriculum* (pp. 12-21). Boston, MA: Allyn & Bacon.

Braund, M. (1991). Children's ideas in classifying animals. *Journal of Biological Education, 25*(2), 103-110.

Brophy, J. E., & Evertson, C. M. (1967). *Learning from teaching: A development perspective*. Boston: Allyn and Bacon.

Brown, J. S., Collins, A., & Duguid, P. (1989). Situated cognition and the culture of learning. *Educational Researcher, 18*(1), 32-41.

Bruner, J. (1966). *Towards a theory of instruction*. Cambridge, MA: Harvard University Press.

Bruner, J. S., Wallach, M. A., & Galanter, E. H. (1959). The identification of recurrent regularity. *American Journal of Psychology, 1b*, 200-209.

Burden, P. R. (1995). *Classroom management and discipline*. NY: Longman.

Burden, P. R., & Byrd, D. M. (2010). *Methods for effective teaching: Meeting the needs of all students*. Boston, MA: Allyn & Bacon.

Bybee, R., Taylor, J. A., Gardner, A., Van Scotter, P., Carlson, J., Westbrook, A.,

Landes, N. (2006). *The BSCS 5E instructional model: Origins and effectiveness*. Colorado Springs, CO: BSCS.

Charles, C. M. (1993). *Introduction to educational research*. New Jersey: Englewood Cliffs.

Cheong, F. (2008). Using a problem-based learning approach to teach an intelligent systems course. *Journal of Information Technology Education, 7*, 47-60.

Coleman, J. S. et al. (1966). *Equality of educational opportunity*. New Hampshire: Ayer.

Collins, A., Brown, J. S., & Holum, A. (1991). Congitive apprenticeship: Making thinking visible. *American Education, 15*(3), 38-48.

Collins, A., Brown, J. S., & Newman, S. E. (1989). Cognitive apprenticeship: Teaching the crafts of reading, writing, and mathematics. In L. B. Resnick (Ed.), *Knowing, learning, and instruction: Essays in honor of Robert Glasser* (pp. 453-494). Hillsdale, NJ: Lawrence Erlbaum.

Collins, A., Brown, J. S., & Newman, S. E. (1987). *Cognitive apprenticeship: Teaching the crafts of reading, writing, and mathematics*. (ERIC Document Reproduction Service No. ED284181)

Collins, M. I. (1991). *Adult Education as Vocation*. London: Routledge.

Covington, M. V. (1984). The motive of self-worth. In R. E. Ames & C. Ames (Eds.), *Motivation in education: Student motivation (Vol. 1)* (pp. 77-113). San Diego: Academic Press.

Cruickshank, D. R., Jenkins, D. B., & Metcalf, K. K. (2009). *The act of teaching*. New York: McGraw-Hill.

CTGV (1990). Anchored instruction and its relationship to situated cognition. *Educational Researcher, 19*(6), 2-10.

Delisle, R. (1997). *How to use problem-based learning in the classroom*. Alexandria, VA: Association Supervision and Curriculum Development.

Dick, W., Carey, L., & Carey, J. O. (2005). *The systematic design of instruction* (6th ed.). Boston, MA: Allyn & Bacon.

Eccles, J. S., & Wigfield, A. (1995). In the mind of the actor: the structure of adolescents᾽ achievement task values and expectance-related beliefs. *Personality and Social Psychology Bulletin, 21*(3), 215-225.

Eggen, Paul D. & Kauchak, D. P. (1997). *Educational psychology: Windows on classrooms*. Upper Saddle River, NJ: Merrill.

Eisner, E. W. (1985). *The art of educational evaluation: A personal view*. London: The Falmer Press.

Emmer, E., Evertson, C., & Anderson, L. (1980). Effective classroom management at the beginning of the school year. *Elementary School Journal, 80*(5), 219-231.

Erikson, H. L. (2002). *Concept-based curriculum and instruction: Teaching beyond the facts*. California, Thousand Oaks: Corwin.

Gagné, R. M., Briggs, L. J., & Wager, W. W. (1992). *Instructional design and the new technology of instruction*. New York: Holt, Rinehart & Winston.

Gardner, H. (1993). *Multiple intelligences: The theory in practice*. New York: Basic Books.

Gay, G. (2000). *Culturally responsive teaching: Theory, research, and practice*. New York, NY: Teachers College Press.

Glaser, R. (1962). Psychology and instructional technology. In R. Glaser (Ed.), *Training research and education* (pp. 135-175). Pittsburgh: University of Pittsburgh Press.

Glaser, R. (1991). The maturing of the relationship between the science of learning and cognition and educational practice. *Learning and Instruction, 1*, 129-144.

Green, T. F. (1968). A topology of the teaching concept. In C. J. B. Macmillam & T. W. Nelson (Eds.), *Concepts of teaching: Philosophical essays* (pp. 28-62). Chicago: Rand McNally.

Gronlund, N. E. (1978). Stating objectives for classroom instruction. NY: Macmillan. Kubiszyn, T., & Borich, G. (2007). *Educational testing and measurement: Classroom application and practice*. Hoboken, NJ: John Wiley & Sons.

Gronlund, N. E. (1978). *Stating objectives for classroom instruction*. New York: Macmillan.

Gustafson, K. L., & Branch, R. M. (2002). *Survey of instructional development models*. Syracuse, NY: Eric Clearinghouse on Information and Technology.

Hall, G. E., Quinn, L. F., & Gollnick, D. M. (2008). *The joy of teaching: Making a difference in student learning*. Boston, MA: Pearson.

Hardin, C. J. (2012). *Effective classroom management: Models and strategies for today's classroom*. Boston, MA: Pearson.

Hart, D. (1994). *Authentic assessment: A handbook for educators*. Menlo Park, CA: Addison-Wesley.

Heinich, R., Molenda, M., Russell, J. D., & Smaldino, S. E. (2002). *Instructional media and technologies for learning* (7th ed.). Upper Saddle River, New Jersey: Merrill Prentice Hall.

Henley, M. (2010). *Classroom management: A proactive approach*. Boston, MA: Pearson.

Hunter, M. (1982). *Mastery teaching*. El Segundo, CA: TIP Publications.

Johnson, D. W., & Johnson, R. T. (1988). *Cirles of learning*. Alexandria, VA: Association for Supervision and Curriculum Development.

Johnson, D. W., & Johnson, R. T. (1999). *Learning together and alone: Cooperative, competitive, and individualistic learning* (5th ed.). Boston: Allyn & Bacon.

Johnson, D. W., & Johnson, R. T. (2004). *Assessing students in groups: Promoting group responsibility and individual accountability*. Thousand Oaks, CA: Corwin.

Jones, V. F., & Jones, L. S. (1998). *Comprehensive classroom management: Creating communities of support and solving problems*. Boston: Allyn & Bacon.

Joyce, B., Weil, M., & Calhoun, E. (2004). *Models of teaching* (7th ed.). Boston, MA: Allyn & Bacon.

Joyce, B., Weil, M., & Calhoun, E. (2008). *Models of teaching* (8th ed.). Boston,

MA: Allyn & Bacon.

Kagan, S. (1994). *Cooperative learning*. San Clemente, CA: Kagan Cooperative Learning.

Kagan, S., & Kagan, M. (1998). *Multiple intelligences: The complete MI book*. San Cemente, CA: Kagan.

Kauchak, D. P., & Eggen, P. D. (1998). *Learning and teaching: Research-based methods*. Boston: Allyn and Bacon.

Keller, F. S. (1968). Good-bye, teacher.... *Journal of Applied Behavior Analysis, 1*, 79-89.

Keller, J. M. (1987). Development and use of the ARCS model of instructional design. *Journal of Instructional Development, 3,* 2-10.

Kemp, J. E. (1985). *The instructional design process*. New York: Harper & Row.

Kibler, R. J., Cegala, D. J., Miles, D. T., & Barker, L. L. (1974). *Objectives for instruction and evaluation*. Boston: Allyn and Bacon.

Knirk, F. G., & Gustafson, K. L. (1986). *Instructional technology: A systematic approach to education.* New York: Holt, Rinehart and Winston.

Kolb, A. Y., & Kolb, D. A. (2008). Experiential learning theory: A dynamic, holistic approach to management learning, education and development. In S. J. Armstrong & C. Fukami (Eds.), *Handbook of Management Learning, Education and Development.* London, England: Sage Publications.

Kolb, D. (1984). *Experience learning: Experience as the source of learning and development.* New York: Pretice-Hall.

Kounin, J. S. (1970). *Discipline and group management in classrooms*. New York: Holt, Rinehart and Winston.

Krathwohl, D. R. (2002). A revision of Bloom's taxonomy: An overview. *Theory Into Practice, 41*(4), 212-219.

Krathwohl, D. R., Bloom, B. S., & Masia, B. B. (1964). *Taxonomy of educational objectives, Handbook II: Affective domain.* New York: McKay.

Kyriacou, C. (1995). Direct teaching. In C. Desforges (Ed.), *An introduction to teaching* (pp. 115-131). Oxford: Blackwell.

Lasley, T., J. & Matczynski, T. J. (1997). *Strategies for teaching in a diverse society.* Belmont, CA: Wadsworth.

Lave, J., & Wenger, E. (1991). *Situated learning: Legitimate peripheral participation.* Cambridge: Cambridge University Press.

Lefrancois, G. R. (2000). *Psychology for teaching.* Belmont, CA: Wadsworth.

Mager, R. F. (1984). *Preparing instructional objectives* (2nd ed.). Belmont, CA: David S. Lake.

Maslow, A. H. (1970). *Motivation and personality.* NY: Harper & Row.

Mayer, R. E. (2008). *Learning and instruction* (2nd ed.). Upper Saddle River, NJ: Pearson Prentice Hall.

McClelland, D. C. (1961). *The achieving society.* Princeton, NJ: Van Nostrand.

McNeil, J. D. (1996). *Curriculum: A comprehensive introduction.* New York, NY: HarperCollins College Publishers.

Molenda, M. (2003). In search of the elusive ADDIE Model. *Performance Improvement, 42*(5), 34-37.

Morrison, G. R., Ross, S. M., & Kemp, J. E. (2007). *Designing effective instruction* (5th ed.). Hoboken, NJ: Wiley.

Muijs, D., & Reynolds, D. (2005). *Effective teaching: Evidence and practice.* London: Sage.

Myers, C. B., & Myers, L. M. (1995). *The professional educator.* Belmont: Wadsworth.

National Research Council (1996). *National science education standards.* Washington, DC: National Academy Press.

Ngeow, K., & Kong, Y. S. (2003). *Learning through discussion: Designing tasks for critical inquiry and reflective learning. ERIC Digest.* ED477611

Novak, J. D. (1990). Concept maps and Vee diagrams: Two metacognitive tools to facilitate meaningful learning. *Instructional Science, 19*, 29-52.

Oliva, P. F. (2001). *Developing the curriculum.* New York: Longman.

Orlich, D. C., Harder, R. C., Callahan, R. C., Trevisan, M. S., Brown, A. H., & Miller, D. E. (2013). *Teaching strategies: A guide to effective instruction*. Belmont, CA: Wadsworth.

Ornstein, A. C., & Hunkins, F. (2004). *Curriculum foundations: Principles and theory* (4th ed.). Boston: Allyn and Bacon.

Palincsar, A. S., & Brown, A. L. (1984). Reciprocal teaching of comprehension-fostering and comprehension-monitoring activities. *Cognition and Instruction, 1*(2), 117-175.

Parkay, F. W., & Stanford, B. H. (2009). *Becoming a teache*r (8th ed.). Upper Saddle River, NJ: Prentice Hall.

Popham, W. J. (1993). *Educational evaluation*. Boston: Allyn and Bacon.

Price, K. M., & Nelson, K. L. (2007). *Planning effective instruction: Diversity responsive methods and management*. Belmont, CA: Thomson.

Pugach, M. (2006). *Because teaching matters*. Danvers, MA: John Wiley & Sons.

Rabow, J., Charness, M. A., Kipperman, J., & Radcliffe-Vasile, S. (1994). *William Fawcett Hill's learning through discussion*. Thousand Oaks, CA: Sage.

Reigeluth, C., & Stein, F. (1983). The elaboration theory of instruction. In C. Reigeluth (Ed.), *Instructional Design Theories and Models* (pp. 335-382). Hillsdale, NJ: Erlbaum Associates.

Rogoff, B. (1990). *Apprenticeship in thinking: Cognitive development in social context*. NY: Oxford.

Rosenshine, B. (1979). Content, time, and direct instruction. In P. Peterson & H. Walberg (Eds.), *Research on teaching: Concepts, findings, and implications*. Berkeley, CA: McCutchan.

Rosenshine, B. (2008). *Five meanings of direct instruction*. Center on Innovation & Improvement. Retrieved from http://www.centerii.org

Ryan, K., Cooper, J. M., & Tauer, S. (2013). *Teaching for student learning: Becoming a master teacher*. Belmont, CA: Wadsworth.

Schön, D. A. (1987). *Educating the reflective practitioner*. SF: Jossey-Bass.

Schunk, D. H. (2008). *Learning theories: An educational perspective*. Upper Saddle Rriver, NJ: Pearson Prentice Hall.

Schwab, J. J. (1962). The teaching of science as inquiry. In J. J. Schwab & P. F. Brandwein (Eds.), *The teaching of science* (pp. 3-103). Cambridge, MA: Harvard University Press.

Sharan, Y., & Sharan, S. (1992). *Expanding co-operative learning through group investigation*. New York: Teachers College Press.

Simpson, E. J. (1972). *The classification of educational objectives in the psychomotor domain: The psychomotor domain* (Vol. 3). Washington, DC: Gryphon House.

Slavin, R. (1997). *Educational psychology: Theory and practice* (5th ed.). Needham Heights, MA: Allyn and Bacon.

Slavin, R. E. (1994). *Using student team learning* (2nd ed.). Baltimore, MD: Johns Hopkins University, Center for Social Organization of Schools.

Slavin, R. E. (1995). *Cooperative learning: Theory, research, and practice* (2nd ed.). Boston: Allyn & Bacon.

Slavin, R. E. (2010). Co-operative learning: what makes group-work work? In H. Dumont, D. Istance, & F. Benavides (Eds.), *The nature of learning: Using research to inspire practice* (pp. 161-178). OECD Publishing.

Snow, R. E. (1994). Abilities in academic tasks. In R. J. Sternberg & R. K.Wagner (Eds.), *Mind in context: Interactionist perspectives on human intelligence* (pp. 3-37). New York: Cambridge University Press.

Suchman, J. R. (1966). *Inquiry development program*. Chicago: Science Research Associates.

Suchman, J. R. (1962). *The elementary school training program in scientific inquiry*. Urbana, IL: University of Illinois.

Swanson, H. L. (2001). Searching for the best model for instructing students with learning disabilities. *Focus on Exceptional Children*, *34*(2), 1-15.

Tollefson, N. (2000). Classroom applications of cognitive theories of motivation.

Educational Psychology Review, 12(1), 63-83.

Tomlinson, C. A. (2004). Deciding to differentiate instruction in middle school. In C. A. Tomlinson (Ed.), *Differentiation for gifted and talented students* (pp. 209-231). Thousand Oaks, CA: Corwin.

Tomlinson, C. A. (2005). *How to differentiate instruction in mixed-ability class-rooms* (2nd ed.). Upper Saddle River, NJ: Merrill Prentice Hall.

Tomlinson, C. A. (1999). *The differentiated classroom: Responding to the needs of all learners.* Alexandria, VA: ASCD.

Topping, K. J. & Hill, S. V. (1995). University and college students as tutors for school children: A typology and review of evaluation research. In S. Goodlad (Ed.), *Students as tutors and mentors* (pp. 13-31). London, PA: Kogan Page.

Tyler, R. W. (1949). *Basic principles of curriculum and instruction.* Chicago: University of Chicago Press.

Weiner, B. (1972). *Theories of motivation: From mechanism to cognition.* Chicago: Markham Publishing Company.

Weishew, N. L., & Speng, S. S. (1993). Variables predicting students' problem behaviors. *Journal of Educational Research, 87*(1), 5-17.

Wigfield, A., & Eccles, J. S. (2002). The development of competence beliefs, expectancies for success: An achievement values from childhood thought adolescence. In A. Wigfield & Eccles (Eds), *The development of achievement* (pp. 91-120). San Diego, CA: Academic Press.

Woolfolk, A. E. (2013). *Educational psychology* (12th ed.). Boston: Allyn & Bacon.

Wright, R. J. (2008). *Educational assessment: Tests and measurements in the age of accountability.* Thousand Oaks, CA: Sage.

Yablonsky, L. (1981). *Psychodrama: Resolving emotional problems through role-playing.* New York: Gardner Press.

Zimmerman, B. (2002). Becoming a self-regulated learner: An overview. *Theory into Practice, 41*(2), 64-70.

國家圖書館出版品預行編目資料

教學原理與設計／周新富著. -- 三版. -- 臺
北市：五南圖書出版股份有限公司, 2023.11
　面；　公分
ISBN 978-626-366-722-8 (平裝)

1.CST: 教學理論　2.CST: 教學設計
3.CST: 教學法

521.4　　　　　　　　　112017426

1IYH

教學原理與設計

作　　者 — 周新富

企劃主編 — 黃文瓊

責任編輯 — 李敏華

封面設計 — 姚孝慈

出 版 者 — 五南圖書出版股份有限公司

發 行 人 — 楊榮川

總 經 理 — 楊士清

總 編 輯 — 楊秀麗

地　　址：106臺北市大安區和平東路二段339號4樓

電　　話：(02)2705-5066　　傳　　真：(02)2706-6100

網　　址：https://www.wunan.com.tw

電子郵件：wunan@wunan.com.tw

劃撥帳號：01068953

戶　　名：五南圖書出版股份有限公司

法律顧問　林勝安律師

出版日期　2014年 8 月初版一刷（共七刷）
　　　　　2021年 5 月二版一刷（共七刷）
　　　　　2023年11月三版一刷
　　　　　2024年10月三版二刷

定　　價　新臺幣620元

經典永恆・名著常在

五十週年的獻禮——經典名著文庫

五南，五十年了，半個世紀，人生旅程的一大半，走過來了。

思索著，邁向百年的未來歷程，能為知識界、文化學術界作些什麼？

在速食文化的生態下，有什麼值得讓人雋永品味的？

歷代經典・當今名著，經過時間的洗禮，千錘百鍊，流傳至今，光芒耀人；

不僅使我們能領悟前人的智慧，同時也增深加廣我們思考的深度與視野。

我們決心投入巨資，有計畫的系統梳選，成立「經典名著文庫」，

希望收入古今中外思想性的、充滿睿智與獨見的經典、名著。

這是一項理想性的、永續性的巨大出版工程。

不在意讀者的眾寡，只考慮它的學術價值，力求完整展現先哲思想的軌跡；

為知識界開啟一片智慧之窗，營造一座百花綻放的世界文明公園，

任君遨遊、取菁吸蜜、嘉惠學子！